D1734669

Thea Bauriedl
Auch ohne Couch

Thea Bauriedl

Auch ohne Couch

Psychoanalyse als Beziehungstheorie und ihre Anwendungen

Verlag Internationale Psychoanalyse
Stuttgart

Verlag Internationale Psychoanalyse

Printed in Germany
Umschlag: Klett-Cotta-Design
Satz: Steffen Hahn GmbH, Kornwestheim
Druck und Bindung: Clausen & Bosse, Leck
Einbandstoff: Garant-Leinen

Die Deutsche Bibliothek – CIP-Einheitsaufnahme

Bauriedl, Thea:
Auch ohne Couch : Psychoanalyse als Beziehungstheorie
und ihre Anwendungen / Thea Bauriedl. –
Stuttgart : Verl. Internat. Psychoanalyse, 1994
ISBN 3-608-91700-4

Inhalt

4. Kapitel
Der Veränderungsprozeß in der psychoanalytischen Paar- und Familientherapie aus beziehungsanalytischer Sicht 209

6. Kapitel
Psychoanalytische Perspektiven in der Supervision 315

Vorwort

Ursprünglich sollte dieses Buch eine veränderte Neuauflage meines 1985(a) erschienenen und bald wieder vergriffenen Buches „Psychoanalyse ohne Couch" werden. Beim Überarbeiten der Texte, die ich teilweise vor über 10 Jahren geschrieben habe, wurde mir deutlich, daß sich inzwischen „um mich herum" und in mir selbst so viel verändert hatte, daß ich fast nichts aus dem alten Buch übernehmen konnte.[1]

Im Feld der verschiedenen Psychotherapieformen fanden in diesem Zeitraum die „systemischen" Psychotherapieansätze eine große Verbreitung. Auch innerhalb dieser Therapierichtung ergaben sich inzwischen wichtige Veränderungen. In der humanwissenschaftlichen Forschung konnten qualitative Methoden ihre wissenschaftliche Berechtigung bei der Erfassung komplexer Zusammenhänge in „lebenden Systemen" nachweisen. Überhaupt gewannen Systemtheorien gegenüber den rein kausalen Ursache-Wirkungs-Theorien an Terrain.

Auch die Psychoanalytiker haben sich an dieser Entwicklung beteiligt: Die Arbeiten über die *therapeutische Beziehung* haben in den letzten Jahren deutlich zugenommen. Viele Autoren sind jetzt weniger an therapeutischen Techniken als an der Untersuchung des Zusammenspiels von Übertragung und Gegenübertragung in der therapeutischen Beziehung interessiert. Das kennzeichnet die Psychoanalyse als eine Systemtheorie oder auch als *Bezie-*

---

1 Schließlich übernahm ich nur in die Kapitel 1, 4 und 5 einige Passagen aus dem alten Text.

hungsanalyse, wie ich sie 1980 in meinem gleichnamigen Buch beschrieben habe.

Aber auch „in mir" hat sich in den letzten 10 bis 15 Jahren viel verändert. Seit über zwanzig Jahren habe ich unzählige eigene und fremde psychoanalytische Therapien (im klassischen Setting ebenso wie „ohne Couch", also in den verschiedenen Anwendungsformen der Psychoanalyse) genau dokumentiert und verlaufsanalytisch ausgewertet, um die unbewußten Interaktionsprozesse zwischen den beteiligten Personen, also auch zwischen Analytiker und Patient(en) verstehen und konzeptionell erfassen zu können. Die kritische Auseinandersetzung mit anderen systemtheoretischen Ansätzen hat mir dabei viel geholfen.

Dieses Buch enthält (im 3. Kapitel) als ein Ergebnis dieser Arbeit die Darstellung einer psychoanalytischen „Metapsychologie" der unbewußten Verschmelzungs-, Abgrenzungs- und Austauschprozesse zwischen Personen. Anwendungsmöglichkeiten dieser Theorie auf die psychoanalytische Paar- und Familientherapie (4. Kapitel), auf die analytische Kinder- und Jugendlichenpsychotherapie (5. Kapitel) und auf die psychoanalytische Supervision (6. Kapitel) stelle ich in den nachfolgenden Kapiteln dar. Den Abschluß bildet im 7. Kapitel eine Beschreibung der „Politischen Psychoanalyse", wie wir sie an unserem 1986 gegründeten „Institut für Politische Psychoanalyse München" entwickelt haben. Diese Beschreibung kann allerdings aus Raumgründen in diesem Buch nur andeutenden Charakter haben.

Die Arbeit an den Vorstellungen zur „Psychoanalyse als Beziehungstheorie" brachte eine Vielzahl von Ergebnissen, die in dieses Buch nicht aufgenommen werden konnten, vor allem eine grundsätzliche Diskussion der Psychoanalyse im Feld der verschiedenen derzeit diskutierten Systemtheorien, Überlegungen, wie man aus beziehungsanalytischer Sicht die psychoanalytische Entwicklungstheorie heute neu formulieren müßte, insbesondere was den Ödipuskomplex betrifft, eine detaillierte Beschreibung der „Austauschprozesse" zwischen Analytiker und Analysand in der Einzeltherapie und einen Versuch, Methoden für die Psychotherapieforschung zu entwickeln, die dem psychoanalytischen Prozeß gerecht werden. Da diese Ergebnisse der hier grundsätzlich dargestellten psychoanalytischen Beziehungstheorie sehr nahestehen, ergaben sich im vorliegenden Buch viele Hinweise auf die in absehbarer Zeit geplante Arbeit mit dem (vorläufigen) Titel „Psychoanalyse als Beziehungswissenschaft."

Das 1. Kapitel des vorliegenden Buches ist als eine Einführung in die Psychoanalyse für psychoanalytische Laien zu verstehen. Mit dem entsprechenden Kapitel aus dem früheren Buch habe ich die Erfahrung gemacht, daß es in verschiedenen anderen Disziplinen (Pädagogik, Sozialwissenschaft, Politologie, etc.) viel gelesen wurde, weil es wichtige Grundannahmen der Psychoanalyse verständlich macht, aber auch zu Vorurteilen und Befürchtungen der Psychoanalyse gegenüber Stellung nimmt. Auf vielfache Bitten habe ich deshalb dieses Kapitel, stark überarbeitet, wieder an den Anfang des Buches gestellt. Für Leser innerhalb der Psychoanalyse habe ich in diesem Kapitel das mir so sehr am Herzen liegende *dialektisch-emanzipatorische Prinzip* der Psychoanalyse dargestellt.

Das 2. Kapitel enthält eine Auseinandersetzung mit Positionen innerhalb der Psychoanalyse, nach denen das, was als „psychoanalytischer Prozeß" bezeichnet werden darf, auf das Couch-Setting beschränkt bleiben soll. Es ist mir wichtig, mit dem Titel dieses Buches nicht als Gegnerin der „Psychoanalyse auf der Couch" mißverstanden zu werden. Ich selbst arbeite überwiegend und gerne im traditionellen Setting, also *mit* der Couch. Dieses Setting halte ich für eine sehr wertvolle Errungenschaft, die in vielen Fällen (bei geeigneter Indikation) durch kein anderes Verfahren ersetzt werden kann.

Wie schon mit dem Buch „Psychoanalyse ohne Couch" (1985a), möchte ich unter dem leicht veränderten Titel „Auch ohne Couch" dafür eintreten, daß die Psychoanalyse nicht auf das traditionelle Couch-Setting beschränkt bleiben muß, wenn sie *als Beziehungstheorie verstanden* wird. Sie war und ist, zum Beispiel in der psychoanalytischen Kulturkritik, „auch ohne Couch" anwendbar und definierbar als eine spezifische Beziehungs- und Wahrnehmungsform.

Ich bin auch nicht damit einverstanden, wenn der beziehungsanalytische Ansatz in der Psychoanalyse mit „Familientherapie" gleichgesetzt und dadurch für die Diskussion innerhalb der Psychoanalyse als unwichtig erklärt wird. Da immer noch viele Kollegen und Kolleginnen innerhalb und außerhalb der Psychoanalyse von der Vorstellung ausgehen, daß Psychoanalyse und Familientherapie nicht miteinander vereinbar seien, geriet gelegentlich die Beziehungsanalyse „zwischen die Stühle": Die Psychoanalytiker setzten sie mit Familientherapie gleich und die Familientherapeuten lehnten sie als Psychoanalyse ab. Vielleicht ändert sich diese Situation mit dem vorliegenden Buch.

Eine weitere wichtige Veränderung in den letzten Jahren möchte ich noch erwähnen: Durch das Auftreten vieler verschiedener, *vom äußeren Anschein her* effektiverer, kostengünstigerer und schneller wirksamer Psychotherapieformen ist die Psychoanalyse zunehmend unter Beschuß geraten. Unserer Zeit entsprechend wird der Psychoanalyse jetzt weniger ihre Beschäftigung mit der Sexualität und die Annahme unbewußter Vorgänge vorgeworfen. Jetzt geht es um Effektivität, und zwar um Effektivität in einem ganz spezifischen Sinn. Im Rahmen des berufspolitischen Kampfes um Macht und Geld wurde die Entwertungskampagne auch auf dem Gebiet der Psychotherapieforschung geführt. Dort bestehen Tendenzen, die Psychoanalyse für veraltet, für unwissenschaftlich und für ineffektiv zu erklären. Diese Kampagne wird sich fortsetzen.

Sie hat zur Folge, daß auch im öffentlichen Bewußtsein Psychoanalyse zunehmend als eine Psychotherapieform mißverstanden wird, die zwar insgesamt veraltet ist, der man, um sie „up to date" zu bringen und dadurch

„effektiver“ zu machen, aber einfach nur „moderne“ Methoden (Interventionstechniken aus der Verhaltenstherapie, aus der systemischen oder der Körpertherapie) „hinzufügen“ müsse.

Die andere Variante, mit dieser scheinbar veralteten Methode umzugehen besteht darin, daß man sie „ausschlachtet“. Dieses „Ausschlachten“ geschieht dann häufig so, daß für Erkenntnisse, die innerhalb der Psychoanalyse längst entwickelt wurden, neue Bezeichnungen gewählt werden, die einerseits die Distanz zur Psychoanalyse deutlich machen sollen, andererseits aber in dieser Umformulierung auch Ausdruck für ein dem High-Tech-Zeitalter entsprechendes Menschenbild sind. Auf einige dieser Erscheinungsformen weise ich in diesem Buch hin. Eine ausführliche Diskussion erscheint in der angekündigten zweiten Arbeit zu diesem Thema.

Innerhalb der Psychoanalyse sehe ich verschiedene Reaktionen auf diese Angriffe und Vereinnahmungsversuche: Manche Psychoanalytiker/innen versuchen, sich durch schweigendes Abwarten und Nicht-zur-Kenntnis-Nehmen zu schützen, andere antworten mit pauschaler Diffamierung der „anderen“. Wir können die kritische Situation der Psychoanalyse aber auch als Chance sehen. Aus meiner Sicht ist diese Situation eine Chance, *wenn* wir selbstkritisch unsere Identität in der sich wandelnden Welt immer wieder neu definieren und uns mit der aktuellen politischen (auch berufspolitischen) und gesellschaftlichen Situation offen auseinandersetzen, von der wir geprägt werden und die wir unsererseits mitbestimmen – durch „Mitsprechen“ oder durch „Schweigen“.

Ich habe gelegentlich den Eindruck, daß wir durch die Fähigkeit zum Schweigen, die wir in unserer Ausbildung mühsam haben erwerben müssen, leicht auch in politischer, berufspolitischer und gesellschaftskritischer Hinsicht zu einer „schweigenden Haltung“ tendieren. Was „hinter der Couch“ ein Segen für den „natürlichen Auftrieb des Unbewußten“ (Freud) und damit für die Gesundungstendenzen des Analysanden sein kann, kann „vor der Couch" in eine *splendid isolation* führen, die das Gegenteil einer emanzipatorischen Haltung in zwischenmenschlichen (auch zum Beispiel familientherapeutischen), gesellschaftlichen und politischen Beziehungen darstellt.

Die psychoanalytische Theorie ist (wie andere Theorien auch) in der Gefahr, nur noch im eigenen Kreis diskutiert zu werden und so – trotz immer weitergehender Ausdifferenzierung der Begriffe und Betrachtungsweisen – in die Isolation und damit auch in eine gewisse Stagnation zu geraten. Mehr oder weniger unbewußt wird dieses Defizit wahrgenommen; es trägt dann zu Unsicherheit über die eigene Identität und zum Gefühl der Minderwertigkeit anderen Therapieformen und Wissenschaften gegenüber bei. Dieses Minderwertigkeitsgefühl äußert sich entweder durch überheblich entwertende „Abgrenzung" nach außen, oder, wie schon bemerkt, durch unkritische Übernahme von Elementen anderer, nicht analytischer Therapieformen.

Der Vereinnahmung psychoanalytischer Erkenntnisse durch andere Ansätze von außen steht also von unserer Seite eine Tendenz zur unkritischen Übernahme psychoanalysefremder Techniken gegenüber. So vermeiden wir die Weiterentwicklung unserer Identität als Psychoanalytiker in einer sich ständig verändernden Welt. Wir gliedern uns ein in die Entwicklung einer „allgemeinen Psychotherapie", in der grundsätzliche Fragen nach der gesellschaftlichen und politischen Bedeutung unserer Theorie und Praxis zugunsten einer vereinfachenden klinischen Pragmatik verschwinden.

Aus meiner Sicht können wir unsere Identität nur wirklich stabilisieren, wenn wir uns kritisch mit unserer Umwelt und immer auch *kritisch mit uns selbst auseinandersetzen.* Das von mir entwickelte Konzept der *Politischen Psychoanalyse* bemüht sich um beides: um die *Psychoanalyse der Politik* (Politik im engeren und in einem sehr weiten Sinn als zwischenmenschliche Beziehung überhaupt verstanden), und um die *Politik der Psychoanalyse:*

Wenn das dialektisch-emanzipatorische Prinzip der Psychoanalyse darin besteht, daß man die Dinge immer mindestens von zwei Seiten betrachtet, dann genügt es nicht, die emanzipatorische Potenz der Psychoanalyse auf eine einseitige „Kritik der Gesellschaft" zu beschränken. Dann geht es auch um die Umkehrung: um die Kritik der Gesellschaft an der Psychoanalyse. Das bedeutet, daß einerseits die kritischen Stellungnahmen von „außen" ernsthaft reflektiert werden müssen, und daß andererseits die eigene Haltung in Theorie und Praxis ständig daraufhin untersucht werden muß, ob sie nur das gegenwärtige Bewußtsein widerspiegelt und dadurch bestätigt, ob sie der Entwicklung dieses Bewußtseins vielleicht sogar hinterherhinkt, oder ob sie dieser Entwicklung wenigstens teilweise einen Schritt voraus ist und so zur kritischen Reflexion der bestehenden Herrschaftsverhältnisse und zu deren heilsamer Veränderung beitragen kann.

Wenn wir (vielleicht unreflektiert und unbewußt) die gewalttätigen Abwehrmechanismen in der Gesellschaft durch unsere eigene Theorie und Handlungsweise bestätigen, oder wenn wir sie ausschließlich in einer verhärteten Gegenideologie bekämpfen, tragen wir nichts zu möglichen Gesundungsprozessen beim einzelnen und in der Gesellschaft bei. Das gilt gleichermaßen für unsere Haltung in allen Formen der Psychotherapie wie auch für unsere Haltung in allen anderen Formen der Angewandten Psychoanalyse, und natürlich nicht zuletzt in gesellschaftlichen und politischen Fragen.

Die „kulturkritische Seite" der Psychoanalyse wird von Psychoanalytikern allerdings oft erst dann hervorgehoben, wenn der Kampf um den Beweis der „Effektivität" in der berufspolitischen Auseinandersetzung schon fast verloren zu sein scheint. Ich finde es bedauerlich, daß diese „kulturkritische Seite" zumeist von der „klinischen Seite" (in der es scheinbar nur um eine ganz bestimmte Effektivität geht) abgespalten wird. Solange freilich die „Gesellschaftskritik im Deutungsprozeß" (Parin 1975) als das „ganz Andere" verstanden wird, als das, was einige wenige gesellschaftlich und politisch interessierte und engagierte Psychoanalytiker/innen in ihren Schriften tun und gelegentlich (in vielleicht unzulässiger Weise?) in den (doch lege artis wertfreien) therapeutischen Raum einbringen, wird diese Spaltung aufrechterhalten bleiben. Erst wenn wir unsere Theorie *in sich selbst* als dialektisch-emanzipatorische Theorie (Bauriedl 1980) verstehen, wird eine wirkliche Verbindung zwischen politischem und klinischem Engagement möglich sein. Auch aus diesem Grund halte ich die explizite Definition der Psychoanalyse als Beziehungstheorie für ihr Weiterbestehen und für ihre Weiterentwicklung als geistesgeschichtlich relevante Theorie und Praxis für unerläßlich.

Jede Theorie entsteht aus einem ganz persönlichen Hintergrund und dem damit verbundenen Erkenntnisinteresse. Theorien sind personenspezifische, gesellschaftsspezifische und zeitspezifische „innere Bilder", die wir im Umgang mit unserer Umwelt entwickeln und mit deren Hilfe wir uns orientieren. Insofern ist keine Theorie „falsch". Bezogen auf die Person, die sie entwickelt, gibt sie deren augenblickliche Beziehung zu ihrer Umwelt wieder. Diese Beziehung kann sich verändern und damit verändert sich auch gleichzeitig die „Theorie" der Person. Um mit einer Theorie kritisch umgehen zu können, interessiert mich das jeweils persönliche Erkenntnis- und Handlungsinteresse dessen, der sie entwickelt.

Über mein Erkenntnisinteresse möchte ich folgendes mitteilen: Ich erinnere mich, daß ich schon in meiner Kindheit intensiv mit der Frage beschäftigt war, was *zwischen* den Menschen – damals dachte ich noch vorwiegend über die *anderen* Menschen nach – vor sich geht. Ich hatte immer die Vorstellung, daß das, was psychisch *in* einem Menschen geschieht, wohl interessant, aber doch nicht ausreichend sein würde, um den Menschen zu verstehen. „Ich kann es zwar nicht sehen, aber ich kann es spüren", so waren meine Gedanken damals, wenn ich sozusagen „die Luft" zwischen den Menschen „begreifen" wollte.

Dieses Erkenntnisinteresse hat bisher alle meine wissenschaftlichen Fragestellungen geprägt. Mit der eigenen Analyse kam das Interesse dazu, auch das genau zu erfassen, was in *mir* und zwischen *mir* und anderen Menschen geschieht. Als Analytikerin interessierte mich zwangsläufig das Zusammenspiel zwischen Übertragung und Gegenübertragung (sowohl von seiten des Analytikers als auch von seiten des Analysanden). In meiner Forschung zu den wissenschaftstheoretischen Grundlagen der Psychoanalyse, zur Angewandten Psychoanalyse und zur Politischen Psychoanalyse war und ist es mir ein wichtiges Anliegen, die Dynamik intrapsychischer Prozesse im Zusammenspiel mit der Dynamik interpsychischer (auch gesellschaftlicher) Prozesse zu verstehen.

Da unsere Gefühle und Phantasien unsere natürlichen Orientierungsmöglichkeiten in unserer Umwelt sind, meine ich, daß gerade Psychoanalytiker gut daran tun, sich vorwiegend mit der Analyse ihrer *eigenen* Gefühle und Phantasien zu beschäftigen, und mit der Frage, wie sie sich aufgrund dieser Gefühle und Phantasien (auch therapeutisch) verhalten *wollen.* Das „Handwerk“ (die Behandlungstechnik) verbindet sich auf diese Weise mit der ständigen Reflexion der Beziehung. Jedes therapeutische Verhalten kann so auf seine *Bedeutung in der aktuellen Beziehung* untersucht werden. Es geht dann nicht mehr darum, ob ein Verhalten „richtig oder „falsch“ ist, sondern darum, ob man seine Bedeutung in der Beziehung erkennt und das Verhalten aus diesem Verständnis heraus persönlich *verantwortet.* Psychoanalyse wird so wesentlich zur *Beziehungs- und Bedeutungsanalyse.* Das unterscheidet sie grundsätzlich von allen anderen Therapieformen.

Juni 1994

1. Kapitel

Das dialektisch-emanzipatorische Prinzip der Psychoanalyse

In den 100 Jahren ihres Bestehens hat die Psychoanalyse so vielfältige Formen angenommen, daß man aus einer bestimmten Perspektive nicht mehr von der Psychoanalyse als einer einheitlichen Theorie und Praxis sprechen kann (Cremerius 1982). Viele Menschen aus unterschiedlichen Kulturkreisen und mit unterschiedlichem persönlichem und gesellschaftlichem Hintergrund haben sich in dieser Zeit von einer Theorie angezogen gefühlt, die verändernd zu sein verspricht. *Welche* Art der psychischen Veränderung von ihnen jeweils gesucht wurde und welchen Weg sie innerhalb der vielen verschiedenen psychoanalytischen Theorien dafür fanden oder selbst neu entwickelten, war oft sehr unterschiedlich.

Freud selbst versuchte verschiedentlich die allgemeine Richtung dieses Suchens und Findens von Wegen anzugeben, indem er Mindestmaße für die Übereinstimmung unter denen festlegte, die sich Psychoanalytiker nennen durften. Gleichzeitig ist in seinen Schriften immer wieder deutlich zu erkennen, daß es ihm wichtig war, die Offenheit und Toleranz, die er seinen eigenen Einfällen gegenüber bewahrt hatte, auch seinen Schülern und Nachfolgern zuzugestehen. Wenn er nicht gerade in einem persönlichen Streit mit einem dieser „Konkurrenten" befangen war, forderte er immer wieder dazu auf, die Theorie nicht für abgeschlossen zu erklären, sondern für neue Ideen offen zu bleiben und weiter an der Ausgestaltung von Theorie und Praxis zu arbeiten.

Es konnte nicht ausbleiben, daß jeder und jede seiner

Schüler/innen und Nachfolger/innen aus Freuds umfangreichem und durchaus in sich widersprüchlichem Werk herauslas und herausliest, was ihm oder ihr persönlich am wichtigsten erscheint. Gelegentlich werden die so gewonnenen Zitate als „Waffen“ gegeneinander ins Feld geführt. Dann geht es um die „wahre“ Nachkommenschaft und den Ausschluß von „falschen“ Geschwistern, Onkeln und Tanten aus der „Freud-Familie“. Oft regt aber auch das Gespräch über bestimmte Aspekte, die den einzelnen Theoretikern oder Theoretikerinnen besonders wichtig sind, die gemeinsame Weiterentwicklung der Theorie an.

Mir persönlich liegt das „dialektisch-emanzipatorische“ Prinzip der Psychoanalyse besonders am Herzen (Bauriedl 1980). Ich möchte deshalb in diesem Kapitel versuchen, die Entwicklungsgeschichte dieses Prinzips, wie ich sie sehe, kurz nachzuzeichnen. In den folgenden Kapiteln werde ich dann die hier beschriebenen Grundprinzipien der Psychoanalyse auf Anwendungsformen „ohne Couch“ übertragen, vor allem auf die psychoanalytische Paar- und Familientherapie aus beziehungsanalytischer Sicht.

Freuds revolutionärer Ansatz

Die Entwicklungsgeschichte des emanzipatorischen Prinzips in Freuds Theorie liest sich heute wie ein immer wieder aufs neue ansetzender Versuch, „unterdrückte“ oder auch „eingesperrte“ Teile des Menschen zu befreien. Es handelt sich also um eine Theorie der Revolution. Zuerst versuchte Freud die Befreiung eher „mit Gewalt“, bis er nach und nach entdeckte, daß in jedem Menschen selbst ein *emanzipatorisches* Potential steckt, das es in der *dialektischen* Begegnung zwischen Analytiker und Analysand zu entdecken und freizusetzen gilt.

In den achtziger Jahren des vergangenen Jahrhunderts nahm Freud die ersten Anfänge in der Psychiatrie auf, psychische Erkrankungen, zunächst vor allem die „Hysterie“ (bzw. das, was damals unter diesem Begriff verstanden wurde), psychotherapeutisch zu behandeln. Er ging dabei zunächst von der Vorstellung aus, daß die Hysterie durch ein Trauma entsteht, durch eine seelische Überlastung, die aber vergessen wird. Die vergessene traumatische Szene mußte also wieder ins Gedächtnis zurückgerufen werden, was Freud und sein Freund Breuer zunächst mit Hilfe der hypnotischen Suggestion versuchten. Den Patienten wurde unter Hypnose aufgetragen, die vergessene Szene wiederzuerinnern und die in dieser Szene unterdrückten Gefühle wiederzuerleben. Darin unterscheidet er sich nicht von unseren Bemühungen heute, zum Beispiel bei sexuellem Mißbrauch wenigstens nachträglich die in dieser Szene unterdrückten Gefühle des Opfers wiederzufinden und (erstmals) als „berechtigte“ Gefühle anzuerkennen.

Seiner Zeit entsprechend nahm Freud allerdings zunächst an, daß die seelische Erkrankung in einem Affektstau bestehe, und daß entsprechend die Heilung nur durch eine „Abfuhr“ oder durch „Abreagieren“ der gestauten Gefühle und Triebwünsche geschehen könne. Die Vorstellung, daß es sich bei der Psychoanalyse vor allem darum handle, gestaute Affekte „abzureagieren“ ist heute unter Laien noch weit verbreitet, und sie lebt auch in manchen „kathartischen“ Methoden wie z. B. der Urschreitherapie und anderen aus der Psychoanalyse abgeleiteten Methoden der humanistischen Psychologie weiter. Dieses Verständnis der Psychoanalyse übersieht aber gerade den wesentlichen Schritt Freuds, weg von der kathartischen Methode des Abreagierens hin zur eigentlichen psychoanalytischen Methode, die von Freud selbst als „Erinnern, Wiederholen und Durcharbeiten“ (Freud 1914) beschrieben wurde.

Die Hypnose erwies sich nämlich für Freud schon bald als unsichere und unzuverlässige Methode, die vergessenen Erinnerungen wieder zum Vorschein zu bringen und dadurch die Krankheitssymptome aufzulösen. Er suchte und fand eine Methode, bei der der Patient den „natürlichen Auftrieb“ seines Unbewußten (Freud 1941, S. 104) nutzen konnte und so mit Hilfe der *Selbstheilungskräfte* seines eigenen Unbewußten seine Emanzipation aus bisherigen intrapsychischen Beschränkungen betreiben konnte: die Methode der *freien Assoziation.* Der Patient brauchte dazu nicht in Hypnose versetzt zu werden und mußte auch nicht suggestiv behandelt werden. Freud bat seine Patienten, sich ohne Zensur dem Ablauf ihrer Einfälle und Phantasien zu überlassen und möglichst alles auszusprechen, was ihnen dabei in den Kopf kam, auch wenn es ihnen unangenehm, unsinnig oder unwichtig erschien. Aus diesen freien Einfällen des Patienten versuchte er die verdrängten Anteile, das „dynamisch Unbewußte“ des Patienten zu erkennen. Er fand heraus, daß das Unbewußte sich in den verschiedensten Formen seine Ausdrucksmöglichkeiten sucht, in den Träumen, in Versprechern, ganz allgemein in „Fehlleistungen“, und letztlich, was für die klinische Psychoanalyse die wichtigste Entdeckung war, in den Krankheitssymptomen. Diese sah Freud als Kompromißbildungen zwischen verdrängten Triebwünschen und den verbietenden Normen der Umwelt, die ins „Über-Ich“, einen Teil des „psychischen Apparats“ aufgenommen worden waren.

Hier trat das *dialektische* Element der Psychoanalyse in seiner doppelten Ausprägung zutage:

Einerseits sah Freud das „intrapsychische System“, wie wir heute sagen können, in der Gestalt einer inneren „Szene“, in der gewissermaßen ein „Gespräch“ zwischen verschiedenen Instanzen stattfindet: Das Es vertritt die Wünsche der Person (damals „Triebwünsche“ genannt), das Überich verbietet oder genehmigt die Befriedigung dieser Wünsche, in Vertretung der elterlichen und gesellschaftlichen Normen. In diesen „Verhandlungen“ zwischen den beiden Instanzen entwickelt das Ich Kompromisse zwischen den beiden Kontrahenten, die je nach Stärke dieses „Vermittlers“ die „Liebes- und Arbeitsfähigkeit“, also die innere und äußere Freiheit der Person mehr oder weniger einschränken.

Der zweite von mir als dialektisch bezeichnete Aspekt dieser Entwicklung in Freuds Theoriebildung besteht darin, daß er mit der Abkehr von der kathartischen Methode die Vorstellung aufgab, die Gefühle müßten nur einfach „freigelassen" werden. In dem Konzept „Erinnern, Wiederholen und Durcharbeiten" ist der wichtige Gedanke enthalten, daß diese Gefühle, Ängste und Phantasien ein *Gegenüber* brauchen, bei dem sie ankommen können. Das Revolutionsmodell hatte sich also verändert: Es ging nicht mehr nur darum, daß die eingesperrten und unterdrückten Anteile „freigelassen" werden, sondern darum, daß (nach Freuds damaliger Ausdrucksweise) die „verdrängten Triebvorgänge" *in gemeinsamer Arbeit* (Freud 1914, S. 136) wiedergefunden werden müssen. Die Revolution hatte sich in einen „Versöhnungsprozeß" verwandelt. Freud schrieb damals:

„Er (der Kranke, T.B.) muß den Mut erwerben, seine Aufmerksamkeit mit den Erscheinungen seiner Krankheit zu beschäftigen. Die Krankheit selbst darf ihm nichts Verächtliches mehr sein, vielmehr ein würdiger Gegner werden, ein Stück seines Wesens, das sich auf gute Motive stützt, aus dem es Wertvolles für sein späteres Leben zu holen gilt. Die Versöhnung mit dem Verdrängten, welches sich in den Symptomen äußert, wird so von Anfang an vorbereitet, aber es wird auch eine gewisse Toleranz fürs Kranksein eingeräumt" (a.a.O., S. 132).

Da diese Versöhnung im Beisein des Analytikers und mit dessen Unterstützung geschieht, kann man hier fortsetzen – was Freud damals noch nicht so sah –, daß es gleichzeitig (in der Szene von Übertragung und Gegenübertragung) um eine Versöhnung zwischen Analytiker und Analysand geht. In derselben Arbeit beschrieb Freud den *Wiederholungszwang:* Er erkannte, daß alleine die Bereitschaft des Analytikers, die verdrängten Gefühle und Wünsche des Patienten als wichtig und richtig zu akzeptieren, das Problem noch nicht löst. Da und soweit diese Gefühle nicht direkt mitgeteilt werden können, werden sie „agiert" oder szenisch wiederholt – so lange bis sie dem bewußten Erleben wieder zugänglich sind und in das „Gespräch" zwischen Analytiker und Analysand Eingang finden können.

In Begriffen der heutigen Theoriediskussion ausgedrückt handelt es sich bei dieser Entdeckung um die Erkenntnis, daß es sich bei der psychischen Organisation des Menschen um ein „selbstreferentielles" System handelt, das sich durch Wiederholung der eigenen Struktur aufrecht erhält (Maturana 1982, Brocher und Sies 1985, Simon 1988, 1994). Durch den Wiederholungszwang werden nicht nur die verdrängten Triebwünsche immer wieder lebendig, sondern auch die diese Triebwünsche abwehrenden Maßnahmen, so daß sich als Ergebnis so lange immer wieder die bisher bestmögliche Lösung des Konflikts (eventuell das Symptom) zwischen Triebwunsch und Abwehr ergibt, bis eine bessere gefunden ist.

Um nun diese unglückliche Kette von Wiederholungen aufzuheben, versuchte Freud, die vergessenen traumatischen Szenen in der Beziehung zwischen sich und den Patienten wiederzubeleben. Er entdeckte, daß diese Wiederbelebung durch das Phänomen der „Übertragung" von selbst auftritt, wenn man diesen Prozeß zu sehen gelernt hat und möglichst wenig unterbindet. Das Wiedererinnern in der analytischen Situation bekam dadurch eine neue Bedeutung, nämlich die des Wieder*erlebens* im Hier und Jetzt der therapeutischen Beziehung. Es wurde Freud auch bald klar, daß es sich bei den traumatischen Szenen, die zur Erkrankung geführt hatten, nicht um einzelne Kindheitssituationen handelte, sondern um die mehr atmosphärisch zu erlebenden, also überdauernden *Beziehungsstrukturen in der Ursprungsfamilie* des Patienten. Der Patient verhält sich dem Therapeuten gegenüber genauso wie er es seinen Eltern und Geschwistern gegenüber gelernt hat, und „überträgt" auf diese Weise seine unbewußten Konfliktsituationen aus der Ursprungsfamilie in die therapeutische Beziehung, wo sie dann durchgearbeitet werden können.

Dieses *„Durcharbeiten"* ist nun aus meiner Sicht das

eigentlich Revolutionäre an der Freudschen therapeutischen Methode. Hier wird der Versuch gemacht, das, was bisher aus dem interpersonellen „Gespräch" ausgeschlossen war, was vom Patienten nicht mitgeteilt werden konnte, weil er sich zwangsläufig mit dem Fühl- und Sprechverbot seiner früheren Beziehungspartner identifiziert hatte, *ins Gespräch zu bringen.* Das Gefühl, der „Schrei" muß nicht nur „heraus" aus dem Patienten, es geht auch um eine grundsätzliche Umstrukturierung seines „Ich". Es geht um die revolutionäre Veränderung seiner Kompromißbildungen. *Das „Gespräch" zwischen Analytiker und Analysand verändert gleichzeitig das „Gespräch" innerhalb des Patienten.* Von (dualistischen) Entweder-Oder-Strukturen geht es schrittweise über in (dialektische) Und-Strukturen.[1]

Das „Durcharbeiten" besteht in einer gemeinsamen Entdeckungsarbeit von Therapeut und Patient, nicht in einer einseitigen „Behandlung" der psychischen Erkrankung des Patienten durch den Therapeuten. Beide, Patient und Therapeut, begeben sich gemeinsam auf die Suche nach dem „wahren Selbst"[2] des Patienten, das heißt: nach seiner wahren Persönlichkeit. Dabei finden sie die bisher verdeckten oder verdrängten Wünsche des Patienten ebenso wieder wie die Ängste, die dazu führten, diese Wünsche nicht mehr direkt zum Ausdruck kommen zu lassen, sondern nur noch indirekt in Form von neurotischen, psychotischen oder psychosomatischen Symptomen.

In seiner jahrelangen Selbstanalyse entdeckte Freud „am eigenen Leib", welche Mechanismen diesem Aufdekken der wahren Persönlichkeit und ihrer Konflikte im Wege stehen. Er nannte sie „Widerstand" und meinte mit dieser Bezeichnung denselben Mechanismus, den er sonst als „Abwehr" oder als „Zensor" bezeichnete, nämlich

---

1 Vgl. Bauriedl 1980; hier beschrieben in Kapitel 3 und 4.

2 Ein Begriff, den Winnicott 1960 in die psychoanalytische Theorie einführte (Winnicott 1974, S. 189).

diejenige Instanz im Menschen, die die Anpassung an die Umwelt und damit die Existenzmöglichkeit des Individuums in der Gemeinschaft gewährleistet – freilich oft unter starker Einschränkung der Lebens- und Entfaltungsmöglichkeiten des Individuums. Damit verstand er für den psychischen Bereich, was Marx zur gleichen Zeit mit seinem Ausspruch: „Das herrschende Bewußtsein ist das Bewußtsein der Herrschenden" beschrieb, nämlich das implizite Einverständnis der Individuen (wie der Kinder) mit den Bewußtseinsstrukturen der „Herrschenden". Da dieses Einverständnis (intrapsychisch: die Abwehr) die Grundlage der subjektiv erlebten Existenzberechtigung des Individuums ist, setzt dieses allen Befreiungsversuchen seinen „Widerstand" entgegen. Wenn die Abwehr- und Anpassungsmechanismen in Frage gestellt werden, tritt zunächst einmal die ursprüngliche Existenzangst wieder zutage, was den Widerstand gegen die „Befreiung" verständlich macht. Wird mit dieser Angst akzeptierend umgegangen, dann werden allerdings auch die ursprünglichen Bedürfnisse des Patienten wieder sichtbarer, und die diese Bedürfnisse vertretenden Symptome können aufgegeben werden, was einer „inneren Revolution" der Persönlichkeit entspricht, die regelmäßig (durch die „Kündigung der Einverständniserklärung") auch eine revolutionierende Wirkung auf deren Beziehungen zur Umwelt hat.

Wenn man diese Theorie, deren Grundzüge ich hier kurz dargestellt habe, im Licht der heutigen wissenschaftstheoretischen Diskussion betrachtet – und sie gutwillig interpretiert –, dann kann man sehen, daß Freud hier eine „Theorie lebender Systeme" (Simon 1988) entwickelt hat, die den Ansprüchen der „modernen" Systemtheorien ebenso entspricht wie den gleichzeitig entwickelten „Zeichentheorien" (J.v. Uexküll 1940, Wiener 1963, Th.v. Uexküll 1991, 1992, Wesiack 1993). Im 3. Kapitel komme ich darauf zurück und unternehme den Versuch, diesen Ansatz einer dialektisch-emanzipatorischen Systemtheorie im psychoanalytischen Raum weiterzuentwickeln.

Der Gegenstand und das Ziel einer psychoanalytischen Therapie

Der Konflikt

Aus dem kurzen Überblick über Freuds Ansatz geht schon hervor, daß der Gegenstand der Psychoanalyse und der psychoanalytischen Therapie der (intrapsychische und interpsychische) *Konflikt* ist. Das heißt aber nicht, daß das Vorhandensein von Konflikten innerhalb der Person oder zwischen Personen als pathologisch und als zu beseitigen angesehen wird. Es heißt vielmehr, daß die verdrängten Anteile des Konflikts, die „in den Untergrund gehen" mußten, in einer psychoanalytischen Behandlung wieder zutage treten können, so daß der Konflikt jetzt eine bessere, das heißt eine befriedigendere Lösung finden kann als bisher. In der Psychoanalyse wird es nicht als krankhaft angesehen, Konflikte zu haben. Aber es gibt bestimmte Konfliktlösungen (Kompromißbildungen zwischen Wunsch und Abwehr), durch die der Patient nur noch sehr eingeschränkt leben kann. Er hat dann eine Seite des Konflikts (zum Beispiel den Wunsch und/oder die Angst) abgespalten und nimmt sie auf diese oder jene Weise (je nach Art der Abwehr) nicht mehr wahr.

Die Objektbeziehungen

Aus der Sicht der Objektbeziehungstheorie, der Beziehungsanalyse und der Familiendynamik[3] läßt sich heute das Trauma, das vergessen wurde, (szenisch) noch genauer beschreiben als zu Freuds Zeiten: Die Ängste, die im Kind dazu führten, daß es auf Teile seiner selbst, auf Wünsche, Ängste und andere Gefühle verzichtete (sie in sich abzuspalten lernte), entstanden in der Beziehung zu seinen frühen Bezugspersonen. Die Wünsche und Gefühle, die diese Bezugspersonen beim Kind nicht ertragen konnten (weil sie sich im weitesten Sinn überfordert oder schuldig gefühlt hätten), lernte das Kind aus seinem Leben und Erleben zu

[3] (Vgl. Kapitel 3 und 4)

verdrängen, indem es ein „falsches Selbst" entwickelte. Das „wahre Selbst" ist nach Winnicott (1974) sozusagen die Innenseite des Menschen, während das „falsche Selbst" die Seite des Menschen darstellt, die er nach außen kehrt. „Falsch" ist dieses Selbst insofern als jeder Mensch – mehr oder weniger – lernt, auf seine wirklichen Gefühle und Wünsche zu verzichten und stattdessen versucht, nur das zu fühlen und zu wünschen, was seine Umgebung ertragen kann und von ihm erwartet. Durch diese Entwicklung eines mehr oder weniger falschen Selbst erreichen wir unsere Stellung in der Gemeinschaft, sei es als bewunderte und erfolgreiche Menschen, sei es als Sündenböcke und Versager, oder in einer anderen der vielen möglichen „sozialen Rollen". Immer verbergen wir eine Seite unseres Selbst und versuchen so, eine möglichst weitgehend gesicherte Stabilität in unseren Beziehungen zu gewinnen.

Nach Winnicott ermöglicht die Ausbildung eines falschen Selbst auch das versteckte Überleben des wahren Selbst und das Überleben des Kindes in seiner Umgebung überhaupt. Es hat also eine lebenserhaltende Funktion. Freilich geschieht es oft, daß wir selbst und andere unser falsches Selbst als die wirkliche Person ansehen und das hinter ihm verborgene wahre Selbst nicht mehr als zur eigenen Person gehörend ansehen können und wollen. Wir selbst und andere verwechseln uns mit unserer „sozialen Hülle". Innerhalb dieser Hülle bzw. hinter einer auf einem falschen Selbst beruhenden erfolgreichen Fassade wären zumeist Angst, Trauer, Schmerz und Einsamkeit, aber auch „Lebenwünsche" aller Art zu finden, eben die Gefühle und Wünsche, auf die wir als Kinder verzichtet haben, um die lebensnotwendige Verbindung zu unseren Bezugspersonen nicht zu verlieren.

Die Tatsache, daß wir häufig nach außen so ganz anders erscheinen als wir uns „innen" wirklich fühlen, macht die Täuschung oder Selbsttäuschung instabil. Zwar kann die gegen die eigene Person und gegen andere eingesetzte Unterdrückung der wirklichen Gefühle in unserer Gesellschaft kurzfristig wirtschaftliche oder auch narzißtische

Vorteile bringen, doch sind diese Vorteile ständig bedroht von einer möglichen Aufklärung über die andere, die verborgene und verleugnete Seite der Person.

Wenn nun der Gegenstand der psychoanalytischen Therapie der verborgene Konflikt ist, und sie sich darum bemüht, die abgespaltenen Konfliktanteile (es ist vor allem der Part des „Kindes“ in allen seinen bisherigen Beziehungen) wieder auffindbar zu machen, dann ist es nicht erstaunlich, daß nur wenige „Erfolgreiche“ in unserer Gesellschaft es wagen, sich in einem psychoanalytischen Prozeß mit der Wiederentdeckung ihres wahren Selbst zu beschäftigen, und daß es jedem Analysanden auch innerhalb seiner Analyse schwer fällt, auf sein Sicherheit bietendes falsches Selbst zu verzichten.

Das „Gespräch“

Und doch gibt es aus meiner Sicht in der Psychoanalyse keinen anderen Weg, um die jeweilige Symptomatik im weitesten Sinn (als Kompromißbildung zwischen Wünschen und Ängsten *innerhalb* der Person und als Kompromißbildung zwischen Wünschen und Ängsten *zwischen* den Personen) überflüssig werden zu lassen, als den damals und bisher ausgefallenen *Dialog* in der zwischenmenschlichen Beziehung wieder oder erstmals zu kultivieren. Dazu muß das *Gespräch* zwischen Kind und Eltern in der therapeutischen (Übertragungs-) Beziehung rekonstruiert werden. Die damals und bisher ausgefallenen und durch entsprechende Abwehrformationen (Symptome) ersetzten dialogischen Elemente des Gesprächs in der Beziehung müßten dafür wieder eingeführt werden. Dazu kann ein Verständnis des intrapsychischen Konflikts und seiner Lösungen (Abwehr) als Niederschlag eines interpsychischen Konflikts, also ein *szenisches Verständnis der Abwehrmechanismen* hilfreich sein (vgl. 3. Kapitel).

Der Ödipuskomplex

Im Zentrum der Freudschen Konfliktdiskussion stand der *Ödipuskomplex.* Freud studierte unter dieser Bezeichnung die Schicksale der sexuellen Triebwünsche kleiner Kinder ihren Eltern gegenüber. Er fand eine regelmäßige und notwendige sexuelle Hinwendung des kleinen Jungen zu seiner Mutter und des kleinen Mädchens zu seinem Vater, wobei jeweils der gleichgeschlechtliche Elternteil als Rivale erlebt und bekämpft wird.[4] Der Ödipuskomplex nach Freud ist also nicht, wie häufig von Laien angenommen wird, eine krankhafte Erscheinung, sondern ein Phänomen in der Entwicklung jedes Kindes, für das dasselbe gilt wie für jeden anderen seelischen Konflikt: Nicht das Vorhandensein des Konflikts ist das Krankhafte, sondern seine (ungelöste) Verdrängung. Im Fall des ödipalen Konflikts führt nach Freud das Durchstehen des Konflikts zur Entwicklung einer gesunden sexuellen Identität, während die Verleugnung des Konflikts zu Fixierungen an den gleichgeschlechtlichen oder an den gegengeschlechtlichen Elternteil führt.

Wegen der Entdeckung des Ödipuskomplexes und der kindlichen Sexualität wurde Freud heftig bekämpft. Noch heute stellen diese Erkenntnisse gelegentlich für Gegner der Psychoanalyse Ansatzpunkte für Kritik dar. Auch innerhalb der psychoanalytischen Theorie gab und gibt es Strömungen, die den Ödipuskomplex entweder ganz verlassen möchten, oder doch wenigstens seine zentrale Position im theoretischen Gebäude sehr in Frage stellen. Da der ödipale Konflikt das Grundmodell für jeden psychischen Konflikt darstellt,[5] führt das Aufgeben der zentralen Stellung des Ödipuskomplexes innerhalb der psychoanalytischen Theorie dazu, daß oft auch der psychische Konflikt als wichtigster Gegenstand der psycho-

---

4 Ich sehe hier absichtlich von der zeit- und personenbedingten Einseitigkeit der Freudschen Sicht des Ödipuskomplexes zwischen Jungen und Mädchen ab. Zur kritischen Diskussion und einer Neuformulierung des Ödipuskomplexes vgl. Bauriedl: Psychoanalyse als Beziehungswissenschaft (in Vorbereitung).

5 Man müßte ihn wohl heute aus familiendynamischer Sicht neu formulieren, vgl. Bauriedl: Psychoanalyse als Beziehungswissenschaft (in Vorbereitung).

analytischen Theorie und Therapie aufgegeben wird. Damit wird aber ein wichtiges Charakteristikum der Psychoanalyse geopfert, was aus meiner Sicht schwerer wiegt, als der Gewinn größerer Akzeptierbarkeit der Psychoanalyse im breiten Publikum.

Außerdem erscheint mir die Entdeckung der Bedeutung sexueller (auch inzestuöser) Wünsche und Gefühle innerhalb der Familie heute noch fast ebenso revolutionär wie zu Freuds Zeiten – trotz aller sexueller Liberalisierung in den letzten Jahrzehnten. Wenn man genau hinsieht, ist dieses Thema heutzutage in den Familien kaum weniger tabuisiert als damals. Im Verhalten wird inzestuöse Sexualität entweder offen und scheinbar konfliktlos ausgeübt oder vollständig verleugnet. Die emotionalen Spannungszustände in der Familie, in denen jedes Kind aufwächst, und die seine psychische Entwicklung wesentlich prägen, werden auch heute noch – trotz der Aufklärung auch durch psychoanalytisches Gedankengut – weitgehend übersehen. Versteht man den Ödipuskomplex nämlich im weitesten Sinn als Gesamtheit psychophysischer Konflikt- und Spannungszustände in der Familie (wie z. B. emotional verschmelzende Anziehung oder ausgrenzende Abstoßung zwischen den Familienmitgliedern), dann wird durch die Theorie vom Ödipuskomplex die psychische Entwicklung des Kindes nicht mehr „nur" unter dem Aspekt der Sexualität (im engeren Sinn) gesehen, wie ein Hauptargument gegen die Psychoanalyse lautet (Bauriedl 1992a, S. 53 ff). Auch für die sogenannten „Frühstörungen" wird er wieder relevant, wenn man das offensichtliche „Strukturdefizit" dieser Patienten als ein Ergebnis gewalttätig übergreifender Beziehungsangebote von seiten der frühen Bezugspersonen sieht, innerhalb derer sich kaum ein differenziertes Ich entwickeln konnte.[6]

---

6 Vgl. den Versuch einer beziehungstheoretischen Neuformulierung der psychoanalytischen Entwicklungstheorie in Bauriedl: Psychoanalyse als Beziehungswissenschaft (in Vorbereitung).

Die Wiederentdeckung des „wahren" Selbst

Wenn der Gegenstand der psychoanalytischen Therapie also der verdrängte Konflikt ist, dann kann man das *Ziel* der Therapie allgemein als das Wiederfinden der Konflikte und damit das Wiederentdecken der wahren Person(en) definieren. Neurotische, psychotische und psychosomatische Störungen sind dadurch gekennzeichnet, daß durch die Abspaltung (das Stumm-Werden) wichtiger Konfliktanteile eine Pseudopersönlichkeit entstanden ist. Alle Neurosenformen haben ihren Ausdruck in besonderen (narzißtischen, depressiven, zwanghaften, hysterischen und anderen) „Persönlichkeitsmasken" gefunden, die zunächst sowohl für die Person selbst als auch für ihre Bezugspersonen die dahinter befindliche „wahre" konflikthafte Persönlichkeit nicht mehr erkennen lassen. Anstelle des *Leidens in der Beziehung* (und der Versuche, im Kontakt mit dem Beziehungspartner an diesem Leiden etwas zu ändern) entwickelte sich ein mehr oder weniger ausgeprägter stereotyper Machtkampf innerhalb der eigenen Person und gleichzeitig die ständige Wiederholung von Machtkämpfen (im weitesten Sinn) zwischen der Person und ihren Beziehungspartnern.

Zum Beispiel leidet ein vorwiegend depressiv strukturierter Neurotiker darunter, daß er, wie er meint, alles falsch macht und ihn niemand in der Welt liebt; alle Beweise von Zuneigung können ihn nicht von der Überzeugung abbringen, daß er nichts wert sei (und ebenso von der heimlichen Überzeugung, daß er „eigentlich" wertvoller sei als alle anderen Menschen). In einer psychoanalytischen Therapie würden beide, Therapeut und Patient, vielleicht zum ursprünglichen Konflikt dieses Patienten zurückfinden, der darin bestehen könnte, daß der Patient seine liebenden Gefühle für die Eltern in der Kindheit schon abzulehnen gelernt hat. Weil die Eltern diesen Gefühlen keine Resonanz bieten konnten, wagte es der Patient nicht mehr, die Eltern oder andere Menschen zu lieben und muß deshalb ständig darauf warten, geliebt zu werden, bzw. Liebe und Liebesbeweise zu erzwingen, denen er dann doch nicht glauben kann. Seine Identität heißt: „Ich bin, wenn ich geliebt werde", nicht: „Ich bin, weil ich die Gefühle habe, die ich wirklich habe – vielleicht auch Liebesgefühle." So erwartet er ständig, von anderen Personen durch Beweise ihrer

Zuneigung das „Loch“ gefüllt zu bekommen, das durch die intrapsychische Ablehnung seiner eigenen Liebesgefühle entstanden ist.

Eine kausale Therapie

Psychoanalytische Therapie mit dem Ziel, Konflikte aufzudecken und durchzuarbeiten, ist eine *kausale* Therapie. Das heißt, daß sie nicht primär an der Behandlung eines Symptoms ansetzt, sondern die diesem Symptom zugrundeliegende Konfliktsituation in einem geschützten Beziehungsraum zutage fördert und wieder erlebbar werden läßt. Auf diese Weise kann das Symptom überflüssig werden. Wenn der zugrundeliegende Konflikt wirklich durchgearbeitet ist, und nur dann, besteht nicht mehr die Gefahr, daß er sich eine neue Ausdrucksform, ein neues Symptom sucht. Dabei ist jedoch zu beachten, daß Symptome in psychoanalytischer Betrachtungsweise immer eine Vielfalt von Bedeutungen haben, d.h. daß sie zur Stabilisierung vieler verschiedener Konfliktsituationen beitragen.

So kann zum Beispiel das Bettnässen eines kleinen Jungen bedeuten, daß er ein kleines Kind bleiben will, aber auch, daß er die Aufgabe hat, seine Eltern zu entzweien (die sich über sein Bettnässen und über dessen erzieherische Behandlung uneinig sind), die Mutter oder den Vater an sich zu binden, gemeinsam mit ihr oder mit ihm Front gegen den anderen Elternteil zu machen, aber auch die Eltern zu verbinden, die durch dieses Symptom einen ständigen Gesprächsstoff haben, und sich deshalb nicht mit den Problemen ihrer Partnerbeziehung beschäftigen müssen. – Aus einem anderen Blickwinkel kann man sagen, daß dieser Junge in den destruktiven Beziehungsstrukturen seiner Familie zu schwach ist, um psychisch „Ich“ zu sagen. Er ist ständig angespannt und versucht, allen (widersprüchlichen) Anforderungen von außen gerecht zu werden.

Alle diese und eventuell noch viele andere Bedeutungen und Beziehungen des Symptoms sind wichtig und müssen unter Umständen aufgedeckt und aus der „Sprachlosigkeit“ in den Dialog übergeführt werden, bevor das den verborgenen Konflikt anzeigende Symptom verschwinden kann, und bevor der Analytiker sicher sein kann, daß nicht ein anderes Symptom (z. B. Stottern, Depression oder Schulversagen) an seine Stelle treten muß. Wenn die verdrängten Konfliktszenen wieder in eine „dialogische" Beziehung eintreten, verändern sich gleichzeitig die Beziehungsstrukturen. Die (Ab-) Spaltung löst sich allmählich auf in eine differenzierte Ich-und-Du-Beziehung, intrapsychisch und interpsychisch. Bei der „Heilung" eines Symptoms geht es in der psychoanalytischen Therapie also nicht nur darum, zu „wissen", was das Symptom ausdrücken will, sondern es geht um die *Veränderung von intrapsychischen und interpsychischen Beziehungsstrukturen in einem dialektischen Prozeß.*

Die Komplexität der psychoanalytischen Erkenntnis

Dieses sehr komplexe Verständnis von Konfliktsituationen und Symptomen und die scheinbare Umständlichkeit und Langatmigkeit der psychoanalytischen Behandlungen haben der Psychoanalyse wiederholt den Vorwurf eingetragen, daß sie uneindeutig und damit unwissenschaftlich, vor allem aber auch ineffektiv sei. Für jedes auftretende Phänomen könnten immer weitere Erklärungen angeführt werden, so daß die Bedingungen für das Entstehen eines Symptoms nie alle aufgezählt werden können, und damit weder das Entstehen noch das Verschwinden von Symptomen vollständig erklärt oder mit Sicherheit vorhergesagt werden kann. Von außen gesehen mag die psychoanalytische Betrachtungsweise unexakt, diffus, spekulativ oder mystisch erscheinen. Läßt man sich jedoch einmal auf die Konflikte in der eigenen Person ein, wie Freud es getan hat, und versucht man die Konflikte anderer Personen in der gleichen Art zu verstehen wie die eigenen, dann erscheint einem die vielfältige Verflechtung psychischer Erlebnisweisen und Symptome wie ein äußerst sinnvolles und präzises „Wunderwerk", das man immer nur schrittweise und nie abschließend wird erforschen können. *Die Komplexität liegt in der Natur der Sache,* nämlich in den äußerst vielfältigen Zusammenhängen zwischen den Erscheinungen des Lebens; die Psychoanalyse versucht, dieser Komplexität zu entsprechen. Auch hier zeigt sich ihr Respekt vor den Eigenschaften „lebender Systeme“.

Der Veränderungsprozeß in einer psychoanalytischen Therapie

Die psychoanalytische Grundregel

Es stellt sich nun die Frage, wie die Erforschung der „wahren Persönlichkeit“ mit ihren Wünschen, Ängsten und Abwehrmechanismen vor sich geht. Da ist zunächst die *psychoanalytische Grundregel,* die sich als Freuds wichtigster Weg zur Wiedergewinnung des Vergessenen und Verdrängten erwies. Der Patient wird in der psychoanalytischen Behandlung aufgefordert, auf bewußtes Nachdenken möglichst zu verzichten und sich stattdessen auf seine Einfälle, Gefühle und Phantasien einzulassen, genau so wie sie in ihm von selbst aufsteigen. Er soll möglichst jeden Einfall aussprechen, auch wenn er ihm unangenehm, unwichtig, unsinnig oder abschweifend erscheint. Insbesondere die Körpergefühle soll er dabei berücksichtigen und mitteilen. Diese Aufforderung, der jeder Mensch nur annäherungsweise nachkommen kann, bedeutet den ausdrücklichen Versuch, auf die übliche Kontrolle der Denk- und Wahrnehmungsvorgänge zu verzichten, die wir benötigen, wenn wir uns mit der Lösung eines bestimmten (intellektuellen) Problems beschäftigen.

Gleichzeitig erleichtert diese Haltung das Wiederauftreten der „eigenen Sprache“, der eigenen Gefühle und Wünsche in der Beziehung zu den frühen Bezugspersonen, zu den jetzigen Bezugspersonen und – in der Übertragung – zum Analytiker. In dem geschützten Beziehungsraum der analytischen Situation (sowohl in der Einzelanalyse auf der Couch als auch in allen anderen Formen psychoanalytischer Therapie) wird es prinzipiell möglich, *sich selbst zu finden.* Die störenden Denk- und Kontrollvorgänge sind die „Nachfahren“ der Anpassungsleistungen an die psychische(n) Struktur(en) der frühen Bezugspersonen. Um nicht zu „stören", um in diese Welt und in unsere Umgebung zu „passen", haben wir alle mehr oder weniger die Abwehrmechanismen unserer Umwelt übernommen. Wir sind alle mehr oder weniger „vernünftig" (angepaßt) geworden – auch wenn diese „Vernunft" in manchen Symptomen sehr unvernünftig aussieht. Die Methode der freien Assoziation, des freien Spiels beim Kind, oder auch die aufmerksam interessierte Haltung des Analytikers in einer analytischen Psychotherapie im Sitzen, bei Paaren oder Familien, erleichtern das Aufsteigen der unbewußten Phantasien (der „Regression"), der inneren Bilder von Beziehungen, die in dieser Situation *nicht* als unwichtig, unpassend oder beschämend, sondern als wichtig und richtig angesehen werden.

Der „natürliche Auftrieb des Unbewußten"

Mit der Vorstellung vom „natürlichen Auftrieb des Unbewußten" (Freud 1941, S. 104) wies Freud darauf hin, daß die Psychoanalyse als emanzipatorische Wissenschaft und Therapie nicht darauf angewiesen ist, irgend etwas zu „machen" oder einen bestimmten Zustand herzustellen. Sie lebt vielmehr davon, daß man sich bemüht, das ständig wieder zum Bewußtsein drängende unbewußt gewordene „Material" (Wünsche, Ängste, Gefühle, Phantasien, Erinnerungen), also die bisher aus dem zwischenmenschlichen „Gespräch" ausgeschlossenen Konfliktanteile wahr- und ernstzunehmen. *Die Psychoanalyse stellt nicht „Normalität" her, sie hinterfragt das, was wir für Normalität halten.* Die Veränderung in der Therapie besteht darin, daß die bisher (auch durch die unbewußten Abwehrmechanismen) abgelehnten Anteile in der Person und in der Beziehung wieder gesehen und zugelassen werden.

Die gleichschwebende Aufmerksamkeit

Freilich braucht der Psychoanalytiker viel Übung und Erfahrung im Erkennen solcher scheinbar unausgesprochener Hinweise. Seine „gleichschwebende Aufmerksamkeit“ ist ein Zustand, in dem er sich mit allen Sinnen auf den „natürlichen Auftrieb“ des Unbewußten bei sich selbst und beim Analysanden einstellt. Dieser Zustand ist im allgemeinen „hinter der Couch“ leichter zu erreichen und aufrechtzuerhalten als in einer Position, in der man dem oder den Patienten gegenübersitzt und so auch ständig beobachtet wird (2. Kapitel). Aber mit einiger Übung gelingt auch in dieser Position die analytische Haltung der bewußten Selbstreflexion während der psychoanalytischen Therapie im Sitzen. Ich werde diese Möglichkeit anhand der Beschreibung der von mir entwickelten beziehungsanalytischen Paar- und Familientherapie beschreiben (4. Kapitel).

Die Übertragung

Der Analysand überträgt alle Tabus (Weglassungen) und Ersatzbildungen („falsche Persönlichkeit“ s.o.), die ihm bisher die bestmögliche Stabilität garantierten, in die psychoanalytische Situation. Deshalb kann er das Angebot des Analytikers zunächst nicht voll annehmen. Der Analytiker bietet ihm an, daß er versuchen will, alles, was der Patient erlebt und mitteilt, ohne Wertung und Verurteilung zu akzeptieren. Der Analysand jedoch folgt seinen bisherigen Erfahrungen, nach denen er nur geliebt wird, wenn er ein positives, den Eltern genehmes Bild von sich zeichnet. Das hat zur Folge, daß er negative, abzulehnende Anteile seiner Person bewußt oder unbewußt nicht zuläßt. Kommt er mit dieser Strategie zu sehr in Bedrängnis, dann reproduziert er, ähnlich wie in seinem bisherigen Leben und ähnlich wie seine frühen Bezugspersonen ihm gegenüber, aggressive Abgrenzungs- und Entwertungsmethoden auch dem Analytiker gegenüber („negative Übertragung“). Im Verlauf einer Analyse kann er immer mehr Vertrauen in die Möglichkeit gewinnen, die Gefühle zu haben und auszudrücken, die er wirklich hat, und geliebt zu werden, ohne Teile von sich unterdrücken zu müssen und ohne das Gegenüber zu Liebesbeweisen zwingen zu müssen. Er kann deswegen gegen Ende der Analyse die „Grundregel" besser befolgen als am Anfang.

Die psychische Realität

Man mag sich fragen, was der Analytiker mit diesem „Chaos" von Einfällen anfängt, wenn der Patient tatsächlich nicht mehr sortiert, sondern unter Umständen völlig unkontrolliert von einem Einfall zum anderen springt. Der Analytiker hat in seiner Ausbildung gelernt, das Unbewußte zu verstehen. Er hat gelernt, eine unbewußte Phantasie weiter zu verfolgen, auch wenn der Inhalt der Einfälle wechselt, so wie er gelernt hat, Träume zu verstehen, auch wenn sie in ihrem manifesten Ausdruck für die bewußte Logik unsinnig erscheinen. Er geht von der Annahme aus, daß die unbewußten Phantasien eines Menschen kontinuierlich weiterlaufen und ständig dessen psychophysischen Zustand ausdrücken, auch wenn dieser Mensch sich bewußt mit sehr unterschiedlichen Dingen befaßt. Wenn man die Phantasien und Träume eines Menschen einfühlend vom Gesichtspunkt seines Erlebens aus betrachtet, ergibt sich ein fortlaufendes, zusammenhängendes Bild der Person (eine „Prozeßfigur"). Auch hierin ist die Psychoanalyse revolutionär. Sie beobachtet nicht objektive Daten, sondern das subjektive Erleben einer Person in all seinen scheinbaren Widersprüchen. Freud bezeichnete dieses subjektive Erleben als den eigentlichen Gegenstand der Psychoanalyse. Er nannte es die *„psychische Realität"* im Gegensatz zur objektiven Realität.

Die Psychoanalyse geht außerdem von der Annahme aus, daß es keine „zufälligen" Einfälle gibt, sondern daß vielmehr alle Einfälle in einer Situation erlebnismäßig auch mit dieser Situation zu tun haben. Hieraus ergibt sich eine wichtige Verständnismöglichkeit der Äußerungen des Patienten unter dem Aspekt der Übertragung. Wenn der Patient über weit zurückliegende Ereignisse oder über Ereignisse aus der Gegenwart, die außerhalb der analytischen Situation liegen, berichtet, kann der Analytiker davon ausgehen, daß er sich im Moment mit dem Patienten in einer der beschriebenen ähnlichen psychischen Situation befindet. Diese Betrachtungsweise überschreitet allerdings alle im konventionellen und naturwissenschaftlichen Denken bestehenden Grenzen. Sie schreibt dem Unbewußten eine Ausdrucksfähigkeit und eine Bedeutung zu, die ihm in keiner anderen Wissenschaft vom Menschen eingeräumt wird. Es ist deshalb kein Wunder, daß gerade in diesem Punkt, wo der Analytiker keinen Zufall gelten läßt, oft die Kritik an der Psychoanalyse einsetzt. Die Psychoanalyse nimmt an, daß der Mensch in jedem Augenblick seine Umwelt entsprechend seiner eigenen Befindlichkeit erlebt und gestaltet[7] und somit nichts in seinen Beziehungen zufällig, d. h. ohne Bezug zu seiner aktuellen Befindlichkeit ist. Die Psychoanalytiker und ihre Kritiker in diesem Punkt gehen also von unterschiedlichen Vorannahmen aus: Das übliche naturwissenschaftliche Denken bezieht nur die bewußten Absichten des Menschen in die Betrachtung ein und hält deswegen viele Dinge für zufällig, die dem Analytiker, der das Unbewußte mit einbezieht und seine „Prozeßfiguren" zu verstehen versucht, ganz folgerichtig erscheinen. Hierin zeigt sich die spezifische Sichtweise der Psychoanalyse besonders deutlich.

Der Analytiker als Teil des therapeutischen Systems

In meiner Sicht der Psychoanalyse als „Beziehungsanalyse" (Bauriedl 1980) wird der Veränderungsprozeß als ein *gemeinsamer Entwicklungsprozeß* von Analysand und Analytiker verstanden, nicht nur als ein Veränderungsprozeß des Analysanden, den der Analytiker durch diese oder jene Behandlungs*methode* herstellt. Es ist mir besonders wichtig, den Analytiker als Teil des „therapeutischen Systems" zu verstehen, betroffen von und beteiligt an den Veränderungsmöglichkeiten dieses Systems, auch an den

[7] In diesem Sinne hat die Psychoanalyse den heute als so neu propagierten „Konstruktivismus" längst vorweggenommen.

Grenzen dieser Veränderungsmöglichkeiten. Zumindest an den Stellen, an denen der psychoanalytische Prozeß stagniert, kann deshalb die Analyse der Therapeut-Patient-Beziehung als durch den Wiederholungszwang bedingte Wiederauflage der in der Kindheit des Analysanden *und* des Analytikers gefundenen Konfliktlösungen oft besser weiterhelfen als die Suche nach einer besseren Behandlungsmethode. Diese ergibt sich fast von selbst, wenn die beidseitigen Widerholungsszenen und ihre Verschränkung aufgeklärt sind.

Es mag verwundern, daß ich hier von einer gemeinsamen Entwicklung von Analytiker und Analysand spreche. Nach allgemeiner Ansicht dürfte der Analytiker doch keine Entwicklung mehr nötig haben; um einem Patienten helfen zu können, sollte man doch seine eigene Entwicklung abgeschlossen haben. Diese Ansicht geht von der Vorstellung eines unveränderlich fertigen Therapeuten aus, bei dem der Patient, wenn man es genau nimmt, wenig Entwicklungschancen hätte, weil dieser Therapeut alles schon von vorneherein weiß, richtig erfaßt und immer „richtig“ reagiert. Wenn man diese Vorstellung auf die Beziehung zwischen Eltern und ihren Kindern überträgt, wird einem die Grausamkeit einer solchen Beziehung deutlich. Eltern, die sich selbst im Kontakt mit ihren Kindern nicht die Möglichkeit des Lernens und der Veränderung einräumen (können), verhindern damit auch den Entwicklungsprozeß bei ihren Kindern. Ähnlich Psychotherapeuten, die von sich selbst verlangen, „richtig“ zu reagieren, anstatt in jedem Fall die wahre Beziehung zu ihren Patienten zu untersuchen und ihre eigene Reaktion als die zwar im Augenblick bestmögliche – aber jederzeit veränderbare – zu verstehen. Auch sie verlangen unausgesprochen von ihren Patienten, „richtig“ zu reagieren, anstatt sich selbst zu verstehen, anzunehmen und darin eine echte Veränderungsmöglichkeit zu finden. Sie verlangen gleichermaßen von sich und von ihren Patienten, fertig zu sein, bevor sie angefangen haben, sich zu verändern.

Diese letzten Ausführungen weisen schon darauf hin, daß ich Psychoanalyse nicht als eine Methode verstehe, die *unabhängig von der Person des Therapeuten* oder unabhängig von der Beziehung zwischen Therapeut und Patient zu sehen ist. Durch das Zusammenspiel der beiden Übertragungsmuster von Analytiker und Analysand in der analytischen Situation entsteht eine ganz spezifische Beziehung, die zwar dem Prinzip nach, nicht aber in ihrer jeweiligen Ausformung mit der analytischen Beziehung zwischen einem anderen Analytiker-Analysand-Paar zu vergleichen ist. Hier gibt es glücklichere und weniger glückliche „Verbindungen".

Die Fähigkeit des Analytikers, bisher oder üblicherweise von der Kommunikation ausgeschlossene Gefühle und Phantasien bei sich und beim Patienten zuzulassen, hängt eng mit seinen Ängsten und Abwehrnotwendigkeiten zusammen. Diese Ängste und Abwehrnotwendigkeiten sind auch beim selben Analytiker in der Beziehung zu unterschiedlichen Patienten unterschiedlich. Allerdings ist es das Ziel der Ausbildung des Psychoanalytikers, daß er sich im Umgang mit sich selbst und mit seinen Patienten eine möglichst große Elastizität und Lebendigkeit erwerben und erhalten kann.

So entspricht das Bild des Analytikers aus meiner Sicht nicht den Erwartungen, die häufig an ihn gestellt werden – und die manche Analytiker an sich selbst stellen. Er ist nicht im üblichen Sinn ein Fachmann, der mit bestimmten Gegenständen oder Aufgaben besser umzugehen weiß als der Laie, und der deshalb diese Aufgaben *an Stelle des Laien* gegen Bezahlung übernimmt. Der Analytiker ist (im besten Fall) ein Fachmann für seine eigene Person und ein Fachmann für psychische Prozesse. Er kann nicht stellvertretend für seine Patienten Handlungen ausführen oder Entscheidungen treffen. Darin unterscheidet sich die psychoanalytische Behandlung auch grundsätzlich von der medizinischen. In der Psychoanalyse ist nicht der Patient der Unwissende, der Arzt der Wissende; der Patient ist auch nicht einer, der mit sich geschehen läßt, und der Analytiker „behandelt" nicht in dem Sinne, daß er etwas mit dem Patienten macht. Der Analytiker gibt auch in der Regel keine Anweisungen, deren Befolgung zur Besserung des Leidens führen soll. Die Bedingung für das Gelingen der Behandlung ist nicht das Befolgen von Ratschlägen und Rezepturen, sondern die *Ehrlichkeit* zwischen Patient und Therapeut, die auch Ablehnung und Kritik am Therapeuten nicht ausschließt. In einer gelingenden psychoanalytischen Beziehung ist nicht Wohlverhalten die Voraussetzung dafür, gemocht zu werden. Unter Umständen müssen beide, Therapeut und Patient, viel Angst,Wut und Enttäuschung, aber auch sexuelle und andere Versuchungssituationen miteinander durchstehen, weil sie bewußt und absichtlich den Schutz verlassen, der durch die Befolgung gesellschaftlicher und familiärer Normen gegeben wäre.

Befürchtungen und Vorurteile

Das Machtgefälle in der „einseitigen Beziehung"

Zum Abschluß meiner Beschreibung des therapeutischen Prozesses in der Psychoanalyse möchte ich noch auf einige Vorurteile eingehen, die der Psychoanalyse gegenüber immer wieder geäußert werden. Da ist zunächst der Vorwurf, daß es sich in der psychoanalytischen Situation um eine *„einseitige" Beziehung* handle, die schon dadurch gegeben sei, daß der Patient auf der Couch liegt, den Analytiker also nicht sehen kann, während der Analytiker hinter der Couch sitzt und den Patienten ständig im Blickfeld hat. Diese klassische Anordnung, das sogenannte psychoanalytische Setting, geht noch auf Freuds Versuche zurück, die Erinnerung an die verdrängten traumatischen Situationen durch Suggestion wieder hervorzurufen. Freud versuchte das unter anderem dadurch, daß er den Patienten auf den Kopf drückte und ihnen eindringlich versicherte, sie würden sich jetzt gleich erinnern. Die Position hinter der Couch erwies sich aber auch als sehr sinnvoll, nachdem Freud die Suggestion aufgegeben und die Methode der freien Assoziation eingeführt hatte, und wurde deshalb beibehalten. Der Patient hat in dieser Position die Möglichkeit, seinen Einfällen zu folgen, ohne die Richtigkeit oder Angemessenheit dieser Einfälle ständig aus dem Gesichtsausdruck des Analytikers ablesen zu können (und zu müssen). Es entfällt also durch das psychoanalytische Setting die Notwendigkeit, aber auch eine Möglichkeit der Selbstkontrolle für den Patienten anhand der visuellen Überwachung des Analytikers. Viele Einfälle und Gefühle sind außerdem leichter zu äußern, wenn man sie dem Analytiker nicht ins Gesicht sagen muß (vgl. 2. Kapitel). Das psychoanalytische Setting an sich muß keine Machtbeziehung mit sich bringen. Im Gegenteil, es macht es auch dem Analytiker leichter, seine Einfälle und Phantasien in „gleichschwebender Aufmerksamkeit" zu verfolgen, was schwieriger ist, wenn man sich dauernd visuell beobachtet und kontrolliert fühlt.

Damit ist aber die grundsätzliche Frage nach der *Machtausübung* in der psychoanalytischen Therapie noch nicht beantwortet. Prinzipiell besteht nach meiner Ansicht für den Analytiker tatsächlich ständig die Möglichkeit und die Gefahr, den Patienten für die eigenen Zwecke (der Selbstbestätigung, als Ersatzpartner, zur Abwehr seiner Ängste, etc.) zu mißbrauchen. Dieselbe potentielle Machtposition hat allerdings der Patient auch. Auch bei ihm tritt aufgrund des Wiederholungszwangs die Tendenz, die Machtkämpfe seines bisherigen Lebens aktiv und passiv zu wiederholen, zwangsläufig in der analytischen Beziehung wieder auf. In der oft als zu lang und zu teuer angesehenen Ausbildung des Analytikers wird, insbesondere in der Lehranalyse, der Versuch gemacht, die in der eigenen Geschichte introjizierten Machtszenen zu erkennen, um sie nicht im Umgang mit Patienten wiederholen zu müssen. Psychische Störungen sind immer Machtkämpfe (Beziehungsstruktur: Entweder-Oder), die der Patient in sich selbst und entsprechend mit seiner Umwelt austrägt. In der psychoanalytischen Therapie geht es deshalb wesentlich darum, solche Machtbeziehungen aufzulösen. Der Analytiker trägt die Verantwortung dafür, daß er versucht, erpresserische Beziehungen, in die er unausweichlich zunächst zusammen mit seinem Patienten verwickelt wird, aufzudecken, die psychodynamischen Bedingungen solcher Machtkämpfe bei sich selbst und beim Patienten zu analysieren, und dadurch von sich aus zur emanzipatorischen Veränderung der Beziehung beizutragen. Natürlich ist er bei diesem Bemühen davon abhängig, ob der Patient auf diesem Weg mitgehen kann und will.

Die Tatsache, daß der Analytiker dem Patienten nichts oder nur sehr wenig von seinen eigenen Gefühlen und von seinem eigenen Leben mitteilt, wird oft als Anzeichen eines Machtgefälles angesehen. Der Wunsch des Patienten, daß der Analytiker „doch auch mal was von sich sagen“ solle, entsteht meist in einer Situation, in der der Patient sich ausgeliefert, angeklagt und ohnmächtig fühlt. Er meint dann, daß dieses Gefühl daher kommt, daß beide nur immer über ihn sprechen. Er erlebt den Analytiker, über den nicht gesprochen wird, deshalb als den Mächtigen, Unschuldigen, Perfekten und sieht als einzige Möglichkeit, aus dieser unterlegenen Position herauszukommen, die Umkehrung des Machtgefälles. Er meint, nur dadurch wieder sicher werden zu können, daß der Analytiker selbst als neurotisch, ohnmächtig, ängstlich, etc. entlarvt wird, oder doch wenigstens dadurch „gleichwertig“ neben ihm steht.

An diesem Beispiel wird der Unterschied zwischen konfliktvermeidender und *konfliktaufdeckender* Arbeit deutlich: Würde der Analytiker in dieser Beziehungssituation darauf verzichten, die Angst des Patienten, als neurotisch abgelehnt zu werden und minderwertig zu sein, herauszuarbeiten, und stattdessen versuchen, den Patienten zu beruhigen, indem er eigene „Fehler und Schwächen zugibt“, dann würde der Konflikt, der in dieser Situation zum Ausdruck gekommen ist, nicht aufgedeckt und durchgearbeitet. Die Beziehungsstruktur Entweder-

Ich-oder-Du (einer von beiden ist „richtig", der andere „falsch") könnte nicht in eine Beziehungsstruktur Ich-und-Du (beide können und wollen nebeneinander und miteinander existieren, wie immer sie sind) übergeführt werden.

Der beschriebene Konflikt könnte z. B. darin bestehen, daß der Patient bisher erfahren hat, daß Probleme und Ängste zu haben ein Anzeichen von Wertlosigkeit ist, und daß man sich deshalb immer bemühen muß, überlegen, perfekt und „gesund" zu erscheinen. Alles „Unperfekte" und „Kranke" wird dann innerhalb der Person abgespalten, „versteckt" und gleichzeitig interpsychisch dem Beziehungspartner zugeschoben. Diese intrapsychisch und interpsychische Szene kann nur verändert werden, wenn der Wunsch, mit allen Gefühlen und Befürchtungen angenommen zu werden, also der „emanzipatorische" Wunsch nach Veränderung, wieder erlebt und für wichtig und richtig gehalten wird. An diesen Wunsch kämen die beiden aber nicht heran, wenn der Analytiker weiter nichts täte als die Angst vor der Minderwertigkeit beim Patienten durch eine Darstellung der eigenen „ebensolchen Minderwertigkeit" zu beruhigen.

Die „strukturelle" Veränderung

Viele „schnelle" Psychotherapiemethoden versuchen nichts anderes, als das intrapsychische System der Patienten zu „kippen", also die „überlegene" Seite nach oben zu bringen und die „unterlegene" Seite möglichst dauerhaft in den Untergrund zu verbannen. Das psychische „System" wird dabei aufrechterhalten und bestätigt. In der psychoanalytischen Therapie wurde erkannt, daß die aktive und passive Wiederholung von Gewaltszenen (die Spaltung innnerhalb der Person und dann auch zwischen den Personen) immer auf Angst beruht und daß es deshalb keine strukturelle Veränderung mit sich bringt, wenn man in derselben psychischen Szene das Opfer zum Täter (den Depressiven zum Hypomanischen) „macht". Eine *strukturelle Veränderung* dieser Szene ist nur durch Aufdekken und Verstehen dieser Angst möglich. Das braucht Zeit und erfordert viel psychische Kraft beim Analytiker.

Eine „künstliche" Situation?

Ein weiterer Einwand gegenüber der Psychoanalyse, der immer wieder gemacht wird, ist der, daß es sich in der psychoanalytischen Situation um eine *„künstliche" Situation* handle, die nichts mit dem realen Leben zu tun habe. Die Aufnahme einer psychoanalytischen Behandlung käme deshalb einer Flucht aus den realen Beziehungen gleich; wegen der Unnatürlichkeit der psychoanalytischen Situation könnten in dieser Situation erreichte Veränderungen nicht auf die realen Beziehungen übertragen werden. Die Psychoanalyse sei „weltfremd", weil sie in einer von der Außenwelt abgeschlossenen, unnatürlichen Beziehung arbeite.

Ich glaube auch, daß in der Psychoanalyse die Gefahr besteht, daß nicht nur ein Schutzraum für Veränderungsprozesse gebildet wird, sondern vor allem ein Schutzraum für die Empfindlichkeiten des Patienten und des Therapeuten. Die „rauhe" Außenwelt wird dann der gemeinsame Feind für beide, weil die Konflikte gar nicht erst in ihre therapeutische Beziehung eintreten. Das muß aber nicht so sein. Die psychoanalytische Situation ist wohl „künstlich" im Sinn von ungewöhnlich, da sich zwei Menschen normalerweise nicht in dem Maße auf die wahre Vielfalt ihrer Gefühle und Phantasien einlassen, sondern viel kontrollierter und zielgerichteter miteinander umgehen. Auch die beschriebene Außerkraftsetzung vieler konventioneller Normen ist wohl kaum in einer anderen Beziehungsform möglich. Auf dieser Art von Außergewöhnlichkeit beruht der psychoanalytische Prozeß. Die Übertragbarkeit der in der Analyse erarbeiteten neuen Konfliktlösungen auf die Umwelt ist in dem Maße gegeben, in dem die zugrundeliegenden Konflikte in der therapeutischen Beziehung aufgetreten sind und dort durchgearbeitet bzw. durchgestanden wurden.

Gefühle im Hier und Jetzt

Vor allem die neuen gefühlstherapeutischen Richtungen werfen der Psychoanalyse vor, sie sei auf die verbale Interaktion beschränkt, und Gefühle, vor allem Körpergefühle, ließen sich eben nicht verbal mitteilen und beeinflussen. Die Psychoanalyse sei deshalb eine *intellektualistische Therapieform,* die die tatsächlichen Gefühlsprobleme der Patienten nicht erreiche. Außerdem beschäftige sie sich ausschließlich mit Vorgängen und Szenen in der Vergangenheit, die dem Patienten intellektuell gedeutet würden. Was nütze es aber, ständig über die Vergangenheit nachzudenken, und die Gegenwart, das Hier und Jetzt, unberührt zu lassen.

So sehr diese Vorurteile vielleicht in einzelnen Fällen psychoanalytischer Praxis berechtigt sein mögen, glaube ich doch, sie durch meine bisherigen Ausführungen als für die Grundprinzipien der Psychoanalyse nicht zutreffend widerlegt zu haben. Ich glaube, es ist deutlich geworden, daß durchaus nicht nur die verbale Kommunikation in der therapeutischen Beziehung der Psychoanalyse von Bedeutung ist, im Gegenteil: Die Aufmerksamkeit für das Zusammenspiel der beiden unbewußten Szenen von Therapeut und Patient umfaßt wesentlich das gesamte gefühlsmäßige, und damit auch das körperliche Erleben beider. *Die Psychoanalyse sucht nach den wahren Gefühlen im Hier und Jetzt.* Die Vergangenheit ist nur insoweit von Interesse, als sie im Wieder*erleben* früherer Szenen die Konfliktlösungen verstehbar werden läßt, die damals die bestmöglichen waren. Auch hierbei geht es nicht um die Erweiterung eines intellektuellen Wissens, sondern um das Wiedererleben und um die Möglichkeit, in Anwesenheit und mit Hilfe des Analytikers neue Lösungen zu finden, in denen weniger Konfliktanteile abgespalten werden müssen. Die wesentliche Arbeit geschieht im Hier und Jetzt, in der Beziehung zwischen Analytiker und Analysand.

Ein wichtiger Unterschied zwischen der Psychoanalyse und manchen Psychotherapieformen, die sich sehr auf die

Arbeit mit den Gefühlen und mit dem Körper berufen, besteht allerdings: Die Psychoanalyse geht immer davon aus, daß es darum geht, die *wahren* Gefühle wieder aufzudecken. Sie versucht deshalb nicht, die oft festgestellte „Spaltung zwischen Kopf und Körper" dadurch zu überwinden, daß sie den Kopf ausschaltet und dem Patienten aufträgt, jetzt nur noch mit dem Körper zu fühlen, anstatt „ständig über sich nachzudenken". Aus der Sicht der Psychoanalyse würde dadurch die Spaltung zwischen Kopf und Körper gerade aufrechterhalten. Zudem übernähme hierbei der Therapeut die Verantwortung für den Patienten: Er würde ihm erlauben oder befehlen, über die Schwelle zu gehen, die er zu vermeiden gelernt hat. Der Patient würde dann nur umlernen, er würde es jetzt als „Erlösung" erfahren, daß das Land der Gefühle nicht mehr das verbotene Land, sondern sogar das verheißene, ja das „geheißene" und befohlene Land ist. Die Sehnsucht vieler Angehöriger des europäisch-amerikanischen Kulturkreises nach diesem verlorenen Land der Gefühle macht die große Faszination eines solchen therapeutischen Vorgehens verständlich. Die Psychoanalyse wird im Vergleich dazu oft als rationalistisch, intellektuell und repressiv angesehen. Diesen Vorwurf halte ich für eine wichtige Herausforderung an die Psychoanalyse, der sie nur durch eine intensive Besinnung auf das Wesen ihres ganz spezifischen Weges zur Befreiung gerecht werden kann.

Dieser Weg geht nicht von der Erlaubnis oder Aufforderung des Therapeuten aus, der durch die Umkehr elterlicher Normen (von „sei doch vernünftig!" in „sei doch nicht so vernünftig!") das Heil zu bringen verspricht. Das wäre nur die Wiederholung der Anpassungsforderung bzw. der Erlaubnis, irgendwie zu sein – wie es den Eltern gefällt, wie sie das Kind aushalten können, oder wie sie sich durch das Verhalten des Kindes am besten bestätigt fühlen. Die Psychoanalyse sieht, ihrem Grundprinzip als Kofliktpsychologie entsprechend, die Aufspaltung zwischen Kopf und Körper, zwischen Intellekt und Gefühl als Problem.[8] Diese Aufspaltung kann aus Sicht der Psychoanalyse nicht dadurch überwunden werden, daß man das „Gefühl" idealisiert und den Intellekt verteufelt. Dadurch wird sie gerade aufrechterhalten, wenn auch mit umgekehrten Vorzeichen. Solange die dynamische Ursache der Spaltung, nämlich die Angst und die Anpassungsnotwendigkeit an die frühen Bezugspersonen, nicht aufgedeckt und verarbeitet ist, kann die Spaltung nicht aufgegeben werden. Es ist ein Unterschied, ob man ein verinnerlichtes Verbot überschreitet, weil einem jemand erlaubt oder vielleicht sogar befohlen hat, dies zu tun, oder ob man sich nach gründlicher Abwägung der Gefahren und Ängste, die mit diesem Schritt zusammenhängen, selbst dazu entschließt, das alte System zu verlassen.

Die gesellschaftliche Relevanz der Psychoanalyse

Hier wird noch einmal die revolutionäre Potenz der Psychoanalyse, auch in ihrer gesellschaftlichen Relevanz deutlich: Die intrapsychischen Abwehrstrukturen eines Menschen sind – soweit sie die lebendige Freiheit in seinen Beziehungen einschränken – repressiven (Gesellschafts-) Systemen prinzipiell ähnlich. Auch die interpsychischen Abwehrstrukturen (beschrieben im 3. Kapitel) haben im gleichen Maße repressiven Charakter wie sie die (demokratische) Freiheit der einzelnen in ihren Beziehungen zueinander einschränken. Für den Psychoanalytiker stellt sich also die Frage, wie weit er mit diesen repressiven Strukturen „kollaboriert" (wie weit er zum Opportunisten, Sympathisanten oder Komplizen wird) und wieweit er sie – vorsichtig – in Frage stellt. Vorsichtig deshalb, weil es in dem Revolutionsbegriff, den ich hier vertrete, nicht darum geht, das „Untere nach oben zu kehren", also die bisher Unterdrückten nun zu Herrschern zu machen,

8 Zur Entstehung dieser Aufspaltung in einem beziehungsanalytisch verstandenen Konzept der psychischen Entwicklung vgl. Bauriedl: Psychoanalyse als Beziehungswissenschaft (in Vorbereitung).

ohne die Herrschaftsstrukturen selbst zu verändern. Es geht vielmehr darum, die Herrschaftsstrukturen als Gewaltstrukturen (psychoanalytisch ausgedrückt: Spaltung und Entwertung innerhalb und zwischen den Personen) zunächst überhaupt als solche zu erkennen und dann durch die Wiedereinführung des verlorengegangenen Gesprächs eine Differenzierung der Persönlichkeits- und Beziehungsstrukturen zu erreichen. Dazu muß die Angst als Grundlage der Abwehrmechanismen respektiert werden und die gegenwärtige „Herrschaftsstruktur" als die zwar bisher bestmögliche aber gleichzeitig als eine revisionsbedürftige gesehen werden.

Die Voraussetzungen einer Veränderung durch psychoanalytische Therapie – Indikation und Prognose

Die Frage nach der Indikation zu einer psychoanalytischen Therapie muß sich daran orientieren, unter welchen Bedingungen eine Veränderung durch Psychoanalyse möglich ist. Diese Frage stellt sich sowohl zu Beginn als auch im ganzen Verlauf einer psychoanalytischen Therapie. Es geht jedesmal darum, welche psychischen Positionen aufgegeben werden müssen, was dabei an Schutz verloren geht, welches Risiko stattdessen eingegangen werden muß, und ob der Gewinn der Veränderung den durch die Veränderung riskierten Verlust in der subjektiven (und unbewußten) Einschätzung des Patienten übersteigt. Das ist eine sehr einfache und doch auch sehr komplizierte Gewinn- und Verlustrechnung. Es ist dabei zu bedenken, was die Veränderung psychisch „kostet", wieviel Angst zugelassen werden müßte, die bisher durch die stabilisierenden Abwehrmechanismen verdeckt gehalten wurde, und ob das Risiko in Kauf genommen werden kann, daß sich das Selbstbild der Person grundlegend verändert, und damit auch die Bilder, die sie sich von ihren Bezugspersonen macht. Psychoanalytisch nicht behandelbar sind nicht per se bestimmte psychische oder psychosomatische Erkrankungen (durch die Symptomatik definiert), sondern bestimmte Konfliktlösungen, die so stabil sind und/oder so stabil bleiben müssen, daß eine Veränderung in der subjektiven Bilanz nur als Verlust erschiene. Natürlich sind einige Erkrankungsformen mehr und andere weniger durch bestimmte Konfliktlösungen (z. B. schwere Spaltungen) geprägt oder auch definiert, was sich aus diesem Grund auf die Indikation zur psychoanalytischen Behandlung auswirkt.

Der Leidensdruck

Deshalb ist für den Psychoanalytiker in der Frage der Indikationsstellung immer auch die Frage nach dem *Leidensdruck* zentral. Leidensdruck ist dabei nicht mit Leiden ganz allgemein gleichzusetzen. Unter Leidensdruck versteht der Psychoanalytiker die Fähigkeit oder Notwendigkeit, einen psychischen *Konflikt* in der eigenen Person zu erleben und an ihm zu leiden. Dieses Leiden unterscheidet sich vom bloßen Leiden an einer Krankheit (z. B. an körperlichen Schmerzen oder Behinderungen) oder an der „schlechten" Behandlung durch andere Menschen dadurch, daß der Bezug zur eigenen Person erkennbar ist, oder doch wenigstens ein Weg in die Richtung dieser Erkenntnis gangbar erscheint. Es ist das Gefühl: „Ich möchte meine Beziehung zu mir selbst und zu anderen Menschen verändern, da ich mich so, wie es jetzt ist, nicht wohlfühle."

Dieser Gesichtspunkt mag nun manchem wieder als Argument dafür dienen, daß die Psychoanalyse eben alles auf den innerpsychischen Konflikt zurückführt und soziale oder gesellschaftliche Verhältnisse als nicht existent oder als nicht bedeutsam vernachlässigt: Wie kann die Psychoanalyse bei solcher Einstellung einen revolutionären Anspruch erheben? Da es sich hier um ein sehr häufig anzutreffendes Mißverständnis der psychoanalytischen Vorstellungen vom Leidensdruck handelt, möchte ich doch noch kurz darauf eingehen: Die Psychoanalyse bezieht das Leiden nicht deswegen auf den innerpsychischen Konflikt, sie sucht nicht deswegen nach dem Bezug zwischen Person und Leiden, um das Leiden an den äußeren Umständen zu vermindern und dadurch die Person an diese äußeren Umstände besser anzupassen. Im Gegenteil, die Psychoanalyse sieht die icheinschränkenden Konfliktlösungen in der Person (Abwehrmechanismen) als resignative Anpassungsversuche an die Außenwelt, die als solche, nämlich als Resignation, nur in Frage gestellt werden können, wenn die ursprünglichen Gefühle und Bedürfnisse, auf deren Erleben bzw. Erfüllung zugunsten der Anpassung verzichtet wurde, wieder erlebbar werden.

Daraus ergibt sich, daß das Aufdecken der ursprünglichen Konfliktsituation gleichzeitig mit der Wiedereinbeziehung verdrängter Bedürfnisse in das bewußte Erleben der Person eine Erweiterung der Erlebnis- und Handlungsmöglichkeiten in der Umwelt mit sich bringt. Im gleichen Maß, in dem die Bewußtheit der eigenen Person zunimmt, wächst auch die Erlebnisfähigkeit der Umwelt gegenüber – denn Leidensfähigkeit bedeutet letztlich Erlebnisfähigkeit. Die resignative Konfliktlösung durch Verschiebung der Probleme in die Umwelt oder in den eigenen Körper (bei psychosomatischen Erkrankungen) verhindert gerade eine Veränderung der äußeren Verhältnisse. Mit dem Verlust des Bezugs zwischen Leiden und Person geht auch der Bezug zwischen Ich und Umwelt verloren. Die äußere Lebenssituation erscheint hoffnungslos unveränderbar („die Gesellschaft ist eben so schlecht, ich selbst wäre da ganz anders") beziehungsweise vollständig „in Ordnung" (wenn der Konflikt z. B. ausschließlich psychosomatisch oder auch in Form von Gewalt gegen andere abgehandelt wird). Beide Formen der Anpassung und der Resignation will die Psychoanalyse aufheben, indem sie *die Verbindung zwischen gesellschaftlichem Widerspruch und innerpsychischem Widerspruch wiederherstellt,* und so eine Lösungsmöglichkeit der Konflikte durch Veränderung der intrapsychischen und interpsychischen Beziehungen gleichzeitig herbeiführt.

Der Krankheitsgewinn

Genauso wie gesamtgesellschaftlich, so basiert auch im Individuum die Veränderungsmöglichkeit auf der Möglichkeit, die Ersatzbefriedigungen, psychoanalytisch ausgedrückt: den *„Krankheitsgewinn"*, aufzugeben. Die Ersatzbefriedigungen sind deshalb so schwer aufzugeben, weil sie Angst vermeiden helfen und gleichzeitig scheinbar zur Befriedigung führen. Allerdings wird die so erreichte Befriedigung nur durch Erpressung erreicht.

Zum Beispiel zwingt die Symptomatik eines Magengeschwürs oder einer Anorexie die Umwelt zu ganz besonderer Rücksichtnahme und Versorgung – wegen der Schuldgefühle, die entstehen würden, wenn man den „armen Kranken" nicht besonders schonen und pflegen würde. Auch ein psychotischer Wahn schafft einen Freiraum, Dinge auszusprechen oder zu tun, die von der Umwelt geduldet werden müssen, weil der Patient ja „verrückt" ist.

Bei all diesen Ersatzbildungen für direkte Befriedigungen und für das direkte Gespräch findet ein „Handel" statt: Es wird besondere Bevorzugung oder besondere Narrenfreiheit eingehandelt gegen die Übernahme einer körperlichen oder seelischen Krankheit bzw. gegen den Verzicht auf eine dialogische Beziehung. Meist hat die Umwelt den Vorteil, daß sie selbst nicht körperlich oder seelisch krank zu sein braucht, sie muß dafür aber die Pflege und Rücksichtnahme für den Kranken übernehmen und selbst auf eine dialogische Beziehung mit dem „Kranken" verzichten.

Alle diese „Handelsvorteile", die jeweils – von beiden Seiten – erpresserische Qualität haben, müssen bei einer Veränderung durch psychoanalytische Behandlung aufgegeben werden. Deshalb stellt sich bei der Frage, ob das im Einzelfall möglich ist, auch immer die Frage, welchen Vorteil die Erpressungsmöglichkeit bietet im Vergleich zu dem Risiko, das man eingehen würde, wenn man die Bedürfnisse nach Versorgung oder die in der Symptomatik enthaltenen Gefühle und Wünsche direkt der Umwelt gegenüber ausdrücken würde. Im erweiterten Raum einer familiendynamischen Betrachtung folgt aus dieser Überlegung, daß immer auch der *„Krankheitsgewinn" des Umfeldes* in die Überlegungen zur Indikation und Prognose einbezogen werden muß.

Die „intersubjektive" Indikation

Da die Psychoanalyse keine Methode ist, die unabhängig von der Beziehung zwischen Therapeut und Patient beurteilt werden kann, hängen natürlich auch Indikation und Prognose einer jeden psychoanalytischen Therapie ganz wesentlich von den Veränderungsmöglichkeiten dieser *beiden* Personen ab. Es geht dabei nicht nur um das Gewinn- und Verlustkonto des Analysanden, sondern auch um das des Analytikers, und um das entsprechende gemeinsame „Konto" der beiden.

Indikation und Prognose einer psychoanalytischen Therapie hängen also auch von den Gefühlen des Analytikers ab, die er seinem Patienten oder seinen Patienten (bei einer Mehrpersonentherapie) gegenüber empfindet. Bei entsprechender Aufmerksamkeit diesen Gefühlen gegenüber kann man in den ersten Sitzungen schon feststellen, ob man in der Lage ist, in dem psychischen System, um das es sich handelt, eine gewisse innere Beweglichkeit aufrechtzuerhalten oder doch wenigstens wiederzugewinnen, wenn sie verloren ist. Dieses Gefühl macht deutlich, daß man sich eine relative Sicherheit und Geborgenheit in diesem System erhalten kann, also die therapeutische Distanz, oder besser: Getrenntheit, die nötig ist, um analytisch zu arbeiten. Nur wenn der Versuch, sich eigenständig in dem System zu bewegen an irgendeiner „Stelle" des oder der Patienten zu einer Resonanz führt, kann man davon ausgehen, daß eine analytische Therapie in dieser Zusammensetzung sinnvoll ist. Nur dann wird man fähig sein, die emanzipatorischen Wünsche des oder der Patienten zu erleben und zu unterstützen.

Von dem Gefühl der Geborgenheit des Analytikers bei seinem oder seinen Patienten sprach ich deshalb, weil die Befolgung der oben beschriebenen psychoanalytischen

Grundregel und die Haltung der „gleichschwebenden Aufmerksamkeit" des Analytikers auch für ihn das Aufgeben der zensierenden Kontrolle über das aufsteigende unbewußte Material bedeuten. Gleichzeitig wird mit dem Verzicht auf diese Kontrolle auch immer ein Stück Macht über den Beziehungspartner aufgegeben. In dem Maß, in dem man sich jemandem gegenüber „öffnet" und unkontrolliert seine Gefühle und Phantasien ihm gegenüber zuläßt – vielleicht sogar mitteilt –, liefert man sich ihm auch aus. Dieses Sich-Ausliefern-Können oder Sich-Anvertrauen-Können von beiden, Therapeut und Patient, ist ein wichtiges prognostisches Kriterium einer psychoanalytischen Therapie. Auch der Psychoanalytiker geht also ein Risiko für die eigene Person ein, wenn er sich auf einen oder mehrere Patienten emotional einläßt.

Vielleicht erscheint es erstaunlich, wenn ich betone, daß auch der Analytiker sich ausliefert, wo er doch seine Gefühle und Phantasien in der Regel *nicht* mitteilt, und wenn, dann in sehr gut überlegter Weise. Ich meine, daß der Analytiker schon durch das Zulassen unbewußten Materials bei sich selbst und beim Patienten auch für die eigene Person auf den Schutz verzichtet, den der „Inhaber objektiv richtiger Wahrheiten" genießt. Er wird angreifbar im Sinne von berührbar. Zwar besteht auch für uns Psychoanalytiker immer wieder die Gefahr, daß wir in psychischen Belastungssituationen diese Angreifbarkeit als spezifische Eigenart der Psychoanalyse vergessen, doch glaube ich, daß wir damit unsere größte, wenn auch die uns am meisten ängstigende Chance verspielen.

2. Kapitel

Psychoanalyse ohne Couch – ein Widerspruch?

Psychoanalyse oder Psychotherapie?

Für manche Psychoanalytiker ist die Verwendung des Begriffs „Psychoanalyse" für eine Behandlungsform ohne Couch nicht zulässig. Eine als psychoanalytisch zu bezeichnende Therapie ist aus ihrer Sicht auf das klassische Setting, auf die mehrjährige Dauer und auf die hohe Frequenz (vier bis fünf Sitzungen pro Woche) beschränkt. Nur so könne sich eine Übertragungsneurose entwickeln, nur so könne sich die tiefe Regression einstellen, die Voraussetzung für eine strukturelle Veränderung des Analysanden sei. Behandlungen mit geringerer Frequenz oder über kürzere Zeiträume (wie sie zum Beispiel durch die Höchstgrenzen der Finanzierung durch die Krankenkassen festgelegt sind) werden von dieser Seite als „Psychotherapie" bezeichnet, die zwar ehrenwert und auch in bestimmten Fällen sinnvoll seien, aber eben doch nicht das „reine Gold" (Freud 1919, S. 193) der Psychoanalyse darstellten und somit nicht Psychoanalyse genannt werden sollten.

So sehr ich den hohen Anspruch der Verfechter der intensiven, eventuell auch hochfrequenten Langzeitanalyse (z. B. Henseler und Wegner 1993, H. König et al. 1993) nachvollziehen und unterstützen kann, so wenig kann ich mich doch mit einer Sichtweise anfreunden, die den Begriff Psychoanalyse – und damit auch die für die Psychoanalyse wesentlichen Vorgänge der Übertragung und Gegenübertragung und des analytischen Prozesses überhaupt – auf dieses Setting begrenzt. Ich halte es zudem für eine unnötige Beschränkung der Psychotherapieforschung, wenn sie sich bei der Untersuchung des psychoanalytischen Prozesses nur auf Langzeit- und Einzelanalysen beziehen will oder soll.

Natürlich bestehen Unterschiede zwischen den verschiedenen psychoanalytischen Behandlungsmethoden, auch was die jeweils möglichen Prozesse betrifft; sonst würde man sie ja nicht je nach der jeweiligen Indikation auswählen. Mir scheint aber, daß Kollegen und Kolleginnen, die wenig Erfahrung mit psychoanalytischen Prozessen *ohne* Couch oder in der Mehrpersonentherapie haben, dort solche Prozesse nicht wahrnehmen und außerdem nicht sehen können, wie die psychoanalytische Haltung auch in diesen Situationen – in anderer Weise und doch prinzipiell ähnlich – den psychoanalytischen Prozeß fördert.

Ulrich Streeck beschreibt in einer kürzlich erschienenen Arbeit (Streeck 1994) sehr anschaulich die Interaktion zwischen Therapeut und Patient in „Psychotherapien" („von Angesicht zu Angesicht"). Er sieht den Unterschied zwischen der Arbeit „im Sitzen" und der Arbeit im klassischen Setting auf der Couch vor allem darin, daß Patient und Therapeut, wenn sie sich gegenseitig sehen können,

> „nicht grundsätzlich anders als Teilnehmer an sozialer Interaktion im Alltag mit füreinander sichtbaren Mitteln gestisch-konversationeller Verständigung nicht nur über etwas sprechen und verständigen, sondern ihr Miteinander – hier: Psychotherapie und deren Bedingungen – tatsächlich erst herstellen und regulieren ... Läge der Patient auf der Couch und der Analytiker säße außerhalb seines Blickfelds, wäre die interaktive Herstellung der gemeinsamen Situation so nicht möglich" (Streeck 1994, S. 26).

Ich meine, daß Analytiker und Analysand ihr „Miteinander" *immer* gemeinsam herstellen, mit und ohne Couch. Verflechtungen von Übertragung und Gegenübertragung finden in allen zwischenmenschlichen Beziehungen und Begegnungen statt. Das kann man spätestens dann nicht mehr übersehen, wenn man sich mit psychoanalytischem Blick mit der Beziehungsstruktur eines Paares oder einer Familie beschäftigt. Auf die visuelle Verbindung ist dieses Geschehen nicht angewiesen. Wir haben außer unseren Augen unzählige Möglichkeiten, zwischenmenschliche Situationen und unser jeweiliges „Gegenüber", auch das „Gegenüber hinter der Couch" wahrzunehmen. Und wir haben außer unseren Gesten unzählige Möglichkeiten, die Bedeutung der Inhalte unserer verbalen Äußerungen zu übermitteln.

Damit will ich nicht sagen, es bestünde kein Unterschied in der Beziehungsform zwischen dem Couch-Setting und anderen psychoanalytischen Behandlungsformen. Bezogen auf die Einzeltherapie besteht für mich der die Indikation bestimmende Unterschied vor allem darin, daß Patienten, die eine sehr schwache Fähigkeit zur Objektkonstanz haben, auf der Couch leicht paranoide oder andere Verschmelzungsphantasien entwickeln (übertragen), wenn sie den Analytiker oder die Analytikerin nicht sehen können. Sie sind auf die ständige Überprüfung des Objekts angewiesen, um ihre Verlassenheits- und Bedrohungsängste unter Kontrolle zu halten und auch um sich einigermaßen psychisch getrennt vom Analytiker oder der Analytikerin „aufrecht" erhalten zu können. Wenn solche Übertragungsszenen im Setting auf der Couch nicht durchgearbeitet werden können, weil die therapeutische Ichspaltung beim Patienten (oder auch beim Analytiker?) nicht ausreicht, dann ist es aus meiner Sicht sinnvoller, die Therapie zumindest zunächst „ohne Couch" und zumeist auch niederfrequent durchzuführen. Entsprechende Äußerungen von Psychoanalytikern, die regelmäßig mit sehr schwer gestörten Patienten arbeiten, gehen auf ähnliche Überlegungen zurück.

Abstinenz „von Angesicht zu Angesicht"

Ich selbst erlebe regelmäßig „ohne Couch", daß ich im Gegenübersitzen meine bewußte Aufmerksamkeit auf die Reflexion der in mir ablaufenden Gefühle und Phantasien deutlich und oft absichtsvoll verstärken muß, um die „multiple Identifikation" (vgl. 3. Kapitel) mit *allen* beteiligten Personen – insbesondere mit mir selbst – aufrechterhalten zu können. Die für die analytische Haltung nötige psychische Abgrenzung zwischen Therapeut und Patient ist in dieser Situation oft schwieriger als „mit Couch". Ich stimme Ulrich Streeck zu, wenn er sagt, daß die Situation „von Angesicht zu Angesicht" für beide Beteiligten der üblichen Konversation mit den entsprechenden, die inhaltlichen Äußerungen begleitenden und kommentierenden Gesten näher steht als das von vorneherein außergewöhnliche Setting „mit Couch", in dem schon durch die unterschiedliche Stellung von Analytiker und Analysand und durch die Position beider zueinander eine klare komplementäre Rollenverteilung vorgegeben ist.

Die Frage aber, ob sich in der therapeutischen Beziehung vorwiegend konventionelle, der üblichen Konversation ähnliche Strukturen entwickeln, ist nicht unbedingt an das Setting gebunden. Es hängt auch von den Verschmelzungswünschen und -ängsten beim Patienten (und beim Therapeuten) ab, ob die therapeutische Beziehung sich stark „übergreifend", also inzestuös in jeder Hinsicht, entwickelt, ob sie, in gemeinsamer Abwehr gegen diese Gefahr, weitgehend konventionell bleibt, oder ob eine „Regression im Dienste des Ichs" stattfinden kann. In jedem einzelnen Fall verschränken sich die Bedingungen des Settings und die Bedingungen der jeweiligen therapeutischen Beziehung, weshalb es eine allgemeine, für alle Analytiker oder für alle ähnlich strukturierten Analysanden gültige Indikationsstellung nicht geben kann. Es ist also eher eine Frage der Abstinenz und eventuell auch eine Frage der beruflichen Sozialisation denn eine Frage des Settings, ob Übertragungs- und Gegenübertragungsprozesse gesehen und bearbeitet werden können.

Es ist weiterhin eine Frage der Definition von analytischer Abstinenz, ob man das Maß an strukturierender Aktivität des Analytikers[1] als Kriterium dafür nimmt, ob es sich im jeweiligen Fall um eine „Psychoanalyse" handelt oder nicht. Streeck schreibt in der zitierten Arbeit über die Situation „von Angesicht zu Angesicht":

> „Unvermeidlich strukturieren seine (des Analytikers, T.B.) Äußerungen in interaktiver Verschränkung mit seinem Gegenüber die therapeutische Situation, regulieren die Beziehung zum Patienten, focussieren Schwerpunkte der Aufmerksamkeit und führen dies dem Patienten sichtbar vor Augen. Vielleicht muß man sogar soweit gehen zu fragen, ob nicht dann, wenn Patient und Analytiker sich gegenübersitzen, der Patient sehen kann, wie der Analytiker tatsächlich zu seinen Beziehungswünschen steht, weil dieser ihm unbemerkt und ungewollt interaktiv darauf 'antwortet'. In der analytischen Situation findet das Bestreben des Patienten, dem Analytiker eine korrespondierende Rolle seinem neurotischen Wiederholungszwang gemäß aufzudrängen, im Verhalten des Analytikers keine Entsprechung, zumindest keine sichtbare Entsprechung, und der Analytiker wird dadurch, daß der Patient ihn und er den Patienten nicht von Angesicht zu Angesicht sehen kann, qua Setting in seinem Bestreben unterstützt, sich jeglicher Einflußnahme auf die unbewußte psychische Realität des Analysanden so weit wie möglich zu enthalten. Von Angesicht zu Angesicht aber 'nimmt' der Analytiker sichtbar weitergehend 'Stellung', als dann, wenn der Patient ihn nicht sehen kann und seine Gebärden den Blicken des Patienten entzogen bleiben" (a.a.O., S. 37).

Diese Beschreibung der „abstinenten Vorsicht" ist, so scheint es mir, gegenwärtig repräsentativ für die Meinung vieler Psychoanalytiker. Unter „abstinenter Vorsicht" verstehe ich hier, daß man die (therapeutische) Phantasie oder Lehrmeinung entwickelt, man könne und solle in der psychoanalytischen Behandlung weder *strukturieren,* noch *regulieren,* noch *fokussieren,* vor allem in seinen Reaktionen auf die Wünsche des Patienten *nicht erkennbar werden.* Ich meine, daß alle diese Vorgänge schon alleine

[1] Zur Definition der Aktivität des Analytikers auf der Beziehungsebene vgl. Bauriedl 1980, S. 51 ff und 202 ff.

durch die Anwesenheit des Analytikers eintreten, gleichgültig ob der Patient ihn sehen kann oder nicht. Auch durch Schweigen strukturiert, reguliert und fokussiert man das Geschehen. Für das Unbewußte des Patienten wird man auf jeden Fall erkennbar, ob man antwortet, Stellung bezieht oder nicht. Geht man von der Vorstellung aus, daß man diese Vorgänge unbedingt vermeiden solle und das auch könne, wird man sie nicht mehr wahrnehmen und so einen wichtigen Teil des interaktiven Geschehens ausblenden.

Die Vorstellung, daß man sich als Analytiker möglichst vor dem Patienten *verbergen* müsse, um die Analyse nicht zu stören, ist allerdings weit verbreitet. Aus meiner Sicht könnte sie vielleicht einer Übertragung aus unserer kindlichen Erfahrung entstammen, nach der derjenige nicht schuldig wird, der sich möglichst ruhig verhält. („Nur wenn ich möglichst wenig Platz in der Beziehung beanspruche, kann sich mein Beziehungspartner 'frei entfalten'".) Auch die Vorstellung, daß der Patient im Gegenübersitzen „sehen kann, wie der Analytiker *tatsächlich* zu seinen Beziehungswünschen steht" (s. obiges Zitat, Hervorhebung T.B.), legt eine Übertragung des Analytikers auf den Patienten nahe, nach der dieser (wie in der Phantasie einst die Eltern) die Gefühle und Reaktionen des Analytikers *realistisch* sehen kann, wenn er ihm gegenübersitzt. Diese Vorstellung rechnet nicht damit, daß wir alle ständig unsere bisherigen Erfahrungen und Erlebnismuster auf die aktuelle Situation übertragen, also auch jeder Patient und jeder Analytiker in jedem Setting. Die „Wahrnehmung" der Reaktionen des Analytikers durch den Patienten ist also immer gefärbt durch dessen Übertragungsphantasien, ob er den Analytiker sieht oder nicht. Um an und in dieser Situation analytisch arbeiten zu können, geht es aus meiner Sicht nicht darum, ob man sich und seine Reaktionen hier besser oder schlechter verbergen kann, sondern darum, ob man weiterhin das, was man selbst in sich fühlt, von dem unterscheiden kann, was der Patient in seiner „Empathie" glaubt von einem wahrzunehmen.

Ähnlich verliert die „Einflußnahme" aus beziehungsanalytischer Sicht das Odium des Schlechten an sich. Sie wird zu einem szenischen Element, das im analytischen Prozeß genau zu untersuchen ist. Wenn wir Psychoanalytiker/innen nicht mehr glauben, daß „Einflußnahme" per se zu vermeiden sei – oder rückblickend zu vermeiden gewesen wäre –, dann haben wir ganz andere Chancen, die gegenseitigen Abhängigkeiten und Einflußnahmen zwischen Analytiker und Analysand zu sehen. Was man glaubt, nicht tun zu dürfen, sieht man oft nicht, wenn man es trotzdem getan hat.

Diese Position mag wie ein Sakrileg klingen. Man könnte annehmen, daß ich alle Regeln der Abstinenz über Bord werfen wolle, um „wild agieren" zu können. Das Gegenteil ist der Fall, und ich hoffe, daß ich mich in dieser kritischen Frage verständlich machen kann: Wenn man bedenkt, daß das „falsche Selbst" beim Kind durch die Unterdrückung eigener Gefühle und Wünsche entsteht, daß es einen Versuch darstellt, sich vor den Eltern und anderen Bezugspersonen zu „verstecken", um in die Schablonen der Umgebung zu passen, und wenn man bedenkt, daß der Zwang, ein falsches Selbst zu entwikkeln, von Eltern im gleichen Maße ausgeht, in dem sie selbst ein ähnliches falsches Selbst entwickelt haben, dann kann man sich nicht mehr vorstellen, daß ein falsches oder „verstecktes" Selbst beim Analytiker für die Entwicklung des Patienten heilsam sein kann.

Diese Überlegung führt mich aber nicht dazu, als Analytikerin immer und überall „Stellung" zu beziehen, damit sich der Patient nur ja nicht über mich täuscht. Im Gegenteil: Im äußeren Verhalten unterscheide ich mich wahrscheinlich nicht weniger und nicht mehr von anderen Kollegen und Kolleginnen als wir uns alle durchschnittlich voneinander unterscheiden. Für mich bedeutet es aber einen wichtigen Unterschied, ob ich mein Verhalten in seiner Bedeutung auf der Beziehungsebene oder nur auf der Verhaltensebene definiere.

Abstinenz als Beziehungskategorie

Wird das Verhalten auf der Verhaltensebene definiert (z. B.: „Ich gebe grundsätzlich keine Antworten auf Fragen über meine Person, oder auf Fragen überhaupt."), dann entstehen automatisch Vorstellungen über „richtiges" und „falsches" Verhalten bzw. über eine richtig oder falsch angewendete „Technik". Die persönliche Verantwortung verschwindet hinter der Definition „richtig" oder „falsch". In Konfliktsituationen muß man dann starr werden, da man danach sucht, sich „richtig" zu verhalten oder sich „richtig" verhalten zu haben, um unangreifbar zu sein.

Versucht man dagegen das Verhalten auf der *Beziehungsebene* zu definieren,[2] dann bemüht man sich darum, jedes Verhalten, auch das Schweigen oder das Über-sich-(keine)-Auskunft-Geben, in seiner *Bedeutung für die jeweils aktuelle Beziehung* zu verstehen. In Konfliktsituationen versucht man dann, den Zugang zu den eigenen Gefühlen, Wünschen und Phantasien aufrechtzuerhalten oder wiederzufinden, da man diese Gefühle, Wünsche und Phantasien braucht, um sich in der aktuellen Beziehungssituation zu orientieren und sich von seinen Konfliktpartnern abgegrenzt zu erleben.

Im Lauf der Entwicklung der psychoanalytischen Theorie und Technik wurden hilfreiche Regeln für die Abstinenz auf der Verhaltensebene erarbeitet, die einen Anfänger, der sich noch nicht sicher in die psychoanalytische Haltung eingelebt hat, zumindest vordergründig davor schützen, allzugroße Verwicklungen mit seinen Analysanden entstehen zu lassen. Freud selbst sah die von ihm aufgestellten „Ratschläge" (Freud 1913) als hilfreiche Empfehlungen, die je nach Situation und „Zweckmäßgkeit" angewendet werden sollten. Nach Freud fand die psychoanalytische Gemeinschaft ihr Zusammengehörigkeitsgefühl vielfach in der Kanonisierung der von Freud selbst

2 Über die Unterscheidung zwischen Verhaltens- und Beziehungsebene vgl. Bauriedl 1980, S. 86 f.

entwickelten und später dazukommenden Regeln.[3] In letzter Zeit wurde wieder auf die *Bedeutung* der Regeln im Kontext der jeweiligen therapeutischen *Beziehung* und damit auf die persönliche Verantwortlichkeit des Psychoanalytikers für sein Verhalten hingewiesen[4]. Cremerius (1984) plädierte für „einen operationalen im Gegensatz zum regelhaften Gebrauch der Abstinenz“ (a.a.O., S. 793). Er schrieb:

> „Statt unser Tun an einer Regel zu orientieren, deren Einhaltung – wie die Praxis zeigt – eine Illusion ist, sollten wir uns für die Dialektik des analytischen Prozesses entscheiden“ (a.a.O., S. 795).

Aber was ist die Dialektik des analytischen Prozesses? Und was kann darin der operationale Gebrauch der Abstinenz sein? Führt nicht die „Regellosigkeit“ in die Desorientierung, wenn nicht gar in die Willkür? Wo kann man dann noch einen Hinweis darüber finden, was hier und jetzt „richtig“ ist? Gerade in Konfliktsituationen, in denen es zumeist darum geht, wer recht hat, suchen wir doch alle spontan nach Begründungen dafür, daß wir selbst recht haben, um nicht unterzugehen. Verliert sich das analytische Prinzip der Abstinenz nicht im Ungewissen, wenn man Entscheidungen über das „richtige“ Verhalten an die persönliche Befindlichkeit des Analytikers bindet?

Aus meiner Sicht entsteht durch die Bemühung, die Entscheidung über ein bestimmtes Therapeutenverhalten immer auf die jeweilige Bedeutung in der Beziehung, und das heißt für mich: auf die aktuelle *Beziehungsstruktur* zu beziehen, nicht weniger sondern mehr Sicherheit und vor allem Eindeutigkeit *im* Analytiker und deshalb dem Patienten gegenüber. Unter Umständen wird der Patient vom Analytiker *eindeutig* frustriert und diese Frustration wird offen durchgearbeitet – als eine Szene zwischen zwei Personen, in der die eine Person nicht unbedingt das tut

---

3 dargestellt z. B. bei Greenson 1973.

4 vgl. z. B. Thomae und Kächele 1989, S. 222 ff.; Ermann 1993a; Loewald 1977.

und tun muß, was die andere will. Natürlich gehört zu dieser Haltung die entsprechende Ausbildung, eine Ausbildung, die sich vorwiegend mit der Introspektionsfähigkeit der Lernenden beschäftigt, weniger mit Behandlungsmethoden, die (scheinbar) mit den psychischen Prozessen *im* Analytiker und mit den Prozessen *zwischen* Analytiker und Analysand nichts zu tun haben.

Die „Szene" als Struktur des interpersonellen und des therapeutischen Beziehungsfeldes

Um die „Dialektik des analytischen Prozesses" und die „operationale" (Cremerius s.o.) Bedeutung jedes (therapeutischen) Verhaltens im Beziehungsfeld zwischen Analytiker und Analysand(en) exakt bestimmen zu können, brauchen wir eine metapsychologische Konzeption dieses Feldes. Wir brauchen innere Bilder, Vorstellungen über Beziehungsstrukturen und Prozeßfiguren die unserem *Erleben* zugänglich sind. Die mechanistischen Bilder der von Freud um die Jahrhundertwende entwickelten Metapsychologie sind für uns heute nur noch schwer als Bilder für intrapsychische Prozesse erlebbar. Der Mensch als Maschine entspricht nicht mehr dem Menschenbild, dem wir als Psychoanalytiker in der Beziehung zu uns selbst und zu unseren Patienten folgen wollen. Deshalb wurden Freuds metapsychologische Konzepte wiederholt in Frage gestellt und/oder durch andere theoretische Bilder ersetzt.

Roy Schafer versuchte „eine Alternative zu der eklektischen Sprache der Mechanismen, Kräfte und Strukturen etc. aufzubauen" (Schafer 1976/1982, S. 20), indem er eine „neue Sprache für die Psychoanalyse" in Form einer „Handlungssprache" entwickelte. In diesem Konzept sieht und beschreibt er den Menschen, was immer dieser fühlt und tut, stets als aktiv handelnd, nicht getrieben (nicht abhängig von einem „Trieb") oder in irgendeiner Weise passiv ausgeliefert. Mir scheint dies eine amerikanische Variante der Kritik an der im europäischen Kulturkreis zu Beginn des 19. Jahrhunderts entstandenen Psychoanalyse zu sein. Aus Roy Schafers Sicht hat diese Psychoanalyse in folgenreicher Weise vor allem dingliche Metaphern (Er zählt auf: „Trieb, Abfuhr, Entladung, Energie, Besetzung", aber auch: „starkes Ich, dynamisch Unbewußtes, innere Welt, libidinöse Energie, starre Abwehrhaltung, intensive Emotion", etc.) gebildet. Die mir etwas künstlich erscheinenden „Sprachregelungen", nach denen in der „neuen Sprache" keine Substantive und Adjektive mehr, sondern nur noch Verben in aktiver Form, eventuell in Verbindung mit Adverbien, verwendet werden sollen, stellen aus meiner Sicht einen Versuch dar, innerhalb der Psychoanalyse ein anderes, vielleicht dem amerikanischen Kulturraum und auch unserer Zeit mehr entsprechendes Menschenbild einzuführen. Es enthält deutlich (inter)aktionistische Vorstellungen, wie sie in letzter Zeit auch in vielen anderen Wissenschaften entstanden sind, und es betont die Verantwortlichkeit des einzelnen für das eigene Tun – auch für die Konstruktion seiner Gefühlswelt und seines bewußten Denkens.

Diese Theorie wurde im deutschen Sprachraum nach ihrem Erscheinen nur kurz beachtet, dann aber nicht übernommen[5]. Es tauchen die Fragen auf: Ist sie zu spezifisch für die amerikanische Kultur? Sind wir in Europa so sehr in unseren althergebrachten Denkweisen gebunden und mit ihnen auch so sehr zufrieden, daß wir keine neuen Denkweisen und Formulierungen suchen? Oder haben wir das mechanistische Denken (der Mensch als „physikochemische oder biologische" Maschine, wie sie Roy Schafer kritisiert) in der Psychoanalyse nie so konkret verstanden, wie es in den ersten amerikanischen Übersetzungen der Freudschen Werke zum Ausdruck kam?

Mein Vorschlag einer metapsychologischen Konzeption des intrapsychischen und interpsychischen Bezie-

---

5 Eine kritische Diskussion des Konzepts von R. Schafer findet sich bei Buchholz 1985, Löhr 1985, Ehlert 1985.

hungsfeldes geht von einer im deutschen Sprachraum entwickelten Konzeption, vom *szenischen Verstehen* aus. Lorenzer (1979) hat die Methode der Psychoanalyse als „Beziehungs- und Situationsverstehen" beschrieben. Für mich ist der Mensch vor allem in szenischen Bildern und Figuren erlebbar und vorstellbar. In diesen Szenen sind die „Geschichten" der einzelnen Menschen enthalten. Zudem interessiere ich mich dafür, wie diese Szenen sich beim Zusammentreffen zweier oder mehrerer Menschen miteinander verschränken. Um jeweils erkennen zu können, um welche Beziehungsstruktur es sich handelt, brauche ich neben der Fähigkeit, die (therapeutische) Beziehung szenisch zu verstehen, auch ein Konzept, das mir hilft, z. B. gespaltene von eindeutigen Beziehungsstrukturen zu unterscheiden. Als Prototyp für gespaltene Beziehungsstrukturen sehe ich in Anlehnung an das Konzept der Doppelbindung die Auswirkungen einer intrapsychischen „Ambivalenzspaltung".[6]

Im 3. und 4. Kapitel dieses Buches stelle ich dieses beziehungtheoretische Konzept und seine Anwendung in der psychoanalytischen Paar- und Familientherapie ausführlich dar. Hier nur ein Beispiel zur Veranschaulichung:

> Die jeweils aktuelle Beziehung hat eine bestimmte *szenische Struktur,* die immer *alle* Beteiligten betrifft und die ich als Analytikerin in diesem Feld *spüren,* also mit Hilfe meiner Gefühle und Phantasien wahrnehmen kann. Ist es zum Beispiel die Struktur: „Was ich bekomme, geht dir verloren" (Nullsummenspiel), dann kann in der analytischen Beziehung eine Mitteilung über meine Person oder auch eine „Stellungnahme" meinerseits zu einem bestimmten Problem bedeuten, daß mir der Patient oder die Patientin etwas „entrissen" hat – vielleicht in der Angst, daß ich sonst ihm oder ihr etwas „entreißen" könnte. Ist die aktuelle Beziehungsstruktur zu beschreiben als: „Beide müssen gleich sein", dann kann eine Stellungnahme meinerseits die *Bedeutung* haben: „Du mußt fühlen und denken wie ich". Hat die aktuelle Beziehungsstruktur aber die Form: „Ich möchte gerne etwas fragen, bekomme ich eine Antwort?", dann *kann* meine Antwort auf eine bestimmte Frage (wenn

[6] Bauriedl 1980, S. 29 ff; Bauriedl 1982, S. 104 ff.

ich mich mit dieser Antwort persönlich und in meiner analytischen Haltung wohlfühle) für den Patienten oder die Patientin bedeuten: Ich kann fragen, wenn ich das möchte, und wenn die Analytikerin will, antwortet sie.

Abstinenz als therapeutischer Eingriff in ein Beziehungssystem

Diese szenische und gleichzeitig strukturelle Betrachtung der therapeutischen Beziehung bringt es mit sich, daß die Vorstellungen über die Abstinenz des Analytikers in anderen Kategorien gedacht werden müssen als es bisher im allgemeinen üblich war. Da es sich in problematischen Situationen der Beziehung immer um eine „verschmolzene" Beziehungsstruktur, erkennbar u.a. an Doppelbindungen (vgl. Kapitel 3 und 4), handelt, ist aus dieser Perspektive deutlich zu sehen, daß man es dem Patienten in dieser Situation nicht rechtmachen *kann* – gleichgültig wie man sich verhält. Gleichzeitig ist deutlich, daß es auch keine *strukturelle Veränderung* der Beziehungssituation zur Folge hat, wenn man den Patienten systematisch frustriert, also genau das Gegenteil von dem tut, was er will, und dieses Verhalten dann für einen Ausdruck von Abstinenz erklärt. In einem solchen therapeutischen Verhalten wäre deutlich das „Gegenagieren", in meinem Konzept: die Beteiligung an der Ambivalenzspaltung erkennbar. Da es aus meiner Sicht in der Psychoanalyse – unabhängig vom Setting – um eine *Veränderung von Beziehungsstrukturen* (im Sinne einer Differenzierung) geht, muß die Abstinenz als therapeutischer Eingriff (Bauriedl 1980, S. 51 ff) in ein Beziehungssystem verstanden werden.

Abstinenz ist für mich eine bestimmte *Form der Beziehung,* die ich versuche, von mir her anzubieten und einzuhalten. Das kann durchaus in sehr aktiver Form geschehen, z. B. im intensiven Durcharbeiten einer Double-Bind-Situation, oder auch in (äußerlich) passivem Verhalten (langes Schweigen), in dem ich versuche, dem

Patienten „seinen Raum zu lassen“, in dem er sich mit seinen Phantasien, auch mit seinen Phantasien über mich, ungestört „ausbreiten“ kann, und in dem ich die Chance habe, innerlich mit ihm in Kontakt zu kommen. *Das therapeutische Verhalten kann aus meiner Sicht nur in seiner Bedeutung für die Beziehung definiert werden.* Auf der Beziehungs- oder Bedeutungsebene entscheidet sich, welche Antwort es *wirklich* ist, die der Analytiker oder die Analytikerin in der jeweiligen „Gesprächssituation“ (Gespräch verstanden als Interaktion auf der Beziehungsebene) gibt. Hier entscheidet sich für mich auch die Qualität einer analytischen Beziehung, nicht am Setting. Die analytische Haltung besteht für mein Verständnis in der ständigen Bemühung, dem Analysanden einen „analytischen Raum“ anzubieten, in dem er sich selbst finden kann. Sich selbst finden kann man aber nicht in einem „leeren Raum“, sondern nur in der Begegnung mit anderen. Das ist nach meiner Erfahrung prinzipiell in allen analytischen Settings möglich. Allerdings kann man als Analytiker dem oder den Analysanden diesen Raum nur grundsätzlich und in der jeweiligen Situation in dem Maße zugestehen, in dem man selbst über einen entsprechenden inneren Raum verfügt. Es geht also in jeder psychoanalytischen Therapie vor allem um die Arbeit *im* Analytiker und erst in zweiter Linie um die Arbeit *am* Patienten. Die ständige Bemühung um die Aufrechterhaltung des eigenen inneren „Freiraumes“ bzw. das Bemühen um seine Wiederherstellung kennzeichnet den analytischen Prozeß von seiten des Analytikers in jedem Setting.

Freie Assoziation und gleichschwebende Aufmerksamkeit – auch „ohne Couch“?

Mit der Beschreibung dieses inneren „Freiraums“ bin ich auch bei der Frage nach den „freien Einfällen“ des Patienten und – korrespondierend dazu – bei der „gleichschwebenden Aufmerksamkeit“ des Analytikers im Setting

„ohne Couch“ angelangt. Streeck (1994) schreibt über dieses Setting – und das ist sicher auch repräsentativ für die allgemeine Meinung unter Psychoanalytikern:

> „Unter diesen Umständen scheinen sich beide, nicht nur der Patient dem Analytiker, sondern auch der Analytiker dem Patienten, indem sie von Angesicht zu Angesicht miteinander kommunizieren, mehr mitzuteilen als sie sich zu sagen meinen. Dabei sind die Mitteilungen des Patienten immer auch Antworten auf die unausgesprochene, sichtbare, aber unbeabsichtigte, unbewußt hervorgebrachte 'Aufforderung' seines therapeutischen Gegenüber. Die Äußerungen des Patienten sind nicht mehr nur 'freie Einfälle'. Denn sie scheinen immer auch auf die *interaktive* Konstituierung der sozialen Situation mit dem Analytiker angelegt zu sein wie sie ihrerseits deren Ergebnis sind. Aber auch die Aufmerksamkeit des Analytikers scheint unter diesen Bedingungen nicht gleichermaßen 'frei' schweben zu können wie in der analytischen Situation“ (a.a.O., S. 37 Hervorhebung im Original).

Auch dieser Unterscheidung zwischen dem Setting mit und ohne Couch kann ich nicht ohne weiteres folgen. Mir scheint, daß sich Analytiker und Patient „mit Couch“ ebenfalls weit „mehr mitteilen als sie sich zu sagen meinen“, und daß hier ebenso der eine auf den anderen stets „antwortet“, auch wenn er schweigt. „Frei“, im Sinn von situationsunabhängig, können weder die Einfälle des Analysanden noch die des Analytikers sein, in keinem Setting. Geht man von der Annahme aus, daß die „freien“ Einfälle des Analysanden auf der Couch nichts mit der jeweils aktuellen Beziehung zum Analytiker zu tun haben, dann übersieht man ihre Bedeutung im Feld der interaktionellen Übertragung und Gegenübertragung.

Grundsätzlich bin ich der Meinung, daß *alle* Äußerungen von Patienten, in welchem Setting auch immer, als Ausdruck unbewußter Phantasien verstanden werden können. Das szenische Verständnis von Beziehungsangeboten und Beziehungsstrukturen macht es möglich, auch in den im gewissen Sinn gar nicht „freien“ Assoziationen, z. B. in einem Familienstreit, die unbewußten Phantasien der Beteiligten zu erkennen. Der Traum ist nach wie vor ein „königlicher Weg“ zum Unbewußten, man kann aber auch auf ganz anderen Wegen dorthin gelangen.

Was nun die gleichschwebende Aufmerksamkeit betrifft, so *fühlt* man sich als Analytiker hinter der Couch oft freier als wenn man dem Patienten oder der Patientin oder gar einer ganzen Familie gegenübersitzt. Man fühlt sich weniger gedrängt, jeweils zu antworten oder zu fragen, wenn in dem Gespräch eine Pause eintritt, und man fühlt sich weniger direkt „angesprochen“ und um seine persönliche Meinung (eventuell im Sinn einer Parteinahme) gefragt als im Gegenübersitzen. Dieses Gefühl, „von Angesicht zu Angesicht“ weniger frei zu sein, hat aber *auch* mit der Übertragung eigener Reaktionsmuster aus konventionellen Beziehungen zu tun. Es kann abnehmen, wenn man mehr Übung in einem bestimmten Setting ohne Couch hat und auch in dieser Situation immer ganz besonders auf die eigenen Gefühle und Phantasien achtet. Hat man sich erst einmal daran gewöhnt, möglichst nur das zu tun, was man wirklich selbst tun will, nicht das, was der Patient oder die Patienten von einem erwarten, und auch nicht das Gegenteil davon – auch nicht unbedingt das, was ein Lehrbuch sagt –, dann wird die abstinente Haltung auch „ohne Couch“ sicherer.

Ist die Angewandte Psychoanalyse weniger wichtig?

Der Streit um die Benennung der verschiedenen psychoanalytischen Settings wäre nebensächlich, wenn mit der Benennung nicht bestimmte Vorstellungen und Bewertungen verbunden wären, die Psychoanalytiker mit den verschiedenen Verfahren der „Angewandten Psychoanalyse“ verbinden. Die Festlegung der „Psychoanalyse“ auf das Couch-Setting hat zur Folge, daß in der psychoanalytischen Ausbildung – je nach Institut – fast ausschließlich die Arbeit in diesem Setting gelehrt wird. Einige wenige Institute bieten zwar inzwischen eine gruppentherapeutische oder (selten) auch eine familientherapeutische Ergänzungsausbildung an, aber diese Verfahren gelten doch immer nur als „Anwendungen“ der eigentlichen Psychoanalyse. Obwohl sie in vielen Fällen anstrengender und schwieriger in der Durchführung sind, also größere Ansprüche an die Abstinenz des Analytikers stellen, gelten sie in gewissem Sinne als minderwertig und auch als „leichter“. Ähnlich werden auch die analytischen Kinder- und Jugendlichenpsychotherapeuten zumeist nicht als „volle“ Psychoanalytiker angesehen, weil sie nicht „mit der Couch“ arbeiten. Für sie genügt eine „kleine“ Ausbildung und auch eine „kleinere“ Vorbildung. Es sieht fast so aus als wäre die „Strenge“ der Psychoanalyse und damit auch das Bemühen um exaktes Arbeiten an die Couch gebunden, während „ohne Couch“ vieles erlaubt ist, da diese Situation von vorneherein weniger ernst genommen wird.

Ich bin durchaus der Meinung, daß die Ausbildung in der Arbeit „hinter der Couch“ zurecht einen großen Stellenwert zugewiesen bekommt. Hier kann man sich am besten ein sicheres Gefühl für die analytische Haltung erwerben. Hier hat man die größte „Ruhe“ und vom Setting her einen relativ gut geschützten Raum, in dem man lernen kann, sich zunehmend frei zu bewegen – allerdings nur, wenn die während der Ausbildung behandelten Patienten für dieses Setting geeignet sind, was leider nicht immer der Fall ist. Aber – so wichtig ich diese Arbeit finde und so gerne ich selbst „hinter der Couch“ arbeite – muß ich doch sagen, daß sich ein seltsamer Kult um dieses „Allerheiligste“ der Psychoanalyse, um die hochfrequente und lange dauernde Einzelanalyse auf der Couch, entwickelt hat. Und das, obwohl gerade dieses „allerheiligste“ Setting eine „Anwendung“ oder zumindest eine Modifikation der ursprünglichen Freudschen Analyse ist, die bekanntlich zwar hochfrequent, aber nur von sehr kurzer Dauer war, in unserer heutigen Definition also eher eine intensive Kurzzeittherapie als eine „Psychoanalyse“.

Die Überschätzung der „Couchanalyse“ als einzig „wahre“ Analyse und die oft einseitige Ausbildung auf diesem Gebiet führt dazu, daß man annimmt, daß der „echte Analytiker“ sich sowieso in den anderen Behandlungsformen zurechtfinden wird. Das ist oft ein großer Irrtum. Dazu sind die Situationen mit und ohne Couch wiederum zu unterschiedlich. Nach meiner Erfahrung braucht man einige Zeit und die helfende Begleitung von in diesem Verfahren erfahrenen Kollegen, um die besonderen Schwierigkeiten und Möglichkeiten des jeweiligen Settings für sich zu erforschen und auch um seine persönlichen Neigungen, Tendenzen und Fähigkeiten in der neuen therapeutischen Situation (zum Beispiel in einer Paar- oder Familientherapie) kennenzulernen. Überspringt man diese (Selbst-)Erfahrungsphase, dann kommt man häufig mit dem neuen Setting nicht zurecht, man hat keine Erfolge und deshalb auch keine Freude an der Arbeit. Die Folge ist oft, daß man diese Verfahren entweder nicht oder nicht mehr anwendet – sie oft als weniger wertvoll mißachtet – und die Patienten in das Setting zwingt, das man „kann“. Oder man übernimmt unreflektiert aus anderen, nicht-analytischen Verfahren (z. B. der Verhaltenstherapie oder der systemischen Therapie) therapeutische Methoden, die dann deshalb als „psychoanalytisch orientiert“ bezeichnet werden, weil sie ein Psychoanalytiker anwendet.

Aufgrund der dargestellten Situation glaube ich, daß wir einen großen Nachholbedarf an unterschiedlichen Ausbildungen in unseren Instituten haben. Das betrifft weniger die „anderen Verfahren“, also die Verhaltenstherapie, die systemische Therapie oder bestimmte humanistische Psychotherapierichtungen (Eine genaue Kenntnis dieser Verfahren und eine kritische Auseinandersetzung mit ihnen ist allerdings sehr lohnend!). Es betrifft vielmehr die unterschiedlichen psychoanalytischen Möglichkeiten des therapeutischen Umgangs mit Paaren, Familien, Gruppen, in Krisensituationen, in der Supervision, etc. Wenn wir auf diesen Gebieten mehr Erfahrung haben, nimmt die Gefahr ab, daß die Indikation sich nach der Methode richtet, die der Analytiker „kann" und die er alleine deshalb für „richtig" hält.

Auf diese Weise könnten wir auch dem Vorwurf begegnen, der uns in letzter Zeit häufig – auch zurecht – von außeranalytischer Seite gemacht wird: Wir würden uns mit unserem engen Spektrum an verfügbaren Verfahren nicht nach dem Patienten richten, sondern nach uns selbst. Eine „gut ausgebildeter Psychotherapeut" verfüge aber über alle Verfahren, über die Psychoanalyse ebenso wie über die Verhaltenstherapie und andere Methoden. Diesem Vorwurf wäre dann entgegenzuhalten, daß es innerhalb der Psychoanalyse selbst eine Vielzahl möglicher Behandlungsformen gibt, die alle auf der psychoanalytischen Haltung beruhen, einer Haltung, die man sich im allgemeinen nur in einer langjährigen Ausbildung aneignen kann, und die einen ganz spezifischen Prozeß, nämlich die differenzierende Veränderung von Beziehungsstrukturen fördert.

3. Kapitel

Psychoanalyse als Beziehungsanalyse – Das systemtheoretische Verständnis der Psychoanalyse

Systemtheoretische Konzepte in der Tradition der Psychoanalyse

Von den Kommunikations- oder Systemtherapeuten „der ersten Stunden" wurde die Psychoanalyse in einer kräftigen Absetzbewegung als individualistisch, monokausal, linear, also als nichtsystemisch und damit als veraltet bezeichnet. (Selvini-Palazzoli et al. 1963, 1975, Watzlawick et al. 1967, 1974, 1977, 1980, Haley 1977; Stierlin et al. 1977, 1979, Guntern 1980). Einwände gegen diese oft sehr polemisch vorgetragene Kritik an der Psychoanalyse wurden nicht zur Kenntnis genommen. Das neue „Paradigma" sollte wirklich neu sein und nichts mit der „alten" Psychoanalyse zu tun haben.

Inzwischen hat auch die systemische Psychotherapie eine eigene Tradition und verschiedene Schulen ausgebildet. Die (polemische) Bezugnahme auf die Psychoanalyse hat im gleichen Maße abgenommen. Die Phase, in der man sich von der Psychoanalyse noch militant abgrenzte, ist anscheinend abgeschlossen. Als Kontaktaufnahme kann ich nur noch die Versuche sehen, die psychoanalytische Theorie und Praxis in eine im Rahmen der Biologie entwickelte Systemtheorie einzuordnen (z. B. Simon 1994).

Systemtheoretisches Denken bei Freud

Aus meiner Sicht hat das systemtheoretische Denken *in der Psychoanalyse* eine sehr lange und interessante Geschichte, die ich hier nur kurz darstellen möchte. Systemisch oder systemtheoretisch zu denken bedeutet, Gesetzmäßigkeiten im Zusammenspiel verschiedener Einheiten zu erkennen und zu beachten. In diesem Sinn entwickelte schon Freud implizit eine „systemische" Familientheorie (Pohlen und Plänkers 1982; Ciompi 1982). Sowohl die Verführungstheorie[1] als auch die Theorie des Ödipuskomplexes[2] sind familiendynamische Theorien. Freud versuchte in beiden Theorien die Rolle der inneren Bilder von Vater und Mutter für die psychische Entwicklung des Kindes zu erfassen. Allerdings waren seine Fragen eher naturwissenschaftlich auf *generelle* Regeln der psychischen Entwicklung ausgerichtet. Er hatte noch wenig Vorstellung von der Dynamik einer *spezifischen* Familie, von deren typischen, psychodynamisch und beziehungsdynamisch zu verstehenden Szenen und von den Vorgängen, wie sich diese Szenen in der Psyche des Kindes abbilden.[3] Er versuchte vor allem zu verstehen, welche Entwicklungsschritte *das* Kind *normalerweise* durchläuft, in der Beziehung zu *dem* Vater und zu *der* Mutter.

Außerdem entwarf Freud ein *systemtheoretisches Modell des Individuums,* verstanden als Zusammenspiel von Triebwünschen, Ängsten und Abwehrmechanismen, das gleichzeitig Ergebnis und Ausgangspunkt der interpsychischen Systemsicht ist (vgl. 1. Kapitel).

Das therapeutische System: Übertragung und Gegenübertragung

Ein weiteres systemtheoretisches oder beziehungsanalytisches Konzept wurde schon zu Lebzeiten Freuds von ihm selbst und von seinen Schülern und Schülerinnen erarbeitet und später weiter ausgebaut: das *System von Übertragung und Gegenübertragung,* das die therapeutische Beziehung ausmacht.

---

1 Freud 1887–1902, S. 160.

2 ebenda, S. 238, im Brief an Wilhelm Fließ vom 15. 10. 1897.

3 Eine Darstellung der psychoanalytischen Entwicklungstheorie aus beziehungsanalytischer Sicht findet sich in Bauriedl: Psychoanalyse als Beziehungswissenschaft (in Vorbereitung).

Um die therapeutische Beziehung und die in ihr ablaufenden Prozesse beschreiben zu können, wurde die Theorie von Übertragung und Gegenübertragung wie kein anderer Theorieteil in den letzten beiden Jahrzehnten Gegenstand intensiver Forschungsüberlegungen. Zunächst waren es vor allem introspektiv begabte und deshalb an der Eigenanalyse im therapeutischen Prozeß besonders interessierte Frauen, die dieses Konzept entwickelten (Deutsch 1926, Heimann 1950, Little 1951, A. Reich 1951), aber dann auch männliche Psychoanalytiker wie Racker (1957), Grinberg (1962), Searles (1975) und Langs (1978a und b, 1982).

Helene Deutsch (1926) bezeichete den Wahrnehmungsvorgang des Analytikers in der psychoanalytischen Situation als „analytische Intuition“ und betonte, daß jeder Psychoanalytiker dringend auf diese Form der Wahrnehmung angewiesen sei. Indem sie sich genau beobachtete, entdeckte sie, daß sie dem Patienten gegenüber zeitweilig eine ähnliche Einstellung entwickelte wie dessen frühere Bezugspersonen. Sie nannte das die „Komplementäreinstellung“, die durch „Identifizierung mit den Imagines der frühen Objekte“ des Patienten zustande komme, und stellte fest, daß diese „Komplementäreinstellung“ zusammen mit der „Identifizierung mit dem infantilen Ich des Patienten“ erst die vollständige Gegenübertragung ausmache. Ein „psychischer Kurzschluß“ im Analytiker komme dann zustande, wenn dieser „kraft seiner ubw Tendenzen eine hergestellte Identifizierung nicht aufzugeben vermag“ (a.a.O., S. 423). Heute würden wir formulieren, daß der Analytiker dann in der Parteinahme für oder gegen den Patienten fixiert ist, bzw. – und da gibt es eine direkte Entsprechung – in der Parteinahme für oder gegen *Teile* (Wünsche, Ängste, Abwehrmechanismen) des Patienten.

Genau genommen lag mit diesen Erkenntnissen also schon 1926 eine Vorstellung von der Übertragung des familiendynamischen Systems auf die analytische Beziehung vor. Durch Identifikationsprozesse wird der Analytiker auch in der Einzelanalyse in das Familiensystem seiner Patienten einbezogen. Er identifiziert sich spontan mit dem damaligen Kind (seinem jetzigen Patienten) und/ oder mit dessen Bezugspersonen. Racker (1957) nannte diese beiden Arten der Gegenübertragung die *konkordante Identifizierung* (mit dem Kind) und die *komplementäre Identifizierung* (mit den Bezugspersonen). Heute spricht man allgemein von konkordanter und komplementärer Gegenübertragung.

Mit ihrem Hinweis auf den „psychischen Kurzschluß" im Psychoanalytiker wies schon Helene Deutsch darauf hin, daß durch die parteinehmende Indentifizierung des Analytikers ein Schaden für die Behandlung entstehen kann. Es „funkt" zwar in solcher Parteinahme, aber die Abstinenz, der nötige „Sicherheitsabstand" geht verloren und damit auch die Möglichkeit, psychoanalytisch aufdeckend zu arbeiten. In letzter Zeit hat vor allem Robert Langs (1982) darauf hingewiesen, wie die „gesunde Symbiose" zwischen Analytiker und Patient durch ein „geheimes Einverständnis"[4] zwischen beiden gestört und zerstört werden kann. Es wird immer deutlicher, daß die abstinente Haltung des Analytikers sinnvollerweise *nur* auf der Beziehungsebene, und das heißt: in den Kategorien der Beziehungsstrukturen des „therapeutischen Systems" definiert werden kann.

Um Fragen der Abstinenz und der Übersicht über die „okkulten Vorgänge während der Psychoanalyse"[5] ging es auch in der langen Reihe der Arbeiten zur Übertragung und Gegenübertragung seither.[6] In letzter Zeit scheint auch die Suche nach der „hilfreichen Beziehung" (Ermann 1993a) ein Grund für die intensive Beschäftigung mit den Phänomenen der Projektiven Identifikation, also der psychischen Austauschprozesse (s.u.) in der analytischen Beziehung zu sein (Morgenthaler 1978, Ogden 1982,

---

[4] Langs nennt dieses Einverständnis die „psychotherapeutische Verschwörung", so lautet auch der Titel seines Buches.

[5] So der Titel der berühmten Arbeit von Helene Deutsch.

[6] Vor allem Racker 1957 und 1968, und seither eine Vielzahl von Veröffentlichungen zu diesem Thema.

1988, Greenberg und Mitchell 1983, Cremerius 1984, Etchegoyen 1985, Weiß 1988, König 1993). Was jeder erfahrene Praktiker weiß, nämlich daß die *„gute Beziehung“* zwischen Therapeut und Patient in *jeder* Psychotherapieform für den Erfolg ausschlaggebender ist als die jeweils angewandte *Technik,* wird auch in der Psychotherapieforschung bestätigt (Luborsky et al. 1971, Kächele und Fiedler 1985, Grawe 1992). So versucht man herauszufinden, worin denn diese „gute“ Beziehung besteht und wie sie hergestellt oder aufrechterhalten werden kann. Zumindest in dieser Forschungsrichtung untersuchen Psychoanalytiker zunehmend die *therapeutische Beziehung* und damit zwangsläufig auch sich selbst, also die in dieser Beziehung in ihnen ablaufenden Prozesse. Auf diesem Weg, der die unbewußten Interaktionsprozesse zwischen Analytiker und Analysand erkennbar werden läßt, wird Psychoanalyse immer eindeutiger zu einer „Beziehungswissenschaft“.[7]

Objektbeziehungstheorien

Parallel zu dieser Entwicklungslinie von der „Technik“ des Analytikers zur Analyse der Beziehung zwischen Analytiker und Patient entstanden im Lauf der Geschichte der Psychoanalyse die *Objektbeziehungstheorien.* Diese Theorien trugen wesentlich dazu bei, die *Entstehung der intrapsychischen Systeme* (Strukturen) *aus interpsychischen Systemen* (Beziehungen) zu verstehen.

Der Begriff „Objektbeziehung“ bedeutete bei Freud die libidinöse oder aggressive Besetzung eines „Objekts“, also eines anderen Menschen. In „Trauer und Melancholie“ (1917b) beschrieb er, wie bei der „Melancholie“ im Gegensatz zur Trauer die durch Verlust, „Kränkung oder Enttäuschung von seiten der geliebten Person“ frei gewordene Libido nicht von diesem Objekt abgezogen und auf ein neues verschoben wird, sondern „ins Ich zurückgezogen“ wird und dort zur Identifizierung mit dem aufgegebenen

---

7 Vgl. Bauriedl 1980 und Bauriedl: Psychoanalyse als Beziehungswissenschaft (in Vorbereitung).

Objekt dient. Der Konflikt zwischen dem Ich und dem Objekt spielt sich nun intrapsychisch ab: Der Haß gegen das Objekt richtet sich nun gegen die eigene Person. Dies ist die klassische Frühform der Beschreibung einer *Internalisierung interpersonaler Szenen* ins eigene Ich. Ähnlich beschrieb Freud bekanntlich die Entstehung des Überich als Verinnerlichung der elterlichen Forderungen und Verbote (1923b). In „Trauer und Melancholie" schrieb er: „Wir sehen ..., wie sich ein Teil des Ichs dem anderen gegenüberstellt, es kritisch wertet, es gleichsam zum Objekt nimmt" (1917b, S. 433). Hier sind Ansätze zu einem *szenischen Verständnis* der intrapsychischen Strukturen, die im damaligen Modell Freuds Es, Ich und Überich hießen. Allerdings legte Freud, wie auch viele spätere Theoretiker der Objektbeziehungstheorie, Wert darauf, daß es sich hier nicht um Identifizierungen mit realen Personen, also mit Vater oder Mutter, handelt, sondern um Identifikationen mit Persönlichkeitsanteilen der Bezugspersonen:

> „So wird das Überich des Kindes eigentlich nicht nach dem Vorbild der Eltern, sondern des elterlichen Überichs aufgebaut; es erfüllt sich mit dem gleichen Inhalt, es wird zum Träger der Tradition, all der zeitbeständigen Wertungen, die sich auf diesem Wege über Generationen fortgepflanzt haben" (Freud 1933, S. 73).

Die Frage, *wie* die intrapsychischen Strukturen im Sinne innerer Repräsentanzen von früheren Objektbeziehungen entstehen, ob sich das Kind mit den Bezugspersonen als den realen Personen oder mit Teilen von ihnen (z. B. mit deren Überich) identifiziert, oder ob es nur die Beziehungserlebnisse, also seine *eigenen* Gefühle und Erfahrungen mit diesen Personen intrapsychisch „speichert", wurde von den späteren Objektbeziehungstheoretikern zum Teil unterschiedlich beantwortet, zum Teil nicht für wichtig gehalten.

In einem Übersichtsartikel über die Objektbeziehungstheorien verbindet Kernberg die Ansätze der „Britischen Schule" (M. Klein, W.R.D. Fairbairn, D.W. Winnicott) mit den vorwiegend in den USA entwickelten, ichpsychologisch beeinflußten Theorien (E.Erikson, E. Jacobson, M. Mahler, H. Loewald, O.F. Kernberg und in England J. Sandler) und den interpersonellen psychoanalytischen Ansätzen (H.S. Sullivan, J.R. Greenberg und S.A. Mitchell) wie folgt:

> „Demnach könnten dann psychoanalytische Objektbeziehungen die Internalisierung, Strukturierung und klinische Reaktivierung der frühesten dyadischen Objektbeziehungen in das Zentrum ihrer (genetischen und entwicklungsmäßigen) strukturellen und klinischen Formulierungen stellen. Der Vorstellung der Internalisierung von Objektbeziehungen liegt dabei folgende Annahme zugrunde: Bei allen Interaktionen, die sich zwischen dem Kind und den bedeutsamen elterlichen Personen abspielen, ist das, *was das Kind internalisiert,* nicht das Bild oder die Repräsentanz des anderen, sondern *die Beziehung zwischen dem Selbst und dem anderen* – in Form einer Interaktion zwischen Selbstrepräsentanz und Objektimago oder Objektrepräsentanz. Auf der Basis dieser inneren Struktur werden in der intrapsychischen Welt sowohl reale wie auch phantasierte Beziehungen zu bedeutsamen anderen repliziert“ (Kernberg 1993, S. 97, Hervorhebungen im Original).

Bei genauer Betrachtung haben wir damit eine „Lerntheorie“ der Psychoanalyse vor uns: Die intrapsychischen Strukturen werden im interpsychischen Beziehungsfeld durch Introjektion „erlernt“.[8] Das Subjekt nimmt sie in sich auf und bildet sie in sich ab. Sie werden zum (szenischen!) Modell aller zukünftigen „Objektbeziehungen“. Hier zeigt sich, daß die Psychoanalyse mit primitiv „linearen“ Wenn-dann-Verbindungen nichts zu tun hat, was sie freilich – vor allem auch wegen der Einbeziehung unbewußter Prozesse – eindeutig von anderen „Lerntheorien“ und auch von der „systemischen“ Therapie unterscheidet.

---

8 Über neue Perspektiven in der psychoanalytischen Entwicklungstheorie aus beziehungsanalytischer Sicht vgl. Bauriedl: Psychoanalyse als Beziehungswissenschaft (in Vorbereitung).

Familiendynamische Konzepte

Gleichzeitig mit der Entwicklung der verschiedenen objektbeziehungstheoretischen Ansätze entstanden innerhalb und außerhalb der Psychoanalyse familiendynamische Konzepte, die vom Hauptstrom der vorwiegend mit dem Individuum beschäftigten Psychoanalyse nicht oder nur wenig zur Kenntnis genommen wurden.[9] Eine kritische Auseinandersetzung mit den dort entwickelten Vorstellungen über die Entstehung intrapsychischer Strukturen und über den therapeutischen Umgang mit gestörten Beziehungsstrukturen kann aber aus meiner Sicht zu einer wesentlichen Bereicherung der psychoanalytischen Theorie führen, ohne daß man deswegen Techniken aus manipulativen Ansätzen übernehmen muß, die nicht mit der psychoanalytischen Haltung vereinbar sind.

Familiendynamische Konzepte in der Psychoanalyse

Auf dem Gebiet der Familiendynamik und Familientherapie hat die Psychoanalyse sich – ihrer spezifischen Potenz entsprechend – vor allem in bezug auf die Theorie der *Genese* von Beziehungsstörungen Verdienste erworben, während die kommunikationstheoretischen und systemischen Ansätze sich vorwiegend mit Methoden der therapeutischen *Veränderung* befaßten. Zwei unterschiedliche Fragestellungen führen zu einem prinzipiell unterschiedlichen Verständnis der Psychotherapie: Die Frage „Wie entsteht das?" führt eher zu einem prozeßhaften Verständnis von Person und Psychotherapie, weil hier die Entwicklung und Veränderung intrapsychischer und eventuell auch interpsychischer Beziehungsstrukturen untersucht werden. Die Frage „Wie ändert man das?" führt eher zu einem technischen Verständnis der Psychotherapie. Die Entstehungsgeschichte psychischer Störungen ist dann weniger interessant als eine Methode der Veränderung „dysfunktionaler" Phänomene.

---

9 Ausnahmen sind: Bauriedl 1980, 1982, Fischer 1981, 1986 und Ciompi 1982

Wenn man als Psychoanalytiker/in mit Familien arbeitet, sieht man, *wie* die Kinder geprägt werden, *was* sie internalisieren und wie die Übernahme von psychischen Strukturen durch die Kinder auch die Eltern stabilisiert. H.E. Richter (1963) hat unter dem Konzept der Rollenzuschreibungen herausgearbeitet, wie die Kinder entsprechend den Erwartungen der Eltern ihre „Rollen" einnehmen. Mit der Beschreibung typischer familiärer Neurosenformen (die angstneurotische, die paranoide, die hysterische Familie) hat er (1970) deutlich gemacht, daß das Kind nicht in *der* Familie aufwächst, sondern daß *spezifische* Eltern *spezifische* Erwartungen an ihre Kinder haben, und daß sich höchst differenzierte Austauschprozesse zwischen Partnern und zwischen Eltern und Kindern abspielen.

Die Kommunikationstheorie der Palo-Alto-Gruppen

Richter bezog sich in seinen Arbeiten unter anderem auf die Forschungen der beiden Palo Alto Gruppen (vor allem D.D. Jackson, J.H. Weakland, D. Haley, A.F. Wallace, R.D. Fogelson, L.C. Wynne), soweit sie damals vorlagen. Diese Forschungen standen anfangs der Psychoanalyse nahe (Vor allem Th. Lidz und H.F. Searles, aber teilweise auch G. Bateson), bzw. sie übernahmen psychoanalytische Konzepte und entwickelten sie weiter. Der „Vater" dieser Forschergruppe war G. Bateson (Bateson et al. 1956). Später entstand in dieser Gruppe die „Kommunikationstheorie" (P. Watzlawik et al. 1967), deren Vertreter sich dann äußerst polemisch von der Psychoanalyse abgrenzten.

Bateson hatte zusammen mit der „ersten Palo Alto Gruppe"[10] die Double-Bind-Theorie formuliert, nach der ein Kind später eine schizophrene Erkrankung entwickelt, wenn es in seiner Kindheit einer Double-Bind-Situation von seiten einer nahen Bezugsperson (damals entstand der Begriff der „schizophrenogenen Mutter") ausgeliefert

---

10 am Mental Research Institute Palo Alto 1952–1962.

ist. Obwohl sich später die Double-Bind-Situation nicht als spezifisch (und vor allem nicht als ausschließlich) für die Genese der Schizophrenie hat halten lassen, war damit ein wichtiger Schritt in Richtung auf eine Beziehungstheorie gelungen. Man begann, die *Qualität* (Struktur) *einer Beziehung* – zumindest die Struktur von Mitteilungen in einer Beziehung – zu beschreiben und man hatte Vorstellungen darüber, wie sich ein Kind in einer bestimmten Beziehungsstruktur (hier: Mitteilungsstruktur) entwickelt.

Allerdings hatte schon Bateson, ausgehend von der „Theorie der logischen Typen" (Whitehead und Russel), einer philosophisch-mathematischen Theorie, die „Beziehung als Austausch von Mitteilungen" (Bateson 1972, S. 358) definiert, wodurch nach meinem Gefühl das Bild vom Menschen in sehr folgenreicher Weise reduziert wurde. Konzentriert man sich nämlich bei der Betrachtung von Beziehungen ausschließlich auf die „Mitteilungen", die ausgetauscht werden, dann fehlt zwangsläufig die Beschreibung des subjektiven Erlebens und vor allem der unbewußten Prozesse. Wir Menschen orientieren uns aneinander bezüglich der intersubjektiv wahrgenommenen psychischen „Zustände". Die intuitive, zum größten Teil unbewußte Wahrnehmung des anderen erfaßt auch dessen aktuelle und habituelle Abwehrstruktur, und zwar nach Maßgabe der jeweils eigenen „Zustände" (des Wahrnehmenden) und vor allem nach Maßgabe der Struktur der Beziehung, in der Wahrnehmung stattfindet. Insofern genügt es aus meiner Sicht nicht, zur Beschreibung zwischenmenschlicher Beziehungen die intrapsychische Dynamik als „Black Box" zu bezeichnen, deren „Inhalt" nicht interessiert, wie Watzlawick et al. (1967, S. 45 ff) es taten. Die Kommunikationstheorie war von Anfang an eine sehr rational-intellektuelle Theorie, die in ihrer klinischen Anwendung oft zu einer zynisch-überheblichen Haltung der Therapeuten führte.

Diese Tatsache und wohl auch die aggressive Polemik gegen die Psychoanalyse, die Watzlawik und Kollegen in der zweiten Palo Alto Gruppe in ihren Veröffentlichungen vortrugen, waren wohl der Grund dafür, daß die Double-Bind-Theorie von Psychoanalytikern kaum zur Kenntnis genommen bzw. von vorneherein abgelehnt wurde. Da diese Autoren behaupteten, mit der Psychoanalyse nichts zu tun zu haben, glaubte man ihnen in diesem Punkt und ließ sich nicht auf ein scheinbar fremdes Gebiet ein, in dem nach Auffassung der Kommunikationstheoretiker das Unbewußte keinen Platz hatte.

Als ich zu Beginn meiner Forschung zur Familiendynamik Ende der 60er Jahre auf diese Arbeiten stieß, fühlte auch ich mich wenig angezogen. Vor allem mißfielen mir die mechanistische Denkweise unter expliziter Verneinung unbewußter Prozesse und das „positive Denken" in bezug auf die rasche und einfache Machbarkeit von Veränderungen. Im Lauf der Jahre entwickelte sich dann aus diesem Ansatz die „systemische" (Familien-) Therapie mit ihren scheinbar einfachen Lösungen und Techniken, denen gegenüber ich aus meiner Erfahrung und aufgrund meiner psychoanalytischen Identität ebenfalls skeptisch war. Trotzdem wollte ich nicht auf die mir wichtig erscheinende Double-Bind-Theorie verzichten, wenn ich meinem Forschungsinteresse in bezug auf eine Beschreibung intrapsychischer und interpsychischer Beziehungsstrukturen folgte.

Die Verbindung von intrapsychischer und interpsychischer Dynamik: Ambivalenzspaltung und Double-Bind

Ambivalenzspaltungen

Um im psychoanalytischen Denken zu bleiben und doch nicht auf die Double-Bind-Theorie verzichten zu müssen, fragte ich mich, *wie* eine doppelte Botschaft zustande kommt, welche intrapsychischen (unbewußten) Prozesse die Grundlage für ein solches Beziehungsangebot sind, und wie ein Kind, das von der Beziehung zu seinen Eltern abhängig ist, auf dieses Angebot reagiert. Eine doppelte Botschaft nach dem Grundmuster „Komm' her, aber bleib' weg" schien mir aus einem *ambivalenten intrapsychischen Erleben* hervorzugehen, das im Prinzip etwa so zu beschreiben ist: „Ich möchte gerne, daß du kommst, aber wenn du kommst, habe ich Angst, von dir verschlungen zu werden; deshalb möchte ich doch lieber, daß du weggehst; aber wenn du weggehst, habe ich Angst, daß du mich verläßt; also möchte ich lieber, daß du kommst." Die doppelte Botschaft oder Aufforderung, der man nicht folgen kann, weil man in jedem Fall etwas „falsch" macht, hat also ihre Ursache in intrapsychisch gespaltenen Ambivalenzen, die durch einen Gegensatz zwischen Wünschen und Ängsten gebildet werden. Die Person, die die doppelte Botschaft aussendet, kann die intrapsychische Spannung zwischen Annäherung und Entfernung, zwischen ihrem *Wunsch* nach Nähe (bzw. Entferung) und ihrer *Angst* vor Nähe (bzw. Entfernung) nicht aushalten. Annäherung und Entfernung fallen für sie deshalb auseinander in „gut" und „böse". Sie kann nicht ohne übergroße Angst *die* Distanz einnehmen, in der sie sich im Moment wohlfühlt und schwankt deshalb dauernd zwischen zwei Extremen hin und her.[11]

Die Entstehung der Ambivalenzspaltung aus der Doppelbindung

Entstanden ist diese intrapsychische Beziehungsstruktur aus der interpsychischen Beziehungsstruktur einer Doppelbindung. Schematisch kann man sagen, daß diese Person als Kind (wie mehr oder weniger jedes Kind) einem Double-Bind-Klima ausgeliefert war, d. h. sie konnte sich nicht so verhalten, daß ihre Bezugspersonen eindeutig zufrieden waren. Die Bezugspersonen waren wegen ihrer mehr oder weniger stark gespaltenen intrapsychischen Ambivalenzen in allen ihren Lebensäußerungen mehr

---

[11] Nähere Ausführungen zum Begriff der Ambivalenzspaltung vgl. Bauriedl 1980.

oder weniger *uneindeutig*. Wenn das Kind sich entfernte, war es „weggelaufen“; wenn es näher kam, war es „aufdringlich, überfordernd“, oder ähnlich. So blieb je nach dem Grad der Störung mehr oder weniger „Spielraum“ (psychischer Bewegungsraum) für *alle* Entwicklungsschritte. Die Impulse des Kindes (Gefühle und Wünsche) machten den Eltern mehr oder weniger Angst und konnten von diesen im gleichen Maße nicht auf- und angenommen werden. Das führte beim Kind zu einer Anpassungsreaktion: Es entwickelte Abwehrmechanismen, die sein Leben in der Gemeinschaft möglich machten. Die Abwehr ist also beziehungsdynamisch als Schutz für die Eltern und damit gleichzeitig auch als Schutz für das Kind zu verstehen. Ich werde unten in dem Abschnitt über das szenische Verständnis der Abwehrmechanismen darauf zurückkommen.

Aufgrund dieser mehr oder weniger starken Begrenzung des psychischen Bewegungsspielraumes entsteht ein mehr oder weniger (un)glücklicher Mensch. Um sich zu schützen, entwickelt er selbst eine Double-Bind-Struktur. Ist diese stark ausgeprägt, dann kann man auch ihm nichts recht machen, so wie er selbst immer wieder in die Situation gerät, niemanden zufrieden stellen zu können. Er wird und bleibt immer „schuldig“, was auch immer er tut. Im gleichen Maße, wie wir zerstört sind (wurden), können wir auch uns selbst und andere nur immer wieder zerstören. So wird die „Krankheit“ von einer Generation an die nächste weitergegeben – es sei denn, die gespaltenen Beziehungsstrukturen können sich in einem geschützten Beziehungsraum (der eine psychoanalytische Behandlung sein kann) differenzieren.

Mit diesem Beispiel wollte ich die Korrespondenz zwischen intrapsychischen und interpsychischen Beziehungsstrukturen exemplarisch verdeutlichen, um zu zeigen, daß in einer psychoanalytischen Beziehungstheorie, anders als in der Kommunikationstheorie, *unbewußte Szenen* oder Abwehrmechanismen und die mit diesen Szenen verbundenen Erlebnisweisen und Bedeutungen eine wichtige Rolle spielen. Hier geht es nicht primär um die Beobachtung und Modifikation von *Verhaltensweisen,* sondern um *Erlebnisweisen,* also um Gefühle und Phantasien, die dann auch in dem für die psychoanalytische Therapie so wichtigen „System" von Übertragung und Gegenübertragung auftreten und dort verändert werden können.

Beziehungssysteme in der Psychoanalyse

Das dialektische Konzept des Erlebens

Im Zusammenhang mit der von mir 1975[12] entworfenen dialektischen Ambivalenztheorie (Bauriedl 1982) suchte ich nach einer „Sprache des Erlebens" (ebenda, S. 101 ff), nach einer Möglichkeit, das bewußte und unbewußte Erleben in einem Bild zu erfassen und so theoretisch beschreibbar zu machen. Ich kam zu dem Schluß, daß alles Erleben unter dem Prinzip der *Dialektik zwischen Wünschen und Ängsten* verstanden werden kann, und zwar sowohl innerhalb einer Person als auch im erweiterten System mehrerer Personen. Eine psychoanalytische Systemtheorie mußte aus meiner Sicht die von Freud beschriebene intrapsychische Dynamik mit der interpsychischen Dynamik verbinden und gleichzeitig das subjektive Erleben der einzelnen Personen einbeziehen, nicht zuletzt das *Erleben* und die intrapsychische Dynamik jedes Beobachters, also auch des Analytikers – und des Psychotherapieforschers.

Entsprechend dem Freudschen Verständnis von Symptomen als Kompromißbildungen zwischen Antrieb und Abwehr verstehe ich nun jedes psychische Phänomen als Ausdruck einer spezifischen Kompromißbildung zwischen Wünschen und Ängsten – wobei diese Begriffe mir heute dem direkten Erleben näher zu stehen scheinen als

[12] Es handelt sich um meine Dissertation, die wenig verändert 1982 veröffentlicht wurde.

die Freudschen Begriffe, die dadurch jedoch nicht überflüssig werden. Die Kompromißbildung folgt dem Prinzip der optimalen Triebbefriedigung – ich würde heute sagen: der optimalen Befriedigung von Lebenswünschen –, bei gleichzeitiger optimaler Befriedigung der Sicherheitsbedürfnisse (die aus den Ängsten entstehen).

Die „Verklammerung" zwischen den Personen

Dieses dialektische Modell des intrapsychischen Erlebens im Individuum habe ich dann auf zwei Personen übertragen: Auch zwischen zwei Personen werden Gefühle und Wünsche, die zu viel Angst machen würden, abgespalten und entweder beim jeweils anderen bekämpft (das ergibt die Polarisierung in Form gegenseitiger Schuldzuweisungen) oder auf Personen oder Institutionen, etc. außerhalb der Zweierbeziehung projiziert und dort gemeinsam bekämpft (das ergibt die gegenseitige Idealisierung mit gemeinsamem „Feind" außerhalb der Beziehung).

Auch die Ambivalenztheorie läßt sich auf zwei Personen erweitern: Die jeweilige intrapsychisch gespaltene Ambivalenz der Partner wird interpsychisch verteilt. Beide Partner einer Paarbeziehung schwanken zum Beispiel zwischen sexuellen Wünschen und Ängsten. Der *gemeinsame* Abwehrmechanismus besteht dann in der polarisierenden Verteilung dieser intrapsychisch gespaltenen Ambivalenzen auf beide Personen: Sobald der/die eine sexuelle Wünsche bei sich erlebt, erlebt die/der andere die Abwehrseite: er/sie ist müde, lustlos, im Streß o. ä., und umgekehrt.[13]

Das typische Interaktionsmuster einer solchen Beziehung weist dann die von Bateson et al. (1956) erstmals beschriebene Doppelbindung auf: Jeder von beiden Partnern sendet, seiner intrapsychisch gespaltenen Ambivalenz entsprechend, doppelte Botschaften aus, die im Prinzip heißen: „Komm' her, aber bleib' weg!". Wenn der

[13] Entsprechende Polarisierungen finden *in allen zwischenmenschlichen Beziehungen* statt, also auch zwischen Elternteilen und Kindern.

andere der Aufforderung zu kommen folgt, wird er abgewiesen, wenn er abweisend ist, wird er aufgefordert zu kommen. Dadurch bleibt immer der gleiche Abstand zwischen beiden erhalten, der den bestmöglichen Kompromiß zwischen (Trieb-)Befriedigung und Befriedigung des Sicherheitsbedürfnisses beider Partner repräsentiert. In einem Bild ausgedrückt ließe sich die Situation so darstellen, daß beide Beziehungspartner wie mit einer Stange miteinander verbunden sind. Die Stange hält sie zusammen und auseinander (vgl. Abb. 1). Je größer die Beziehungsangst und die gemeinsame Abwehrnotwendigkeit ist, desto weniger „psychischen Spielraum“ haben beide, desto weniger können sie sich ihren wirklichen Gefühlen und Wünschen (wahres Selbst) entsprechend auf den anderen zu bewegen und von ihm wegbewegen.

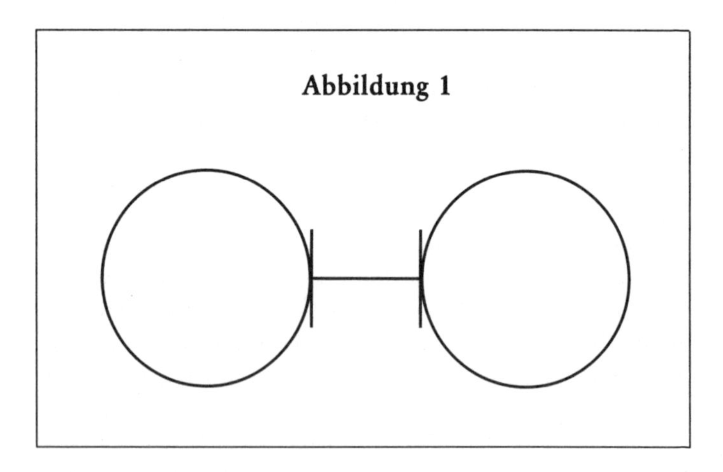

Abbildung 1

Der Begriff „Bewegung“ ist hier erst einmal *psychisch,* also emotional zu verstehen. Die äußeren Erscheinungsformen solcher Beziehungen können wegen der Polarisierung sehr unterschiedlich aussehen: Obwohl *beide* einen sehr eng begrenzten psychischen Bewegungsraum haben, kann es sein, daß der eine sich räumlich scheinbar völlig frei bewegen kann, während der andere (z. B. wegen einer

Agoraphobie) immer am gleichen Ort bleiben muß. Komplementäre Erscheinungsformen des äußeren Verhaltens können durchaus ähnlichen Beziehungsstrukturen entsprechen.

In der Verschränkung der beiden individuellen Abwehrstrukturen ergibt sich in jedem Fall ein sinnvolles gemeinsames Ganzes, das je zu 100% von der Geschichte und der Struktur (Szene) des einen und des anderen her verstanden werden kann. Es ist eine Frage der *Betrachtungsweise,* auf welchen der beiden Partner man das gemeinsame System und seine verschiedenen Ausdruckformen zurückführt. *Wenn man keine Schuldzuweisung im Sinn hat,* ist man (auch in der Theoriebildung) nicht an der ursächlichen Zuweisung von Symptomen oder anderen Ereignissen an einen der beiden Partner interessiert. Man bemüht sich um ein *szenisches Verständnis* der Beziehung aus verschiedenen Blickwinkeln. Dadurch ergibt sich das plastische Bild einer Beziehung, das alleine schon deshalb heilsam ist, weil es in seiner Struktur nicht dem Prinzip des Entweder-Oder folgt. Durch die Art der Betrachtung entsteht ein „Und" zwischen ihnen in der Wahrnehmung von Dritten (z. B. in einer Paartherapie), und auch in jedem von beiden (z. B. in einer Einzeltherapie): Ich kann einen bestimmten Vorgang aus der Perspektive des einen, aus seiner Geschichte und deren szenischen Wiederholungen sehen *und* entsprechend aus der Perspektive des anderen. Der Vorgang des szenischen Verstehens ist in sich emanzipatorisch, weil er Antworten auf die Frage sucht: „Wie ist es? Wie paßt das alles zu mir und zu meiner Geschichte? Was will ich daran ändern?" Dadurch werden die (dem pathologischen System immanenten) Fragen: „Wer ist schuld? Wer ist krank?" überflüssig.

Auf die Korrespondenzen in einer Paarbeziehung hat schon Jürg Willi (1975) hingewiesen. Ähnlich wie die „systemischen" Theoretiker hat er aber vorwiegend bestimmte Interaktionsformen im äußeren Verhalten beschrieben und die unbewußten Vorgänge (intrapsychisch gegenläufige Erlebnisweisen) innerhalb der Individuen nicht in seine

Theorie einbezogen, wie es in einer psychoanalytischen Theorie der Zweierbeziehung naheläge. Da die theoretische Konzeption auch die Vorstellungen über mögliche therapeutische Interventionen bedingt, gingen die Behandlungstechniken der systemischen oder anderer, vorwiegend am äußeren Verhalten orientierter Therapieformen einerseits und die psychoanalytischen Therapieformen in der Paar- und Familientherapie andererseits unterschiedliche Wege.

Symmetrie und Komplementarität in der analytischen Beziehung

Innerhalb der Psychoanalyse führt die Untersuchung zwischenmenschlicher Beziehungen folgerichtig zu dem Schluß, daß auch die *Beziehung zwischen Analytiker und Analysand* zunächst einmal *als ein gemeinsames Ganzes* verstanden werden muß, das sowohl vom Analytiker her als auch vom Analysanden her verstanden werden kann. Beide Betrachtungsweisen können sehr fruchtbar sein – *wenn man sie voneinander trennt.*

Die Geschichte des Begriffes Gegenübertragung zeigt deutlich, wie die Psychoanalytiker seit der Entdeckung dieses Phänomens (Freud 1910, S. 108) mehr oder weniger ängstlich mit ihren eigenen Gefühlen umgingen. Es ist nicht erstaunlich, daß eine Therapie, die sich so sehr mit den geheimsten Gefühlen und Phantasien ihrer Patienten beschäftigt, gerade in bezug auf die in einer solchen Therapiebeziehung angeregten Gefühlen und Phantasien des Therapeuten große Schwierigkeiten bekommt. Gefühle und Ambivalenzspaltungen sind ansteckend. Nachdem Freud zunächst einmal empfohlen hatte, die Gegenübertragungsgefühle zu „bewältigen", wozu er die „Selbstanalyse" empfahl (a.a.O., S. 107), wurden sie vor allem von Paula Heimann (1950) „rehabilitiert", dies allerdings zunächst unter der Prämisse, daß sie eine „Schöpfung des Patienten" seien. Damit waren etwaige Schuldgefühle der Analytiker vorläufig beruhigt.

Auch heute noch kann man beobachten, wie in kasuistischen Seminaren der/die vortragende Analytiker/in sich gegen die Kritik der Kollegen und Kolleginnen schützt oder von diesen geschützt wird, indem seine/ihre Gefühle im Zweifelsfall (wenn Schuldgefühle drohen) als Ausdruck der Szene des Patienten oder der Patientin interpretiert werden. In dieser Szene kann man deutlich sehen, daß ein Interesse besteht, Schuldzuweisungen vorzunehmen oder abzuwehren, wenn Ereignisse (Gefühle, Phantasien, Handlungen) in der therapeutischen Beziehung *nur* als Ausdruck des Wiederholungszwangs des (nicht anwesenden) Patienten interpretiert werden. Da jeder Mensch in einer ungeborgenen Situation das argumentum ad hominem, also die Inbezugsetzung seines Verhaltens mit seiner Person und seiner Geschichte fürchtet, wird dieses Problem in der psychoanalytischen Theorie und Praxis immer wieder auftauchen.

Gleichwohl könnte das Konzept des *Ineinandergreifens zweier Übertragungs- und Gegenübertragungsmuster* in der psychoanalytischen Beziehung zu einer eindeutigen und symmetrischen Systemsicht dieser Beziehung beitragen. Jede Übertragung eines Beziehungsmusters des einen löst beim anderen eine entsprechende Gegenübertragung aus. Jeder „lebt“ in dem Beziehungsfeld des anderen „mit“ und entwickelt Phantasien und Gefühle, die diesem Beziehungsfeld zugehören, gleichzeitig aber auch dem eigenen Beziehungsfeld entstammen. In der therapeutischen Zweierbeziehung handelt es sich also um ein Ineinandergreifen von zwei Systemen, wobei die „Symptome“ dieser Beziehung, also alle Erscheinungen von Fixierung oder Veränderung, sowohl aus dem Übertragungs- und Gegenübertragungsmuster des einen als auch aus dem des anderen verstanden werden können.

Wenn man diese beiden Verstehensmöglichkeiten gut voneinander getrennt hält, kann sich jeder der beiden optimal verändern, der Analysand in der Analyse und der Analytiker in der Supervision oder in einem entsprechenden selbstanalytischen Prozeß. Kein Mensch kann sich strukturell verändern (im Gegensatz zur kurzfristigen Anpassung), der nicht erlebt, daß er so sein darf, wie er ist.

Nur in einem „geschützten Beziehungsraum" kann man die Angst vor Schuldzuweisungen und damit auch eigene Tendenzen, sich und anderen Schuld zuzuweisen, allmählich aufgeben. Dann ist es auch nicht mehr interessant, was nun eine „neurotische" und was eine „nicht-neurotische" Übertragung bzw. Gegenübertragung ist. Es interessiert der Mensch und nicht seine Klassifizierung.

Allerdings tritt durch diese Sichtweise auch eine Kränkung der (narzißtischen) Machbarkeitsphantasien von Therapeuten ein. Die Schuldsuche ist nämlich eng mit Allmachtsphantasien verbunden. Wenn der Patient „schuld" ist, braucht man sich als Therapeut nicht vorzuwerfen, versagt zu haben. Wer in seiner Phantasie „alles kann", *muß* auch alles können. Also bleibt für den Therapeuten, der die Schuld nicht an den Patienten delegiert, seinen Allmachtsphantasien entsprechend, nur die Wahl zwischen „selbst schuld" (im Sinne von „böswillig") und „unfähig". Für Trauerprozesse wegen der Unmöglichkeit völliger Restaurierung schwer gestörter Beziehungsstrukturen ist in *dieser* therapeutischen Beziehung dann kein Platz. Die Trauerarbeit wird möglich, sobald das Hin- und Herschieben von Schuld aufhört. Und die Schuldzuweisung endet, wenn eine „psychische Trennung" zwischen den Beteiligten eintritt, wenn jeder das Geschehen aus seiner Geschichte versteht und als Teil seiner Geschichte annimmt.

Trotz aller Gegenseitigkeit hört die Symmetrie in der Beziehung zwischen Analytiker und Analysand eindeutig dort auf, wo es sich um eine klare Rollenverteilung handelt. Hier besteht keine symmetrische, sondern eine komplementäre Beziehung, d. h. der Analysand ist gekommen, um *seine* unbewußten intrapsychischen und interpsychischen Szenen analysierend zu verstehen und zu verändern. Der Analytiker will ihm dabei helfen und stützt sich dazu auf seine bisherige Erfahrung mit sich selbst und auf seine Ausbildung. Explizit werden nur die intrapsychischen und interpsychischen Szenen *des Analysanden* Gegenstand des analytischen Gesprächs. Der Analytiker hat die Aufgabe, seine Gefühle und Phantasien *bei sich* zu analysieren, einerseits um erkennen zu können, was sich im Hier und Jetzt zwischen ihm und seinem Analysanden abspielt, andererseits um aus dem Erkennen der therapeutischen Szene geeignete Interventionen abzuleiten.

Diese Trennung ist sehr wichtig. *Wenn die Komplementarität der Rollen von Therapeut und Patient nicht klar ist, wird auch die Symmetrie unklar.* Analytiker und Analysand sind nicht einfach zwei Menschen, die sich begegnen, obwohl man ihre Beziehung unter diesem Gesichtspunkt betrachten kann. Die sorgfältige Beachtung der analytischen Abstinenz besteht darin, daß man einerseits die Komplementarität der Rollen stets genau vor seinem inneren Auge hat (auch wenn und obwohl die grenzüberschreitenden Phantasien vor allem schwer gestörter Patienten gerade darin eine emotionale Zurückweisung sehen und dem Analytiker dann nicht selten ideologische Verbohrtheit oder Gefühlskälte vorwerfen), und andererseits die Gegenseitigkeit von Übertragung und Gegenübertragung für seine Arbeit nutzen kann.

Die wichtigste Funktion der Abstinenzregel besteht aus meiner Sicht darin, die beiden Personen, Analytiker und Analysand, in der Phantasie – und natürlich auch im äußeren Verhalten – getrennt voneinander zu halten. Nur dieser Schutzrahmen macht es dem Analysanden möglich, seine grenzüberschreitenden Phantasien ohne die Gefahr zuzulassen, daß der Analytiker seinerseits die (Persönlichkeits-) Grenzen überschreitet. Die Lehranalyse und eventuell eine gute Supervision helfen dem Analytiker dabei, sich selbst zu kennen und immer wieder zu *er*kennen, und sich deshalb auch in schwierigen Übertragungs- und Gegenübertragungssituationen, in denen es immer um unklare oder schwache Ichgrenzen geht, vom Patienten zu unterscheiden.

Ein metapsychologisches Konzept der psychischen Strukturen in einem Beziehungsfeld

Wozu wieder ein metapsychologisches Konzept?

Seit Beginn ihres Bestehens hat die Psychoanalyse Denkmodelle entwickelt, theoretische Bilder oder Metaphern, mit deren Hilfe sich die Psychoanalytiker verständigen – und auch streiten – konnten. Freud versuchte sein Denken im Rahmen einer „Metapsychologie" zu ordnen und beschrieb zu diesem Zweck die drei metapsychologischen Gesichtspunkte:

> „Ich schlage vor, daß es eine *metapsychologische* Darstellung genannt werden soll, wenn es uns gelingt, einen psychischen Vorgang nach seinen *dynamischen, topischen und ökonomischen* Beziehungen zu beschreiben (Freud 1915b, S. 281, Hervorhebungen im Original).

Die Bezeichnung „Metapsychologie" sollte darauf hinweisen, daß damit Konzepte gemeint sein sollten, die „hinter" der direkten Erfahrung stehen, ähnlich wie die Metaphysik „hinter" der der Empirie zugänglichen Physik vermutet wurde. Im Laufe der psychoanalytischen Ideengeschichte wurden diesen Gesichtspunkten andere hinzugefügt, aber es gab auch immer wieder „Bilderstürmer", die die Metapsychologie ganz beseitigen wollten, weil ihnen die darin gebrauchten Metaphern überholt erschienen.

Ich glaube nicht, daß wir in der Psychoanalyse – wie übrigens auch in keiner anderen Wissenschaft – jemals ohne theoretische Bilder auskommen werden. Um uns in unserer Umgebung zu orientieren, suchen wir von Anbeginn unseres Lebens nach Gesetzmäßigkeiten, die wir aus Regelmäßigkeiten abzuleiten versuchen. Was wir auf diese Weise erfaßt haben, teilen wir anderen Menschen mit und vergleichen es mit dem, was diese auf ihre Weise erfaßt haben. Manchmal gibt es Streit darüber, ob man dieses oder jenes auf diese oder jene Weise sehen „darf". Das sind die Methoden der „privaten" und der offiziellen Wissenschafts- bzw. Erkenntnistheorie. Wir werden diese

Wahrnehmungsvorgänge und auch die Versuche, sich über zulässige und unzulässige Denkformen und Erkenntnisinhalte zu einigen, nicht beseitigen können. Die Bilder, mit deren Hilfe wir unsere Innen- und Außenwelt begreifen, werden sich immer wieder verändern, weil sich das allgemeine Bewußtsein im Lauf der Geschichte verändert. Aber die Tatsache, *daß* wir solche Bilder entwerfen, nach denen wir unser Handeln ausrichten, wird bleiben, weil wir Menschen in unserer mehr oder weniger abstrahierenden Wahrnehmungs- und Denkstruktur auf Bilder angewiesen sind.

In der Psychoanalyse wurde für die Anerkennung als „metapsychologischer Gesichtspunkt" und damit für die Aufnahme in den Kanon der unentbehrlichen und die Psychoanalyse konstituierenden Paradigmata ein Abstand zwischen phänomenologischer Beschreibung und metapsychologischer Darstellung (also der Darstellung einer Gesetzmäßgkeit) gefordert. (Freud 1926, S. 120, Muck 1978, S. 226). Der „spekulative Überbau" (Freud 1925, S. 58), die Metapsychologie, sollte allmählich zu einem wissenschaftlichen System werden, aus dem dann über die in ihm gefundenen Gesetzmäßigkeiten auch Vorhersagen und vor allem Beeinflussungsmöglichkeiten abgeleitet werden könnten. Deshalb sollte die Beschreibung der Phänomene strikt von der Beschreibung der „Gesetzmäßgkeiten" getrennt bleiben. In diesem positivistisch orientierten Denken (das der damaligen Zeit entsprach) sah man nicht, daß *in der Art, wie wir die Phänomene beschreiben,* Gesetzmäßigkeiten wirksam sind, die zu untersuchen mindestens ebenso wichtig ist wie die der „objektiven Gesetzmäßigkeiten". Die Trennung von „Metapsychologie" und „Psychologie" ist also genau genommen weder nötig noch sinnvoll, wenn man bedenkt, daß es „hinter" der Psychologie keine „objektiv" zu erkennenden Strukturen gibt, sondern *alle* unsere Wahrnehmungen letztlich „Psychologie" sind.

Ich glaube, daß wir heute in der Psychoanalyse die dem (damaligen) naturwissenschaftlichen Denken nachgebildeten Forderungen an eine „objektive Wissenschaft" allmählich beiseite stellen können, wenn wir uns zunehmend darauf einigen, daß die Wahrnehmung des Analytikers auf dem Wege der „analytischen Intuition" (H. Deutsch s.o.), oder, wie ich formuliert habe, auf dem Wege der „intuitiven Empirie" (Bauriedl 1980, S. 71 ff) vor sich geht. In jedem Psychoanalytiker entstehen Bilder von dem, was er in seiner Arbeit wahrnimmt und erlebt. Würden wir versuchen, uns gegenseitig diese Bilder mitzuteilen und sie selbst sowie ihren Entstehungsprozeß genauer zu untersuchen, wir könnten die Psychoanalyse gemeinsam besser weiterentwickeln als wenn wir uns nur immer wieder über zulässige und unzulässige Bilder streiten oder auch einigen.

Jeder Mensch orientiert sich automatisch an Gesetzmäßigkeiten, die er *in und zwischen* den Phänomenen wahrnimmt oder konstruiert. Ich habe in diesem Buch schon vielfach darauf hingewiesen, daß es ein Irrtum ist zu glauben, Psychoanalytiker dächten nicht „systemisch". Im Gegenteil, wie vielfach beschrieben orientiert sich der Analytiker – wie jeder andere Mensch auch – in einer Situation, indem er „situative und szenische Informationen" im Vorgang des „szenischen Verstehens" (Argelander 1970, 1973) aufnimmt.

In ihm entstehen Bilder, die Szenen aus seiner persönlichen Geschichte, aus seiner Lehranalyse und natürlich auch szenische „Einsichten" aus dem Studium der psychoanalytischen Theorie und Praxis repräsentieren. In einem gewissen Sinne sind alle diese Bilder und Szenen der „Metapsychologie" zuzuordnen, da sie Interpretationsmuster für die aktuelle Situation enthalten und mit ganz bestimmten subjektiven Verhaltensoptionen verbunden sind.

In diesem Sinne möchte ich hier die inneren Bilder darstellen, die sich für mich in meiner langjährigen Beschäftigung mit der Frage ergeben haben, wie sich zwischenmenschliche Beziehungen in mir abbilden. Ich habe nach bildhaften Modellen gesucht, die nicht intellektuell konstruiert, sondern direkt erlebbar sind. Das scheint mir für die praktische Arbeit wichtig zu sein. Wenn die Theorie vom Erleben weit entfernt ist, gerät man leicht in Gefahr, sie in der Arbeit entweder ganz zu „vergessen", um „beim Patienten bleiben" zu können, oder man hat Schwierigkeiten, sie im geeigneten Augenblick in eine Intervention zu „übersetzen" und bleibt deshalb mit seinen Formulierungen „weit weg" – auch weit weg vom Erleben des Patienten.

Die „grenzenlose" Beziehung

Ich habe lange darüber nachgedacht, wie ich die offensichtlichen Phänomene destruktiver Paar- und Familienbeziehungen wie Sprachlosigkeit, Machtkämpfe, Entwertung, Doppelbindungen, Gewalt, Mißbrauch, etc. in einem „metapsychologischen" Konzept miteinander verbinden könnte, das zugleich ein zusammenfassendes Bild für eine bestimmte Beziehungsstruktur darstellt und möglichst erlebensnah ist.

Außerdem sollte die theoretische Metapher für diese Beziehung den Zusammenhang zwischen intrapsychischen und interpsychischen Beziehungsstrukturen darstellen.

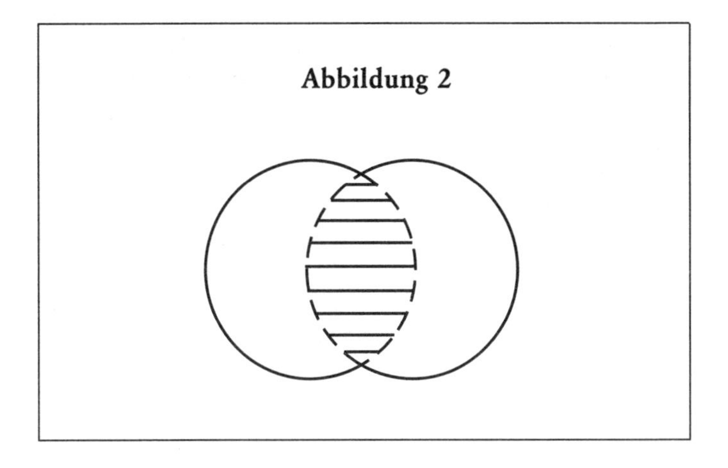
Abbildung 2

Für diesen Zweck erschien mir das in der Psychoanalyse seit langem beheimatete Bild der *Verschmelzung* am besten geeignet, das ich mit dem Bild der *unsicheren Ichgrenzen* verband. Beide Bilder verwende ich nicht in einem engen Sinn auf bestimmte Entwicklungsphasen oder auf bestimmte psychische Störungen beschränkt, sondern als Ausdruck einer *Überschneidung von Personengrenzen,* wie sie in dem Schema in Abbildung 2 dargestellt ist.

In *allen* zwischenmenschlichen Beziehungen ist der Zustand der Verschmelzung oder „Überschneidung" in mehr oder weniger starkem Ausmaß zu finden. Er geht regelmäßig mit unsicheren „Ichgrenzen", ich würde noch deutlicher sagen: mit unsicheren Personengrenzen, einher. Die gestrichelte Linie soll die Durchlässigkeit und Unklarheit der Personengrenzen im Bereich der „Überschneidung" deutlich machen.

In diesem Bereich spielen sich alle Beziehungsdramen ab, die man phänomenologisch beschreiben kann. Bildlich ausgedrückt könnte man sagen: Je größer die Überschneidung zwischen zwei Personen (habituell und/oder situativ) ist, desto schwerwiegender ist die Beziehungsstörung – oder auch die psychische Erkrankung dieser Beziehung.

Das Bild von der Überschneidung zweier Kreise oder Personen habe ich deswegen gewählt, weil es die Möglichkeit gibt, Beziehungsformen *immer dialektisch zu beschreiben:* Es zeigt, wie die intrapsychisch gespaltene Ambivalenz und ihre polarisierte, auf Doppelbindungen beruhende interpsychische Ausdrucksform damit zusammenhängen, daß sich Beziehungspartner partiell nicht voneinander unterscheiden können: *Was nicht voneinander unterschieden werden kann, schließt sich gegenseitig aus.*[14] Im Bereich der Überschneidung geht es um die Fragen: „Wer ist wer? Wer ist hier alles, wer ist hier nichts?" Es herrscht der Beziehungsmodus „Entweder-

[14] Eine detaillierte Beschreibung der Vorgänge im Bereich der „Überschneidung" findet sich bei Bauriedl 1980, S. 106 ff.

Oder". Entweder der eine oder der andere darf leben, groß sein, wird geliebt, ist abhängig, ist autonom, ist erfolgreich, etc.

Zum Beispiel: Beide Partner wagen es nicht, ihr Selbstgefühl daran zu orientieren, welche Gefühle, eventuell Liebesgefühle, sie für den anderen haben, weil ihre Liebesgefühle den Eltern gegenüber von diesen nicht auf- und angenommen werden konnten. So haben sie sie – je nach Abwehrmechanismus – als „unwichtig", „zu anspruchsvoll" oder „irreal" intrapsychisch abgespalten und erwarten jetzt ersatzweise die Liebesgefühle und entsprechende „Beweise" vom jeweils anderen.

An diesem Beispiel kann man sehen, wie die in der interpsychischen Szene entstandene intrapsychische Ambivalenzspaltung („Ich liebe dich, aber das macht dir Angst, also macht es auch mir Angst, und ich unterdrücke dieses Gefühl.") zur Doppelbindung führt („Du sollst mich lieben, aber wenn du es tust, glaube ich es nicht, denn es würde mir Angst machen.") und beides, bildlich ausgedrückt, im Bereich der „Überschneidung" stattfindet, in dem die Gefühle des einen von den Gefühlen des

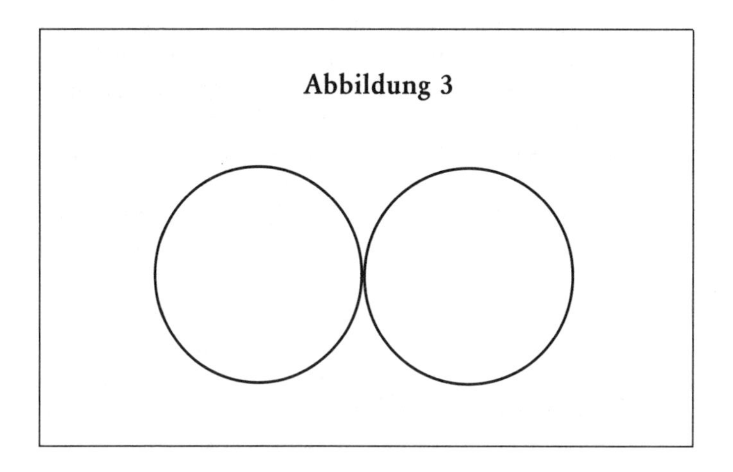

anderen nicht unterschieden werden können. Wegen der Austauschbarkeit der Gefühle entsteht hier oft auch eine Austauschbarkeit der Personen, denn der andere wird nur dazu *gebraucht,* um die eigenen fehlenden Gefühle zu ersetzen, was er nicht leisten kann. Das Entweder-Oder in dieser Beziehung kommt durch den starren Abstand zwischen beiden zustande: Wenn der eine „liebt", muß der andere seine Liebesgefühle unterdrücken.

Ein Neben- oder Miteinander im Sinne des Beziehungsmodus „Und" wäre idealtypisch wie in Abbildung 3 darstellbar.

Hier besteht – was realiter nie vollständig vorkommt – keine Überschneidung; die Beziehungspartner können sich voneinander unterscheiden (z. B. „wissen" sie in ihren Phantasien, wer der Mann und wer der Sohn der Frau bzw. der Mutter ist.). Deshalb hat jeder *seinen* Lebensraum, im Kontakt zum anderen (und auch in befriedigendem Kontakt zu Dritten, im Beispiel zur Frau bzw. Mutter).

Trotzdem ist mit diesem Bild nicht der Zustand konfliktfreier Harmonie gemeint. Der Beziehungsmodus „Und" bringt vielmehr die Möglichkeit mit sich, Konflikte als Konflikte (und nicht als Kriege) auszutragen. Da es in Beziehungen, wie sie real existieren, keine „reinen" Zustände der einen oder der anderen Art gibt, und Beziehungen auch ständig mehr oder weniger „im Fluß" sind, kann es nicht darum gehen, „endgültig" den „gesunden" Zustand zu erreichen, obwohl ich grundsätzlich annehme, daß jeder Mensch ein *emanzipatorisches Interesse* hat, in sich selbst „voll und lebendig", abgegrenzt und in „Aus-senkontakt" mit seinen Beziehungspartnern zu leben – so versteckt und unterdrückt dieser Wunsch auch sein mag.

In der Überschneidung (Abb. 2, S. 105) sieht man deutlich, daß hier kein Kontakt an den „Außengrenzen" der Personen zustande kommen kann. Jede Annäherung wird automatisch zum aktiven und passiven Übergriff. So stellt sich das Prinzip des Mißbrauchs und der Funktionalisierung zwischen zwei

Menschen als Ausdruck fehlender oder schwacher Ich- oder Personengrenzen bei *beiden* Partnern heraus.[15]

Da solche unsicheren Ichgrenzen und die in der Überschneidung dominanten gegenläufigen Beziehungsstrukturen *ansteckend* sind, ist die Untersuchung dieser Ansteckungsgefahr und der Bereitschaft, sich anstecken zu lassen, für den Analytiker eine wichtige vorbeugende oder auch „heilende“ Maßnahme.

Das „grenzenlose“ Individuum

In diesem Zusammenhang ist es mir besonders wichtig, daß auch die *Entstehung* solcher Bereitschaften zum aktiven oder passiven Mißbrauch (im weitesten Sinn) beim Individuum *szenisch verstanden* werden kann. Das in seiner Genese geschädigte Individuum würde in meinem Bild so aussehen:

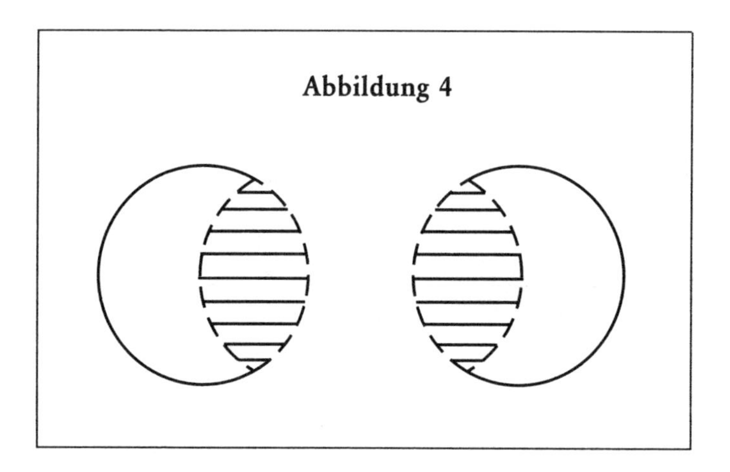

[15] Über die trotzdem wichtige Unterscheidung zwischen Opfer und Täter vgl. Bauriedl 1992a, S. 53 ff und Kapitel 4 des vorliegenden Buches.

Man sieht die „Einbruchstelle", an der die Bezugspersonen – nicht durch Frustration von Bedürfnissen (!)[16] – sondern aufgrund ihrer doppelbindenden Beziehungsstruktur die Personengrenzen des Kindes verletzt haben. Das Kind introjizierte zwangsläufig diese Beziehungsstruktur, die in ihrer szenischen Gestalt immer durch gespaltene Ambivalenzen und entsprechend durch doppelbindende Beziehungsangebote gekennzeichnet ist. Jeder psychisch geschädigte Mensch – und hier könnte man ebensogut sagen: jeder Mensch – trägt in unterschiedlichem Maß die Spuren frühkindlicher „Vergewaltigungen"

Abbildung 5

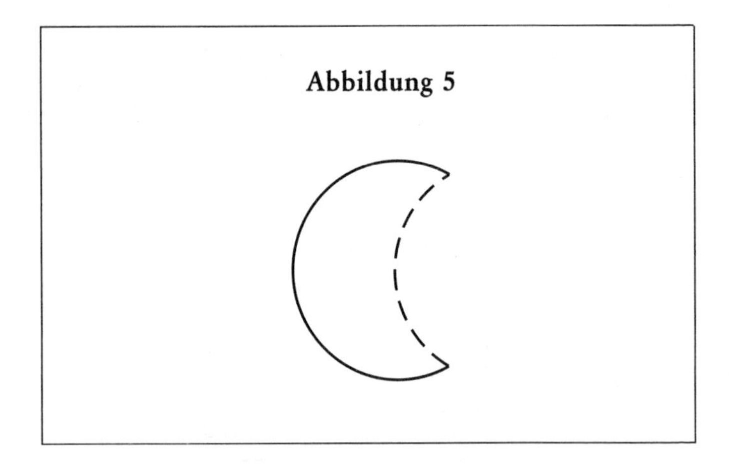

[16] Um Mißverständnissen schon an dieser Stelle vorzubeugen: Ich sehe natürlich, daß das Kind in seinen „emanzipatorischen" oder Lebensbedürfnissen *frustiert* wurde. Es geht mir hier um eine veränderte *Sichtweise:* Die Schädigung erfolgt in dieser Sichtweise nicht – wie wir in unserem materialistischen Denken zu formulieren pflegen – dadurch, daß das Kind von irgendetwas – und sei es von Mutterliebe – zu viel oder zu wenig bekommt, sondern dadurch, daß es einer *doppeldeutigen Beziehungsszene* ausgesetzt ist und so sein existentielles Bedürfnis nach Eindeutigkeit und Kontakt frustiert wird.

in sich. Da er sich jeweils mit der *Opferrolle und mit der Täterrolle* dieser Szene identifiziert, ist er gleichzeitig immer potentieller Täter und potentielles Opfer von (psychischer) Gewalt.[17] Deshalb habe ich das geschädigte Individuum *nicht so* gezeichnet wie in Abbildung 5 dargestellt.

Der phantasierten Überanpassung entspricht – wegen der Identifikation mit dem Aggressor – immer die Phantasie vom (eigentlich berechtigten eigenen und fremden) Übergriff. In der Beziehung zum anderen *bedeutet* schon das Einnehmen des „eigenen Raumes" (der Kreis ist rund) einen Übergriff für den anderen – wegen der Überschneidung.[18] Das macht deutlich, daß *alle Bedeutungen,* die wir einer Situation zuschreiben, von dem *Zustand* unserer jeweiligen intrapsychischen und interpsychischen *Beziehungsstruktur* abhängen. Da unser Verhalten aber ausschließlich von diesen unseren subjektiven Bedeutungszuweisungen in der jeweiligen Situation abhängt, können wir es sinnvollerweise nur mit den Möglichkeiten einer *Bedeutungs- und Beziehungsanalyse* (also einer Untersuchung von Beziehungsstrukturen) verstehen.

Es ist auch an der Zeit, daß wir der Freudschen „Kränkung", daß der Mensch von seinem Unbewußten und der Lösung seiner Triebkonflikte abhängig ist, die neue Kränkung hinzufügen, nämlich die Erkenntnis, daß jeder Mensch von der *Art der Beziehung* abhängt, in der er sich befand und befindet – auch der Analytiker.

Damit geht diese Theorie über die bisherige psychoanalytische Theorie der Objektbeziehungen hinaus. Sie führt sie in konsequenter Weise fort, indem sie die intrapsychische Dynamik, die entsprechend der Objektbeziehungstheorie als Niederschlag der (frühen) Objektbeziehungen zu verstehen ist und ihrerseits die aktuellen Objektbeziehungen steuert, um die Sicht auf die interpsychische

---

[17] Zu der Frage, „wie Opfer zu Tätern werden" vgl. Bauriedl 1992a, S. 53 ff; zum Umgang mit Täter- und Opferphantasien in der Paar- und Familientherapie vgl. das 4. Kapitel.

[18] Diese Beziehungsform wird gelegentlich als „Nullsummenspiel" bezeichnet: Was der eine gewinnt, geht dem anderen verloren.

Dynamik erweitert. Die Spaltungsvorgänge innerhalb der Person werden jetzt mit (auch familiendynamisch verstandenen) Spaltungsvorgängen zwischen den Personen in Beziehung gesetzt. So können die im Bereich der „Überschneidung" stattfindenden „Austauschprozesse" (s.u.) genau beschrieben werden, was für die Beschreibung der therapeutischen Szene zwischen Analytiker und Analysand in allen Anwendungsformen der Psychoanalyse von wesentlicher Bedeutung ist.

Wenn in der Theorie die Beziehungsstrukturen und die im Beziehungsfeld zwischen zwei und mehr Personen stattfindenden Veränderungsprozesse dieser Beziehungsstrukturen exakt beschrieben werden, dann werden diese Prozesse auch der Psychotherapieforschung zugänglich.[19] Für die psychoanalytische Paar- und Familientherapie und in Ansätzen auch für die Supervision beschreibe ich die Möglichkeiten dieser Sichtweise im vorliegenden Buch.

Die Entstehung der Pathologie zwischenmenschlicher Beziehungen

Für das Verständnis von *Veränderungsprozessen* war in der Psychoanalyse (anders als z. B. in der Kommunikations- oder Systemtheorie) immer das Verständnis von *Entstehungsprozessen* eine unbedingte Vorausetzung. Ich will deshalb jetzt, nach der grundsätzlichen metapsychologischen Beschreibung des intrapsychischen und interpsychischen Beziehungsfeldes, die *Entstehung* von Beziehungsstörungen in der „Überschneidung" darstellen.

Die Entstehung in der Triade: Die Ersatzpartnerschaft

Ich beginne mit der Beschreibung der Entstehung von Beziehungsstörungen in der Triade, weil aus meiner Sicht

[19] Für die Psychotherapieforschung ergeben sich allerdings aus dieser Theorie wesentliche neue Perspektiven, vgl. Bauriedl: Psychoanalyse als Beziehungswissenschaft (in Vorbereitung).

die Beziehungsgeschichte des Menschen nicht in der Dyade, sondern in der Triade beginnt. Um die psychische Entwicklung eines Kindes zu verstehen, gehe ich von der Paarbeziehung seiner Eltern aus, von den unbewußten Phantasien (und damit von der Beziehungsstruktur), die diese Paarbeziehung prägen und die deshalb auch auf das Kind gerichtet werden. Ob die Mutter oder der Vater im äußeren Sinne „alleinerziehend" ist, spielt darin nur insofern eine Rolle als diese Tatsache natürlich die (trotzdem triadischen) Beziehungsphantasien beeinflußt. Auch in einer (scheinbar) ausschließlichen Zweierbeziehung gibt es Phantasien in Richtung auf mögliche Dritte, die umso intensiver „Erlösungsphantasien" sind – und eventuell umso mehr unterdrückt werden –, je unlebendiger die Zweierbeziehung ist.

Ich sehe, daß Eltern, die in ihrer Paarbeziehung (wegen der „Stangen", die sie zusammenhalten und trennen, s.o. Abb. 1, S. 96) im weitesten Sinne unbefriedigt sind, zwangsläufig ihre unbefriedigten Wünsche an ihre Kinder richten. So werden die Kinder zu *Ersatzpartnern beider Elternteile.* Häufig manifestiert sich diese Ersatzpartnerschaft zeitweise oder dauernd in einer besonderen Bindung an oder Nähe zu Vater *oder* Mutter. Es ist mir aber wichtig zu betonen, daß die Ersatzpartnerschaft in der Triade immer „doppelbödig", also ebenfalls dialektisch zu sehen ist: Unter der aktuellen Bindung an den einen Elternteil mit gleichzeitiger Distanzierung vom anderen Elternteil liegt in der (unbewußten) Phantasie regelmäßig die Umkehrung dieser Szene.

Diese Betrachtungsweise ist für jede Form analytischer Psychotherapie wichtig. Sieht oder vermutet man die Doppelbödigkeit oder Gegenläufigkeit der Bündnisbildung in der Triade, dann läuft man weniger Gefahr, mit dem oder den Patienten zusammen systemimmanente Lösungen – nämlich häufig die Umkehrung der Bündnisstruktur – zu suchen. Man sieht dann nicht nur das Phänomen der Mutter- oder Vaterbindung, sondern man sieht auch die Metaebene, die Beziehungsstruktur, die grundsätzlich – je nach dem Grad der Störung in unterschiedlichem Ausmaß – die Spaltung: „Entweder Vater oder Mutter“, also die Struktur: „Zwei gegen einen“ aufweist.

Sehr hilfreich ist es auch, wenn man außerdem fähig ist, diese Beziehungsstruktur in allen ihr möglichen Varianten zu sehen: Beide Eltern gegen das Kind, die Mutter mit dem Kind gegen den Vater, und umgekehrt. Aber auch bei Zugehörigkeit von mehreren Kindern oder weiteren nahen Verwandten zum Familiensystem und nicht zuletzt bei Einbeziehung eines Therapeuten in dieses System entsteht immer wieder dieselbe Struktur: Zwei gegen einen. Und diese Struktur im gespaltenen Dreieck korrespondiert mit der Entweder-Oder-Struktur innerhalb einer Person und zwischen zwei Personen: Entweder gut oder böse, entweder für oder gegen mich, entweder Vater oder Mutter, etc. Kann man diese Strukturen – auch in der Einzelanalyse – erkennen, dann versteht man die vielfältigen Ängste sowohl jedes einzelnen Familienmitglieds als auch der Gesamtfamilie, und man versteht die Abwehr dieser Ängste. Das akzeptierende Verständnis der Abwehrmechanismen aber ist eine wichtige Voraussetzung für die Veränderung solcher Beziehungsstrukturen.

Der von mir hier verwendete Begriff *Ersatzpartnerschaft* geht in seinem Bedeutungsumfang über das hinaus, was H.E. Richter (1963) mit den Bezeichnungen „Gatten-Substitut“ oder „Partner-Ersatz“ meinte. Ich verstehe unter Ersatzpartnerschaft eine *Beziehungsstruktur,* die nicht nur die Rolle des einen Beziehungspartners, also des Kindes, beschreibt, sondern die *Art der Beziehung,* die sich ergibt, wenn und soweit ein Kind in der Familienphantasie an die Stelle eines Elternteiles rückt. Das Wort Ersatzpartnerschaft weist zunächst darauf hin, daß diese Beziehungsqualität beim Individuum in der Beziehung zu den Eltern entsteht und somit eine innere (immer trianguläre!) Szene repräsentiert, die das Kind später auf alle weiteren Bezugspersonen, insbesondere auf seine Ehe- und Lebenspartner, auf seine Kinder und natürlich auch auf seinen Analytiker bzw. auf seine Analysanden überträgt.

Der Hinweis auf die grundsätzlich *trianguläre Struktur menschlicher Beziehungen* (siehe 4. Kapitel) ist immer wieder nötig, weil in der ausschließlich dyadischen Sicht der Entstehungsbedingungen oder der aktuellen Struktur von psychischen Störungen, dem gestörten System entsprechend, häufig der oder die Dritte als wichtige, zu diesem System gehörende (Phantasie-) Figur übersehen und damit ausgeschlossen wird. Wenn sich aber die Strukturen der Theorien von Beobachtern oder Therapeuten mit den Strukturen der Phantasien der an dem jeweiligen System direkt beteiligten Personen decken, besteht kein Anlaß für eine strukturelle Veränderung der Beziehungen.

Der Begriff „Ersatz"-Partnerschaft scheint mir auch deshalb passend für die zu beschreibende Beziehungsqualität, weil hier Befriedigung immer nur Ersatzbefriedigung sein kann – dies sowohl intrapsychisch als auch interpsychisch verstanden: als Ersatz für die Befriedigung der *wirklichen* Bedürfnisse, und als ersatzweise Befriedigung der Bedürfnisse *anderer* (also der jeweiligen „Ersatzpartner") anstelle der Befriedigung eigener Bedürfnisse. Eine direkte Befriedigung der wirklichen Bedürfnisse z. B. zwi-

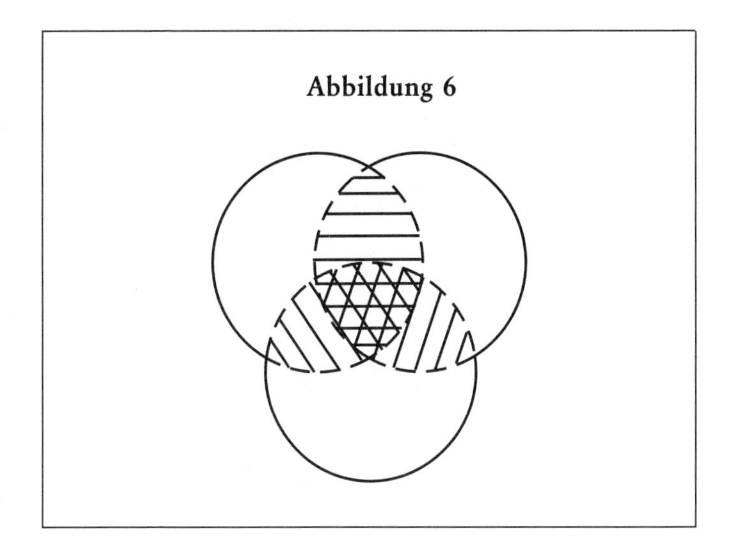

Abbildung 6

schen Mutter und Kind oder Vater und Kind ist nicht möglich, weil jedes Sich-näher-Kommen und jede Entfernung voneinander aufgrund der inzestuösen Färbung der Familienphantasien ängstigend ist. Verschmelzungs- und Verlustängste und die entsprechenden Wünsche bestimmen die maßgeblichen Ambivalenzspaltungen in den „Überschneidungen" im Dreieck (Abbildung 6).

Die gestrichelten Ränder der Überschneidung sollen zeigen, daß auch in der (gestörten) Dreiecksbeziehung die Ichgrenzen unsicher sind. Jeder (sexuelle) Mißbrauch, jede Funktionalisierung und jede andere Form des aktiven oder passiven Übergriffs ist so auf der Ebene der Beziehungsstrukturen verstehbar. Um dem Bild der interpsychischen Verschmelzung im Dreieck (Abb. 6) auch hier wieder das Bild für die Interaktionsstruktur zwischen den beteiligten

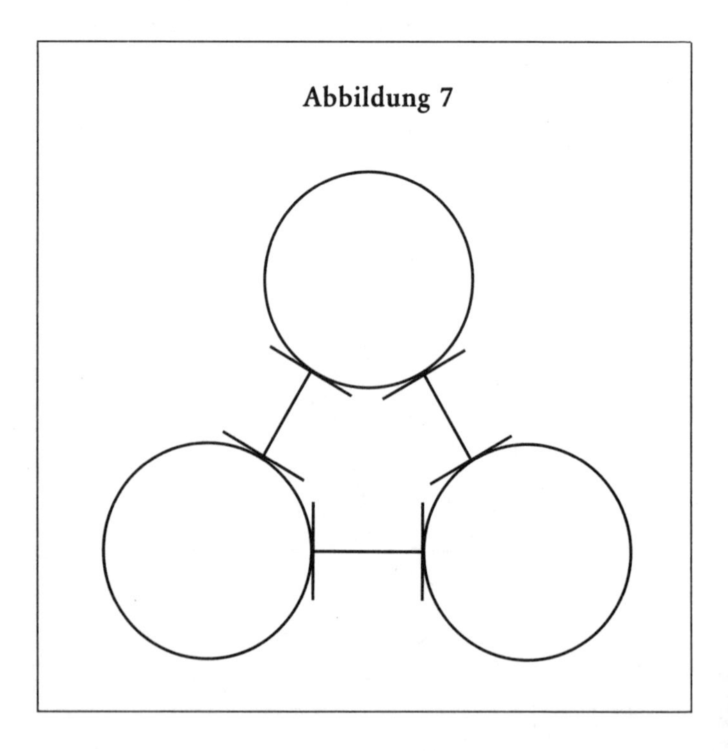
Abbildung 7

Personen hinzuzufügen, muß das Dreieck zwischen Vater, Mutter und Kind dargestellt werden wie in Abbildung 7.

Die „Stangen" zwischen den beteiligten Personen zeigen den mehr oder weniger großen psychischen Bewegungsraum der einzelnen, der durch die intrapsychischen Ambivalenzspaltungen und die entsprechenden gegenläufigen Botschaften zwischen *allen* Beteiligten eingeschränkt wird (s.o.). Gleichzeitig wehren die „Stangen" die Angst vor der Vereinnahmung und die Angst vor der Ausstoßung ab. Das Kind „erlernt" sehr schnell die Beziehungsstrukturen seiner Bezugspersonen, indem es die mit diesen Personen erlebten Beziehungssituationen introjiziert. Insofern ist es – wie ich meine – schon mit Beginn seines Lebens Teil des Familiensystems, das es notgedrungen als „eigene" Struktur in sich abbilden muß. In seiner extremen physischen und psychischen Abhängigkeit bleibt ihm nichts anderes übrig, als sich zunächst einmal mit diesen Strukturen „einverstanden zu erklären", auch wenn es unter ihnen leidet. Es kennt keine andere Welt und nimmt deshalb mit Hilfe seiner großen Anpassungsfähigkeit die ihm angebotene intrapsychische und interpsychische „Welt" seiner Bezugspersonen in sich auf. *Es fühlt sich so, wie es von seinen Bezugspersonen erlebt wird.*[20]

Diese unbewußte Einverständniserklärung darf allerdings nicht mit einer bewußten Einverständniserklärung verwechselt werden. Laut protestierende, psychisch oder psychosomatisch kranke Kinder sind – wiederum dialektisch – so zu verstehen, daß sie einerseits versuchen, sich zu wehren (emanzipatorischer Aspekt) und daß sie andererseits in der Art, wie sie sich wehren, das psychische System ihrer Eltern wiederholen (homöostatischer Aspekt).

Die in den „Überschneidungen" wirksamen widersprüchlichen Botschaften vermitteln dem Kind eine dop-

---

[20] Zu den Kosenquenzen dieser Betrachtungsweise für die psychoanalytische Entwicklungstheorie vgl. Bauriedl: Psychoanalyse als Beziehungswissenschaft (in Vorbereitung).

pelte Identität. Je größer der „Überschneidungsanteil" in der Familie (je „inzestuöser" das Familienklima) ist, desto unklarer und gespaltener (fraktionierter) sind die Selbstbilder der Familienmitglieder. So erhält ein Mädchen, das vom Vater (sexuell) mißbraucht wird, von diesem die Botschaft: „Du bist eine schöne Frau, viel schöner und attraktiver als deine Mutter." Gleichzeitig erhält es von ihm aber auch die Mitteilung: „Du bist wertlos, deine Grenzen kann man rücksichtslos überschreiten, und eigentlich bist du selbst an allem schuld." Die Mutter vermittelt ihm: „Du bist sowieso die schönere und bessere Frau, ich mache dir selbstverständlich Platz bei meinem Mann", und: „Du bist eine Hure, die nichts anderes im Sinn hat als den eigenen Vater zu verführen und mich aus dem Weg zu räumen." Bei solchen Botschaften, die alle dem Schema: „Komm' her, aber bleib' weg" oder auch: „Tu' es, aber wehe, du tust es!" folgen, ist es kein Wunder, wenn sich das Kind später kaum noch den eigenen Gefühlen und Wünschen entsprechend verhalten kann und ständig in ähnliche Beziehungsfallen gerät wie in seiner Kindheit, bzw. selbst seinen Beziehungspartnern dieselben Beziehungsfallen stellt, die es aus eigener Erfahrung kennt.

Die Eltern geben nichts anderes weiter als was zu ihnen und über sie bewußt und unbewußt gesagt wurde, und wie sie selbst von ihren frühen Bezugspersonen erlebt wurden. So wird die Beziehungsstruktur der Ersatzpartnerschaft von einer Generation an die nächste weitergegeben. Das hat zur Folge, daß ähnliche Beziehungsszenen sich jeweils in der nächsten Generation wiederholen (Sperling et al. 1982, Massing et al. 1992). Bei der Einschätzung dieser Wiederholung halte ich es für wichtig, nicht nur die „Gegenübertragung" der Kinder auf die „Übertragung" ihrer Eltern und die dieser „Gegenübertragung" dann wieder komplementäre weitere „Gegenübertragung" der Enkel zu sehen[21], sondern die *szenische Struktur* der über

21 wie Muck (1978) die Ähnlichkeit von Enkeln und Großeltern erklärt.

die Generationen weitergegebenen und dabei vielleicht auch veränderten Beziehungsphantasien zu erkennen. Sobald man in seiner Wahrnehmung diese Struktur von den jeweiligen Personen „abgelöst" hat, sieht man die Szene in ihrer ganzen Gegenläufigkeit und man versteht *alle* Familienmitglieder – auch seine eigenen Phantasien – besser in ihrer Angst, zum Beispiel in der Angst, der ausgeschlossene Dritte oder auch der vergewaltigte Zweite zu sein. Gleichzeitig versteht man die Versuche – auch die eigenen –, lieber der triumphierende Bündnispartner des Zweiten gegen den Dritten oder auch der aktiv Vergewaltigende in der Dyade zu sein als den in diesem gespaltenen Dreieck *jedem* Beteiligten drohenden Ängsten ausgeliefert zu sein.

Die Entstehung in der Dyade: Grenzenlosigkeit, Spaltung und Perspektivenwechsel

Man kann die Entstehung der Beziehungspathologie innerhalb und zwischen den Personen natürlich auch in der Dyade betrachten. Wenn deutlich ist, daß dies eine *Betrachtungsweise* ist und nicht eine vollständige und ausreichende Sicht des Beziehungssystems, wird dadurch das gespaltene System nicht (durch Ausschluß des Dritten) reproduziert. Die dyadische Betrachtungsweise der Ersatzpartnerschaft ermöglicht eine Beschreibung der *Entstehungsbedingungen,* der *aktuellen Struktur* und auch der (therapeutischen) *Veränderungsmöglichkeiten* von Beziehungsstörungen zwischen zwei Personen.

Ursprünglich betrifft jede dyadische Betrachtung einen „Ausschnitt" aus der primär triangulären Szene. Vom Kind aus gesehen handelt es sich um seine Beziehung zur Mutter und um seine Beziehung zum Vater. In der therapeutischen Beziehung der Einzelanalyse wiederholt sich diese Beziehung in ihren Störungsanteilen und in ihren Veränderungsmöglichkeiten zwischen Analytiker und Analysand. Ähnlich hat man es aber auch als Analytiker/in in Mehrpersonentherapien (Paar, Familie, Gruppe) mit aktualisierten Zweierbeziehungen zu tun. Obwohl die jeweiligen Zweierbeziehungen sinnvollerweise immer auch in ihren triangulären Bedeutungen zu verstehen sind, steht man doch auch in Mehrpersonentherapien immer *einem* Menschen gegenüber und muß also gelernt haben, sich auch in dieser Beziehungsform auszukennen und Veränderungsprozesse in Gang zu setzen.

Ich will im folgenden die Formen der „Ersatzpartnerschaft" (als Beziehungsstruktur) beschreiben, wie sie in der Dyade entstehen, wie sie dort aussehen und welche Veränderungsperspektiven sich aus dieser Sichtweise ergeben. Versteht man die Entstehungsbedingungen einer Störung aus psychoanalytischer Sicht, dann versteht man auch die (dialektische) Funktion der Störung, und man sieht den (emanzipatorischen) Veränderungswunsch *im* Patienten, der aus meiner Sicht der einzige „Motor" für eine Veränderung psychischer Strukturen ist. Dieser Veränderungswunsch ist immer der (emanzipatorische) Wunsch, die *unbewußte Einverständniserklärung mit den Beziehungsstrukturen der frühen Bezugspersonen (s.o.) zu kündigen.*

Das Kind hat keinen Platz als Kind: Es fehlt das Du

Wie ich schon oben dargestellt habe, bleibt dem Kind in der Ersatzpartnerschaft sein Platz *als Kind* vorenthalten. Es wird – mehr oder weniger – funktionalisiert, entsprechend den ambivalenten Bedürfnissen seiner Eltern. So fehlt ihm das „Du", weil es als psychisch getrenntes „Ich" in der Familienstruktur keinen Platz findet. Um ein wirkliches Gegenüber zu haben, bräuchte es eine Beziehung zu Vater und Mutter (und zu den anderen Familienmitgliedern), die idealerweise der in Abbildung 3 (zwei Kreise, die sich ohne Überschneidung berühren) dargestellten Beziehungsform entspricht.

Das bedeutet, es hat im gleichen Maße keine Mutter und keinen Vater wie diese ihm gegenüber nicht Mutter und Vater sein können, sondern ihre eigenen Mißbrauchsstrukturen („Überschneidungen") auf das Kind übertragen. Der Sohn wird nicht als Sohn erlebt, sondern als besserer Mann, immer im Kontrast zum Vater. Dafür muß er dann auch immer „besser" sein als dieser und als alle anderen Männer. Einen Platz als Kind, das versorgt und beschützt wird, hat er weder bei seiner Mutter noch bei seinem Vater.

Alle in der Psychoanalyse beschriebenen psychischen Störungen und auch alle Phänomene der Übertragungs- und Gegenübertragungsszene können in diesem Zusammenhang verstanden werden. Zum Beispiel wird mir immer wieder deutlich, daß Patienten und Patientinnen entsprechend dem Ausmaß ihrer „Ersatzpartnerschaft" von mir als Analytikerin keine *psychische Resonanz* erwarten und auch selbst kaum zu solcher Resonanz fähig sind. Weil sie in der Mutter kein „Gegenüber" fanden, das sich eindeutig außerhalb von ihnen befand und ihnen deshalb ganz nah sein konnte, „verschlucken" sie entweder das, was ich ihnen anbiete und bauen es eventuell „unzerkaut" in die eigene Struktur ein (wodurch keine strukturelle Veränderung entsteht), oder es „verschwindet" in ihnen, als wäre ich als *anderer* Mensch nicht existent.

In solchen Situationen habe ich den Eindruck, als würden die Patienten „Implantate" von Teilen meiner Person und meiner Einfälle in sich aufnehmen – ohne angemessene Immunreaktion. Da sie das Eigene vom Fremden nicht unterscheiden können, wird das Fremde einfach „implantiert", als wäre es als Teil der eigenen Substanz entstanden. So wie sie sich von der Mutter und von deren Gefühlen nicht unterscheiden konnten, können sie sich in der analytischen Beziehung auch nicht von mir unterscheiden. Anstatt ihren *eigenen* Gefühlen entsprechend mit mir umzugehen, bieten sie sich als willfähriger Behälter meiner (von ihnen vermuteten) Wünsche und Ängste an. Sie versuchen das zu erleben und zu fühlen, was ich fühle. Jede Abweichung wäre in ihrer Phantasie bedrohlich für unsere Beziehung. Partiell hat die von ihnen in die Beziehung zu mir übertragene Beziehungsstruktur dann die Form wie in Abbildung 8.

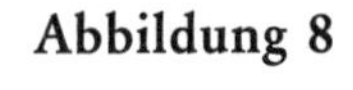

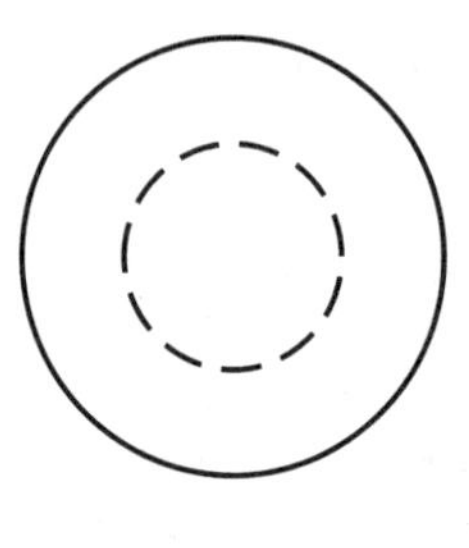

Einer „steckt“ im anderen. Die Bedingung, unter der man leben darf, ist hier, daß man nur als Teil des anderen existiert und dessen inneren „Gesetzen“ (Abwehrmechanismen) entsprechend „funktioniert“. Damit existiert man aber nicht als eigenständige Person, die mit anderen in einen dialogischen Kontakt kommen kann – und auch der andere existiert für einen nicht. Geborgenheit kann man sich nur vorstellen als Verschmelzung, als „Aufgehen im anderen“, also als Selbstvernichtung. *Liebe und Geborgenheit werden mit Verschmelzung verwechselt,* weil die Eltern ihre Liebe nur in Form von Verschmelzung ausdrücken konnten. Zuneigung ist nur zum Preis der Selbstaufgabe zu erkaufen. Es gibt keine eindeutige Außengrenze der Person. Wegen der Vertauschbarkeit der Rollen ist in diesem interpsychischen Beziehungssystem jeder von beiden „alles“ (das wäre der äußere Kreis) und auch „nichts“ (das wäre der innere Kreis). Häufig bieten Patienten dem Analytiker manifest an, daß er in der gemeinsamen Beziehung „alles“ sein soll. So konnte und mußte sich das Kind sein Existenzrecht schon bei den frühen Bezugspersonen „erkaufen“, indem es sich zunächst als eigenständige Person vernichtete. Freilich liegt unter diesem Angebot auch die Umkehrung: Es gilt auch, daß der Patient „alles“

und der Analytiker „nichts“ sein soll. Selbstvernichtung ereignet sich immer parallel zur Fremdvernichtung.

Aus dieser Sicht der Entstehungsweise und der Struktur der „Ersatzpartnerschaft“ ergibt sich der Blick auf den emanzipatorischen *Veränderungswunsch,* der als Motor dienen könnte: Es ist der Wunsch nach *Kontakt* (an der Außengrenze der Person) zu einer *Mutter* und zu einem *Vater,* und in diesem Wunsch ist der Wunsch nach Unterscheidbarkeit von beiden (untereinander und vom Kind) enthalten. Diese Unterscheidbarkeit würde dann die Möglichkeit mit sich bringen, an die Mutter und an den Vater Wünsche *als Kind* zu richten, die in der bisherigen Beziehungsgeschichte meist bewußt unterdrückt oder gar nicht mehr wahrgenommen wurden. In der analytischen Arbeit können diese Wünsche wiederentdeckt und zum Leitfaden der Veränderungsprozesse werden.

Wo die Grenzen fehlen, ist die Identität unklar

Da in der Beziehungsgeschichte jedes Menschen mehr oder weniger ausgeprägte Übergriffe (und seien es „nur“ psychische Verwechslungen) geschehen sind, geht es in der psychoanalytischen Arbeit auch darum, *die eigenen Grenzen zu finden,* was gleichzeitig bedeutet, die eigene Identität im Unterschied und in der Ähnlichkeit zu anderen Menschen zu finden. Für einen Menschen, dessen Grenzen nicht beachtet wurden, sind Grenzen grundsätzlich etwas Bedrohliches. Das ist im logischen Denken nicht zu erwarten, wenn man aber psychologisch oder psychoanalytisch denkt, muß man die Gegenläufigkeit psychischen Erlebens einbeziehen.

Die „Lebensbedingung“ für das Kind hieß in diesem Fall: Zur Gemeinschaft kann man nur gehören, wenn man damit einverstanden ist, daß die zwischenmenschliche Beziehung aus (aktiven und passiven) Grenzüberschreitungen besteht. In meinen Bildern ausgedrückt: Das Überschneidungsfeld (Abbildung 2, S. 105)bietet ein Gefühl von (ersatzweiser) Geborgenheit, während der Zustand der psychischen Trennung (zwei aneinander grenzende Kreise) als Ausstoßung, Kontaktverlust und gleichzeitig als lebensbedrohliche Einschränkung erlebt wird. Die „Wärme" der Verschmelzung und die Großartigkeit des Zugriffs auf andere Personen geht im Prozeß der psychischen Trennungsarbeit verloren. Deshalb wird es zunächst von Patienten mit Angst erlebt oder als narzißtische Kränkung empfunden, wenn ihnen in der abstinenten analytischen Haltung „Schutz"-Grenzen angeboten werden.

Vergegenwärtigt man sich aber den Gegenspieler dieser Angst, den Wunsch nach Geborgenheit *ohne* Übergriffe und mit *eindeutigen Botschaften,* dann hat man wieder eine innere Vorstellung davon, daß die Grenzen in ihrer *Schutzfunktion* auch gesucht werden (emanzipatorischer Wunsch). Dies kann – bei gleichzeitiger Akzeptanz der Angst – wiederum zum Leitmotiv der psychoanalytischen Arbeit werden.

Der von mir so bezeichnete Beziehungsmodus der „Ersatzpartnerschaft" wurde von Heinz Kohut unter dem Begriff „Selbstobjektübertragung" (Kohut 1977) beschrieben. Kohut verließ nach seiner eigenen Darstellung und auch in der Sicht seiner Kritiker mit diesem Konzept das traditionelle psychoanalytische Triebkonzept, nach dem alle Motivation bei den Trieben zu suchen ist und Störungen grundsätzlich als Triebkonflikte verstanden werden. Er sah auch (oder nur) das existentielle Bedürfnis jedes Menschen nach einem Objekt, das sein Selbstgefühl aufrecht erhält, indem es sich in seine Gefühlswelt einfühlt.

Aus einem gewissen zeitlichen Abstand zu den in den 70er Jahren durch diese Theorie hervorgerufenen Konflikten und im Rahmen einer psychoanalytischen Beziehungstheorie könnte man heute sagen, daß sich Triebpsychologie und Selbstpsychologie nicht ausschließen, wenn man die „Triebe" nicht in einem engen biologistischen Sinn versteht, sondern zum Beispiel auch die „primäre Liebe zur Mutter", die Alice Balint (1939) beschrieben hat, als primäres Bedürfnis jedes Menschen einbezieht. In dem erwähnten Aufsatz schildert Alice Balint, wie eine

Patientin, die nach dem Tod des Vaters diesen für die Mutter ersetzen sollte, in eine Rolle als „Sklavin der Mutter“ (a.a.O., S. 103) geriet, in der sie der Mutter nichts recht machen konnte. Die Beschreibung der Mutter-Tochter-Beziehung paßt genau in das Beziehungsmuster, das ich als „Ersatzpartnerschaft“ beschrieben habe. Die doppelbindende Beziehungsstruktur bewirkt ein Gefühl der Lähmung und Aussichtslosigkeit; der andere wird in seinen Bedürfnissen als „Faß ohne Boden“ erlebt – solange man die eigene Beteiligung an diesem Beziehungssystem nicht erkennt und verändert.

Freilich bestehen noch theoretische Unterschiede in der Frage, ob man diese primären, auf die Mutter bezogenen Bedürfnisse in ihrer Verschmelzungsqualität als „normal“ und damit als gesund bezeichnet, oder ob man auch in der frühesten Zeit schon Verschmelzungsqualitäten in der Mutter-Kind- oder auch in der Vater-Kind-Beziehung für den Ausdruck einer familiendynamisch verstehbaren Ersatzpartnerschaft hält.[22] Entsprechend wird man auch die Übertragungsangebote verstehen und mit ihnen umgehen.

Machtkämpfe in der „Zweieinigkeit“: das narzißtische Dilemma

Die „Zweieinigkeit“ zwischen Mutter oder Vater und Kind bringt – wegen der „Überschneidung“ – regelmäßig schwere manifeste oder latente *Machtkämpfe* zwischen den beiden Beteiligten mit sich. In der „narzißtischen“ Verschmelzung schließen sich beide nicht nur gegenseitig aus, sie müssen auch absolut „gleich“ sein in Gefühlen, Gedanken und im Verhalten. Ständig bedroht von Verrat und Verlust muß diese Gleichheit immer wieder bestätigt werden. Ungleichheit bedeutet Trennung und Verlust – aber Gleichheit bedeutet auch einen manifesten oder latenten Machtkampf; das ist das narzißtische Dilemma.

---

[22] vgl. neue Perspektiven in der psychoanalytischen Entwicklungstheorie aus beziehungsanalytischer Sicht in Bauriedl: Psychoanalyse als Beziehungswissenschaft (in Vorbereitung).

Auch die Wünsche des einen sind von denen des anderen nicht unterscheidbar: „Mein Wunsch ist dein (dir) Befehl", so könnte man die schreckliche Verwechslung der Personen charakterisieren, die zur Folge hat, daß jeder nur das tun kann, was der andere will, und trotzdem oder deshalb keine Wünsche aneinander ausgesprochen werden können – es sei denn im Befehlston oder als Vor-wurf. „Du gehörst zu mir" wird gleichgesetzt mit: „Du gehörst mir". So wird der kindliche Wunsch, *zur* Mutter und *zum* Vater zu gehören (das ist der emanzipatorische Wunsch nach psychischer Trennung und Kontakt), in einen Besitzanspruch pervertiert.

In den späteren Partnerbeziehungen, die sich aus solchen Ersatzpartnerschaften entwickeln, sehen die Beziehungsformen und Verwechslungen ähnlich aus: Die Frau muß tun, was der Mann will, und er muß wollen, was sie möchte, daß er will. Oder: Einer der beiden Partner nimmt eine Außenbeziehung auf, um den anderen an sich zu binden und damit dessen „Flucht" vorzubeugen. Es sind prinzipiell paradoxe Verhaltensweisen oder Verhaltensweisen mit paradoxer Bedeutung, die aufgrund dieser Beziehungsstruktur eintreten.

Durch projektive Identifizierung wird das Kind „gespalten"

Intrapsychische Spaltungsprozesse und die damit in Zusammenhang stehenden projektiven und introjektiven Vorgänge hat schon Freud beschrieben, zum Beispiel in seiner Vorstellung vom „purifizierten Lust-Ich". In dem Aufsatz über „Triebe und Triebschicksale" (1915a) stellte er „normale" (im Lauf der Normalentwicklung regelmäßig auftretende) Trennungsprozesse zwischen Innen und Außen, also zwischen Ich und Nicht-Ich so dar:„

> Es (das Ich, T.B.) nimmt die dargebotenen Objekte, insofern sie Lustquellen sind, in sein Ich auf, introjiziert sich dieselben (nach dem Ausdrucke Ferenczis) und stößt anderseits von sich aus, was ihm im eigenen Innern Unlustanlaß wird. (Siehe später den Mechanismus der Projektion.)" (a.a.O., S. 228)

Auch die sich aus diesem Spaltungsprozeß ergebende Objektbeziehung beschrieb Freud in derselben Arbeit:

> „Wenn das Objekt die Quelle von Lustempfindungen wird, so stellt sich eine motorische Tendenz heraus, welche dasselbe dem Ich annähern, ins Ich einverleiben will; wir sprechen dann auch von der 'Anziehung', die das lustspendende Objekt ausübt und sagen, daß wir das Objekt 'lieben'. Umgekehrt, wenn das Objekt Quelle von Unlustempfindungen ist, bestrebt sich eine Tendenz, die Distanz zwischen ihm und dem Ich zu vergrößern ... Wir empfinden die 'Abstoßung' des Objekts und hassen es; dieser Haß kann sich dann zur Aggressionsneigung gegen das Objekt, zur Absicht, es zu vernichten, steigern" (a.a.O., S. 229).

Aus meiner heutigen Sicht, die weniger die „Normalentwicklung" als die Entstehung und Veränderung von *spezifischen* Beziehungsstrukturen untersucht, beschrieb Freud in diesen Passagen eine *spezifische* Entwicklung in einem mehr oder weniger gespaltenen Beziehungsraum: Ich und Nicht-Ich werden danach unterschieden, was für das Ich „gut" und was für das Ich „schlecht" ist. Was „schlecht" ist im Ich und für das Ich, wird „ausgespuckt" (so Freuds Wortwahl), was „gut" ist im Ich und für das Ich, wird „gegessen", hereingenommen oder „introjiziert".

Trennungs- und Austauschprozesse zwischen dem Kind und seinen „Objekten" hat auch Melanie Klein (1946) beschrieben. Freuds Vorstellungen über die Projektion unangenehmer Anteile der eigenen Person in andere Personen führte sie in dem Begriff der „projektiven Indentifizierung" weiter. Ähnlich wie Freud beschrieb auch Melanie Klein die Entwicklung des Kindes als eine stufenweise Abfolge, in der „pathologische" (in frühem Alter als „normal" gesehene) Beziehungsstrukturen im Lauf einer gesunden Entwicklung von „nichtpathologischen" Beziehungsstrukturen abgelöst werden.

Das „Fortschrittsdenken" und die pathomorphe Beschreibung der frühkindlichen Erlebnisweisen in der psychoanalytischen Entwicklungstheorie kritisiere ich an anderer Stelle[23]. Hier interessiert mich die Beschreibung der „gesunden" Objektbeziehung nach Melanie Klein. In dem genannten Aufsatz sieht sie die „gesunde" Entwicklung zur „depressiven Position" darin, daß das „Objekt als Ganzes" introjiziert wird:

> „Das Zusammenbringen der geliebten und gehaßten Aspekte des ganzen Objekts bringt Trauer und Schuldgefühle mit sich, was einen lebenswichtigen Fortschritt im Geistes- und Gefühlsleben des Kindes bedeutet" (a.a.O., S. 103).

Das Kind ist in diesem Zustand also fähig, „Gutes" und „Schlechtes" in einer Person auszuhalten, ohne diese Person in „gut" oder „schlecht" spalten zu müssen.[24] Die in den ersten Lebensmonaten „normale" Spaltung des „Objekts" dient nach Melanie Klein der Angstabwehr:

> „Wie es Freud beschrieben hat, entsteht Projektion aus der Ablenkung des Todestriebes nach außen, und das hilft, meiner Ansicht nach, dem Ich, Angst zu überwinden, indem es sich der Gefahr und des Böseseins entledigt. Introjektion des guten Objektes wird vom Ich ebenfalls als Angstabwehr benützt" (M. Klein, a.a.O., S. 107).

Melanie Klein und weitgehend auch Freud gingen ausschließlich von der Sicht des Kindes und von den in ihm ablaufenden Prozessen aus, da sie sich vor allem für die „Triebschicksale" (Freud 1915a) ihrer späteren (Einzel-) Patienten interessierten. In einem familiendynamischen Konzept sieht man das *Zusammenwirken* der Eltern und Kinder. Vor allem interessiert man sich nicht nur für die „Außenseite" der Eltern, also für deren (Erziehungs-) Verhalten, sondern auch für deren „Innenseite", also für die Spaltungsprozesse, die in ihnen ablaufen und die sich unbewußt und zwangsläufig auf die Interaktion zwischen

---

23 vgl. Bauriedl: Psychoanalyse als Beziehungswissenschaft (in Vorbereitung).

24 Ich habe diesen Zustand als ein „Aushalten der Ambivalenzspannung" beschrieben, vgl. Bauriedl 1980 und 1982.

Eltern und Kind, damit aber auch ebenso zwangsläufig auf die Entwicklung der intrapsychischen und interpsychischen Beziehungsstrukturen des Kindes auswirken.

Aus dieser Perspektive muß man nicht davon ausgehen, daß jedes Kind seine intrapsychischen Ängste und Spaltungstendenzen bei der Geburt schon „mitbringt". Man kann die von Freud und Klein beschriebenen Spaltungs- und Austauschprozesse *als Produkte von Spaltungs- und Austauschprozessen in den Eltern* ansehen, die diese wiederum an ihre Kinder weitergeben. Man kann sagen, daß die Kinder von den Eltern „angesteckt" werden. Die Frage, *wie* diese Ansteckung vor sich geht – und zwar die Ansteckung mit „gesunden", aber auch mit „kranken" Beziehungsstrukturen! –, ist deshalb so wichtig, weil sich der Prozeß der Ansteckung in jeder therapeutischen Beziehung (gleich welcher Schule) wiederholt. Ich will deshalb versuchen, kurz darzustellen, wie er in der Dyade verläuft:

Zunächst einmal ist die Unterscheidung von Ich und Nicht-Ich sicher einer der wichtigsten Vorgänge in unserem Seelenleben. Wie wir gesehen haben, versucht Freud diese Unterscheidungsprozesse zumindest in der ersten Lebensphase auf das Wirken des „Lustprinzips" zurückzuführen: Was gut für mich ist, gehört zu mir; was schlecht für mich ist, muß „draußen" bleiben oder hinausprojiziert werden. Melanie Klein betont die Abwehr der frühkindlichen Ängste: Was mich im eigenen Inneren bedroht, verlege ich in meiner Wahrnehmung als Bedrohung nach außen; was außen „gut" ist, hole ich zu meiner eigenen Beruhigung in mich herein.

Die so beschriebenen Vorgänge führen aus meiner Sicht *nicht zwangsläufig* zu einer gesunden psychischen Trennung zwischen Mutter und Kind oder Vater und Kind. In einer „Ersatzpartnerbeziehung", also in dem Zustand der Ununterscheidbarkeit zweier Personen, finden gerade die von beiden Autoren beschriebenen Spaltungsprozesse statt: Eltern, die die Struktur der Ersatzpartnerschaft in sich haben, versuchen ihre jeweilige

(Ersatz-)Befriedigung dadurch zu gewährleisten, daß sie das Kind in dem Maße „annehmen", wie es zur ersatzweisen Befriedigung ihrer Wünsche „brauchbar" ist. Der „nicht-brauchbare" Rest wird abgelehnt, vielleicht sogar als äußere Bedrohung empfunden und im Kind bekämpft. So wird das Kind in „gute" und „schlechte" Anteile „gespalten", wobei es zwangsläufig diese Spaltung introjiziert und die Anteile in sich ablehnt, die für die Befriedigung des „Ersatzpartners" nicht geeignet sind, oder von diesem als Bedrohung der eigenen Stabilität erlebt werden.

Wesentlich an diesem Vorgang erscheint mir wiederum der Unterschied zwischen zwei Beziehungsstrukturen: Im Fall der psychischen Trennung (in meinen Abbildungen: zwei Kreise, die sich berühren) besteht eine Integration von Ja *und* Nein, von „Gut" *und* „Böse", sowohl in der intrapsychischen Struktur der Bezugsspersonen als auch in den Beziehungsangeboten, die von diesen (gesunden) Bezugspersonen ausgehen, und folglich auch im Kind, das sich in einem solchen Beziehungssystem entwickelt. Dieser Zustand entspräche der Situation in der „depressiven Position" nach Melanie Klein.

Im Fall der psychischen Verschmelzung (in meinen Abbildungen: zwei Kreise, die einander überschneiden) handelt es sich um die Beziehungsstruktur: *Entweder* Ja *oder* Nein, *entweder* „Gut" *oder* „Böse". Was „gut" ist, in der eigenen Person und im Gegenüber, wird angenommen, was „schlecht" ist, wird „ausgespuckt". Eine Mutter, die selbst „Ersatzpartnerin" war und diese Beziehungsstruktur weitervermittelt, drückt ihrem Kind gegenüber zum Beispiel aus: „Was 'gut' ist an dir, ist eigentlich ein Teil von mir; was 'schlecht' ist an dir, beweist, daß du eben schlecht bist." So kann das Kind zum „negativen Selbst" der Mutter werden, aber auch zum „positiven Selbst", das stellvertretend für sie „ihre" Erfolge erringt. Die *Bewertung* ist das Kriterium, nach dem sich Und- und Oder-Beziehungen unterscheiden. In der Oder-Beziehung wird aufgewertet und entwertet. Ein Mensch ist dann entweder gut oder schlecht; von Zweien ist einer gut, der andere schlecht.

Da es in den intrapsychischen Kämpfen immer darum geht, Kompromisse zwischen (Trieb-)Befriedigung und Befriedigung der Sicherheitsbedürfnisse zu finden, wird zwangsläufig das Gegenüber für diese Kompromißbildungen mißbraucht. Soweit das Gegenüber – als Kind – von den Bezugspersonen abhängig ist und keine anderen Erfahrungen im Leben gemacht hat, wird es das Zusammenspiel von aktivem und passivem Mißbrauch (die gegenseitige Spaltung) mitmachen. Soweit wir – als Erwachsene – in dem beschriebenen Sinne geschädigt sind und diese Schädigung nicht in einem Heilungsprozeß teilweise ausgeglichen werden konnte, werden wir – auch als Psychoanalytiker – immer wieder bereit sein, unsere „guten" Teile von den „schlechten" zu trennen und uns so als funktionierende „Befriedigungs- und Angstabwehrmaschinen" anbieten, gleichzeitig aber auch anderen ähnliche Spaltungen aufdrängen. Wir werden von den Fragen besetzt sein: „Bin ich gut oder schlecht? Mache ich meine Arbeit richtig oder falsch – in den Augen anderer?" Unter diesen Fragen geht die eigene Gefühlswelt als „Kompaß" verloren. Die Ursache dieses Verlusts der eigenen Gefühlswelt ist, daß diese Gefühle für die Befriedigung der Bedürfnisse unserer „Ersatzpartner" nicht geeignet gewesen wären und diese in ihren Sicherheitsbedürfnissen gestört hätten.

Die Interaktion in diesen Entweder-Oder-Beziehungen ist dadurch gekennzeichnet, daß man zueinander nicht Nein bzw. Ja sagen kann, *entsprechend der eigenen inneren Befindlichkeit.* Man kann nur *entweder* Nein *oder* Ja sagen, was der Gegenabhängigkeit in der „Überschneidung" entspricht: Wenn der eine Ja sagt, *muß* der andere auch Ja sagen, damit der eine zufrieden ist, oder er *muß* eventuell (wegen der Ambivalenzspaltung) gleichzeitig auch Nein sagen, um die gemeinsamen Ängste abzuwehren.

Wenn man in der therapeutischen Beziehung Spaltungen auflösen bzw. in differenzierte (Und-)Strukturen überführen will, ist es aus den beschriebenen Gründen wichtig, die psychische Trennung vom Patienten zu halten oder wiederherzustellen, die in der inneren Freiheit besteht, den eigenen Gefühlen entsprechend Ja *und* Nein zu sagen und nicht in der auf eine Verklammerung hinweisenden Gegenabhängigkeit des Entweder-Oder zu verfallen oder zu bleiben. In dem Abschnitt über die innerpsychische Arbeit des Psychoanalytikers werde ich die abstinente Haltung als den Versuch beschreiben, die psychische Trennung vom Patienten und damit auch den Kontakt zum Patienten aufrecht zu erhalten oder wiederzugewinnen.

Der Perspektivenwechsel in der Identifizierung mit dem Aggressor

Auf einen wichtigen Mechanismus bei der Entstehung der Ersatzpartnerschaft als Beziehungsstruktur muß ich noch hinweisen: auf die *Identifizierung mit dem Aggressor.* Auch die Beachtung dieses Mechanismus kann hilfreich sein beim Durcharbeiten von Ersatzpartnerbeziehungen in der Einzelanalyse wie auch in Paar- oder Familientherapien.

Der Abwehrmechanismus der „Identifizierung mit dem Angreifer" wurde von Anna Freud erstmals (1936, S. 85–94) beschrieben. Über die Identifizierung als Abwehrmechanismus schrieb sie damals:

> „Durch ihre Verwendung zum Aufbau des Über-Ichs dient sie der Bewältigung des Trieblebens. Zu anderen Zeiten aber bedeutet sie ... eines der wichtigsten Mittel im Umgang mit angsterregenden Objekten der Außenwelt" (a.a.O., S. 85). Und: „Die Verwandlung der eigenen Person in ein gefürchtetes Objekt (dient) der Umwandlung von Angst in lustbetonte Sicherheit" (a.a.O., S. 86).

Dies ist eine Beschreibung des funktionalen Zusammenwirkens eines intrapsychischen mit einem interpsychischen Abwehrmechanismus. Intrapsychisch wird die Angst bewältigt, was gleichzeitig die Angst im Umgang mit den gefürchteten Objekten vermindert. Auch Anna

Freud legte Wert darauf, daß es sich hier nicht um eine Identifizierung mit der anderen Person handelt, sondern um eine „Identifizierung mit deren Aggression" (a.a.O.). In einem Gespräch mit Joseph Sandler betonte sie sehr viel später noch einmal, daß sie mit dem Begriff der Identifizierung mit dem Angreifer nicht die „Wendung von Aktivität in Passivität" meinte, sondern das Gleichwerden mit dem Aggressor (J. Sandler mit A. Freud 1985, S. 283). Das Kind versuche gleich zu werden mit dem Hund, den es fürchtet. Der Vorgang, daß es andere (Menschen oder Hunde) anbellt, sei von diesem Vorgang zu unterscheiden. Beide Mechanismen dienten jedoch der Angstbewältigung. Auch Alice Balint (1943) beschrieb Identifikationsprozesse als Abwehrmechanismen. Sie betonte vor allem, daß das Kind durch diese „mentale Mimikry" versuche, Schmerz zu vermeiden.

Ich denke, daß wir heute unter Einbeziehung der Objektbeziehungstheorie und beziehungsanalytischer Vorstellungen (daß nämlich *ganze Szenen* introjiziert werden) davon ausgehen können, daß auch die (bei Sandler und A. Freud a.a.O. aufgeworfene) Frage, ob das Kind in einer Angstsituation „nur" eine Besänftigungsreaktion zeigt (es lächelt den Hund an), ob es sich mit dem Aggressor identifiziert (es wird wie ein Hund, damit es von Hunden nicht gebissen wird), oder ob es die aggressive Szene wiederholt, jetzt in der aktiven Rolle des Angreifers (es bellt Hunde an), sich jeweils danach entscheidet, welche Lösung den *optimalen Kompromiß* zwischen Wunschbefriedigung und Befriedigung des Sicherheitsbedürfnisses darstellt.

Die Introjektion dieser Szenen geschieht in einer bestimmten Beziehungsstruktur. Wird die Tochter als Ersatzpartnerin von Vater und Mutter gebraucht, dann besteht im gleichen Maß in der „Überschneidung" eine Ununterscheidbarkeit zwischen ihr und der Mutter und zwischen ihr und dem Vater. Außerdem ist die Beziehungsstruktur zwischen ihr und der Mutter wie auch zwischen ihr und dem Vater durch Ambivalenzspaltungen und Doppelbindungen gekennzeichnet. Wir sehen also nur das halbe Drama, wenn wir sagen, daß die Mutter die Tochter nicht groß und schön werden lassen will, oder daß der Vater die Tochter (in der Phantasie oder in der Realität) „zur Frau nimmt". Die Mutter identifiziert sich einerseits mit dem Wunsch der Tochter, schön zu sein. Damit ist die Schönheit der Tochter „eigentlich" die Schönheit der Mutter. Da sich in der (Entweder-die-Tochter-oder-ich-)Phantasie der Mutter dieser Wunsch aber gegen sie selbst richtet, hat sie auch Angst vor ihm. So kommt es zu der gegenläufigen Mitteilung: „Sei schön, aber wenn Du es bist, tust du mir etwas an." Der Vater hat den Wunsch, sich der Tochter sexuell zu nähern, aber er hat auch Angst vor dieser Annäherung, weshalb er der Tochter mitteilt. „Laß mich sehen, wie du aussiehst, aber wehe du zeigst mir etwas von deiner Schönheit." Die Tochter ihrerseits nimmt diese beiden Botschaften auf: „Ich soll schön sein, aber ich darf nicht schön sein." In der Doppelbindungsfalle findet sie den in dieser Situation bestmöglichen Kompromiß zwischen Wünschen und Ängsten. Das können Besänftigungsaktionen sein, es können Gleichheitsphantasien, Unterwerfungsphantasien oder auch „kriegerische" Rivalitäts- und Vernichtungsphantasien der Mutter gegenüber sein. Dem Vater gegenüber kann sie zum Beispiel eine manifeste Ablehnung bei ständigem latentem „Angebot" und umgekehrt entwikkeln.

Wesentlich ist, daß es sich um vielfältige Spaltungs- und Austauschprozesse (s.u.) zwischen Ersatzpartnern handelt, die die Struktur des Kindes prägen. In diesem mehr oder weniger diffusen Feld der „Überschneidung" entsteht auch die vielbeschriebene „Trennung von Kopf und Körper". In der Identifikation mit den Ängsten (Innenbild) und mit den Drohungen (Außenbild) der Mutter (und des Vaters) lernt das Kind „vernünftig" zu sein. Dieser Vorgang wird in der psychoanalytischen Theorie positiv (als Entwicklung eines stabilen Überich) und auch negativ (als Anpassung im Sinne der Rationalisierung oder Intellektualisierung) beschrieben. Ich glaube, es ist sinnvoll, ihn auch als eine Form der Identifizierung mit dem Angreifer zu sehen. Alleine schon die Ausrichtung an der inneren Spaltung der Bezugsperson bewirkt eine *Lähmung der eigenen Gefühlswelt.* „Vernünftig" zu sein bedeutet für das kleine Kind, sich mit den intrapsychischen und interpsychischen Beziehungsstrukturen seiner Bezugspersonen zu identifizieren. Es verlernt sich danach zu richten, was es selbst fühlt und welche Wünsche es aufgrund dieser Gefühle spürt. Stattdessen versucht es einen *Sollzustand* in seinem Inneren und in der Beziehung zu seinen Bezugspersonen herzustellen („Ich will so sein, wie man mich brauchen kann"), obwohl dieser Sollzustand wegen der Gegenläufigkeit der ihm entgegengebrachten Wünsche und Ängste niemals erreichbar ist.

Die Schuldübernahme in der Verwechslung zwischen Täter und Opfer

Eine Möglichkeit, die eigenen psychischen und physischen Schmerzen zu unterdrücken ist die *Schuldübernahme in der Identifizierung mit dem Aggressor.* Dieser Vorgang und seine Funktion werden häufig übersehen, sowohl in den „privaten" als auch in den „offiziellen" Theorien. Im Zusammenhang mit der Erforschung der psychischen Vorgänge beim sexuellen Mißbrauch von Mädchen (z. B. Hirsch 1987, Bauriedl 1992a) wurde deutlich, daß sich das Mädchen für das schämt und schuldig fühlt, was ihm angetan wird oder angetan wurde. Weil das Kind die Erlebnis- und Verhaltensweisen der Eltern *akzeptierend introjiziert,* ist es sowohl mit den Wünschen als auch mit dem Verhalten dessen identifiziert, der in es „einbricht". Es verwechselt sich selbst mit demjenigen, der ihm etwas antut – dies in allen Fällen von Übergriffen und Funktionalisierungen.

Dieser Vorgang ist die Ursache dafür, daß gerade bei schweren psychischen und körperlichen Übergriffen die Gefahr so nahe liegt, Täter und Opfer zu verwechseln oder (wegen der instabil wechselnden Identifikation) zu vertauschen. Der Wechsel der Identifikationen gehört zu dieser Szene; er ist ein wesentlicher Teil der Szene. Deshalb wirkt er sich, zumindest als gefährliche Tendenz, bei jedem Menschen aus, der sich mit Gewaltszenen beschäftigt – umso stärker je mehr er selbst ebenfalls gewalttätig übergreifenden Beziehungsstrukturen ausgeliefert war.

Nur die *Identifikation mit dem Schmerz des Opfers* (das Für-wichtig-und-für-wirklich-Halten dieses Schmerzes) hilft Außenstehenden – und kann den betroffenen Opfern selbst helfen –, Täter und Opfer deutlich voneinander zu unterscheiden. Solange die Szenen des Mißbrauchs im weitesten und im engeren Sinne nicht durchgearbeitet sind, solange in der Phantasie Täter und Opfer nicht durch das Nach- oder Wiedererleben der Schmerzen des Opfers getrennt sind, müssen in der Kindheit schwer geschädigte Menschen in den unterschiedlichsten Variationen zeitlebens darum ringen, *nicht* schuldig zu sein.

Eine Variation dieses Ringens ist die Wiederholung der Szene in der Opferrolle, eventuell aber auch in der Täterrolle. In der Opferrolle versuchen viele Opfer gewalttätiger psychischer und/oder physischer Übergriffe den Schmerz zu wiederholen, um sich endlich glauben zu können, daß sie *nicht* die Schuld an diesem Schmerz tragen. Da der Schmerz aber ohne verstehende Hilfe und Begleitung von außen nicht aushaltbar ist, verschwindet er in den Wiederholungen trotzdem immer wieder in der Unwahrscheinlichkeit und wird durch Schuldgefühle ersetzt. In der Täterrolle geht es aus dieser Perspektive betrachtet ebenfalls um eine „Entschuldung“, so eigenartig das klingen mag. Der „Wiederholungs-Täter“ versucht in der Wiederholung der Tat unter Umständen deren Rechtmäßigkeit zu bestätigen, die er als Opfer ähnlicher Übergriffe durch die Identifikation mit dem Täter akzeptiert hat.

Dies ist natürlich nur eine von vielen möglichen und nötigen Interpretationen des Wiederholungsgeschehens. Ich halte die Vermittlung dieser Verstehensweise in der Öffentlichkeit für wichtig, weil die Dynamik der Schuldübernahme und des lebenslangen Kampfes gegen die

Schuld aufgrund psychischer Austauschprozesse im allgemeinen Bewußtsein kaum bekannt ist. Sie kann auch nur in einem geschützten Beziehungsraum, wie ihn eine psychoanalytische Beziehung darstellt, entdeckt und untersucht werden.[25]

Die Schuldübernahme als Schutz gegen Angst und Schmerzen

Ähnlich unbekannt außerhalb und teilweise auch innerhalb der Psychoanalyse ist die Funktion der *Schuldübernahme zur Bewältigung von Schmerzen.* In manchen Analysen wird mir immer wieder deutlich, wie die Identifizierung mit dem Aggressor und mit seinen Normen (die Aggression ist berechtigt, sie ist sogar nötig) den Patienten hilft, die eigenen Schmerzen, also die Gefühle als Opfer gewalttätiger Übergriffe nicht zu spüren. Wer „selbst schuld" ist, darf nichts spüren, nichts wollen, er braucht auch nichts zu spüren und deshalb nichts an seiner Situation zu ändern. Die Schuld liegt wie eine schwere Schutzschicht über der Angst und dem Schmerz (vgl. auch 4. Kapitel).

Auf die politische Bedeutung dieses Mechanismus hat schon Freud hingewiesen, als er in „Massenpsychologie und Ichanalyse" (1921) beschrieb, wie der gewalttätige „Urvater" oder autoritäre „Führer" – aber auch der Hypnotiseur – mit den Individuen einer „Masse" eine „Masse zu zweit"[26] (a.a.O., S. 142) bildet. Durch die identifikatorische Partizipation an der rücksichtslosen Gewalttätigkeit und Grandiosität des „Führers" verschwindet das Individuum in dieser gemeinsamen Masse, aus der es erst wieder auftauchen kann, wenn es *spürt,* welche Schmerzen der idealisierte „Führer" ihm und anderen Menschen zufügt oder zugefügt hat.

Diese Schmerzen kann man aber nicht spüren, solange man sich mit dem Angreifer identifiziert und dessen

---

25 vgl. die „Räume der Toleranz" in: Bauriedl 1992a.

26 Diese „Masse zu zweit" ist ein ähnliches Bild wie ich es mir in der „Überschneidung" vorstelle.

Schuld übernimmt. In einer teilweise hochaktuellen Arbeit beschrieb Ferenczi die durch sexuellen Mißbrauch ausgelösten psychischen Vorgänge im mißbrauchten Kind:

> „Schwer zu erraten ist das Benehmen und das Fühlen von Kindern nach solcher Gewalttätigkeit. Ihr erster Impuls wäre: Ablehnung, Haß, Ekel, kraftvolle Abwehr. 'Nein, nein, das will ich nicht, das ist mir zu stark, das tut mir weh. Laß mich', dies oder ähnliches wäre die unmittelbare Reaktion, wäre sie nicht durch eine ungeheure Angst paralysiert ... die überwältigende Kraft und Autorität des Erwachsenen macht sie stumm, ja beraubt sie oft der Sinne. *Doch dieselbe Angst, wenn sie einen Höhepunkt erreicht, zwingt sie automatisch, sich dem Willen des Angreifers unterzuordnen, jede seiner Wunschregungen zu erraten und zu befolgen, sich selbst ganz vergessend sich mit dem Angreifer vollauf zu identifizieren* ... Doch die bedeutsamste Wandlung, die die ängstliche Identifizierung mit dem erwachsenen Partner im Seelenleben des Kindes hervorruft, ist die *Introjektion des Schuldgefühls des Erwachsenen*" (Ferenczi 1933, S. 308 f, Hervorhebungen im Original).

Auch Ferenczi war der Meinung, „daß es keinen Schock, keinen Schreck gibt ohne Andeutungen einer Persönlichkeitsspaltung" (a.a.O., S. 311). Durch die Introjektion der ganzen (Gewalt-)Szene wiederholt sich im Kind die Vernichtung seiner Gefühle durch den Aggressor. Da dieser in seiner innerpsychischen Labilität dazu tendiert, dem Kind die Schuld an dem zuzuschieben, was er ihm antut, und mit Hilfe dieser Schuldzuweisung auch in sich selbst die Wahrnehmung der psychischen und physischen Schmerzen des Kindes abwehrt, übernimmt das Kind diesen Abwehrvorgang von seinem Peiniger. Es glaubt böse zu sein, weil ihm so Schlimmes angetan wird, und es schämt sich der Tat, die es selbst nicht ausführt und von sich aus auch nicht will. In seiner natürlichen Tendenz, sich seine Bezugspersonen als „gute Objekte" zu erhalten, „reinigt" es diese von aller Schuld; zu diesem Zweck muß es die eigenen Schmerzen für unwirklich oder übertrieben halten und glauben, es hätte den Übergriff vielleicht doch selbst gewollt. Häufig zwingt es sich auch noch zu glauben, daß es durch die sexuellen Übergriffe „hervorgehoben" und „befriedigt" wurde.

Die Verletzung des „psychischen Immunsystems"
Ich bin der Meinung, daß alle diese Vorgänge, die in den Szenen der schlimmsten Gewalt gegen Kinder zuerst entdeckt wurden, ganz allgemein auf alle psychischen Schädigungen übertragen werden können, daß sie zwar nicht quantitativ, aber doch qualitativ vergleichbar sind. Das würde bedeuten, daß in der „Überschneidung" *prinzipiell* ein *Perspektivenwechsel* stattfindet. Wenn ein Übergriff und die mit ihm verbundenen Schmerzen nicht aushaltbar sind, tritt eine Verletzung des „psychischen Immunsystems" ein: Das Opfer kann sich und seine eigenen Gefühle und Verhaltensweisen von denen des Täters nicht mehr unterscheiden. Anstatt die eigenen Gefühle als eigene wahrzunehmen, tritt die „Wahrnehmung von außen" ein. Man sieht sich mit den Augen anderer, ursprünglich mit den Augen der Mutter oder des Vaters oder anderer wichtiger Bezugspersonen. Die Wünsche des anderen können nicht mehr mit Nein oder Ja – entsprechend der eigenen Befindlichkeit – beantwortet werden: Sie dringen ohne „Halt" an den Außengrenzen der Person in diese ein und werden so zu unausweichlichen Befehlen. Die Frustration der anderen Person wird aufgrund der Identifikation mit deren (vermuteter oder realer) Angst vermieden. So wird jeder Wunsch in einer Zweierbeziehung (auch zwischen Mutter und Kind) zum Vorwurf. Die Folge ist, daß keine Wünsche geäußert werden können, oder daß sie einander nur noch „vor-geworfen" werden. Geben und Nehmen bekommen die Bedeutung von Substanzverlust und Raub; es entsteht das Nullsummenspiel: Was der eine gewinnt, geht dem anderen verloren.

Die Erkenntnis des Perspektivenwechsels und der Verletzung des „psychischen Immunsystems" (als einem Verlust der Unterscheidungsfähigkeit von Eigenem und Fremdem) kann für jede Form der psychoanalytischen Behandlung hilfreich sein. Sucht man auch hier nach dem „emanzipatorischen Wunsch“, dann findet man den Wunsch, sich nicht mehr mit einer anderen Person zu verwechseln, „aus den eigenen Augen zu schauen“, bei den eigenen Gefühlen bleiben zu können, die eigene Angst, den eigenen Schmerz und die eigenen Wünsche spüren zu können und nicht mit Schuldzuweisungen an sich selbst oder an andere abwehren zu müssen. Im Zusammenhang mit der Ersatzpartnerschaft besteht der emanzipatorische Wunsch darin, eine *eigene* Beziehung zu Vater *und* Mutter zu haben, und nicht den Vater durch die Augen der Mutter sehen zu müssen, und umgekehrt.

Eine therapeutische Konsequenz dieser Sichtweise des zerstörten psychischen Immunsystems besteht darin, daß man „unter“ der „frei flottierenden Schuld“ (s. auch 4. Kapitel), die ständig durch Selbst- und Fremdbeschuldigung hin und her geschoben werden, nach den wirklichen Gefühlen sucht. Das bedeutet nicht, daß die eigene Beteiligung (Schuld) an dem Geschehen verleugnet werden soll. Im Gegenteil, wenn die Funktion der Selbstbeschuldigung als *not-wendiger* Schutz an den Stellen deutlich geworden ist, an denen der Schmerz und die Angst übergroß geworden wären, kann auch die eigene Beteiligung, die Einverständniserklärung mit der gewalttätigen Szene gesehen und „gekündigt“ werden. Trauer über die eigene Schuld und die in solcher Trauer entstehende strukturelle Veränderung sind nur möglich, wenn eine psychische Trennung zwischen den Personen, insbesondere zwischen Täter und Opfer, stattgefunden hat.

Das gilt für Opfer und Täter gleichermaßen, denn auch die Täter müssen ihr Einverständnis mit der Gewaltszene „kündigen“, was ihnen nur möglich ist, wenn sie es wagen, die eigenen Schmerzen als (frühere) Opfer und dann auch die Schmerzen derjenigen zu erleben, denen sie etwas antun oder angetan haben. Beide Vorgänge hängen eng miteinander zusammen. Das psychische und psychosoziale Immunsystem kann sich nur in dem Maße erholen, wie durch das Wiedererleben oder durch das erstmalige Erleben der wirklichen Gefühle in Gewaltszenen die Verantwortung für die Schmerzen wieder dorthin zurückverteilt wird, wo sie hingehört. Auf die Konsequenzen dieser Überlegungen für die Resozialisierung von Gewalttätern und für die Bewältigung unserer gewalttätigen deutschen Vergangenheit kann ich leider an dieser Stelle nicht eingehen.

Das szenische Verständnis der Abwehrmechanismen

Abwehrmechanismen – die psychische Struktur des Individuums

In einem Übersichtsartikel über den gegenwärtigen Stand der psychoanalytischen Abwehrlehre schreibt S.O. Hoffmann zusammenfassend:

> „Die psychoanalytische Abwehrlehre ist insbesondere aufgrund ihrer neueren Entwicklungen sehr viel aktueller als bekannt ist. Es war wohl die enge Bindung an die Triebtheorie, die sie als antiquiert erscheinen ließ, und ich hielte es für einen Irrtum, sie als obsolet zu betrachten, nur weil gegenwärtig in Deutschland das Interesse an allen Fragen, die sich mit psychischen Strukturen beschäftigen, zurückgegangen ist (Hoffmann 1987, S. 38).

Er plädiert für eine

> „Einbeziehung des Abwehrkonzepts in die Selbst-Psychologie ..., was einer Verbesserung des Verständnisses der narzißtischen Störungen und der Kenntnisse der Regulation des Selbstwertgefühls diente. Eine solche erweiterte Theorie müßte Abwehr als umfassendes kognitivaffektives Regulationssystem verstehen, das nicht nur zur Vermeidung von Unlust, sondern auch gezielt zur Verbesserung des Selbstbildes ... und des Lustgewinns aus befriedigenden Ich-Funktionen ... einsetzt (a.a.O., S. 38).

Mit meinem oben beschriebenen „dialektischen Konzept des Erlebens" (vgl. auch Bauriedl 1980, 1982) habe ich eine systemtheoretische Vorstellung der intrapsychischen Strukturen im Zusammenspiel mit interpsychischen Strukturen entwickelt, die die Freudsche Abwehrtheorie (die Abwehr dient der Bewältigung von Ängsten vor Triebwünschen) weiterführt. Die familiendynamische Betrachtung der Entwicklung von Abwehrstrukturen im familiären Beziehungsgefüge macht es möglich zu verstehen, warum und unter welchen Bedingungen (Trieb-)Wünsche Angst machen und weshalb welche Abwehrformen gewählt werden. Ganz allgemein läßt sich sagen, daß das, was den Eltern Angst macht, auch die Kinder ängstigt, und daß die Abwehrmechanismen gleichzeitig Schutzmechanismen für das intrapsychische Gleichgewicht des einzelnen und für das zwischenmenschliche Zusammenleben darstellen.

Diese Sichtweise verbindet die traditionelle Triebtheorie mit der Selbstpsychologie und vor allem mit der Objektbeziehungstheorie in einem beziehungsanalytischen Konzept. Hier interessiert allerdings weniger eine Klassifizierung in „frühe“ und „späte“ Abwehrmechanismen oder eine Einordnung nach anderen Kriterien, mit deren Hilfe verschiedene Theoretiker bisher die intrapsychische „Mechanik“ des Menschen zu erfassen versuchten. Wenn man annimmt, daß die intrapsychische Struktur des Menschen durch Introjektion von erlebten Szenen in Beziehungen zustandekommt, dann kann man in einer beziehungsanalytischen Entwicklungstheorie zu verstehen versuchen, wie die intrapsychischen (Abwehr-)Struk-turen in zwischenmenschlichen Beziehungen erlernt werden und wie der jeweils optimale *Kompromiß zwischen Befriedigung von Lebenswünschen und Sicherheitsbedürfnissen* erreicht wird, sowohl intrapsychisch als auch interpsychisch.

Da ich in diesem Buch vor allem die These vertrete, daß die Psychoanalyse als Systemtheorie, oder besser: als Beziehungstheorie verstanden werden kann, und daß sich in einem psychoanalytischen Prozeß (mit und ohne Couch) *Beziehungsstrukturen verändern,* will ich nun, nach der im letzten Abschnitt vorgelegten Beschreibung der Entstehung und Dynamik pathologischer Beziehungsstrukturen, darstellen, wie diese intrapsychischen und interpsychischen Beziehungsstrukturen gesehen werden können und gesehen werden müssen, wenn man den psychoanalytischen Prozeß der Differenzierung von Beziehungsstrukturen unterstützen will. Gleichzeitig finden sich in der hier folgenden Darstellung des szenischen Verständnisses der Abwehrmechanismen Ansätze zu einer der Psychoanalyse adäquaten Psychotherapieforschung, die ich an anderer Stelle ausführe.[27]

Die „innere Szene" als psychische Struktur der Person

Als Grundprinzip der intrapsychischen Abwehrmechanismen habe ich das der Selektion beschrieben (Bauriedl 1980, 1982). Es wird ausgewählt, was für das subjektive Erleben der Person „gut" ist und was „schlecht" ist, was dem Erkenntnis- und Handlungsinteresse der Person entspricht, was sie in ihrer Wahrnehmung „aushalten" kann und was sie sich wahrzunehmen wünscht. Diese Auswahl geschieht intrapsychisch, zur Stabilisierung der Identität des Individuums, und interpsychisch, zur Stabilisierung der zwischenmenschlichen Beziehungen. Insofern sind alle intrapsychischen Abwehrmechanismen der Niederschlag eines zwischenmenschlichen „Gesprächs". Dieses Gespräch findet von Beginn des Lebens an zwischen dem Säugling und seinen Bezugspersonen statt. In ihm entsteht die Identität (das Selbstbild) der Person.

Zum Beispiel erfährt ein Kind aus der Art der Beziehungsstrukturen, in die es hineingeboren wurde: „Ich bin ein Ersatz für andere, die schlechter sind als ich, oder für andere, die fehlen." Aus dieser Identität ergibt sich, daß es sich immer bemüht und bemühen muß, besser zu sein als andere und eventuell fehlende Personen voll zu ersetzen. Also wird es zum Beispiel versuchen, die Mutter besser zu verstehen und zu schützen als der Vater – auch vor seinen eigenen Wünschen zu schützen. Es verzichtet weitgehend auf den manifesten Ausdruck seiner Gefühle und Wünsche und „nimmt die (Gefühle und Wünsche der) Mutter

[27] vgl. Bauriedl: Psychoanalyse als Beziehungswissenschaft (in Vorbereitung).

in sich auf", so wie es schon den Vater in sich aufgenommen hat, den es ersetzen muß und darf.

In den von mir entworfenen Bildern (z. B. Abb. 2, S. 105 und 6, S. 115) würde sich aus dieser Szene die „Überschneidung" in der Beziehung zu den Eltern ergeben. Die psychische Struktur der Eltern ist mehr oder weniger widerspruchslos in das Kind „implantiert" worden, weshalb es jetzt Schwierigkeiten hat, seine eigenen Gefühle und Wünsche von denen der Eltern zu unterscheiden. Intrapsychisch werden von diesem Kind vielleicht besondere intellektuelle oder künstlerische Leistungen oder auch besondere empathische Fähigkeiten entwickelt, die es dann mit seiner (positiven) Identität gleichsetzt. Freilich „lauert" unter diesem „falschen Selbst" die ständige Angst vor der Ablehnung, wenn die entsprechenden Leistungen nicht erbracht werden können. Und diese Gefahr besteht ständig, denn die Aufforderung, den „schlechteren" oder fehlenden Beziehungspartner zu ersetzen, war gegenläufig. Sie hatte den Charakter einer doppelten Botschaft: „Sei mein alles; aber ich muß dein alles sein, also mußt du auch mein nichts sein." So wird der „Herrscher" immer gleichzeitig zum „Beherrschten", der sich zeitlebens bemüht, die geforderten (und gleichzeitig abgelehnten) Anpassungsleistungen zu erbringen. Das „Faß ohne Boden" wird nicht voll, solange die „Einverständniserklärung" mit der Auswahl dessen, was „richtig" und was „falsch" ist, nicht gekündigt wird.

Das hier dargestellte szenische Verständnis der Abwehrmechanismen nimmt wohl in den gegenwärtig „real existierenden" Analysen einen größeren Raum ein als das traditionelle Verständnis der Abwehr als (notwendige oder störende) Triebunterdrückung. Ich halte diese Art, einen Menschen „in seinen inneren Gesprächen" zu verstehen, für unbedingt nötig, wenn man eine Veränderung der introjizierten Szenen unterstützen will. Das Prinzip der Veränderung in der Psychoanalyse – ich werde es unten noch genauer ausführen – besteht darin, daß die innere Sprachlosigkeit aufgelöst wird, die in der äußeren

Sprachlosigkeit entstanden ist. In diesem Sinne können sich aus einem sprachlosen „Entweder-Oder" ein „Und" und damit differenziertere Beziehungsstrukturen entwickeln, wenn sich in der analytischen Beziehung durch ein differenzierteres Beziehungsangebot die inneren Szenen des oder der Patienten verändern.

Die Entstehung spaltender Abwehrmechismen in der „Familienszene" könnte man sich etwa so vorstellen: Wenn man nicht mit dem Kind als mit einem wichtigen anderen Menschen gesprochen hat, sondern mit ihm umgegangen ist als wäre es ein Teil von einem selbst, dann hat sich im gleichen Maß die Beziehungsstruktur „Entweder du oder ich" auf das Kind übertragen. So bekam das Kind in bezug auf seine „Lebenswünsche" von der Mutter und dem Vater die doppelte Antwort: „Ich befriedige deine Lebenswünsche *als meine* Lebenswünsche, aber ich lehne sie ebenso ab wie meine Lebenswünsche, denn ich fürchte mich vor ihnen." *Wegen der gespaltenen Beziehungsstruktur (entweder du oder ich), in der schon die Eltern aufgewachsen sind, fürchten sie die Lebenswünsche des Kindes (nicht, weil Triebe eo ipso gefährlich sind!).* Und das Kind erlebt sich in der Identifikation mit den Eltern als bedrohlich, weshalb es versucht, die „bedrohliche" Seite, nämlich seine wirklichen Gefühle und Wünsche abzuspalten.

Die in der Kindheit erlebte und später lebenslang befürchtete „Antwort" der Eltern wird als wichtige Erfahrung introjiziert. Als intrapsychische „Instanz" spricht nun das Kind stellvertretend für die Eltern in sich und mit sich selbst und mit seinen Lebenswünschen. Im gleichen Maße wie die äußere Beziehung eine gespaltene Beziehung war und ist, ist es auch die innere Beziehung. Die von Freud in „Das Ich und das Es" (1923b) beschriebene und von Nunberg (1930) erstmals so benannte „synthetische Funktion des Ich" geht zu Grunde oder kann sich nicht entwickeln, wenn der äußere Dialog[28] nicht den

[28] Dia-log bedeutet das Gespräch zwischen *Zweien,* die sich zu diesem Zweck voneinander unterscheiden können müssen.

inneren Dialog möglich macht. Unter Umständen geht die Zerstörung so weit, daß das zerstörte Gespräch, wie im Autismus, nur noch innerhalb der Person stattfindet, weil nahezu alle Lebensäußerungen schon innerhalb der Person durch doppelbindende „Antworten“ gelähmt werden.

Bei der Beschreibung der interpsychischen Szenen ist es mir aus beziehungsanalytischer Sicht wichtig, daß nicht nur die Außenbilder der Eltern in Betracht gezogen werden, sondern vor allem die psychischen Vorgänge *in* den Eltern. Erst in dieser Sicht werden die gegenseitigen Doppelbindungen und ihre Wirkungen sichtbar. Zumeist werden in psychoanalytischen Anamnesen nur die den früheren Kindern direkt erkennbaren und die in deren Selbstbild passenden „Eigenschaften“ der Eltern (liebevoll, abweisend, karg, verschlingend, autoritär, etc.) beschrieben. Da man sich bisher in der psychoanalytischen Ausbildung nur wenig mit der Dynamik von Familienbeziehungen beschäftigt hat, fand man auch wenig Zugang zur Dynamik der Paarbeziehung der Eltern, obwohl gerade die Strukturen dieser Beziehung in ihrer Auswirkung auf das Kind von ganz besonderer Bedeutung sind.

Das szenische Verständnis der intrapsychischen und interpsychischen Abwehrmechanismen ergibt ein dynamisches Bild der *Person als Prozeß* und auch der *Familie als Prozeß.* Wie ich im nächsten Kapitel zeigen werde, ist es sehr hilfreich, z. B. in der Paar- und Familientherapie, aber auch in der Einzeltherapie, wenn man die Szenen, nachdem man sie entweder intrapsychisch oder interpsychisch verstanden hat, von den Personen „ablösen“ kann. Man hat dann ein Bild vor sich, das aus (Lebens-)*Wünschen,* aus intrapsychischen und interpsychischen *Ängsten* und aus szenisch verstandenen Abwehrmechanismen, den Kompromißbildungen aus Wünschen und Ängsten, besteht. In diesem Bild verbindet sich die *Entstehungsgeschichte* mit der *aktuellen Dynamik* (Funktion) und den *Veränderungsmöglichkeiten.* „Dreht“ man das Bild dieser Szene, dann sieht man auch, wie zum Beispiel in einer Familie einmal der eine und dann wieder ein anderer in der gemeinsamen

Dynamik die Wunschseite übernimmt, während die Ängste und die Abwehr der Ängste bei anderen „untergebracht" sind. Die szenische Struktur der intrapsychischen und interpsychischen Beziehungen als „Gespräch" zu verstehen unterstützt auch ein dynamisches Verständnis von Übertragung und Gegenübertragung. Denn hier wird die Sprachlosigkeit entweder wiederholt oder aufgelöst.

Jede Abwehr hat zwei Seiten: Das dialektische Verständnis der Abwehrmechanismen

Ich habe in diesem Buch schon wiederholt darauf hingewiesen, daß das szenische Verständnis intrapsychischer und interpsychischer Beziehungen an sich schon eine emanzipatorische Wirkung hat. Die Frage: „Was ist hier falsch?" wird aufgelöst in die Frage: „Was geht hier vor sich?" Die Spaltung der Person in „richtig" und „falsch" wird szenisch aufgelöst. Diese Wirkung stellt sich allerdings nur ein, wenn man die Abwehrmechanismen auch dialektisch versteht, als Kompromißbildungen zwischen Wünschen und Ängsten, die beide in der Gesamtstruktur der Person noch enthalten sind.

In einem populärwissenschaftlichen Verständnis der Psychoanalyse, aber oft auch in der Art, wie manche Psychoanalytiker ihre Patienten verstehen, taucht gelegentlich das Wort „eigentlich" auf: „Eigentlich willst du etwas ganz anderes", oder: „Eigentlich will der Patient oder will die Familie sich gar nicht verändern." Diese Art, andere Menschen zu sehen und über sie zu sprechen, weist darauf hin, daß in der Beziehung zwischen demjenigen, der die Aussage macht, und demjenigen, über den in dieser Weise gesprochen wird, ein polarisierender Austausch von abgespaltenen Ambivalenzen stattgefunden hat. Das Wort „eigentlich" ist für mich seit langer Zeit ein sicheres Indiz für diesen Vorgang geworden, denn es weist darauf hin, daß derjenige, der es benutzt, nur noch eine Seite des anderen sieht. Er spaltet ihn in seiner Wahrnehmung in zwei Teile, in einen „eigentlichen" und in einen unwirklichen Teil. In den angeführten Beispielen sieht es so aus als hätte der Sprecher ein Interesse daran, irgendeine Schuld beim anderen zu suchen. Analytiker, die sich von ihren Patienten abgelehnt oder frustriert fühlen, tendieren – wie jeder Mensch in anderen ähnlichen Situationen auch – dazu, den „guten" Veränderungswunsch nur noch bei sich zu sehen und die „böse" Abwehr oder den „bösen" Widerstand beim Patienten. Das entlastet sie im Moment, verhindert aber die Weiterentwicklung der Beziehung.

Nun bedeutet jede icheinschränkende Abwehr in einer Person für eine andere Person ein Beziehungsangebot, das zugleich übergreifend und zurückweisend wirkt. Da die Spaltung in der Beziehung desto ansteckender wirkt, je stärker sie ausgeprägt ist, ist es nicht leicht, einem solchen Beziehungsangebot gegenüber selbst nicht „in zwei Teile zu zerfallen". In Supervisionen und in mir selbst beobachte ich regelmäßig, daß man als Analytiker/in genau dann nur noch eine Seite des Patienten oder der Patientin sieht (und zwar zumeist die Seite, die intrapsychisch die Wünsche ablehnt, damit aber auch das Gegenüber ablehnt), wenn man sich selbst abgelehnt fühlt und diese Ablehnung nicht in sich analysieren und bearbeiten kann. Meistens ist dieser Spaltungsvorgang im Analytiker diesem nicht bewußt. Er glaubt weiterhin, den Patienten „objektiv" so zu sehen, wie er ist, und verhält sich entsprechend.

Die Fähigkeit, andere Menschen und sich selbst dialektisch, also „ganz" zu sehen, hängt von der (aktuellen oder überdauernden) Fähigkeit ab, der eigenen intrapsychischen Spaltungstendenz zu widerstehen und selbst „ganz" zu bleiben. Gelingt es einem, die „ganze" Szene der Patienten in sich zu „halten", obwohl diese selbst immer wieder „auseinanderfallen", dann muß man auch nicht gegen die Wünsche der Patienten Partei ergreifen. Eine „bescheiden zurückhaltende" Patientin erscheint dann nicht als „eigentlich gierig", sondern sie hat unsichere Grenzen und starke Ambivalenzspaltungen in sich. Sie kämpft gegen ihre Wünsche an andere Menschen, weil sie erfahren hat, daß diese sich vor ihren Wünschen fürchten. Und andere Menschen – eventuell auch Analytiker – fürchten sich vor ihren Wünschen, obwohl sie so „bescheiden" ist. Diese Angst bleibt eventuell lange Zeit unbewußt, oder sie drückt sich unbemerkt in der Beschreibung der Patientin als „eigentlich gierig" oder als „hoffnungslos gehemmt" aus. Wenn man sich daran gewöhnt hat, Abwehrmechanismen szenisch und dialektisch zu sehen, ist man gefaßt auf die eigene Angst und eventuell auch auf den eigenen Ärger wegen des ambivalenten Beziehungsangebots: „Entweder du liebst mich und tust, was ich will, oder du bist böse, aber glaub' nicht, daß ich etwas von dir brauche!" Die innerpsychische Arbeit im Analytiker (s.u.) beginnt dann frühzeitig, solange er noch relativ locker ist, was zur Folge hat, daß Situationen der malignen Verklammerung nicht oder weniger entstehen müssen und der Wiederholungszwang im rechtzeitigen Durcharbeiten der innerpsychischen Szenen des Patienten gemildert wird. *Denn wenn man spaltend Partei ergreift für „gute" und gegen „schlechte" Anteile des Patienten, wiederholt man die Szene, durch die er geschädigt wurde.*

Wenn man diese Gedanken konsequent weiterdenkt, muß man allerdings sagen, daß hier der Begriff „Trieb" neu definiert wird. Er wird nicht mehr verstanden als ein Impuls im Menschen, der per se auf Grenzüberschreitung ausgerichtet ist. Stattdessen wird er als eine angeborene Tendenz verstanden, Grenzen, also Kontakt zu anderen Menschen zu finden. Die Grenzüberschreitung wäre dann, sowohl was die „Libido" als auch was die „Aggression" betrifft, schon Ausdruck einer Beziehungsstörung. Beide „Triebwünsche" fallen nicht mehr als Antagonisten auseinander, ihre Ausdrucksformen sind vielmehr Aktions- und Reaktionsmöglichkeiten in zwischenmenschlichen Beziehungen.

Dieses Menschenbild hat weitreichende Folgen nicht nur für die Psychoanalyse als Psychotherapieform. Auch die Psychoanalyse gesellschaftlicher Strukturen folgt dann einem dialektischen Grundprinzip im Gegensatz zur dualistischen Sichtweise, die zu Freuds Zeiten und teilweise auch in Freuds Schriften paradigmatisch war. An anderer Stelle habe ich[29] darzustellen versucht, wie Freuds Arbeiten von dem Versuch durchzogen sind, das naturwissenschaftliche Weltbild für die Psychologie durch ein dialektisches Weltbild abzulösen. Gleichzeitig war er deutlich geprägt vom „Geist" seiner Zeit, nach dem es vorwiegend darum ging, „Triebe" zu zähmen und unter Kontrolle zu halten, um ein „nützliches" Glied der menschlichen Gesellschaft zu sein.

Es ist eine grundsätzliche Frage, ob ich „die Welt" und damit auch mich und andere Menschen unter dem Raster „Entweder-Oder" oder unter dem Raster „Und" betrachte. Eine typisch pathogene Verhaltensweise von Eltern besteht zum Beispiel darin zu sagen: „Du mußt wissen, was du willst, entweder – oder!" Durch die doppelbindende Sei-spontan-Paradoxie (du mußt wissen, was du willst) wird dem Kind die spontane *eigene* Konfliktlösung genommen. Gleichzeitig wird es in zwei Teile „gespalten", denn es glaubt jetzt, keine innere Ambivalenz zwischen Wünschen und Ängsten haben zu dürfen und diese vor allem nicht *selbst* (dialektisch) lösen zu können. Das „tertium non datur", es gibt kein Drittes, ist eine grausame Waffe im Kampf zwischen den Menschen. Wenn Eltern die innere Ambivalenz ihres Kindes nicht ertragen können, weil es ihnen selbst an innerer Spannungstoleranz fehlt, gehen sie nach diesem Prinzip mit ihrem Kind um. Dieses übernimmt dann die Spaltung der Eltern. Die „synthetische Funktion seines Ich" wird dadurch geschwächt. Es wagt nicht mehr zu entscheiden, welcher der im Augenblick für es selbst bestmögliche Kompromiß ist. Der „nächstbeste" Kompromiß ist dann unter Umständen das Einverständnis mit der inneren Spaltung, um im (Ersatz-)Kontakt mit der Mutter oder dem Vater bleiben zu können.

Ähnliche Probleme treten natürlich auch in analytischen Beziehungen auf. Hier entscheidet sich die Frage,

---

[29] Bauriedl 1980, S. 97 ff; 1982, S. 23 ff.

ob eine strukturelle Veränderungsmöglichkeit für den Patienten entsteht, daran, ob der Analytiker eine ausreichende innere Spannungstoleranz hat, um immer wieder das „Und" innerhalb des Patienten und zwischen sich und dem Patienten einzuführen. Diese Möglichkeit hängt natürlich nicht nur von der persönlichen Potenz des Analytikers ab, sondern auch von dem Konzept, dem er folgt.

Hat man die „Überschneidung" mit ihrer gespaltenen Beziehungsstruktur und die inneren Ambivalenzen des Patienten vor seinem inneren Auge, dann kann es weniger leicht passieren, daß man eine Veränderung nur durch ein „Umkippen" der Ambivalenz zu erreichen versucht, wie es zum Beispiel in der systemischen Familientherapie mit Hilfe der paradoxen Intervention versucht wird. Aber auch das psychoanalytische „Anti-Überich" (s.u.) wird in Frage gestellt, sobald man grundsätzlich dialektisch denkt. Dann kämpft man nicht mehr mit dem Wunsch des Patienten gegen die verinnerlichten Verbote von dessen Eltern oder gegen diese Eltern selbst. Man verwechselt nicht mehr Emanzipation mit Krieg, sondern ist an *strukturellen* Veränderungen interessiert. Differenzierung und psychische Trennung ist dann der Weg, auf dem man sich bewegt.

Entwertung und Idealisierung der Abwehr in der Psychoanalyse

Mit der Bemerkung über das „psychoanalytische Anti-Überich" habe ich eben ein Problem angesprochen, das – nicht nur in der Psychoanalyse, aber auch hier – ein großes Hindernis bei der emanzipatorischen Veränderung von Beziehungsstrukturen darstellen kann. Wie schon beschrieben, reagiert jeder Mensch mehr oder weniger spontan durch eigene Spaltung auf einen anderen Menschen, der ihm ein spaltendes Beziehungsangebot macht. Das Gefühl, entwertet zu sein, wird kompensiert durch Gegenentwertung. Solche Vorgänge lassen sich auch bei Psychoanalytikern und in der psychoanalytischen Theorie beobachten. In der Art, wie Patienten und psychische

Störungen beschrieben werden, sehe ich häufig eine Entwertung der Abwehrmechanismen. Diese werden nicht als bestmögliche Kompromisse und als Schutzreaktionen für das Individuum und für die Gemeinschaft angesehen, sondern als negativ zu beurteilende repressive Mechanismen, die „eigentlich“ beseitigt oder doch wenigstens gemildert werden müssen. Psychoanalytiker verstehen sich häufig als Revolutionäre im Kampf gegen die Unterdrückung. Nicht selten schicken sie ihre Patienten stellvertretend für sich in den „Krieg“, und nicht selten verbünden sie sich mit diesen gegen deren Abwehr, was zur Folge hat, daß sich die „Analyse im Kreis dreht“.[30] So wird das Überich des Analytikers zum Gegner des Überichs des Patienten. Es wiederholt sich die Szene des Patienten (und auch die des Analytikers?): „So, wie du bist, bist du irgendwie schlecht oder minderwertig.“

Verschiedene „positiv denkende“ Psychotherapieformen haben sich in dieser Hinsicht von der „negativistischen“ Psychoanalyse abgesetzt. Dabei sehen sie zumeist das Problem als solches nicht, sondern versuchen, zum Beispiel durch „positive Konnotation“ und durch „Arbeit mit den Ressourcen“ der Patienten, schneller voranzukommen als die Psychoanalyse, die aus ihrer Sicht „immer nur die negativen Seiten des Menschen sieht“.

Eine Gegenposition zur Entwertung des Patienten kommt auch in der Psychoanalyse gelegentlich vor: die unbewußte oder bewußte Idealisierung des Patienten und damit auch seiner Abwehrstruktur. Hier verbündet sich der Analytiker mit der Abwehr des Patienten gegen dessen „bedrohliche“ Wünsche und Ängste. So kann es geschehen, daß Wutausbrüche von Patienten gegen „andere“, ja sogar manchmal gegen den Analytiker selbst, als „Fortschritt“ gefeiert werden, ohne zu bedenken, daß dies nur ein erster – wenn auch nötiger – Befreiungsschritt sein

---

30 Eine ausführliche Beschreibung der Vorgänge in Analysen, die „sich im Kreis drehen“, findet sich in Bauriedl: Psychoanalyse als Beziehungswissenschaft (in Vorbereitung).

kann, den man in der Gesamtdynamik des Patienten als Kompromißbildung zwischen Wünschen (z. B. nach Nähe und Eigenständigkeit) und Ängsten (z. B. vor Verschmelzung und Ablehnung) verstehen müßte. Durch die Idealisierung solcher „fortschrittlicher" Verhaltensweisen entsteht ein paradoxes Beziehungsangebot: „Als 'Mensch' will ich zwar nicht angegriffen werden, aber als Analytiker muß ich das aushalten und sogar noch begrüßen, was du mir antust." Zumeist handelt es sich auch hier um Wiederholungen destruktiver Szenen aus der Kindheit des Patienten und/oder des Analytikers. Diese Wiederholungen werden nicht als solche erkannt, weil ein bestimmtes *Verhalten* als „richtig" (obwohl nicht angenehm) angesehen wird. Immer wieder zeigt es sich, daß die wertende Einstellung einem Menschen gegenüber (das ist gut und das ist schlecht an dir) zu einer doppelbödigen Beziehung führt und der Mensch gleichzeitig nicht in seiner ganzen Dynamik *verstanden* wird.

Auch der Mechanismus der Idealisierung von Abwehrstrukturen läuft weitgehend unbewußt über die „Ansteckung" ab. In diesem Fall gerät der Analytiker nicht in Opposition zum Patienten, sondern er wird ihm ähnlich. Anna Freud (s.o.) würde wohl sagen: Er wird ein Hund, damit ihn kein Hund mehr beißt.

Die Funktionen der Abwehr in der „grenzenlosen" Beziehung

Um in Theorie und Praxis differenzierter mit der „Ansteckungsgefahr" in grenzenlosen und spaltenden Beziehungen umgehen zu können, ist es notwendig, eine theoretische Vorstellung von den Funktionen der Abwehrmechanismen im Beziehungsfeld zu haben. Erst wenn der (dialektisch verstandene) *Sinn* der Abwehr deutlich ist, braucht sie grundsätzlich nicht mehr zum „Feind" oder zum erklärten „Freund" des Analytikers zu werden. Ich sage: „grundsätzlich", weil durch eine veränderte theoretische Einstellung alleine natürlich die zwischenmenschliche Ansteckungsgefahr noch nicht beseitigt ist.

Wenn wir uns die „grenzenlose“ Beziehung nach dem Modell der sich überschneidenden Kreise noch einmal vorstellen, dann kann verständlich werden, daß sowohl die Überschreitung als auch die Unterschreitung der eigenen Grenzen (beides geschieht immer gleichzeitig) die Funktion einer *Ersatzverbindung und zugleich einer Ersatzabgrenzung* haben. Wenn es nicht möglich ist, als voller runder Kreis an den Außengrenzen Kontakt zum anderen zu finden, wird man diesem anbieten, das eigene Territorium zu „besetzen“ und man wird gleichzeitig versuchen, ihn auf seinem Territorium zu „erreichen“. Entsprechend auch der ersatzweise Abgrenzungsversuch: Wenn man sich nicht an den Außengrenzen gegen die „Invasion“ des anderen schützen kann, wird man versuchen, entweder im eigenen Land unüberschreitbare Grenzen zu errichten, oder durch einen Übergriff, sozusagen durch eine „vorgeschobene“ Grenze, der Besetzung durch den anderen zuvorzukommen.

Die Metaphern, die ich jetzt verwendet habe, entstammen der Sprache des Krieges. Der „große“ und „kleine“ Krieg ist wohl auch der offensichtlichste Ausdruck des Kampfes um Eigenständigkeit und Kontakt zwischen den Menschen. Dieser Kampf nimmt in privaten und in politischen Beziehungen immer wieder kriegerische Formen an, weil das Bedürfnis nach Abgrenzung und Kontakt in der Phantasie der meisten Menschen nur durch gewalttätige Übergriffe befriedigt werden kann. Wenn sich diese Phantasien bei den einzelnen Menschen und im Kollektiv verändern sollen, ist es nötig, daß der *Schmerz* dessen, der überrannt und vergewaltigt wird, erlebt werden kann und auch die Vergeblichkeit der Kontaktsuche „auf dem Gebiet des anderen“ erkannt wird.

Für diesen Vorgang hat Freud (1917b) den schönen Begriff der „Trauerarbeit“ gefunden. Hier geht es um die Auflösung von Illusionen, und das heißt: Es geht darum, die Realität zu erkennen und anzuerkennen. Es ist eine fundamentale Erkenntnis der Psychoanalyse, daß man aus den Verstrickungen der „Überschneidung“ nur erlöst werden kann, wenn man akzeptiert, daß Kontakt und Trennung nur an den „Außengrenzen", also unter Berücksichtigung der Grenzen beider Partner, entstehen kann. Die Psychoanalyse kritisiert damit die Illusion, daß das „Glück" durch immer weitergehende Grenzüberschreitungen erreichbar wäre. Auf die kulturkritische Dimension dieses Gedankens kann ich hier leider nicht näher eingehen.

Trotz dieser aufklärerischen Potenz der Psychoanalyse müssen wird Psychoanalytiker/innen uns auch immer wieder selbst fragen, ob unsere privaten und wissenschaftlichen Theorien den Möglichkeiten der Psychoanalyse auch gerecht werden. Nur weil wir uns Psychoanalytiker/innen nennen, denken wir noch lange nicht durchgängig in diesem kreativen Sinne psychoanalytisch. So wären zum Beispiel viele „technische" Überlegungen, die sich in der Psychoanalyse etabliert haben, auf ihre *Bedeutung im jeweiligen Beziehungsfeld* zu untersuchen. Jede noch so sehr mit Notwendigkeiten des Patienten oder auch „technisch" begründbare „Rücksichtnahme" des Therapeuten könnte im therapeutischen Beziehungsfeld die Bedeutung eines „Rückzugs von der Front" und zugleich die Bedeutung eines „weichen, verschleierten Übergriffs" haben. Wenn man sein Verhalten nur technisch (als für den Patienten „nötig" und unabhängig von den eigenen Gefühlen) begründet und die Bedeutung in der Beziehung nicht sieht oder sehen will (weil man glaubt, man dürfe keine „Fehler" machen), dann wiederholt man die Überschneidungsszenen des Patienten und natürlich auch die eigenen entsprechenden Szenen ohne die Wiederholung zu erkennen und begibt sich dadurch der Chance, diese Szenen durchzuarbeiten. Man könnte deshalb genau genommen jedes unbewußte Wiederholen der eigenen destruktiven Szenen und auch der Szenen des Patienten durch den Analytiker als eine Form des „Agierens" bezeichnen. Nehme ich z. B. „Rücksicht", indem ich mich von der als „Front" erlebten Kontaktstelle zurückziehe, dann glaube ich zu wissen, was für den Patienten gut ist, ohne daß dieser selbst ein Gefühl dafür entwickeln muß und kann, was für ihn gut ist.

An diesem Beispiel ist zu sehen, wie wichtig es ist, die Beziehungsstruktur der „Überschneidung“ nicht als etwas „Böses“ oder „Falsches“ zu sehen, das es zu vermeiden gilt, sondern als eine sich in der analytischen Beziehung *selbstverständlich* und *zwangsläufig* wiederholende Szene, die man nur verändern kann, wenn man die Wiederholung erkennt. Die im Beziehungsfeld immer miteinander verbundene Über- und Unterschreitung der Grenzen stellt den jeweils bestmöglichen Schutzmechanismus für den einzelnen und für die Gemeinschaft dar, auch wenn sie in einer Pervertierung der Schutzsuche die Menschen gerade schutzlos macht. Diese Pervertierung kann nur aufgedeckt werden, wenn man sie zunächst einmal als einen „*sinn*-vollen“ Schutzmechanismus versteht und akzeptiert, der trotz zerstörter und zerstörender Beziehungsphantasien die Hoffnung auf (Ersatz-)Kontakt und (Ersatz-)Abgrenzung in sich trägt.

Die gespaltene Bedeutung (gut oder schlecht) der Abwehrmechanismen ist ein Element des gespaltenen Systems, mit dem wir es in analytischen Therapien zu tun haben. Die positive oder negative Bewertung liegt auch „im Patienten“ wie eine abweisende Schicht „über“ der Abwehrstruktur. Um Zugang zu dieser Struktur zu bekommen, ist es deshalb wichtig, immer wieder die Wertungen von Gefühlen, Wünschen, Reaktionsweisen und auch von allen Symptomen im engeren Sinn aufzulösen.

Kein Mensch kann sich verändern, wenn er nicht so sein darf, wie er ist. Ich stelle mir den Veränderungsprozeß, in dem diese Wertungen aufgelöst werden, so vor, daß aus einer „unmöglichen“ oder als unmöglich erscheinenden Gestalt bzw. aus einer unabänderlich und „sogar gut“ erscheinenden Gestalt eine „mögliche“ und deshalb veränderbare Gestalt wird. So kann zum Beispiel Angst oft nur als *Folge* von Wut, nicht als ihre *Ursache* erlebt und definiert werden. Wir befinden uns dann in einer Szene, in der nicht die Angst des Kindes und sein daraus entstehendes verzweifeltes Um-sich-Schlagen gesehen und akzeptierend aufgenommen wird. Stattdessen wird es beschimpft, weil es so „wütend und unbeherrscht" ist. In einer ähnlichen Zwickmühle befindet sich ein Mensch, der, damit alle mit ihm zufrieden sind, sich angewöhnt hat, enorm viel zu leisten und immer nur andere Menschen zu versorgen. Wenn jetzt diese anderen Menschen oder auch der Analytiker gerade mit der Leistungsbereitschaft und der Tendenz, andere statt sich selbst zu versorgen, *nicht* zufrieden sind und sie als störend beseitigen wollen, replizieren sie genau die innerpsychische Gegenläufigkeit des „Leistungsträgers": „Sei fleißig und hilfsbereit, aber wenn du es bist, sind wir nicht zufrieden."

Grundsätzlich wissen wir Psychoanalytiker/innen, daß der Kampf gegen das „Böse" und „Falsche" dieses nur verstärkt und wiederholt. Nur die *lebendige Alternative* zur Pervertierung der Wünsche in aktiven und passiven Gewaltphantasien kann hier eine Veränderung bringen. Und diese lebendige Alternative sehe ich in den *„emanzipatorischen Wünschen"* des Analytikers und des Patienten. Ich nehme solche Wünsche grundsätzlich bei jedem Menschen an, auch wenn er sie selbst nicht mehr erleben kann und sie deshalb in einem analytischen Gespräch vielleicht auch nicht mehr zu entdecken sind. Es ist dann eventuell keine analytische Therapie möglich; das heißt aber nicht, daß ich es aufgeben muß, bei diesem Menschen, trotz seiner offensichtlichen Gewalttätigkeit gegen sich selbst und gegen andere, das Bedürfnis nach echtem Kontakt und Geborgenheit an den „Außengrenzen" anzunehmen. Diese, wenn man so sagen will, „sture" Einstellung, auch in der Theorie, ist aus meiner Sicht eine vorbeugende Maßnahme gegen die Ansteckung durch stark spaltende Abwehrmechanismen.

Aus dem bisher Gesagten ergibt sich ein *Bild der Person,* mit dem ich recht gut arbeiten kann: Ich sehe als Grundlage, also bildlich gesprochen in der untersten Schicht, die (emanzipatorischen) *Lebenswünsche,* die in der „Überschneidung" der Beziehungsstörung Angst machen, weil sie in den die Persönlichkeit prägenden Zeiten des Lebens von den Bezugspersonen als ängstigend erlebt wurden. Diese Angst würde die zweite Schicht von unten darstellen. Darüber wären dann die *Abwehrmechanismen* angesiedelt, die eine Kompromißbildung aus Wünschen und Ängsten darstellen und ersatzweise (durch Über- und Unterschreitung der Grenzen) zur Befriedigung der Wünsche nach Kontakt und der Sicherheitsbedürfnisse dienen. In diesem Raum der aktiven und passiven Übergriffe würden dann auch zum Beispiel latente und manifeste Aggressionen („Nicht-Wut" und Wut) zu finden sein. Zur „Absicherung" dieses Gebäudes findet man dann regelmäßig über dem Ganzen noch eine wertende Beurteilung der Persönlichkeitsstruktur und ihrer (symptomatischen) Ausdrucksformen.

Dieser „Aufbau" stellt ein vollständiges Bild der Person und ihrer innerpsychischen Dynamik dar. Sobald ich nicht mehr alle drei „Teile" meiner Patienten in ihrem Zusammenspiel wahrnehmen kann, dann – so habe ich mir in meiner den analytischen Prozeß begleitenden Selbstanalyse und auch in Supervisionen angewöhnt zu denken – bin ich an einem Austauschprozeß zwischen dem Patienten und mir beteiligt. Diese Austauschprozesse als interpersonelle Abwehrmechanismen möchte ich im folgenden noch einmal grundsätzlich beschreiben.

Interpersonelle Abwehrmechanismen als Austauschprozesse

Man kann sich die Austauschprozesse zwischen zwei Personen und damit auch zwischen Analytiker und Analysand einem Schema entsprechend vorstellen: Was in dem eben beschriebenen „vollständigen" Bild vom anderen fehlt, wurde vom einen introjiziert und dadurch beim anderen „vernichtet". Gleichzeitig „ersetzt" es die entsprechenden Anteile bei dem, der die fremden Anteile an Stelle der eigenen in sich aufgenommen hat. Durch den Austausch oder die Verwechslung von Persönlichkeitsanteilen (Wünsche, Ängste, Abwehrmechanismen) werden diese Anteile bei *beiden* Partnern *als zu ihnen gehörend* vernichtet.

Der Austausch von Wünschen: Die Entstehung des Double-Bind

Wenn ich zum Beispiel die Lebenswünsche bei meinem Patienten nicht mehr sehen kann, besteht mein Bild von ihm nur noch aus dessen Angst und/oder Abwehr. Ich habe seine Wünsche mit den meinen verwechselt oder auch vertauscht. Deshalb trete ich jetzt an seiner Stelle gegen seine Abwehr und eventuell auch gegen seine Angst an und versuche ihn zu „schieben". Seine Wünsche kommen jetzt von außen, also von meiner Seite auf ihn zu und wirken wie Vertreter eines externalisierten Über-ichs. Er „soll wollen"; damit ist die paradoxe Aufforderung hergestellt, von der wir wissen, daß sie lähmend wirkt und das Gefühl von Aussichtslosigkeit erzeugt. Nicht er will „in sich", sondern ich will „in ihm". Sein Wunsch ist nicht mehr bei ihm, sondern bei mir (zu meinem Wollen geworden) und kehrt von mir zu ihm zurück, als Auftrag: Er *soll wollen,* was er will. Nur scheint es so, als wollte *ich* das, was *er* eigentlich will. Was ich *als Therapeutin* will, ist dabei für mich verloren gegangen. Eventuell übernimmt jetzt der Patient die Verantwortung dafür, daß ich zufrieden bin.

Gleichzeitig habe ich die Verantwortung für sein „Fortkommen" bzw. für seine Veränderung übernommen; diese Verantwortung fehlt ihm jetzt. Ich bin in meinem „Gegenagieren" mit daran beteiligt, daß er sich nicht mehr bewegt, bzw. daß er seine Wünsche und die Verantwortung für ihre Befriedigung an mich abtreten konnte – obwohl er das von seinen emanzipatorischen Wünschen her nicht will. Seine „Ersatzwünsche" gehen freilich dahin, daß ich ihm befehlen oder erlauben soll zu tun, was er will, ohne daß er sich selbst in einen Konflikt hineinbegeben muß.

Viele Analysen laufen zumindest passagenweise nach diesem Schema ab. Auch wenn es überflüssig zu sein scheint, will ich noch einmal darauf hinweisen, daß es mir hier nicht darum geht, diese Mechanismen als „therapeutische Fehler" zu brandmarken[31]. Im Gegenteil, sie sind als zwangsläufige Wiederholungen der Szenen von Analytiker und Patient zu verstehen, die nur verändert werden können, wenn man die gemeinsamen Abwehr- oder Austauschprozesse erkennt und die Teile der anderen Person, die einem zugeschoben wurden, bzw. die man ihr „geraubt" hat, wieder zurückgibt.

In diesem Prozeß des Zurückgebens abgespaltener Teile des Patienten muß man allerdings auf die grandiose Phantasie verzichten, daß man selbst im Vergleich zum Patienten der „Bessere" ist, der Vertreter der Emanzipation gegen die Unterdrückung, ein Befreier von allen Einschränkungen, der als eine Art berufliche Dauerhaltung die Position vertreten kann: „Nun trauen Sie sich doch mal!" Trauerarbeit im oben beschriebenen Sinn wird nötig und möglich, auch für den Patienten, der akzeptieren muß, daß nur er selbst für die Beachtung seiner Gefühle und für die Befriedigung seiner Wünsche sorgen kann. So kann die (unbewußte) Vereinbarung zwischen Analytiker und Patient aufgelöst werden, daß der Patient mit seiner Abwehr eben immer wieder einen „Fehler" macht oder etwas „Schlechtes" an sich hat, das ihm „leider" immer bleibt und bleiben muß – trotz der vielen guten Bemühungen des Analytikers.

Wenn der „ganze" Mensch im Patienten wieder gesehen wird, gewinnt allerdings auch der Analytiker seine „unter der Hand" an den Patienten abgegebene Verantwortung für seine Haltung im analytischen Prozeß zurück. Er spürt seine Bedürfnisse *als Therapeut* wieder und erlebt, daß auch er nur *selbst* für die Befriedigung dieser, seiner Bedürfnisse sorgen kann. So gewinnt er seine therapeutische Handlungsfähigkeit zurück. Innere Bewegungsfrei-

---

31 Die häufige Wiederholung dieses Hinweises scheint mir nötig zu sein, weil meine Theorie bisher häufig als „streng" und „überfordernd" erlebt wurde, obwohl sie aus meiner Sicht eine Hilfe zur Orientierung in Beziehungen ist.

heit ist nur durch die Übernahme der Verantwortung für die eigene Bewegung zu erreichen.

Für manche Kollegen und Kolleginnen ist es immer wieder erstaunlich, daß ich so großen Wert auf die Wahrnehmung der Bedürfnisse *des Therapeuten* lege und auch in Supervisionen immer wieder frage, was sie zur Befriedigung dieser Bedürfnisse getan haben oder tun wollen. Im Sinne des oben Gesagten bin ich der Meinung, daß sich alle Bedürfnisse, die der Therapeut zwar hat, aber nicht bei sich wahrnimmt und deshalb natürlich auch nicht bewußt zu befriedigen sucht, „auf den Weg zum Patienten machen." Dieser muß sie dann erraten, und er wird in der unbewußten gemeinsamen Szene „schuldig", wenn er sie nicht an Stelle des Therapeuten erfüllen kann.

In dieser Hinsicht laufen durchaus symmetrische Prozesse zwischen beiden ab. Wie ich schon anläßlich der Beschreibung der Symmetrie und der Komplementarität in der analytischen Beziehung dargestellt habe, sind allerdings die Bedürfnisse des Analytikers *als Therapeut* nicht symmetrisch, sondern komplementär zu den Bedürfnissen des Patienten. Solange der Analytiker seine Rolle erfüllt und *als Analytiker arbeitet,* hat er Bedürfnisse, die dieser Arbeit entsprechen. Solche Bedürfnisse können sich zum Beispiel in dem Wunsch ausdrücken, den Patienten „ganz" zu sehen und dadurch getrennt von ihm und gleichzeitig in Kontakt mit ihm zu sein. Das ist wohl auch ein persönlicher Wunsch in wichtigen Beziehungen. Diesen Wunsch habe ich aber nicht an jeden Menschen und in jeder Situation. Und ich würde mich auch nicht in jeder anderen Beziehung um seine Befriedigung bemühen. Im Rahmen meiner analytischen Arbeit bemühe ich mich jedoch zumeist engagiert um die Veränderung der Beziehungsstrukturen im therapeutischen Feld, woraus dann auch der Wunsch nach einem „gesunden" Kontakt und nach „Rückgabe" der an mich abgetretenen und von mir introjizierten Anteile des Patienten entsteht.

Der Austausch von Angst

Die zweite prinzipielle Möglichkeit eines Austauschprozesses zwischen Analytiker und Patient ist die, daß der Analytiker die im Patienten abgespaltene Angst übernimmt. Der Analytiker kämpft dann zum Beispiel gegen die grandiose Abwehr des Patienten, der frei von jeder Angst zu sein scheint. Zugleich mit der Angst hat der Patient auch alle anderen Gefühle mehr oder weniger unterdrückt. So scheint er keine Gefühle zu haben und deshalb über alles, über sich und andere Menschen „spurlos“ hinweggehen zu können. Dieses „Übergangenwerden“ spürt der Analytiker dann selbst auch.

Ich halte es für eine entscheidend wichtige Fähigkeit von Analytikern, das zu spüren, was „mit ihnen gemacht“ wird, an welchen Stellen ihre Grenzen über- und unterschritten werden. An diesen Stellen ist es mir allerdings wichtiger zu fragen, weshalb der Analytiker mit solchen Grenzverletzungen „einverstanden“ ist, als mich nur darauf zu konzentrieren, was der Patient schon wieder „Böses“ mit dem „armen“ Analytiker macht.

Gleichzeitig mit der Wahrnehmung der Gefühle bei der Grenzverletzung geht es mir darum, daß die Angst des Analytikers von der Angst des Patienten unterscheidbar ist oder wieder unterschieden wird. Gelingt das nicht, dann fühlt sich der Analytiker nicht mehr *als er selbst*, sondern *an Stelle des Patienten* bedroht. Er „nimmt“ dem Patienten dessen Angst „weg“, was dem Patienten nicht hilft, denn dieser bräuchte das Erleben seiner eigenen Angst, um sich verändern zu können. Der Analytiker ist nicht *bei ihm*, sondern er ist *in ihm*, er ist ein Teil des Patienten geworden. Also ist der Patient wieder alleine und scheinbar ohne Angst, was dazu führt, daß er weiterhin seine und des Analytikers Grenzen über- und unterschreitet. Der Analytiker kann ihn dann nur noch als „bedrohliches Ungeheuer“ wahrnehmen, weil der Patient ihm seine Angst „einjagen“ konnte.

Eine Konsequenz dieser Szene besteht häufig darin, daß der Analytiker die Ersatzbedürfnisse des Patienten mit dessen wirklichen Bedürfnissen verwechselt. Er glaubt, daß der Patient sich und ihn und vielleicht auch andere Menschen zerstören „will". Womöglich führt er diese Destruktivität auf einen angeborenen Aggressionstrieb zurück, der neutralisiert oder sublimiert werden müßte. So führt er einen Zweifrontenkrieg mit und in dem Patienten. Einerseits bekämpft er die vermeintlichen „Wünsche" des Patienten, ihm etwas anzutun, andererseits geht er gegen die gefühlsisolierende Abwehr des Patienten vor. Er sieht nicht, wie sich der Wunsch nach Kontakt aufgrund der Beziehungsangst in der „Überschneidung" in destruktive und autodestruktive Grenzüberschreitungen und Grenzunterschreitungen verwandelt hat. Er kann auch in dieser Beziehungssituation nicht verstehen, daß der Patient mit ihm hier wiederholt, was diesem selbst geschehen ist. So fehlt ihm in der Bedrohung eine szenische und damit (nicht wertende) Vorstellung des Geschehens.

Um dieses Dilemma zu lösen, müßte er seine Angst *(die Angst, die er als Analytiker in dieser Situation hat)* und die des Patienten wieder voneinander trennen können und damit dem Patienten die Verantwortung für die Befriedigung von dessen Sicherheitsbedürfnissen zurückgeben. Zumeist müssen sich beide, Analytiker und Patient, in diesem Vorgang erst einmal darüber verständigen, daß Angst ein wichtiges und richtiges Gefühl ist, das selbstverständlich zur Folge hat, daß man sich zu schützen versucht. In diesen Fällen wurde von den frühen Bezugspersonen das Sicherheitsbedürfnis des Patienten nicht gesehen und nicht als gerechtfertigt anerkannt. So muß dieses Bedürfnis und das dazugehörende Signal, die Angst, von beiden erst einmal wieder als sinnvoll und nötig anerkannt werden. Wenn die Schutz-Grenze an der Außengrenze der Person wieder sicher akzeptiert werden kann, braucht auch die Angst keine „panischen" Dimensionen mehr anzunehmen.

Auch Analytiker haben gelegentlich die Vorstellung von sich, daß sie keine Angst haben dürfen; in der Folge dieser Vorstellung verschieben sie ihre eigene Angst in den Patienten und bekämpfen sie dort. Wird aber die gemeinsame Abwehrstruktur als Kompromißbildung zwischen Wünschen und Ängsten – zunächst in der Selbstanalyse des Analytikers, dann auch für den Patienten – wieder zugänglich, dann „darf" sich jeder von beiden schützen und die Ängste der beiden sind wieder voneinander unterscheidbar.

Diese Überlegungen veranlassen mich zu einem kleinen Exkurs in die psychoanalytische Theoriekritik: Haben wir nicht in unseren theoretischen Vorstellungen eine ziemlich fest verankerte Vorstellung darüber, was „zulässige" und was „unzulässige" Ängste sind? Ohne uns viel zu überlegen unterscheiden wir selbstverständlich zwischen (normaler) Signalangst und (krankhafter) neurotischer oder psychotischer Angst. Damit schneiden wir in unserer Theorie den Menschen – auch uns selbst! – in zwei Teile. Auf der Beziehungsebene betrachtet geschieht diese Unterscheidung letztlich danach, welche Angst wir bei anderen und bei uns selbst „aushalten" können und welche nicht. „Normal" ist der „gesunde" Mensch, der nicht allzu große Angst an den Tag legt und selbst für seine Sicherheit sorgt. Dieser Zustand ist auch für andere angenehm, weil diese Angst nicht auf sie „übergreift" und sie nicht in Ohnmachts- und Hilflosigkeitsgefühle versetzt.

Wenn man nun in einer Theorie der interpsychischen Austauschprozesse sieht, wie die Ablehnung der Angst in der eigenen Person diese beim anderen wieder „auftauchen" läßt, dann kann man auf den Gedanken kommen, daß nicht die ablehnende Kategorisierung der Angst in der Theorie, also gleichsam das „Zurückschieben" dieser Angst in den „neurotischen" oder „psychotischen" Patienten, die Lösung des Problems darstellen kann. In der ursprünglichen Szene auch jedes Neurotikers oder Psychotikers hieß es – in unterschiedlichem Ausmaß: „Du sollst keine Angst haben. Deine Angst als ‚Wächter' an deinen Außengrenzen stört mich und macht mir Angst."

So geschah der „Einbruch“ in die Person des Kindes. Die Alternative wäre gewesen: „Welche Angst hast du? Und was können wir dafür tun, daß du dich wieder sicher fühlst?“

So müßte die Psychoanalyse in ihrer Theorie und Praxis mit der Angst der Patienten *fragend* und die Angst *respektierend* umgehen. *Jede* Angst, auch „panische“ Ängste, wie auch alle anderen Gefühle sind richtig und wichtig, wenn man die „ganze“ innere Szene dessen versteht, der sie hat. Wenn wir uns selbst und andere nicht an der „Normalität“ (wie auch immer diese dann definiert sein mag) messen wollen, sondern unsere *Gefühle in jedem Fall als wichtige Signale* für einen inneren Zustand verstehen wollen, dann müssen wir in unserer Wahrnehmung jedes Menschen den „Platz“ für diese Gefühle freihalten, welche Gefühle auch immer das sind. Freilich ist dies nur in dem Maß möglich, in dem man sich selbst vom anderen unterscheiden kann und in dem man selbst die eigenen *Ängste und alle anderen Gefühle in jedem Fall als Signale verstehen* kann und sie deshalb nicht als „neurotisch“ abwerten muß. Dann läßt man sich die Ängste anderer Menschen nicht „einjagen“, denn man achtet darauf, daß man seine *eigenen* Ängste spürt und sich ihnen entsprechend verhält.

Der Austausch von Abwehrstrukturen

Doch zurück zur dritten und letzten prinzipiellen Möglichkeit von Austauschprozessen zwischen Analytiker und Patient. Es bleibt die Beschreibung des Austauschs von Abwehrmechanismen. Es kann geschehen, daß ich als Analytikerin das Gefühl habe, ich müßte den Patienten stellvertretend für diesen „versorgen“, seine Wünsche und Ängste an seiner Stelle wahrnehmen, die Wünsche erfüllen und ihn vor seinen Ängsten schützen. Diese Aufgaben erfüllt er aber schon selbst – mehr oder weniger gut – mit Hilfe seiner Abwehrstruktur. In seinen, vielleicht sehr selbstdestruktiven Kompromißbildungen versucht er beides, für die Befriedigung seiner Wünsche zu sorgen und sich auch gegen Gefahren zu schützen. Da wir aber eventuell die gemeinsame Phantasie entwickelt haben, daß er das alles nicht kann (weil er es bisher nicht durfte bzw. nicht können durfte), ist der Auftrag, einen guten oder besseren Kompromiß zwischen seinen Wünschen und Ängsten zu finden, an mich übergegangen. Ich sehe nicht mehr, daß er solche Kompromisse schon gefunden hat und glaube, ihm eine „richtige" Struktur anbieten oder „implantieren" zu müssen. Ich versuche also sein Abwehrsystem durch meines zu ersetzen, was er aufgrund seiner „erworbenen" psychischen Immunschwäche gegen fremde Implantate „gerne" geschehen läßt. Gleichzeitig wird aber seine Abwehrstruktur unbewußt für mein Verhalten maßgebend. Ohne es bewußt zu bemerken, muß ich mich entsprechend seinen Geboten und Verboten verhalten – solange ich diesen Tausch nicht erkenne und mit ihm „einverstanden" bin. Dieses mein „Einverstanden-Sein" oder auch das „Nicht-Erkennen" des Tausches ist aber wiederum Ausdruck *meiner* psychischen Immunschwäche.

Wie bei jedem solchen Austausch von „Teilen" geht auch beim Austausch von Abwehrstrukturen die Verantwortung für den Patienten an mich über, was zur Folge hat, daß auch ich meine Verantwortung, die Verantwortung für meine Person und für meine (therapeutische!) Beziehung zu dem Patienten an diesen abschiebe. Was ich als Therapeutin tue, wird von mir dann legitimiert und definiert als „zum Besten" des Patienten. Ich fühle an seiner Stelle seine Gefühle, seine Wünsche und Ängste, drücke stellvertretend für ihn aus, was in ihm vorgeht, und „zeige" ihm, wie man „richtig" mit diesen Gefühlen, Wünschen und Ängsten umgeht. Meine „Deutungen" werden zu Feststellungen darüber, „wie alles ist"; sie enthalten keine Fragen an den Patienten, die diesem den Raum ließen, sich selbst zu definieren.

Inwiefern dieses Verhalten *meinen* Bedürfnissen nach Wunschbefriedigung und Sicherheit entspricht und entspringt, wird aus meinem Bewußtsein abgespalten. Es sieht so aus, als müßten meine Bedürfnisse und Ängste nicht mehr berücksichtigt werden. Meine eigene Abwehrstruktur scheint in der Wahl der Mittel keine Rolle zu spielen, ja sie ist scheinbar gar nicht vorhanden. Ich bin zur „Helferin" geworden, die für sich nichts braucht und sich vor nichts fürchtet. Aber wehe dem Patienten, der dieses Angebot zur Grenzüberschreitung annimmt und mich ausbeutet! Er ist dann in meiner und auch in seiner Phantasie an meinem Unglück „schuld" und wird so zum „bösen Verfolger", der er vielleicht mit seinen Wünschen und Ängsten für seine Mutter und/oder für seinen Vater schon war.

Die Beschreibung der Austauschprozesse zwischen Analytiker und Patient ließe sich noch lange fortsetzen.[32] Da sich diese Prozesse im Kontakt zwischen *allen* Menschen und in *allen* Beziehungen abspielen, wäre auch hierzu noch viel zu sagen. Ich möchte die Beschreibung der interpsychischen Austauschprozesse hier abbrechen, um noch eine zusammenfassende Darstellung der „innerpsychischen Arbeit im Analytiker" und der dadurch bewirkten Systemveränderungen geben zu können.

Die innerpsychische Arbeit des Psychoanalytikers und die Veränderung der Beziehungsstrukturen im therapeutischen System

Ein Prozeßmodell der psychoanalytischen Beziehung

In den letzten Jahren zeichnete sich auch in den Veröffentlichungen der Internationalen Psychoanalytischen Vereinigung eine Entwicklung ab, nach der die interaktiven Prozesse zwischen Analytiker und Analysand in den Fokus des Interesses rücken. Green beschreibt die Veränderung der Sichtweise in dieser von ihm so bezeichneten

[32] Eine ausführliche Darstellung dieser Prozesse und der Möglichkeiten, sich in ihnen „psychisch zu verhalten" findet sich in Bauriedl: Psychoanalyse als Beziehungswissenschaft (in Vorbereitung).

„Ausweitung des Konzepts der Gegenübertragung“ in den neuen „interaktiven Theorien“ mit sichtlichem Befremden:

> „Dabei geht es nicht um besondere Bedingungen, die im Fall bestimmter regressiver Strukturen eine Kommunikation zwischen Analysand und Analytiker dadurch in Gang setzen, daß der Analytiker auf etwas, das der Patient angeregt hat, hin und wieder reagiert; es handelt sich vielmehr um ein Paar, das in wechselseitiger ununterbrochener Kommunikation steht, eine Kommunikation demnach, die von beiden Partnern der Situation gleichermaßen ausgeht. Die psychoanalytische Praxis behauptet also eine aktive Teilnahme der psychischen Prozesse des Analytikers am Geschehen. Mit dieser Auffassung sieht sich die ideale Objektivität der Analyse in Frage gestellt; die Subjektivität wird als unvermeidlich angesehen, wobei man nicht darum herum kommt, die Affekte und Vorstellungen, die der Analytiker während der Sitzung hat, zur Kenntnis nehmen zu müssen. Der Analytiker ist dann nicht mehr ein Spiegel, der passiv die vom Patienten kommenden Inhalte registriert, sondern wird nunmehr als eine die Kommunikation des Analysanden transformierende Polarität begriffen“ (Green 1994, S. 188).

Die Ablehnung einer interpersonellen Theorie wird in derselben Arbeit ein wenig später noch deutlicher:

> „Wie man weiß, hört man jetzt allenthalben sagen, daß die Freudsche Metapsychologie in den Abfall geworfen gehört, und daß es allein auf die Klinik ankommt ... In einer gefährlichen Weise scheint mir die Psychoanalyse auf die Seite einer interpersonellen Theorie abzudriften, die ich schlicht für einen Irrtum halte. Nachdem wir die Freudsche Triebtheorie in Frage gestellt hatten, haben wir die Objektbeziehungstheorie an deren Stelle gesetzt. Heute bietet man uns als Ersatz für die Objektbeziehungen eine simplifizierte Version derselben, nämlich in Gestalt der interpersonellen Beziehungen, und als ob die Bezugnahme auf Personen noch zu kompliziert wäre, beschert man uns eine interaktive Theorie“ (a.a.O., S. 194).

Wenn auch Green wohl ein besonders konservativer Vertreter der „klassischen“ Psychoanalyse ist, so zeigt doch seine Argumentation deutlich, worum es geht, wenn man den Analytiker – und das bedeutet schließlich: sich selbst

– in die Betrachtung des Geschehens einbezieht. Dann wird die „ideale Objektivität der Analyse in Frage gestellt" (s.o.) und der Psychoanalytiker kann sich nicht mehr mit einem „Spiegel" verwechseln. Er kann ein Mensch sein, und zwar genau der Mensch, der er im jeweiligen Augenblick ist. Die längst in anderen Wissenschaften, sogar in den „exakten" Naturwissenschaften, entdeckte „Relativität" ersetzt ein Welt- und Menschenbild, in dem sich auch Psychoanalytiker im Zentrum des Geschehens, dieses „objektiv" wahrnehmend und beurteilend, aber selbst nicht existierend, phantasieren konnten.

Die „Interaktionisten" unter den Psychoanalytikern untersuchen bisher allerdings vorwiegend das, „was im Geist des Psychoanalytikers vor sich geht" (Wender 1994, S. 199)[33]. Es gibt hier noch keine Vorstellung von der *Struktur eines interaktiven Beziehungsfeldes.* Man analysiert eindrucksvoll die inneren Prozesse des Analytikers, während dieser sich in „gleichschwebender Aufmerksamkeit" auf das „Material" des Patienten einläßt. Zudem wird die Aktivität des Psychoanalytikers vorwiegend darin gesehen, daß er Deutungen gibt. Das hat zur Folge, daß die unbewußte Inter*aktion* – außer in der Beschreibung gleichzeitig bei Analytiker und Analysand entstehender Phantasien und Körperhaltungen – kaum eine Rolle spielt. Daß das *Handeln* des Psychoanalytikers so wenig gesehen werden kann, hat wohl damit zu tun, daß man es lange Zeit für etwas Verbotenes hielt und deshalb nicht sehen konnte, daß der Psychoanalytiker auf der Beziehungsebene immer handelt, auch wenn er schweigt.

Ein weiteres Zitat aus der o.g. Arbeit von Green belegt diese meine These:

---

[33] Ich entnehme den Stand der jüngsten Diskussion den Bänden 30 und 32 des Jahrbuchs der Psychoanalyse, die die Beiträge auf dem 38. Internationalen Psychoanalytischen Kongreß in Amsterdam am 26. Juli 1993 wiedergeben.

„Die Aktion hat keinen Platz in der analytischen Sitzung, weder von seiten des Analysanden noch von seiten des Analytikers. Deshalb bedeuten jene Modelle, die auf einer Bezugnahme zur Aktion basieren, 'Interaktion', 'Transaktion', weniger einen Fortschritt als eine gefährliche Abweichung" (a.a.O., S. 195).

Die Illusion, nicht schuldig zu werden, wenn man „nichts" tut, mußten wir in Deutschland spätestens in der Verarbeitung des Geschehens in der Zeit des Nationalsozialismus aufgeben. Trotzdem leben diese Phantasien natürlich weiter, denn es bleibt die häufig gebrauchte und auch akzeptierte Ausrede eines beschuldigten Kindes: „Ich habe doch *nichts* getan."

Die relative Rückständigkeit eines Teils der Psychoanalytiker verstehe ich auch als Folge der fast hermetischen Abschottung gewisser Kreise nach außen. Zumindest im deutschsprachigen Raum, aber auch in der US-amerikanischen und der iberoamerikanischen Literatur wären in letzter Zeit viele Veröffentlichungen zum Thema „Heilungsprozeß in der Beziehung" oder ähnlich zu finden gewesen.[34]

Durch ihr Verweilen im „Schneckenhaus" gehen der Psychoanalyse auch Möglichkeiten verloren, sich mit anderen psychotherapeutischen Richtungen auseinanderzusetzen und in der Auseinandersetzung für die eigene Theoriebildung zu lernen. Die Angst, von der „reinen Lehre" abzuweichen, ist ein großes Hindernis für die Weiterentwicklung der Theorie – obwohl schon Freud betonte: „Der Fortschritt der Erkenntnis duldet keine Starrheit der Definitionen" (Freud 1915a, S. 211).

Ich selbst glaube aus der Auseinandersetzung mit den kommunikationstheoretischen und systemtheoretischen Ansätzen und nicht zuletzt in ständiger Reflexion der dem politischen Geschehen zugrundeliegenden kollekti-

[34] Vgl. z B. Bauriedl 1980, 1982, 1985a; Casement 1985; Daser 1993; Ermann (Hg.) 1993; Hartkamp und Esch 1993; Heuft 1990; Jiménez de la Jara 1992; König 1993; Körner 1990; Krause 1992; Langs 1978a, 1978b, 1982; Sedlak und Gerber (Hg.) 1992.

ven Phantasien und ihrer Veränderung (vgl. 7. Kapitel) viel für meine eigene Position innerhalb der Psychoanalyse gelernt zu haben. Schon in den 70er Jahren (veröffentlicht 1980, 1982, 1985) habe ich nach einem Prozeßmodell der psychoanalytischen Beziehung gesucht, in dem das „innerpsychische Handeln" des Analytikers und seine Auswirkungen auf das therapeutische System und damit auf den Patienten darstellbar ist.

Mir ging es immer darum, die Grundprinzipien der psychoanalytischen Haltung und des psychoanalytischen Handelns in der therapeutischen Beziehung zu verstehen, um sie dann auf Situationen „ohne Couch" übertragen zu können. Denn es schien mir, als würden Psychoanalytiker zwar vieles tun, „auch ohne Couch", dabei aber nicht recht wissen, was sie tun und weshalb sie es tun. Außerdem war mir die behavioristische Kritik an der Psychoanalyse, sie sei unexakt und deshalb unwissenschaftlich, immer ein Ansporn, die differenzierte Exaktheit der Psychoanalyse als Beziehungswissenschaft zu zeigen.[35]

Um diese für die Psychoanalyse spezifische Exaktheit nachzuweisen, muß ich auch innerhalb der Psychoanalyse darauf drängen, nicht das äußere Verhalten, sondern die innerpsychischen Prozesse und vor allem die interpsychischen Prozesse zu untersuchen. Wenn man verstehen will, was sich zwischen Analytiker und Analysand ereignet, kommt es aus meiner Sicht weniger auf den Inhalt einer Deutung an als auf die *Bedeutung,* die diese Deutung und alle anderen interaktiven Vorgänge in der jeweils aktuellen Beziehung haben. Die Bedeutungen sind die Signale, die zwischen Analytiker und Analysand hin und hergehen, und das in *jeder* Form psychoanalytischer Therapie, zum Beispiel auch in der psychoanalytischen Paar- und Familientherapie (vgl. 4. Kapitel).

Das von mir in diesem Buch vertretene systemtheoretische Denken in der Psychoanalyse macht es möglich,

[35] Vgl. Bauriedl 1980 und Bauriedl: Psychoanalyse als Beziehungswissenschaft (in Vorbereitung).

psychische Strukturen und ihre Veränderung in zwischenmenschlichen Prozessen zu beschreiben. Die Definition der Abwehrmechanismen als „psychische Struktur" schlechthin erweitert die bisherigen Vorstellungen über den Stellenwert der Abwehrmechanismen, vor allem in der Verbindung intrapsychischer Strukturen mit interpsychischen Abwehrstrukturen. Sie entspricht den Vorstellungen Freuds, die er vor allem in „Hemmung, Symptom und Angst" (1926) über den Stellenwert der Angst und der „Hemmung" als innerpsychische Reaktion auf die im Ich als Signal für eine Gefahrensituation entstehende Angst beschrieb. Schon 1895 hatte Freud den engen Zusammenhang zwischen Angst als Reaktion auf äußere Gefahren und Angst aufgrund von Triebgefahren betont. Eine weitere Entsprechung besteht in der Vorstellung, daß sich die – nach Freud aus dem „Es" stammenden – Wünsche im Ich, dem „Sitz der Abwehrmechanismen", „melden" und dort durch die synthetische (in meinen Begriffen: die dialektische) Funktion des Ich mit den durch die Angst vor Gefahren außerhalb und innerhalb der Person signalisierten Sicherheitsbedürfnissen in Einklang gebracht werden.

Die aus meiner Sicht zeitbedingten theoretischen Phantasien Freuds, daß Triebe eo ipso bedrohlich sind und deshalb mit Hilfe des Überichs, also der gesellschaftlichen Normen, in Schach gehalten werden müssen, habe ich durch neue, sicher wiederum zeitgebundene theoretische Phantasien ersetzt: Nach meiner Vorstellung ist die Angst in zwischenmenschlichen Beziehungen vorwiegend sozial bedingt. Sie entsteht als ein soziales Signal, wenn Lebensäußerungen des Kindes bei den Bezugspersonen Angst und Ablehung, also keine aufnehmende und antwortende Resonanz hervorrufen. *Der Niederschlag interpsychischer Szenen in der Person bildet die „Struktur" des intrapsychischen Abwehrsystems.* Die Grundformen der sozialen Ängste sind die Angst vor dem Ausgestoßen-Werden und die Angst vor dem Verschlungen- oder Vereinnahmt-Werden. Alle Erscheinungsweisen der „psychischen Struktur“ sind Versuche, die Bedürfnisbefriedigung (man könnte durchaus den Begriff Trieb beibehalten, wenn er nicht nur biologisch, sondern auch sozial definiert wäre) und die sozialen Ängste in einem optimalen Kompromiß zu vereinigen. Die antagonistische Zweiteilung der „Triebe“ in libidinöse und aggressive kann dann entfallen. Die innerpsychische Dynamik wird durch das Zusammenspiel von Wünschen und Ängsten und den Abwehrmechanismen als Kompromißbildungen zwischen beidem verstanden.

In der psychoanalytischen Theorie wurden bisher schon Versuche unternommen, intrapsychische und interpersonelle Abwehrmechanismen miteinander zu verbinden. Igor Caruso, dem „die sozialen Aspekte der Psychoanalyse“ (Caruso 1972) sehr am Herzen lagen, bezeichnete ähnlich wie ich die Abwehrmechanismen als Austauschmechanismen. Er wollte mit diesem Begriff betonen, daß die Abwehrmechanismen immer nur im Austausch, im Kontakt mit der Umwelt entstehen und funktionieren. In einer dialektischen Sicht des Individuums und der Umgebung (Familie, Gruppe, Gesellschaft) wies er immer wieder auf die gegenseitigen Abhänigkeiten und auf die Beeinflussung des Individuums durch die es umgebende Gemeinschaft und umgekehrt hin und lieferte so wertvolle Beiträge zur kulturkritischen Tradition der Psychoanalyse.

Der andere wesentliche Beitrag zur Entwicklung einer psychoanalytischen Abwehrtheorie, die über den „Rand“ des Individuums hinausgeht, stammt von Stavros Mentzos (1976). Er definiert „interpersonale Abwehr“ wie folgt:

> „Als interpersonale Abwehrkonstellationen bezeichnen wir solche interaktional organisierten Formen der Abwehr, bei denen reale Verhaltensweisen, Eigenschaften, Handlungen und Reaktionen des einen Partners die neurotische Konfliktabwehr oder die neurotische kompromißhafte Befriedigung von Bedürfnissen des anderen Partners ermöglichen, fördern und stabilisieren. Oft ist der Vorgang reziprok, so daß nun auch die Abwehr des ersten Partners durch den zweiten gefestigt wird“ (Mentzos 1976, S. 21).

In einem eher klinischen Konzept geht es Mentzos vor allem um die realen Bezugspersonen von Neurrotikern oder Psychotikern, die durch ihre Verhaltensweisen die neurotisch kompromißhafte Befriedigung von Bedürfnissen der Patienten stabilisieren. Diese suchen sich solche „Partner", die zur Ergänzung ihrer Abwehrnotwendigkeiten geeignet sind oder sich dazu bringen lassen, sich der intrapsychischen Abwehr der Patienten gemäß zu verhalten. Bezugnehmend auf die Arbeiten von Richter (1970) und Willi (1975) beschreibt er das Zusammenpassen und das Zusammenspiel von Ehepartnern, die sich gegenseitig in ihrer Abwehr stabilisieren, und überträgt das Konzept auch auf mögliche „Kollusionen" zwischen Analytiker und Analysand. Heigl-Evers und Heigl (1979) wollten solche interpsychischen Strukturen lieber als „psychosoziale Kompromißbildungen" bezeichnen, weil sie den Begriff der Abwehr für intrapsychische Prozesse reservieren wollten.

Ich meine, daß die Ähnlichkeit der *Strukturen* intrapsychischer und interpsychischer Abwehrmechanismen und die Parallelität ihrer *Funktion* als Kompromißbildungen, wie ich sie hier dargestellt habe, den Gebrauch des Begriffes interpsychische Abwehr rechtfertigen. Vor allem, wenn die intrapsychischen und interpsychischen Abwehrmechanismen jeweils *szenisch,* als Introjekte erlebter Szenen und als Wiederholungen solcher Szenen verstanden werden, ergibt sich für mich ein die Individuen übergreifendes *Strukturmodell,* das den psychoanalytischen Prozeß faßbar und – bei geeigneter Methodik – auch nachprüfbar werden läßt.

Die therapiebegleitende Selbstanalyse des Analytikers – eine Chance, die „inneren Szenen" zu verändern

Diesen Prozeß als einen Prozeß der Veränderung von interpsychischen und intrapsychischen Beziehungsstrukturen will ich jetzt beschreiben und an einigen *Prozeßfiguren* verdeutlichen, die den Zusammenhang zwischen „Intervention" und Veränderung erkennbar werden lassen.

Ich habe das Wort Intervention eben in Anführungszeichen gesetzt, weil ich darunter keinen gesprochenen Satz verstehe, sondern eine *Aktion auf der Beziehungsebene,* die vor allem *im* Psychoanalytiker stattfindet. Was der Psychoanalytiker im äußeren Verhalten „tut", ist immer Ausdruck seiner inneren Phantasien, die wiederum mit der jeweils aktuellen Beziehungssituation zusammenhängen. Betrachtet man die Psychoanalyse nur „technisch", dann trennt man das Beziehungserleben des Psychoanalytikers künstlich von dessen „Interventionen". Man verzichtet also mehr oder weniger absichtlich auf eine Informationsquelle, die die Verbindung von Gefühl und Handlung herstellen könnte. Bei unseren Patienten sehen wir deutlich, daß gerade der Verlust bzw. das Unbewußtwerden des Zusammenhangs zwischen Gefühl und Handlung sie zu funktionierenden Robotern hat werden lassen. Wie kann es dann sein, daß wir uns selbst über diesen Zusammenhang in unserer eigenen Psyche hinwegtäuschen wollen?

Wenn wir auf die den psychoanalytischen Prozeß begleitende Selbstanalyse verzichten, verzichten wir auch auf das wichtigste Signal, das wir Menschen haben: auf die Gefühle, die uns anzeigen, in welcher Situation wir uns befinden. Zwar orientieren wir uns dann trotzdem spontan an unseren Gefühlen und wir reagieren auf diese Signale, aber dieser Vorgang bleibt unbewußt. Damit begeben wir uns einer Möglichkeit, in dem therapeutischen System *bewußt* zu intervenieren. Eine bewußte Intervention würde voraussetzen, daß wir die Bedeutung unserer Interventionen in der jeweiligen Beziehungssituation mit Hilfe unserer Gefühle und Phantasien bewußt erkennen und reflektieren.

Wenn ich zum Beispiel in einer Situation „hinter" oder „auch ohne Couch" die Phantasie entwickle, daß ich jetzt unbedingt alles ganz „richtig" machen muß, und wenn ich diese Phantasie bewußt reflektiere, habe ich ein Angstsignal erkannt. Aus diesem Signal kann ich vielleicht ableiten, daß mein Patient oder meine Patienten wahrscheinlich jetzt gerade auch Angst haben und mich deshalb in irgendeiner Weise (vielleicht unbewußt) bedrohen, um ihre Angst an mich loszuwerden. Anstatt nun tatsächlich „alles richtig zu machen" (das würde ich mit dem Wort *Agieren* bezeichnen, selbst wenn ich inhaltlich „korrekte" Deutungen von mir gebe), kann ich versuchen zu *analysieren,* was in mir vorgeht, was in dem oder den Patienten vor sich geht und mich der Situation in einer fragenden Haltung nähern.[36]

Nicht alles und vielleicht auch gar nichts von diesem intrapsychischen Vorgang muß ausgesprochen werden. Alleine die Veränderung der Szene *in mir* von „bei Angst muß man funktionieren" in: „bei Angst muß man sich um die erlebte Gefahrensituation kümmern" ist eine „Intervention in dem therapeutischen System", das sich auf alle Beteiligten auswirkt. Hier sieht man, wie das szenische Verständnis eines „analen" Abwehrmechanismus (Leistung zur Angstabwehr) und die Umwandlung dieser Szene in eine dialogische Szene eine Veränderung der intrapsychischen Beziehungsstruktur, zunächst im Analytiker, mit sich bringt.

„Aktive Abstinenz" als Eingriff in das therapeutische Beziehungssystem

An diesem Beipiel kann ich vielleicht auch verdeutlichen, was ich unter *Abstinenz* verstehe. Ohne hier die umfangreichen Diskussionen zu diesem Thema wiederholen zu wollen, möchte ich darauf hinweisen, daß der Begriff der Abstinenz in der Psychoanalyse im allgemeinen *negativ definiert* ist. Er beschreibt ausschließlich, was man *nicht* tun soll. Vor allem soll man dem Patienten *keine* Ersatzbefriedigungen ermöglichen oder gewähren. In den Nöten der Ansteckungsgefahr durch die „Übertragungsliebe" (zumeist der weiblichen Patientinnen) versuchte man zunächst ein Bollwerk von Verboten gegen die „Gegenübertragung" einzurichten. In diesem Zusam-

---

36 Zur „fragenden Haltung" vgl. Bauriedl 1980, S. 229 ff.

menhang bedeutete Gegenübertragung ganz einfach: Liebesgefühle für die Patientinnen. Dem folgte der Versuch der Psychoanalytiker, als Person immer unkenntlicher zu werden:

> „Die Behandlungsräume wurden kahl und unpersönlich, der Analytiker nahm sich in jeder Weise zurück. Er ging auf dem Weg der Anonymität so weit, morgens vor Praxisbeginn den Trauring abzuziehen. In dieser Phase diskutierte man am Berliner Pschoanalytischen Institut, welche Gefahren für die Abstinenz aus der Begrüßung des Patienten durch Handgeben erwachsen könnten und ob man nicht besser darauf verzichten solle" (Cremerius 1984, S. 777).

Dieses Beispiel macht deutlich, wie das Agieren in der Wiederholung zwangsläufig beginnt, wenn man versucht, die Wiederholung durch „Es-jetzt-richtig-Machen" zu vermeiden. Der Analytiker, der seinen Ehering ablegt, um für seine Patientinnen nicht erkennbar zu sein, verführt sie gleichzeitig (unbewußt?) zu der Phantasie, daß er „frei" sei. Dies ist ein wichtiges Grundprinzip: Wenn man versucht, etwas, was man in der Geschichte des Patienten als „falsch" entdeckt hat, oder was schädigend auf ihn eingewirkt hat, jetzt *nicht* zu machen, sondern in irgendeiner Weise das Gegenteil von dem zu tun, was die damaligen Bezugspersonen taten, dann wiederholt man unbewußt die Szene, die man doch eigentlich durcharbeiten wollte.[37] Eine szenische Struktur ist nicht durch gegenteiliges Verhalten veränderbar, weil das Gegenteil in den schädigenden Strukturen immer schon mit enthalten ist.

Die Phantasie, nicht zu schaden, wenn man möglichst wenig erkennbar wird, hat gerade in der Psychoanalyse

[37] Dieses Grundprinzip wird ganz besonders deutlich in der Therapie von Kindern und Jugendlichen. Dort sind Analytiker regelmäßig in der Gefahr, die „besseren" Väter oder Mütter sein zu wollen. Allerdings wird diese Gefahr in der Therapie von Erwachsenen zumeist noch weniger wahrgenommen als in der Kinder- und Jugendlichenpsychotherapie, weil sich hier die „Originaleltern" zumeist nicht mehr direkt einmischen und wehren können.

sehr fatale Folgen, wird doch zum Beispiel der zerstörte Dialog zwischen einem Patienten und seiner Umwelt systematisch wiederholt, wenn der Analytiker *grundsätzlich keine Antworten gibt,* sodaß der Patient auch in dieser Situation, in der doch seine zerstörte Fragefähigkeit in Beziehungen „geheilt" werden soll, auf eine abweisende Mauer stößt, wenn er Fragen stellt. Hinter dieser Mauer sitzt dann meistens ein sich mehr oder weniger hilflos fühlender Analytiker, der intensiv damit beschäftigt ist, nicht seinem natürlichen Drang, eine Antwort zu geben, zu folgen, sondern alles „richtig" zu machen. Manchmal ist er wohl auch froh über die institutionalisierte Mauer, wenn sie ihn gegen unangenehme und übergreifende Fragen schützt.

Aber weshalb brauchen wir eine Mauer als Schutz? Weshalb wagen wir es nicht, als Personen erkennbar zu werden, die sich entscheiden, ob und wenn ja, wie sie antworten *wollen?* Warum führen wir in die „Szenen der Sprachlosigkeit" unserer Patienten nicht das neue szenische Element ein: „Wenn ich die Verantwortung für meine Äußerung übernehme und diese Äußerung anderen zumute, kann ich mich frei äußern"? Könnte es vielleicht sein, daß wir mit Hilfe der „Mauer" unsere fehlenden oder unsicheren „Außengrenzen" ersatzweise schützen? Ich glaube, daß das Signal, das Analytiker „hinter der Mauer" von sich geben, oft heißt: „Ich kann mich selbst nicht schützen, aber ich wende hier eine Technik an, die für dich gut ist, auch wenn du das Gefühl hast, abgewiesen zu werden."

Um nicht mißverstanden zu werden: Ich propagiere keine „Anti-Abstinenz"! Das wäre wiederum nur die Umkehrung der starr abweisenden Haltung und damit auf der Beziehungsebene das Gleiche. Ich will aber zeigen, daß die ausschließlich negative Definition der Abstinenz in fatale und schädliche Wiederholungsszenen führen kann, und das ganz besonders in Situationen, in denen ein Erkennen und Durcharbeiten der Szenen wichtig und möglich wäre. Die „Wiedergutmachung" besteht nicht in der Befriedigung früher frustrierter Bedürfnisse, sondern in der *Veränderung der damals introjizierten Szenen,* in denen vor allem Über- und Unterschreitungen der Grenzen stattgefunden haben.

Wir brauchen also eine positive Definition der Abstinenz, vielleicht so: Der Psychoanalytiker verändert *in sich* die Szenen der Über- und Unterschreitungen von Personengrenzen und verhält sich entsprechend. Da er ein Teil des therapeutischen Systems ist, verändert er auf diese Weise die therapeutische Szene, die nun wiederum von dem oder den Patienten introjiziert werden kann. Die Patienten haben die Möglichkeit, „freundlicher" (weniger spaltend) mit sich und mit anderen umzugehen, wenn sie einen geschützten Beziehungsraum zur Verfügung gestellt bekommen, in dem vom Analytiker und von ihnen selbst immer wieder gewalttätige Szenen in dialogische Szenen verwandelt werden. Um möglichen Mißverständnissen vorzubeugen: Ich meine nicht die Wirkung des Analytikers als neues, „richtiges" *Modell,* sondern die Strukturveränderung, die dadurch entsteht, daß man die emanzipatorischen Bedürfnisse des Patienten sieht und ihnen eine Resonanz bietet.

Die revolutionäre Veränderung des Systems geschieht also „von innen". Der Analytiker ist *betroffen* von und *beteiligt* an dem zwischenmenschlichen System, in dem er sich befindet und in dem er seine spezifische Rolle erfüllt.[38] Die eigentliche Arbeit geschieht *im* Analytiker, nicht *am* Patienten. Der aktive Prozeß des Analysierens ist die einzig wirksame Alternative zum Agieren, denn der Versuch *nicht* zu agieren führt zwangläufig in die (unbewußte) Wiederholung. Das Verhalten des Analytikers folgt aus seiner mehr oder weniger guten Möglichkeit, die *analytische Haltung,* also die möglichst ununterbrochene *Arbeit im analytischen Prozeß* aufrecht zu erhalten oder wiederzufinden, wenn er diese Haltung verloren hat.

---

[38] Zu den politischen Konsequenzen dieser Vorstellung vom Eingebundensein auch in das gesellschaftliche „System" vgl. Bauriedl 1986 und 1988.

Ich denke, daß uns diese Definition der psychoanalytischen Abstinenz und des psychoanalytischen Prozesses wieder zu einer eindeutigen und sicheren Identität als Psychoanalytiker verhelfen könnte. In den letzten Jahren hatte ich den Eindruck, daß aufgrund der kritischen Angriffe anderer, scheinbar effektiverer Psychotherapiemethoden, die den Psychoanalytikern den „Markt" streitig machen wollen, die Vorstellungen über Sinn und Wert der psychoanalytischen Abstinenz teilweise „leer" geworden sind. Einerseits wurden die Abstinenz und die analytische Haltung dogmatisch überhöht, andererseits – und das ist die Rückseite jedes Dogmatismus – bedeutungsleer und damit verzichtbar, sobald „neue" oder „effektivere" Techniken auf dem Markt erschienen, durch deren Anwendung dann gelegentlich auch Psychoanalytiker Gefühle von Unsicherheit und Minderwertigkeit zu beseitigen versuchten. Wenn man nicht weiß, weshalb man sich bisher abstinent verhalten hat, kann man leicht darauf verzichten und diesen Verzicht nicht als einen Verlust, sondern als einen Befreiungsschritt ansehen. Plötzlich glaubt man „frei" zu sein, wenn man Gebote oder Verbote übertritt. Diese Phantasien könnten wir als Wiederholungen der pathologischen Phantasien derjenigen erkennen, denen wir helfen wollen, sich in ihrem Leben selbstverantwortlich zu verhalten. Aber wenn man ein Interesse daran hat, sich aus irgendeiner „Enge" *durch Negation der Enge* zu befreien, erkennt man die eigene Phantasie nicht als pathologisch.

Die Vorstellung eines revolutionären Prozesses innerhalb der Person und in zwischenmenschlichen Systemen hat für mich eine wichtige politische Dimension (Bauriedl 1985). Ich sehe die kulturkritische Potenz der Psychoanalyse nicht nur darin, daß sie kritisch analysierende Bemerkungen zu gesellschaftlichen (Abwehr-)Vorgängen macht. Diese Arbeit ist wichtig, aber sie muß ergänzt werden durch eine kontinuierliche Analyse der eigenen Theorien und Methoden im Hinblick auf die Frage, ob wir in unserem eigenen Tun die kritisierten gesellschaftlichen Mechanismen reproduzieren und dadurch bestätigen, oder ob wir in unserer klinischen Arbeit Vorstellungen über psychische und psychosoziale Veränderungsprozesse entwickeln, die dem emanzipatorischen Anspruch der Psychoanalyse gerecht werden.

In seinem Aufsatz über „die psychoanalytische Abstinenzregel“ (1984) hat Cremerius daraufhingewiesen, daß die „Spiegel-Anonymitäts-Abstinenzhaltung“ nicht nur, nach Arlows Ausdrucksweise, zu einer „Enthumanisierung“ der Psychoanalyse geführt hat, sondern auch zu einer „Verweigerung der Psychoanalytiker, zu gesellschaftlichen Problemen Stellung zu nehmen“ (Cremerius 1984, S. 778). Wer seine Identität im Sinne einer möglichst jeden Konflikt vermeidenden Nichterkennbarkeit definiert und längere Zeit in dieser Haltung verharrt, entwickelt große Ängste, womöglich mit einer politischen Meinung erkennbar und angreifbar zu werden. Man hat sich schon zu sehr an seine Unangreifbarkeit „hinter der Couch“ gewöhnt.

Die Illusion, durch politische Nichterkennbarkeit keinen Schaden anzurichten, habe ich schon kritisiert. Auch auf diesem Gebiet könnten wir die psychoanalytische Abstinenz neu, positiv und aktiv definieren. Wenn wir uns als Teil dieser Gesellschaft sehen, betroffen von den in ihr wirksamen kollektiven Phantasien und Verhaltensweisen und ebenso daran beteiligt, auch und ganz besonders durch „abstinentes“ Schweigen, dann stellt sich die Frage: Wie trage ich zur Aufrechterhaltung des Status quo oder eventuell auch zu seiner Verschlimmerung bei, und wie kann ich zur Verbesserung der zwischenmenschlichen Beziehungen beitragen? Da der Weg immer das Ziel bestimmt, bleibt keine andere Wahl als die Entwicklung menschlicher und gesunder Beziehungsstrukturen als Alternative zu den destruktiven Beziehungsstrukturen, denen wir allenthalben ausgeliefert sind und für die wir mitverantwortlich sind, wenn wir keine Alternativen entwickeln.

Die Psychoanalyse hat eine ganz spezifische Chance, Beziehungsstrukturen zu entwickeln, die aus der allgemeinen Technikgläubigkeit und Funktionalisierung der Menschen herausführen. Schon dadurch, daß wir den Zusammenhang zwischen Gefühl und Verhalten sehen und – wenn auch oft mühsam und langsam – wieder herstellen können, haben wir eine alternative Sichtweise zur Verfügung, die sonst wohl nur in der Kunst zum Ausdruck kommt. Wenn wir in unserer Gesellschaft weniger anfällig wären für die Spaltung zwischen Gefühl und „Ratio", würden wir vieles nicht tun, was wir unserem Gefühl nach nicht täten. „Techniker" wissen sehr gut, wie man ein System oder eine Maschine „von außen" beeinflussen, vielleicht auch „reparieren" kann. Wenn dabei die Gefühle „beseitigt" werden müssen, weil sie das „richtige" oder „effektive" Handeln stören würden, dann kann ich solches Handeln, auch und besonders in der Psychotherapie, nur noch als weitere Zerstörung intrapsychischer und zwischenmenschlicher Beziehungsstrukturen ansehen.

In einem großen Irrtum hat die Psychoanalyse *Handeln und Reflektieren als Gegensätze,* die sich gegenseitig ausschließen, voneinander getrennt. Die psychoanalytische Beziehung sollte frei vom Handeln und nur der Reflexion vorbehalten sein. Im öffentlichen Leben sehen wir zumeist die Umkehrung: Hier wird gehandelt, die Reflexion des Handelns wird eher gefürchtet und deshalb zumeist vermieden. Wenn wir als Psychoanalytiker in unserer Arbeit und in unserem öffentlichen Auftreten beides miteinander zu verbinden versuchen, leisten wir dadurch einen wichtigen Beitrag zur Veränderung von Beziehungsstrukturen innerhalb und außerhalb der Psychoanalyse: Wir machen deutlich, daß *Handeln auf der Grundlage innerpsychischer Reflexion* sinnvoll und möglich ist, und daß zur innerpsychischen Reflexion und Entscheidungsfindung die Gefühle in der jeweiligen Situation beachtet werden müssen. In der Politik befürchtet man, nicht mehr handeln zu können, wenn man fühlend entscheiden will, was man tut; in der Psychoanalyse fürchtet man gelegentlich, nicht mehr reflektieren zu können, wenn man erlebt, wie man trotz aller „Ruhigstellung" und „Schafsgesichtigkeit" (Cremerius 1984, S. 777) doch dauernd „handelt".

Weil nicht sein kann, was nicht sein darf oder falsch sein könnte, hat man darauf verzichtet, die eigene Beteiligung an der Aufrechterhaltung des Status quo bei Patienten zu sehen, dabei aber auch die Möglichkeiten übersehen, wie man diese Beteiligung *in sich selbst* auflösen und so der „Ansteckung" widerstehen kann.

Abstinenz wäre also auch der Versuch, der ansteckenden Spaltung im Patienten zu widerstehen, der Versuch, in sich selbst „ganz" zu bleiben oder wieder „ganz" zu werden, wenn man in irgendeiner Weise „zerfallen" ist. Im Zusammenhang mit der Beschreibung der Austauschprozesse habe ich diese innerpsychische Arbeit des Analytikers schon wiederholt dargestellt. „Ganz" zu bleiben, bedeutet auch in Kontakt mit dem Patienten zu bleiben und ihn möglichst vollständig (mit seinen Wünschen, Ängsten und Abwehrmechanismen) zu sehen, was gleichzeitig bedeutet, psychisch von ihm getrennt zu sein. Das kann man nur, wenn man während der Arbeit sehr gut auf sich selbst achtet.

Ein Verzicht ist allerdings mit dieser Haltung auch verbunden, und darin ähnelt die Beschreibung der „aktiven" Abstinenz wiederum der traditionellen Abstinenzdefinition. Wenn man „ganz" bleiben will, muß man auf jede Form der Ersatzpartnerschaft (s.o.) und Ersatzbefriedigung verzichten. Das ist oft nicht leicht, wenn die Szene des Patienten und vielleicht auch die entsprechende eigene Szene starke Wertlosigkeitsgefühle enthält und diese Wertlosigkeitsgefühle durch die „grandiose" Aufwertung mittels einer (sexuellen) „Partnerschaft" zwischen Vater oder Mutter und Kind „ausgeglichen" werden. In solchen Situationen kann das szenische Verstehen dieser Abwehrformationen und ihrer schädigenden Folgen helfen. Am wichtigsten wäre es natürlich, in der sich wiederholenden Szene den *Schmerz* erlebbar werden zu lassen, der mit dem Übergriff verbunden ist. Und dann hilft vielleicht auch der Versuch, strikt auf die *Komplementarität* der Rollen zwischen Analytiker und Analysand zu achten. Wie ich oben zu diesem Thema geschrieben habe, kann man nicht mehr in Ruhe an den (symmetrisch zu verstehenden) Austauschmechanismen arbeiten, wenn man die *Rolle als Analytiker* verloren hat. An diesem Verlust und der damit verbundenen Unfähigkeit, die analytische Arbeit fortzusetzen, ist vielleicht die Lähmung am deutlichsten zu erkennen, die durch ein Aufgeben der abstinenten Haltung eintritt.

Ich komme jetzt zu der angekündigten Beschreibung einiger Prozeßfiguren, die die emanzipatorische Veränderung im Analytiker und die daraus resultierende Veränderung des therapeutischen Systems und des intrapsychischen Systems des Patienten anschaulich machen. Ich lege Wert darauf, immer wieder hervorzuheben, daß eine rein technische Beschreibung dessen, was der Analytiker tut, noch keine Aussagen darüber ermöglicht, was in der therapeutischen Beziehung geschieht. Das bedeutet nicht, daß man keine „Behandlungstechnik" beschreiben könnte. Die Übernahme einer solchen Technik ist aber trotz bestem Willen nicht möglich, solange der innere Zustand des Therapeuten in der Beziehung zu seinem Patienten dies nicht erlaubt. In der Supervision von analytischen Therapien sehe ich immer wieder, daß der Therapeut sich noch so sehr bemühen kann, eine von mir empfohlene „fragende Haltung" einzunehmen; es wird ihm nicht möglich sein, solange er den Vorteil der „psychischen Trennung" für sich selbst als Person und in der analytischen Arbeit nicht erlebt. Den Patienten als „kompetenten Patienten" zu erleben und gerade auch in selbstschädigenden Situationen als solchen zu behandeln, ist nicht möglich, solange man seine eigene Kompetenz darin sieht, die Situationen besser beurteilen zu können als der Patient und, anstatt sich um die eigene Verantwortung zu kümmern, die Verantwortung für die Entscheidungen des Patienten zu übernehmen.

Der Analytiker als „Container" – was „ent-hält" er?

Die Vorstellung, daß der Analytiker dem Patienten als „Container" zur Verfügung steht oder stehen soll, nimmt in letzter Zeit im Denken vieler Analytiker/innen zu.

Lazar (1993) erinnert daran, daß das englische Wort to contain ursprünglich bedeutet: „innerhalb bestimmter Grenzen halten, beinhalten“, oder auch: „die Kapazität besitzen etwas zu halten, für etwas Raum, Platz, Potential zu haben“ (a.a.O., S. 68). Er grenzt die Bedeutung des Begriffspaares Container-Contained bei Bion (1962) von Winnicotts „holding environment“ (Winnicott 1969 und 1974) ab, weil nach seiner Erfahrung beide Begriffe häufig verwechselt oder gleichgesetzt werden. Winnicotts Vorstellung enthalte vorwiegend die nährenden Aspekte einer Umwelt, die innerlich und äußerlich das Baby „hält“, während bei Bion vorwiegend der Prozeß des *Entgiftens* der von Patienten in den Analytiker projizierten „Gefühle des Schreckens“ gemeint sei. Nach Bion werden diese Gefühle in der Psyche des Analytikers dadurch „entschärft“, daß er sie aushält und dem Patienten dann „in akzeptabler Form zurückgibt“. Diesen Vorgang des Entgiftens möchte ich nun im Zusammenhang mit der hier dargestellten Beziehungstheorie beschreiben.

Da ich ein familiendynamisches Konzept in der Psychoanalyse vertrete, besteht ein wesentlicher Unterschied zu den Konzepten von Melanie Klein, Bion und Winnicott dahingehend, daß ich mir nicht vorstellen kann, daß ein Säugling *an sich* „Gefühle des Schreckens“ hat, die nicht mit ebensolchen Gefühlen oder mit deren Abwehr bei den Eltern zu tun hätten. Insofern ist es mir aus familiendynamischen Gründen sehr verständlich, weshalb die Mutter eines beziehungsgestörten Babys die „Entgiftung“ ihres Säuglings nicht leisten kann, benützt sie das Kind doch selbst aus eigener innerer Notwendigkeit als „Mülleimer“ für ihre „Abfälle“.

Der zweite Unterschied ist schon weniger eindeutig; er betrifft die Frage, was der Patient im Analytiker „zur Entgiftung abgibt“ oder vorübergehend „deponiert“. Im Bionschen Konzept ist es das, womit der Patient nicht fertigwerden kann, was wie ein Fremdkörper in ihm lebt, und was er nur immer wieder „ausspucken“ kann. In meiner Vorstellung ist das, womit der Patient nicht selbst fertigwerden kann und worunter er leidet, die innere *Spaltung*, die er in den Beziehungsszenen seiner frühen Kindheit in sich aufgenommen hat.

Daraus ergibt sich in meinem Konzept, daß eine heilsame therapeutische Beziehung darin besteht, daß der Analytiker die Spaltungen des Patienten in seiner eigenen Person nicht oder möglichst wenig wiederholt. Er wird dadurch zu einem „Container" (in der dialektischen Bedeutung von: in bestimmten Grenzen halten, und: die Kapazität besitzen, für etwas Raum zu haben) für den Patienten. Das kann aber nicht bedeuten, daß nun der Analytiker zum „Mülleimer" des Patienten wird; dies wäre die bloße Wiederholung der destruktiven Szene mit vertauschten Rollen.

Was ich in der Kleinianischen Theorie immer wieder für gefährlich oder zumindest für fragwürdig halte, ist die Vorstellung des „Ineinander-Aufgehens", die auch in dem Bild des „Containers" und des „Contained" enthalten ist. Dieses Bild wird sowohl in der Beziehung zwischen Mutter und Kind als auch in der Beziehung zwischen Analytiker und Analysand durchaus wechselseitig verstanden. In der Theorie wird es über die fast gleichgesetzten Metaphern des Ineinander-Gehens von Brustwarze und Mund einerseits und Penis und Scheide andererseits veranschaulicht. Dieser für mich eigenartigen Gleichsetzung über das tertium comparationis des „Hineinschiebens" und des „Aufnehmens", sowie auch der unreflektiert propagierten Wechselseitigkeit fehlt für mein Gefühl die Vorstellung der *Komplementarität*, zwischen Mutter und Kind, ebenso wie zwischen Analytiker und Analysand. Nur die Komplementarität, das natürliche „Gegenüber-Sein" der Mutter zu ihrem Kind und umgekehrt ermöglicht aus meiner Sicht die nicht-inzestuöse Befriedigung der Bedürfnisse beider Personen aneinander und miteinander. Sobald die Mutter (in der Ersatzpartnerschaft) nicht mehr eindeutig die *Mutter* ihres Kindes ist, sondern das Kind zum Ausbalancieren ihrer spaltungsbedingten Unzufriedenheiten und Ängste ge- und mißbraucht (Entweder-Oder-Beziehung), haben beide kein „intaktes“ oder vollständiges Gegenüber, mit dem Geben und Nehmen problemlos möglich wäre (Und-Beziehung).

Wenn die Mißbrauchsszene im engen und im weitesten Sinn in der analytischen Beziehung nicht wiederholt, sondern aufgelöst werden soll, geht es darum, daß die *ganze* Person des Patienten im Analytiker „contained“ wird, was aber nur möglich ist, wenn er selbst nicht mit dem Patienten „verschwimmt“, sondern getrennt von ihm, und das heißt: in sich selbst „ganz“ bleibt. Als Hilfe, die für diese Haltung vom theoretischen Konzept her kommen kann, habe ich die szenische und dialektische Sichtweise der Abwehr- und Beziehungsstrukturen angeboten. Letztlich aber hängt es von der Kontakt- und Konfliktfähigkeit des Analytikers ab, ob er „vor dem Patienten stehen bleiben kann“, auch wenn dieser ihn in Wiederholung seiner Mißbrauchsszenen bewußt oder unbewußt dazu einlädt, die Grenzen zu überschreiten.

Die Überschreitungen und Unterschreitungen von Grenzen, die ich in diesem Kapitel in vieler Hinsicht beschrieben habe, bestehen grundsätzlich in einer wertenden (zwischen „gut“ und „böse“ spaltenden) Haltung dem Patienten gegenüber. Jeder Mensch nimmt diese Haltung spontan oder „reflexartig“ ein, wenn er die eigenen Grenzen nicht mehr halten kann. Dann wird der Mechanismus der Ersatzabgrenzung und des Ersatzkontakts in Gang gesetzt; die Grenzen werden nicht mehr in der Unterscheidung zwischen „ich“ und „du“, sondern in der Unterscheidung zwischen „richtig“ und „falsch“ gesetzt. Manches oder „alles“ im Patienten wird als „falsch“ gesehen – oder eventuell auch in einer Gegenbewegung als „großartig“ idealisiert. Wesentlich ist, daß sich der Analytiker durch die Einnahme einer beurteilenden Rolle aus der Affaire zieht.

Natürlich ist er dadurch nicht „aus der Affaire“, sondern ganz im Gegenteil „mitten in der Affaire“. Es entsteht, nach dem Ausdruck von Helene Deutsch (s.o.), ein „psychischer Kurzschluß“. Der Analytiker identifiziert sich parteinehmend mit dem Patienten gegen dessen Bezugspersonen oder umgekehrt, und (immer gleichzeitig) auch mit Teilen des Patienten gegen andere Teile. So wiederholt sich zunächst einmal die gespaltene Szene des Patienten; in der Regel kann man diesen Vorgang auch als Wiederholung der gespaltenen Szene des Analytikers verstehen.

Aber es kann auch gelingen, diesen Vorgang zu vermeiden, oder die Szene nachträglich zu verändern, wenn man bemerkt hat, was „passiert" ist. Freilich bemerkt man diese Vorgänge nicht, wenn man sie selbst für „falsch" hielte und nicht als „Prozeßfiguren" verstehen kann, die – solange man mit dem Patienten arbeitet – grundsätzlich reflektierbar und vielleicht auch gemeinsam veränderbar sind. Die Veränderung tritt ein, wenn man als Analytiker versucht, den Patienten wieder in seiner Gesamtheit als „mögliche Gestalt" (s.o.) in sich zu „halten". Dann bietet man ihm vielleicht in fragenden Deutungen jeweils die „andere", von ihm nicht gesehene Seite seiner abgespaltenen Ambivalenzen an. Wenn zum Beispiel eine Frau in der Analyse erlebt, daß sie von ihrer Mutter nicht nur dem Vater „zugeschoben" wurde, sondern auch von ihm ferngehalten wurde (oder umgekehrt), dann kann sie aus ihrer gelähmten „Gegenbewegung" gegen Mutter und Vater herausfinden und damit beginnen, sich *selbst,* ihren Bedürfnissen *als Tochter* entsprechend, in der Beziehung zu beiden Eltern *frei zu bewegen.* Um den psychischen Bewegungsraum zu erweitern, kann es auch hilfreich sein, wenn der Patient mit Hilfe des Analytikers erlebt, daß er *in sich* auch die gegenläufige zu der immer nur als einzige angesehenen und entwerteten oder idealisierten Tendenz hat. Die Spaltung der intrapsychischen Ambivalenzen kann sich auflösen, wenn in dem „geschützten Beziehungsraum", den der Analytiker als „Container" anbietet, die Existenz solcher Ambivalenzen „möglich" sind und von beiden akzeptiert werden kann.

Freilich ist die „Spannweite" dessen, was der Analytiker vor allem in schwer gestörten (schwer gespaltenen) Beziehungsstrukturen „halten" muß, oft sehr weit. Bildlich gesprochen reichen dafür manchmal die „Arme" nicht aus. In der Arbeit mit „schizophrenen Familien" (mit einem schizophrenen Familienmitglied) habe ich gelegentlich in mir selbst und auch bei Kollegen und Kolleginnen beobachtet, daß man „lieber verrückt wird" als die Spannung und die mit ihr verbundene Angst zwischen den so weit auseinanderliegenden Polen Ja und Nein, Liebe und Haß, Eltern und Kindern, Männern und Frauen auszuhalten. Vor allem wenn man sich durch die stark gespaltene Abwehr entwertet fühlt und diese Entwertung nicht intrapsychisch reflektieren kann, kann man das „Schuld- und Schamkarussell" nicht mehr anhalten. Die Wertungen stabilisieren sich gegenseitig, weshalb man dann auch selbst leicht in die Lage gerät, zu klassifizieren, zu diagnostizieren und vieles „besser zu wissen". Man sieht keine Chance mehr, die gespaltenen Szenen aufzunehmen, von den Personen „abzulösen" und dann durchzuarbeiten (vgl. nächstes Kapitel). In solchen Situationen biete ich in der Supervision das Bild vom „guten Objekt" an, eine andere Prozeßfigur, die ich in dem nun folgenden Abschnitt beschreiben möchte.

Die Objektkonstanz des Analytikers

Eine emanzipatorische Veränderung in einer Person ist nur möglich, wenn diese Person das Gefühl hat, daß sie einem Bedürfnis folgt, das stärker ist als ihre Angst vor Veränderung. Häufig sind die emanzipatorischen Bedürfnisse der Person selbst nicht mehr bewußt, weshalb sie in einem analytischen Prozeß erst wieder „gesucht" werden müssen. Das gilt auch für Analytiker. In Supervisionen erlebe ich oft, daß der Kollege oder die Kollegin keinen Zugang mehr zu seinen/ihren eigenen Lebenswünschen hat. Er/sie hat „aufgegeben", ist resigniert in bezug auf die eigenen Bedürfnisse in der supervidierten therapeutischen Beziehung. Das kann sich so ausdrücken, daß nicht einmal die Resignation mehr bewußt ist. Man „arbeitet" angestrengt und „kämpft" – zumeist gegen Teile des

Patienten. Der Patient selbst ist dabei unversehens zu einem „Feind“ geworden. Der Analytiker hat sein „gutes Objekt“ in sich verloren; seine „Objektkonstanz“ hat die schweren Spaltungen in der Beziehung nicht „überlebt“.

Ich versuche mich (und ihn) dann daran zu erinnern, daß er für sein eigenes Wohlbefinden ein „gutes Objekt“ braucht, und daß er sich dieses hat nehmen lassen. Der Patient hat ihn dazu gebracht, ihn nicht mehr zu mögen und er selbst hat diesem Feindbild zugestimmt. Wenn man aber bedenkt, welche Anstrengungen Kinder unternehmen, um sich ihre Eltern – was auch immer diese tun, ob sie kommen oder gehen, ob sie zärtlich sind oder zuschlagen – als „gute Objekte“ zu erhalten, dann bekommt man wieder eine Vorstellung von der Stärke dieses Bedürfnisses, das freilich bei vielen Kindern schon im frühen Lebensalter zerstört wird und einer mehr oder weniger ausgeprägten „Dauerresignation“ in bezug auf andere Menschen Platz gemacht hat.

Aus dieser Beschreibung geht hervor, daß ich den Begriff Objektkonstanz, wiederum aus familiendynamischer Sicht, nicht entsprechend der üblichen entwicklungspsychologischen Sicht als einen Zustand definiere, den *das* Kind in einem bestimmten Alter erreicht, wenn es das „ambivalente“ Stadium hinter sich gelassen hat oder die „ödipale Stufe“ erreicht hat. Ich sehe, wie das Bedürfnis, sich die Eltern als „gute Objekte“ zu erhalten, systematisch von Eltern zerstört wird, deren Objektkonstanz ebenfalls gestört ist. Das geschieht in einem familiären Beziehungsklima, in dem schon kleine räumliche oder emotionale „Bewegungen“ den anderen Familienmitgliedern Angst machen. In Abbildung 7 (S. 116) habe ich diese Beziehungsstruktur dargestellt. Die „Stangen“ zwischen den Personen sollen die Angst vermindern, ausgestoßen oder verschlungen zu werden. Werden die Grenzen der dadurch eingeschränkten Bewegungsräume überschritten, dann erlebt das Familienmitglied, also auch das Kind: „Jetzt ist alles aus, das Objekt ist – für immer – verschwunden“, oder: „Jetzt ist alles aus, ich bin – für immer – in dem Objekt verschwunden." Die aus dieser Situation erwachsende existentielle Angst wird dann durch verschiedene Abwehrmechanismen bewältigt: durch Verleugnung, Verkehrung ins Gegenteil, etc., aber auch durch Entwertung und feindselige Distanzierung, wie sie zum Beispiel bei dem Analytiker zu erkennen ist, der sei-nem Patienten gegenüber ein Feindbild entwickelt hat, um hinter dieser „Mauer" die Frustration oder Entwertung durch den Patienten besser ertragen zu können. Natürlich ist er „hinter der Mauer" auch handlungsunfähig geworden.

Handlungsfähig wird er erst wieder, wenn er erlebt, daß es sein ganz persönliches und auch berufliches Interesse ist, *sich den Patienten als „gutes Objekt", und das heißt nicht: als „idealisiertes Objekt", sondern es heißt: als „ganzes Objekt" zu erhalten, oder als solches wiederzugewinnen.* Das „gute" oder „ganze" Objekt kann „tun was es will, oder sein wie es will", es bleibt im Erleben des Subjekts, dessen Objektkonstanz nicht gestört ist, ein „ganzes Objekt". Vor einem „ganzen Objekt" muß man auch keine Angst haben, denn man kann ihm „an den Außengrenzen" begegnen. Man muß keine Grenzüberschreitungen oder Grenzunterschreitungen zulassen, was bedeutet, man kann sich in einem psychoanalytischen Prozeß mit ihm auseinandersetzen (vgl. die „Arbeit mit zwei Händen" im nächsten Kapitel).

In der psychoanalytischen Entwicklungstheorie wird beschrieben, daß die Objektkonstanz gleichzeitig mit der Selbstkonstanz erreicht wird. Beziehungsdynamisch ausgedrückt: Einen anderen Menschen als „gutes Objekt" kann man sich nur in dem Maße erhalten oder wiedergewinnen, wie man für sich selbst ein „gutes", und das heißt wieder: ein „ganzes" Objekt ist. Wenn man sich bei Angriffen von Seiten des Patienten nicht zur Abwehr des Konflikts „mit dem Aggressor identifiziert" und dann selbst glaubt, man sei „schlecht", dann kann man auch einem manifest oder latent „angreifenden" Patienten gegenüber das Bild von seiner vollständigen Dynamik in sich „halten".

Dieses „Halten der Objektkonstanz" ist besonders schwer, wenn man meint, man müßte irgendetwas „richtig" machen in der Psychoanalyse. Dann hat man die Verantwortung für das eigene tun an denjenigen abgetreten, in dessen Augen man „richtig" sein will, sei es der Kontrollanalytiker oder die Prüfer oder das eigene Überich als Repräsentant anderer „Autoritäten" – sei es der Patient. Aus der Funktionalisierung (ich will so sein, wie du mich haben willst), kann man nur entrinnen, wenn man die Verantwortung für sein Tun wieder selbst übernimmt.

Der Patient kann viel gewinnen, wenn der Analytiker seine *eigene* Struktur aufrechterhalten kann. Gerade Patienten mit sogenannten „Strukturdefiziten" brauchen ein Gegenüber, das sich nicht fraktionieren läßt und auch sie in Angstsituationen nicht fraktioniert. Mentzos (1986) hat seine Haltung in der psychoanalytischen Therapie psychotischer Patienten so beschrieben, daß man sie wohl als „Objektkonstanz des Analytikers" bezeichnen könnte. Patienten, deren Eltern sie nicht als „gute Objekte" sehen konnten, hatten in diesem Sinne keine Eltern.

Geschieht ihnen in der analytischen Therapie dasselbe – was bei schweren Störungen sehr nahe liegt –, dann sind sie wieder „elternlos" und werden böswilliger Absichten verdächtigt. Sie bleiben also in der Selbst- und Fremddestruktion gefangen. Das ist der Grund, weshalb ich auch in der Theorie versuche, mir immer wieder klar zu machen, daß auch schwer gestörte Patienten, deren Bedürfnis nach einer guten Objektbeziehung oft nur sehr schwer erkennbar ist, irgendwo in sich emanzipatorische Wünsche haben, die ich vielleicht lange Zeit mit ihnen zusammen nicht finden kann. Um mich selbst in den „Pausen" solcher Therapien wieder regenerieren zu können, versuche ich, mir wieder die „ganze" Struktur der Patienten vorzustellen. Die daraus erwachsende Haltung heißt dann etwa so: „Was auch immer du tust, ich bin nicht bereit, dir einen (primär) bösen Willen zu unterstellen. Ich nehme an, daß du leben willst, und das bedeutet auch, daß du von anderen Menschen, auch von mir, etwas willst." Manchmal ist es sehr schwer, die „Ersatzbedürfnisse" (also zum Beispiel den Wunsch, mich nie mehr zu sehen, mich zu vernichten, oder mich nie mehr „loszulassen") nicht mit den vermuteten emanzipatorischen Bedürfnisse zu verwechseln und für diese immer noch *ihren* Platz freizuhalten.

Vom Analytiker aus gesehen ist dieser Kampf um die Objektkonstanz auch für ihn selbst sehr heilsam. Er „entgiftet" dabei nicht nur den Patienten, sondern auch sich selbst. Ich meine, daß der Beruf des Analytikers ohne eine solche kontinuierliche „Reinigung" nur schwer auszuhalten ist, wenn man dabei nicht selbst einen psychischen Schaden davontragen will. Wollte man auf andere Weise eine psychotische Beziehungsstruktur oder auch eine Borderline-Struktur „aushalten", man müßte die Abwehr „mitmachen", und das würde bedeuten, daß man alle psychischen Schmerzen und Ängste, die durch diese Struktur vom bewußten Erleben ferngehalten werden, selbst auch von sich fernhalten müßte. Das würde auf die Dauer einer psychischen Selbstvergiftung gleichkommen. Der Kampf um die Objektkonstanz dagegen stärkt das psychische Immunsystem, bei Analytiker und Analysand.

Die multiple Identifikation des Analytikers

Als ein weiterer wichtiger Faktor der „hilfreichen Beziehung" in der Psychoanalyse wird die Empathie des Analytikers angesehen, vor allem seitdem Kohut (1977) deutlich machte, wie wichtig es ist, die sozialen Bedürfnisse (er nannte sie Selbstobjektbedürfnisse) in der Analyse zu beachten und dem Grundbedürfnis jedes Menschen, verstanden und akzeptiert zu werden, zu entsprechen. Kohut meinte, mit dieser Betonung der hier von mir als „soziale Bedürfnisse" bezeichneten Wünsche die Freudsche Triebtheorie aufgeben zu müssen, was aus meiner Sicht nicht nötig ist, wenn man sieht, wie die „narzißtischen Störungen" als „Ersatzpartnerschaft" in den „ödipalen" Verwicklungen der Familienstruktur entstehen[39], und wenn man den Triebbegriff nicht ausschließlich biologisch definiert.

Bei Kohut wird die Empathie im Sinne einer „stellvertretenden Introspektion“ verstanden, wenn er schreibt:

> „Das Kind, das psychologisch überlebt, wird in eine empathisch – responsive menschliche Atmosphäre (von Selbstobjekten) hineingeboren, ebenso wie es in eine Atmosphäre hineingeboren wird, die eine optimale Menge Sauerstoff enthält, wenn es physisch überleben soll“ (Kohut 1977, S. 83).

Wenn man nur diesen Aspekt der Kohutschen Theorie herausgreift, dann besteht die optimale Empathie der frühen Bezugspersonen des Kindes und damit auch des Analytikers darin, daß das Gegenüber des Kindes oder des Patienten fähig ist, dessen Gefühle und Phantasien identifikatorisch nachzuvollziehen und ihm darauf eine „Antwort“ zu geben. Was dabei in der Mutter oder im Vater, bzw. im Analytiker vor sich geht und welche Beziehungsstruktur die Voraussetzung für diese Fähigkeit ist, hat Kohut nicht beschrieben. Ich möchte deshalb den Begriff der Empathie mit meiner, zunächst im Rahmen psychoanalytischer Familientherapien entwickelten Vorstellung von der „multiplen Identifikation“ (Bauriedl 1980, S. 216 ff) des Psychoanalytikers in Beziehung setzen. Heute würde ich diese Fähigkeit des Analytikers so beschreiben: In einem „psychisch getrennten“ Zustand kann sich der Analytiker mit den Gefühlen und Phantasien *aller* Familienmitglieder identifizieren, vor allem aber immer auch seine eigenen Gefühle und Phantasien als Person und als Therapeut getrennt von den „inneren Welten“ der Patienten wahrnehmen. So entsteht in seinem Inneren ein vieldimensionaler „Familienraum“, in dem er „frei herumgehen“ kann, *weil er sich seinen Gefühlen und Bedürfnissen entsprechend bewegt.*

---

39 Nähere Ausführungen zur Verbindung der Trieb- und Konflikttheorie mit der Selbst- und Objektbeziehungstheorie in einem familiendynamischen Verständnis der Psychoanalyse vgl. Bauriedl: Psychoanalyse als Beziehungswissenschaft (in Vorbereitung).

Meine Vorstellungen von dem Ineinandergreifen zweier Übertragungsstrukturen in der Psychoanalyse und das damit verbundene Konzept der „multiplen Identifikation" wurden verschiedentlich nur auf die Familientherapie bezogen verstanden (z.B. Ermann 1993a), obwohl aus meiner Sicht gerade die Fähigkeit des Analytikers zur Unterscheidung seiner eigenen „Innenwelt" von der des Patienten in der Einzelanalyse ein wichtiger, wenn nicht *der* Indikator für die psychische Trennung des Analytikers von seinem Patienten ist, und diese Fähigkeit gleichzeitig das Beziehungsangebot darstellt, das ich als die wichtigste Voraussetzung für emanzipatorische Veränderungen in psychoanalytischen Therapien ansehe.

Winnicotts „holding function" kann der Analytiker nämlich nur ausüben, wenn und soweit er innerlich von seinem oder seinen Patienten getrennt ist. Wenn er sich in seiner Haltung dem Patienten gegenüber nicht kontinuierlich um eine Förderung der psychischen Trennung (zwei angrenzende Kreise wie in Abbildung 3, S. 107 dargestellt) bemüht, ist er im gleichen Maße keine „andere Person". Wie kann ein Mensch den anderen „halten", wenn er „in ihm steckt" und ihn dabei vielleicht sogar „erdrückt"? Dieser Aspekt der Empathie, nämlich die Notwendigkeit, nicht nur den Patienten sondern gleichzeitig immer auch sich selbst in der Beziehung zum Patienten „von innen" zu sehen, wurde von Kohut wenig beachtet. Das kann dazu führen, daß Verschmelzungsprozesse zwischen Analytiker und Analysand nicht als problematisch erkannt werden, ja vielleicht sogar idealisiert werden, weil sie dem Ersatzbedürfnis vieler Patienten und wohl auch mancher (vielleicht weniger gut ausgebildeter) Analytiker entsprechen (vgl. Abbildung 9, S. 203). Man verwechselt dann entsprechend seinen eigenen frühkindlichen Erfahrungen „verschlungen" mit „gehalten" werden.

Um sich von seinen Patienten unterscheiden zu können, muß man als Analytiker/in fähig sein, bei sich selbst und bei dem oder den Patienten jeweils „außen" und „innen" getrennt voneinander und in Beziehung zueinander zu sehen. Die Unterscheidung zwischen Ich und Du entsteht in der Unterscheidung von Innen- und Außenbild. In psychoanalytischen Familientherapien kann man besonders gut beobachten, wie diese Unterscheidung in gestörten Beziehungen fehlt. Jeder glaubt zu wissen, wie der andere sich fühlt und wie dieser „objektiv" ist. In diesem Zustand der Beziehung sind *Fragen und Antworten* als dialogische Elemente des Gesprächs unwichtig oder auch störend. „Man weiß doch schon", d.h. man hat sich eine Meinung über den anderen gebildet, die die eigene psychische Balance stützt. Wenn der andere diese „objektive" Meinung nicht akzeptiert, „irrt" er sich eben über sich, oder er „will etwas nicht zugeben".

Es ist unschwer zu erraten, daß ich diese in Therapiefamilien zuerst deutlich erkannte Beziehungsstruktur der Grenzüber- und -unterschreitungen nun auch in der Zweierbeziehung zwischen Analytiker und Analysand sehe und beachte. Überhaupt ist die Situation der psychoanalytischen Paar- oder Familientherapie ein ausgezeichnetes „Lernfeld", in dem man – wenn man will – Beziehungsstörungen zuerst bei anderen, dann aber auch bei sich selbst in der Beziehung zu diesen anderen erkennen kann. Häufig erkenne ich das Beziehungselement „ich weiß schon, was du erlebst" zuerst zwischen dem vor mir sitzenden Paar als eine Möglichkeit, sich ersatzweise voneinander abzugrenzen und doch miteinander in Verbindung zu bleiben; in einem auf diese Erkenntnis folgenden Schritt der Selbstanalyse während der Sitzung sehe ich auch mich in dieser Struktur befangen.

Der Ausweg aus dieser Beziehungsstruktur der gegenseitigen Festlegung gelingt in der Wiedereinführung dialogischer Beziehungsstrukturen. Das kann bedeuten, daß ich beginne zu fragen anstatt zu „sagen". Ich versuche, vielleicht auch in expliziten Fragen, jeweils das „Außenbild" vom „Innenbild" zu unterscheiden. Für die Definition des Innenbildes ist jeweils derjenige zuständig, um dessen Gefühle und Phantasien es geht, für die Beschreibung des Außenbildes sind diejenigen zuständig, die die

Person von außen sehen, wobei es dann natürlich entsprechend den jeweiligen Innenbildern, also den persönlichen Erkenntnis- und Handlungsinteressen der einzelnen „Beobachter", oft sehr unterschiedliche Außenbilder zu sehen gibt.

Derselbe Vorgang ereignet sich auch in Einzelanalysen. Nur wird man dort nicht so leicht aufmerksam auf die sich wiederholende Beziehungsstruktur des „ich weiß schon, was du fühlst und willst". Definieren wir uns als Psychoanalytiker nicht weitgehend als die, die „schon wissen", oder immer schon alles wissen müssen? Wenn man bedenkt, daß „Lebensraum" – entsprechend Kohuts Bild vom ausreichenden Sauerstoff – verloren geht, soweit in einer Beziehung die Definitionsmacht für die eigenen Gefühle an andere abgegeben und von diesen übernommen wurde, dann wird man auch in der Einzelanalyse darauf achten, daß für *beide* Partner der Lebensraum erhalten bleibt oder wieder entsteht.

Das Leben entsteht dort von selbst, wo die Bedingungen dafür vorhanden sind; das gilt auch für die Psychotherapie. Ähnlich wie in Fragen der biologisch definierten Ökologie haben wir allerdings auch in der „Psycho-Ökologie" (Bauriedl 1992b) oft große Schwierigkeiten, die drohende oder schon eingetretene Beeinträchtigung unserer Lebensgrundlagen überhaupt wahrzunehmen. Zu sehr haben wir uns oft schon daran gewöhnt, daß wir das nehmen müssen, was an Freiraum oder Sauerstoff übrigbleibt.

Für die Psychotherapie, die für die Erweiterung der psychischen Lebensräume der Menschen sorgen soll und will, bedeutet das, daß die Sensorien für zerstörte und zerstörende Beziehungsstrukturen, die uns den „Sauerstoff" nehmen, gepflegt werden müssen. Und hier ist natürlich zuerst der Analytiker gefragt, ob er es wagt zu *spüren,* wenn ihm der psychische Bewegungsraum fehlt.

Als dialektisch denkende Disziplin können wir die (in unserer Gesellschaft verbreitete) Phantasie in Frage stellen, daß jeder nur auf Kosten des anderen leben kann, und daß zwei nur dann „nebeneinander" miteinander auskommen können, wenn ein „Gesetz" die Grenzlinien bestimmt. Wir brauchen also nicht zu fürchten, daß der Lebensraum des Patienten eingeschränkt wird, wenn wir auf die Erhaltung oder Erweiterung unseres eigenen Lebensraums achten. Zwei oder mehr Menschen können dann in optimaler Verteilung der Lebensräume und das heißt dann: in einem gemeisamen Lebensraum zusammenleben, *wenn sie miteinander etwas zu tun haben* (Und-Beziehung). Die normativen Lösungen der zwischenmenschlichen Grenzziehungen sind – oft nötige, aber oft auch sehr einschränkende – Ersatzgrenzen, die in dem Maß überflüssig werden, in dem der Kontakt an den „Außengrenzen" wieder möglich wird.

Das bedeutet für die Psychoanalyse und für die Haltung des Analytikers, daß die Gefühle *aller* Beteiligten, insbesondere auch die des Analytikers für richtig und wichtig angesehen werden müssen. Die Gefühle signalisieren uns, wie es mit den „Überschneidungen" in unseren Beziehungen steht. Nicht nur in der psychoanalytischen Familientherapie geht es darum, den inneren „Familienraum" in diesem Sinne zu „kultivieren". Wenn der Analytiker sich selbst Lebensraum verschafft und dabei in „multipler Identifikation" die Erweiterung der Lebensräume seines oder seiner Patienten mit beachtet und unterstützt, dann ändert sich die Beziehungsstruktur im therapeutischen System.

Die verschobenen Verantwortungen werden zurückgegeben und zurückgenommen, es wird allen Beteiligten möglich, „empathisch" *die Perspektiven zu wechseln, ohne daß dabei einer von beiden vernichtet wird.* Das heißt, daß jetzt die „Identifikation mit dem Aggressor" nicht mehr so verläuft, daß man mit der Aggression einverstanden ist, sondern so, daß man den Aggressor zwar „versteht" (man kann sehen, was in ihm vor sich geht), aber doch nicht einverstanden zu sein braucht mit dem, was er einem antut. (Dies wird möglich, weil man in diesem Verstehensprozeß nicht das „verliert", was in einem selbst vorgeht.)

Täter und Opfer werden unterscheidbar; eine Auseinandersetzung wird möglich. Die sich ausbreitende multiple Identifikation als Beziehungsstruktur erhöht die Kontakt- und Konfliktfähigkeit aller, die an diesem Prozeß beteiligt sind.

Begriffe, die in letzter Zeit zunehmend in den psychoanalytischen Sprachgebrauch und damit auch in unsere therapeutischen Phantasien Eingang gefunden haben, wie „der kompetente Patient" oder auch der Analytiker als „formbares Objekt", werden in diesem Zusammenhang als Ausdruck eines zunehmenden Bewußtseins für psychisch getrennte Beziehungsstrukturen erkennbar. Ein formbares oder veränderbares Objekt ist nur in einer dialogischen Beziehungsstruktur vorstellbar, weil nur in einer solchen Beziehung der eine auf den anderen hören kann.

Ebenso macht das Bild vom „kompetenten Patienten", dem in der neueren Entwicklungstheorie das Bild vom „kompetenten Säugling" (Dornes 1993) entspricht, die veränderte Sicht deutlich: Man entdeckt die Chancen in der Wahrnehmung von und im Umgang mit anderen Menschen, wenn man sie getrennt von sich und mit eigener Aktivität und Verantwortung zu sehen beginnt.

Die zu diesem Veränderungsprozeß gehörende „innerpsychische Arbeit des Psychoanalytikers" besteht darin, daß er immer wieder zu sich selbst zurückkehrt und sich dann wieder auf den Weg zu den Familienmitgliedern bzw. zu deren introjizierten Repräsentanzen in seinem Patienten (oder in der Familientherapie: in jedem seiner Patienten) macht. Der „vieldimensionale Familienraum" in dem jede Person in ihrer „ganzen" Struktur verstanden wird, entspricht einer inneren Repräsentanzenwelt im Individuum, in der die Beziehungsstruktur „Entweder-Oder" (idealtypisch) in eine – eventuell auch konfliktreiche – „Und"-Struktur übergegangen ist.

Ich meine nicht, daß man, um die multiple Identifikation zu verwirklichen, in der Therapie nur noch Fragen stellen dürfte, denn auch Fragen können „fest-legend" sein. Aber manchmal ist die *fragende Haltung* wichtiger als der Inhalt einer noch so „richtigen" Deutung, weil die die Deutung begleitende Beziehungsstruktur in dem Moment vielleicht gerade heißt: „Ich weiß, was sich in dir abspielt, und dieses mein Wissen pflanze ich jetzt in dich ein, und du mußt das zulassen."

Hat die aktuelle Beziehungsstruktur eine andere, dialogischere Form, dann werden Deutungen, auch wenn sie ohne Fragezeichen ausgesprochen werden, vom Patienten als „fragende Angebote" aufgenommen. Dieser „probiert" dann, ob sie ihm „schmecken", kaut sie vielleicht, oder „spuckt sie wieder aus", wenn er sie in dem Moment nicht brauchen kann. Die Außengrenze des Patienten ist dann ein relativ sicherer Ort, an dem der Patient *Nein und Ja sagen kann* (nicht nur Nein!) zu dem, was von außen auf ihn zukommt.

Wenn die Außengrenzen unsicher sind, muß man unter Umständen erst einmal oder auch immer wieder an diesen Grenzen (in der Übertragung) arbeiten, um die Unterscheidbarkeit von innen und außen zu fördern. Um dieses Problem zu erkennen, muß man allerdings *spüren,* wenn man die Grenzen des Patienten übertritt, und nicht zufrieden damit sein, daß er diesem „Übertritt" so wenig Widerstand entgegensetzt.

Die Veränderung durch die Möglichkeiten der „multiplen Identifikation" in der Familienstruktur sind für die Einzelanalyse mindestens ebenso wichtig wie für die Familienanalyse: Es geschieht nämlich in dem beschriebenen Prozeß nichts Geringeres als *Schritte auf dem Weg zur Bewältigung des Ödipuskomplexes.* Auf die von mir vorgeschlagene neue Sicht des Ödipuskomplexes aus familiendynamischer Perspektive kann ich hier nicht näher eingehen.[40]

Aus meinen bisherigen Ausführungen in diesem Kapitel ist jedoch deutlich geworden, daß die Beziehungs-

40 Zum Versuch einer Neudefinition des Ödipuskomplexes vgl. Bauriedl: Psychoanalyse als Beziehungswissenschaft (in Vorbereitung).

struktur der Ersatzpartnerschaft mit der traditionellen Vorstellung eines „ungelösten ödipalen Konflikts" korrespondiert. Bezeichnend für diese Beziehungsstruktur ist die „Fixierung durch die Stangen" (Abbildung 7, S. 116) zwischen den Familienmitgliedern, die den emotionalen Bewegungsraum einengen: Man muß immer aufpassen, daß man dem anderen nicht zu nahe kommt und daß man ihn nicht verliert, wobei gleichzeitig ständig Übergriffe in allen Richtungen ausgeführt und geduldet werden.

Wenn nun im Lauf einer psychoanalytischen Therapie die Fähigkeit zur multiplen Identifikation zunimmt, dann wächst auch das Vertrauen zueinander. Man unterstellt sich weniger „böse Absichten" (Feindbilder) um sich ersatzweise voneinander abzugrenzen, und man hat mehr Hoffnung auf eine Annäherung durch Auseinandersetzung, weshalb die Übergriffe als ersatzweise Kontaktsuche abnehmen können.

Das alles ist in allen psychoanalytischen Therapien, mit und ohne Couch, mit nur einem Patienten oder mit mehreren, prinzipiell möglich. Es setzt allerdings voraus, daß der Analytiker die in seiner Gegenübertragung aktualisierten Tendenzen, Ersatzpartnerschaften einzugehen, *in sich* auflöst. Will er den Prozeß der Bewältigung des ödipalen Konflikts unterstützen, dann muß er die Angebote, zum Ersatzpartner seines Einzelpatienten, oder – in der Familientherapie – zum Ersatzpartner eines oder mehrerer Familienmitglieder zu werden, *spüren* und auf die „Vorteile" solcher Beziehungen gegenüber den Vorteilen einer freien Beweglichkeit im „Familienraum" verzichten. Vielleicht kann und muß ihm eine gute Supervision dabei helfen, auch *seinen Platz als Therapeut immer wieder zu finden.*

Wenn man diese Vorgänge ernst nimmt, ist man besser gegen Tendenzen von Einzelpatienten geschützt, die in ihrer Einsamkeit versuchen, den Analytiker oder die Analytikerin zum lebenslangen Ersatzpartner zu machen. Und man gerät weniger in die Gefahr, in Einzelanalysen

Ehen „auseinander zu therapieren“, die vielleicht bei einer abstinenten Haltung im Sinne der multiplen Identifikation (in der Einzelanalyse auch mit dem nicht anwesenden Partner) noch eine Chance hätten, wieder lebendiger zu werden.

Die Schritte auf dem Weg zur Auflösung des Ödipuskomplexes bringen eine *zunehmende Unterscheidbarkeit* von Vater, Mutter und Kind, und von Täter und Opfer mit sich. Wenn in einem analytischen Prozeß die wirklichen Gefühle des (damaligen oder jetzigen) Kindes und – eventuell in einem psychoanalytisch-familientherapeutischen Prozeß – auch die wirklichen Gefühle und die mit diesen Gefühlen verbundenen Wünsche (die Innenansicht) der *anwesenden* Patienten[41] wieder erkennbar werden, erhöht sich die Unterscheidbarkeit der einzelnen Personen. *Denn in unseren wirklichen (emanzipatorischen) Wünsche sind wir aufeinander bezogen.*

Wenn man beginnt, die *eigenen* Gefühle und Wünsche wieder zu spüren und ernst zu nehmen, entfällt prinzipiell die Ersatzpartnerschaft mit ihrer ständigen Verwechslung eigener und fremder Gefühle und Wünsche. So bekommt jedes Familienmitglied, ob anwesend oder nicht, in der Phantasie der an diesem Prozeß Beteiligten wieder *seinen* Platz. Der Vater wird zum Vater, die Mutter zur Mutter, entsprechend die Partner in der Beziehung zueinander, und das Kind kann ebenfalls seinen Platz einnehmen und seine „präödipalen“ Gefühle und Wünsche seinem Vater

[41] Ich will deutlich sagen, daß ich trotz oder wegen meines familiendynamischen Denkens eine wie auch immer geartete Interpretation von nicht anwesenden Bezugspersonen auch in der Einzelanalyse für einen Kunstfehler halte. In der analytischen Situation geht es nur um die *anwensenden* Patienten und ihre Innen- und Außenansichten. Vermutungen anwesender Patienten über nicht anwesende Bezugspersonen werden grundsätzlich intrapsychisch, also vom anwesenden Partner her verstanden.

und seiner Mutter gegenüber erleben. Mann und Frau als Paar müssen nicht mehr gegeneinander kämpfen, weil sie spüren, daß sie sich gegenseitig *brauchen,* um einen Platz im gemeinsamen Beziehungsraum zu haben. Dann schließen sich auch Mutter und Tochter bzw. Vater und Sohn nicht mehr (in „ödipaler Rivalität") gegenseitig aus, denn sie haben jetzt, jede und jeder, *ihren* Platz – sie dürfen sein, wer sie sind (Abbildung 9).

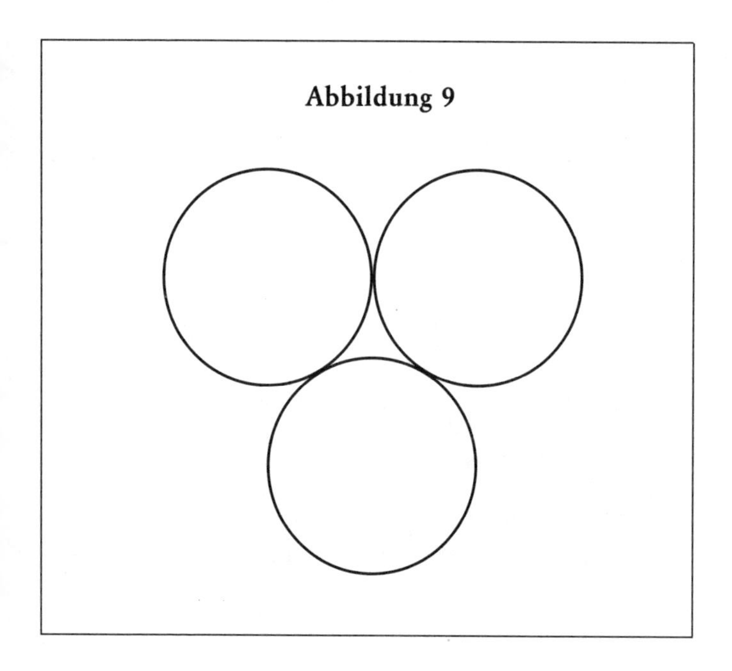

Die Freiheit des Analytikers – Leben oder funktionieren

Mit der Auflösung der Ersatzpartnerschaft geht auch die Infragestellung der damaligen „Antworten" des Kindes an die Eltern einher. Damals hat sich das Kind zwangsläufig und unbewußt mit den Beziehungsstrukturen „einverstanden erklärt", in die es hineingeboren wurde. Jetzt kann es im geschützen Beziehungsraum der psychoanalytischen Behandlung neue, *seine* Antworten finden, die es in das „Familiengespräch" einbringen will. Dadurch verändert sich seine Identität nach außen, aber gleichzeitig auch seine innere Struktur.

Manche Menschen erleben die Veränderung, in der es nur noch darum geht, wie sich jeder und jede fühlt und was er oder sie deswegen tun will, so als würde das „Chaos" ausbrechen: „Wo kommen wir denn hin, wenn jeder nur noch das tut, was er will? Wo bleibt da die Rücksichtnahme auf andere?" Gegenüber der in der Ersatzpartnerschaft gültigen Regel, daß man sich immer so verhalten muß, ja sogar so fühlen muß, „wie der Partner es brauchen kann" (Überich), sieht diese schrittweise dazugewonnene Freiheit, das zu fühlen, was man wirklich fühlt, und sich auch diesen Gefühlen entsprechend zu verhalten, chaotisch aus.

Aus einer anderen Perspektive könnte man auch sagen, daß jetzt in dem Chaos der ununterscheidbaren Personen und Persönlichkeitsanteile endlich eine *Ordnung* eintritt, die freilich nicht mehr normativ bestimmt ist, sondern ihre Struktur von den einzelnen Personen und deren Innen- und Außenbildern erhält.

Diesen Vorgang kennzeichne ich gelegentlich mit dem Satz: *„Wo Überich war, soll Ich werden"*, in Anlehnung an Freuds berühmten Satz: „Wo Es war, soll Ich werden". Die beiden Sätze kennzeichnen wahrscheinlich wie kaum ein anderes Kriterium die Entwicklung des Bewußtseins seit Freud. Trotz aller „neuen Unübersichtlichkeit" haben wir gegenüber unseren Groß- und Urgroßeltern heute etwas mehr Spielraum in unseren Vorstellungen, wie das zwischenmenschliche Zusammenleben möglich und befriedigend sein kann. Was zu Freuds Zeiten im allgemeinen Bewußtsein noch das „Überich" leisten mußte, nämlich die Unterwerfung von „wilden" Trieben unter die Gesetze der menschlichen Gemeinschaft, könnte – so sehe ich grundsätzlich die unserer Zeit gemäße Lösung des ödipalen Konflikts – durch die Antwort auf die Fragen des Ödipus erreicht werden: „Wer bist du? Wer bin ich?“[42]

Damit entfallen *prinzipiell* die Fragen: „Wer ist richtig? Wer ist falsch?“, bzw. sie werden als Ausdruck von Angst und Unsicherheit verstanden. Menschen, die sich heute in eine psychoanalytische Therapie begeben, können darauf hoffen, daß dort nicht der Versuch gemacht wird, sie aufgrund ihrer Schuld zu „kennzeichnen“ und aus der Gemeinschaft auszustoßen. In einer guten psychoanalytischen Therapie werden ihre eigenen Tendenzen, Angst und schmerzliche Gefühle durch Spaltung und normative Ausstoßung zu bewältigen, in Frage gestellt. Die Psychoanalyse hat grundsätzlich die – gesellschaftskritische – Potenz, normative Spaltungen als Versuche des einzelnen und der Gemeinschaft, Angst und Schmerz abzuwehren, zu verstehen – wieweit auch immer der/die einzelne Analytiker/in diese Potenz in sich wahrnehmen und pflegen kann.

An die Stelle der Frage, ob etwas richtig oder falsch sei, tritt die Anerkennung der Relativität, die *nicht* mit Willkürlichkeit zu verwechseln ist. Die Herstellung des Bezugs zwischen Person und Handlung macht die Verantwortlichkeit jedes einzelnen Menschen für das, was er tut und was er nicht tut, deutlich. Hier werden auch Trauerprozesse möglich, in denen der Schmerz über das, was einem angetan wurde, und über das, was man anderen angetan hat, erlebbar wird. So kann und muß der „Schuldige“ in der Gemeinschaft bleiben, in einer Gemeinschaft, die sich des Problems von zwischenmenschlichen Verletzungen nicht durch Spaltung und Ausstoßung entledigt, sondern es durch Auseinandersetzung zu bewältigen versucht.

Wenn man die Realität unserer Gesellschaft bedenkt und diese Zeilen liest, mag man solche Vorstellungen für utopisch und unter Umständen sogar für gefährlich hal-

---

42 Über die Lösung des ödipalen Konflikts in unserer Zeit vgl. Bauriedl: Psychoanalyse als Beziehungswissenschaft (in Vorbereitung).

ten, denn sie könnten über das schmerzhafte Erleben der Realität hinwegtäuschen. Ich meine trotzdem, daß es sinnvoll und befriedigend ist, den Versuch zu unternehmen, die schmerzhafte Realität *und* die emanzipatorischen Wünsche nach einer Veränderung in unserem psycho-ökologischen System im Sinne des oben Gesagten als „Container" zusammenzuhalten, auch wenn die Spannweite der „Arme" dafür oft nicht auszureichen scheint. Wenn man *strukturelle* Veränderungen in einem System erreichen will, muß man *in sich* die in Entweder-Oder gespaltenen scheinbaren Gegensätze zusammenhalten. Gelingt das nicht, wird man immer wieder innerhalb der Spaltungen agieren, mir dem einen gegen den anderen oder gegen das andere. Und man sollte sich nicht darüber hinwegtäuschen, daß man dadurch den Status quo bestätigt und aufrecht erhält.

Ich will mit diesen Zeilen meine an verschiedenen Stellen (z.B. Bauriedl 1984, 1986, 1988) vertretene These wiederholen, daß die Psychoanalyse eine Theorie der Revolution und gleichzeitig eine revolutionäre Theorie ist. Damit sie sich in diesem Sinne weiterentwickeln kann, brauchen wir Psychoanalytiker/innen den Mut und die innere Freiheit, immer wieder aus dem Funktionieren der Ersatzpartnerschaft auszusteigen und immer wieder die Frage: „Wie soll es sein?" durch die Frage: „Wie ist es?" zu ersetzen.

Der klinische Teil der Psychoanalyse braucht durchaus nicht von dem kulturkritischen Teil der Psychoanalyse abgespalten zu werden, wenn man die emanzipatorische Potenz der Psychoanalyse auch in jedem kleinen Schritt einer analytischen Psychotherapie, mit und ohne Couch, sehen und vertreten kann. Freuds Liebes- und Arbeitsfähigkeit als Ziel der analytischen Arbeit ist nichts anderes als die Freiheit, die wir Psychoanalytiker für den Weg brauchen, um uns mit unseren Patienten zusammen diesem Ziel zu nähern. Im Gegensatz zu Vorstellungen in vielen anderen psychotherapeutischen Schulen, können Psychoanalytiker wissen, daß es *keine Technik zur Befreiung anderer Menschen geben kann.* Man kann nur dafür sorgen, selbst möglichst frei zu sein und dadurch die Bedingungen herstellen, die den emanzipatorischen Wünschen der Patienten die Chance geben, sich zu entfalten. Niemand kann „für andere“ gesund werden, nur für sich selbst, und nur in dem Maße wie er die Verantwortung für seine Gesundheit und für sein Wohlergehen *selbst* übernimmt.

4. Kapitel

Der Veränderungsprozeß in der psychoanalytischen Paar- und Familientherapie aus beziehungsanalytischer Sicht

Als ich zu Beginn der siebziger Jahre begann, mich für die Theorie der Familientherapie zu interessieren, wollte ich mich nicht mit der Feststellung einiger Autoren zufrieden geben, daß die klassische Psychoanalyse mit der Paar- oder Familientherapie nicht vereinbar wäre, und daß die Familientherapie grundsätzlich neue Paradigmata einführe, die denen der Psychoanalyse entgegenstünden (Stierlin 1979; Stierlin et al. 1977; Guntern 1980). Ich wollte nicht glauben, daß man in der Psychoanalyse nur linear und monokausal, das heißt nicht-systemisch denken könne, und daß die Psychoanalyse deswegen durch die Systemtheorie und Systemtherapie überholt sei. Ich war nicht einverstanden mit den Vorurteilen der „systemischen" Autoren (insbesondere Haley 1977; Watzlawick 1977; Watzlawick et al. 1967, 1974, 1980) gegen die Psychoanalyse, die die Psychoanalyse auf eine reine „Erinnerungstherapie" reduzierten und für ihren eigenen Ansatz die Arbeit im Hier und Jetzt reklamierten.

Andererseits fand ich im psychoanalytischen Bereich kein eindeutig psychoanalytisches Konzept, das die Verbindung zwischen individueller und interindividueller Sichtweise ohne Verlust psychoanalytischer Grundprinzipien herstellt. Obwohl die Psychoanalyse sich von Anfang an mit der Genese der psychischen Störungen in der frühen Kindheit und damit in der Familie beschäftigte, fehlte ihr doch eine familiendynamische Theorie, die die psychische Entwicklung des Kindes im Zusammenspiel mit der psychischen Struktur seiner Eltern, mit der Struktur der elterlichen Beziehung, und mit der Struktur der ganzen Familie beschrieb. Die psychoanalytische Entwicklungspsychologie hatte das Kind entweder ganz individualistisch betrachtet oder nur das Zusammenspiel zwischen Mutter und Kind beschrieben, wobei vor allem die verschiedenen Schädigungsmöglichkeiten des Kindes durch die Mutter dargestellt wurden. Die Position des Vaters findet erst in der neueren psychoanalytischen Literatur Beachtung. H. E. Richter (1963 und 1970) hatte damals die Prägung des Kindes durch die bewußten und unbewußten Erwartungen der Eltern beschrieben. In dieser Zeit waren auch verschiedene der Psychoanalyse nahestehende Interaktionstheorien entstanden.[1] Aber eine psychoanalytische Theorie über die Genese und die Auswirkungen psychischer Störungen in einem Familien*system* fehlte.

In meinem Buch „Beziehungsanalyse" (Bauriedl 1980), das die Ergebnisse meiner damals fast zehnjährigen Forschung auf diesem Gebiet umfaßt, bemühte ich mich vor allem darum, klarzustellen, daß der *Analytiker als Teil des therapeutischen Systems* gesehen werden müsse, wenn man nicht Gefahr laufen wolle, wichtige Teile des revolutionären Potentials der Psychoanalyse auf dem Weg zur therapietechnischen Perfektion zu verlieren. Psychoanalyse war und ist für mich keine Technik, die der Analytiker „anwendet", sondern ein Prozeß, an dem er sich beteiligt und den er möglichst gut fördert. Bei der Beschreibung eines Prozesses ist die Unterscheidung von „richtig" und „falsch" unsinnig. Man sieht den Prozeß, so wie er ist, mit seinen Befreiungsschritten und Abwehrmanövern bei allen Beteiligten, und mit den Vorbedingungen und den Folgen all dieser Vorgänge. Ein emanzipatorischer Veränderungsprozeß ist auch nicht von außen machbar; man kann andere Menschen nicht „befreien". Er kann nur von den Beteiligen mehr oder weniger zugelassen oder auch riskiert werden.

[1] Z. B. Boszormenyi-Nagy 1965, Stierlin 1971, Boszormenyi-Nagy und Spark 1973, Willi 1975.

Deshalb richtete sich schon damals meine Aufmerksamkeit vor allem auf das Beziehungsgeflecht zwischen Therapeut und Patient. Ich wollte über die Dynamik dieses Beziehungsgeflechts möglichst viel erfahren, da für mich die Hindernisse in der Psychotherapie nicht in erster Linie technischen Probleme sind, sondern auf Angst und Abwehr beruhende intrapsychische Probleme des Therapeuten und der therapeutischen Beziehung.

Seit dem Erscheinen des Buches „Beziehungsanalyse" haben sich meine Vorstellungen über die Psychodynamik und die Beziehungsdynamik von Paaren und Familien weiterentwickelt, so daß ich jetzt ein konkretes Bild von den Grundmustern der Pathologie zwischenmenschlicher Beziehungen in Familien vorlegen kann (vgl. 3. Kapitel), und, abgeleitet davon, auch eine Theorie des Veränderungsprozesses in psychoanalytischen Therapien überhaupt[2], sowie, in diesem Kapitel speziell: in psychoanalytischen Paar- und Familientherapien. Aufgrund langjähriger eigener Erfahrung und Supervision in dieser Arbeit hat sich für mich ein Überblick über typische Prozeßfiguren und das „Handwerk" des Psychoanalytikers ergeben, den ich hier vermitteln möchte.

Die psychoanalytische Intervention in der Paar- und Familientherapie: Erinnern, Wiederholen und Durcharbeiten

Obwohl die Familientherapie inzwischen einen festen Platz unter den anerkannten Psychotherapieformen innehat, sind nicht alle psychoanalytischen Kollegen mit mir der Meinung, daß dieses Setting mit den Vorstellungen über einen psychoanalytischen Prozeß lege artis vereinbar ist (z.B. Pohlen und Plänkers 1982, Plänkers 1984).

Ich möchte deshalb hier noch einmal ausführen, worin

2 Vgl. Bauriedl: Psychoanalyse als Beziehungswissenschaft (in Vorbereitung).

ich die Parallelen im therapeutischen Prozeß bei analytischer Einzeltherapie und psychoanalytischer Paar- und Familientherapie sehe.

Wenn man das Konzept von Übertragung und Gegenübertragung ernst nimmt, kommt man nicht umhin, als Psychoanalytiker sein eigenes Einbezogensein in das therapeutische System zu sehen und zu reflektieren. In einer Vielzahl von genauen Protokollen eigener und fremder psychoanalytischer Behandlungen, die ich verlaufsanalytisch ausgewertet habe, habe ich in den letzten 20 Jahren herausgefunden, daß sich der psychoanalytische Prozeß unter ganz bestimmten Bedingungen „im Kreis dreht", nämlich prinzipiell dann, wenn „Austauschprozesse" zwischen Analytiker und Analysand im hier (3. Kapitel) beschriebenen Sinn stattfinden. Wenn wir also ein Konzept vorlegen wollen, das einerseits einigermaßen klare Aussagen darüber macht, was in der Psychoanalyse wirkt und weshalb, andererseits Methoden finden und darstellen wollen, mit deren Hilfe solche Prozesse in einer ihnen gemäßen Art zu erfassen sind, dann wird dies aus meiner Sicht nicht anders möglich sein als in einem Konzept, das die therapeutische Beziehung und das therapeutische Handeln in dieser Beziehung darstellt.

Ich gehe von der Grundannahme aus, daß der Therapeut in *jeder* Therapie nach dem Muster der oben beschriebenen Verklammerungen in die verschiedenen Ersatzpartnerschaften einbezogen wird und sich einbeziehen läßt. Es stellt sich deshalb nicht die Frage, ob und wie sich das vermeiden läßt, sondern die Frage, ob und wie weit der Therapeut sein Einbezogensein schrittweise bewußt werden lassen kann. Das Prinzip der therapeutischen Intervention heißt: Aussteigen durch Einsteigen. Die Veränderung der Beziehungsstruktur geschieht durch Aufhebung von Unbewußtheit an den Stellen, an denen ein „blindes" oder unbewußtes Mitagieren nach dem Wiederholungszwang abläuft.

In einem gut verlaufenden analytischen Prozeß macht der Therapeut ständig Schritte zur Aufrechterhaltung oder Wiederherstellung auch seiner eigenen „psychischen Gesundheit“. Entsprechend den neueren immunologischen Vorstellungen von der „Gesundheit als Prozeß“ kann man sich vorstellen, daß er seine Gesundheit immer wieder herstellt, indem er die Ersatzpartnerschaften immer wieder kündigt, auf die er sich unbewußt eingelassen hat. An Stelle dieser Beziehungsstruktur versucht er *aktiv* eine Beziehungsstruktur einzuführen, in der er deutlicher (psychisch) getrennt ist von seinem oder seinen Patienten und gleichzeitig besser im Kontakt mit diesen als vorher. Er *verändert seine Antwort* in dem System, wodurch sich das ganze System mit verändert.

Wenn man natürlich von sich anzunehmen gewöhnt ist, daß man „nie in die Fallen der Patienten tappt“ bzw. wenn man glaubt, dies wäre ein schlimmer Fehler, dann wird man auch nicht sehen können, wo und wie es passiert, und man wird vielleicht meine Vorstellungen von der ständigen „Reparatur“ des zwischenmenschlichen und des intrapsychischen Immunsystems empört zurückweisen.

In einer Hinsicht wäre aber wohl Übereinstimmung zwischen fast allen Psychoanalytikern zu erreichen, nämlich dahingehend, daß in der psychoanalytischen Beziehung ein Angebot zur „Regression“ an den Patienten gemacht wird. Nun ist die Frage, was man unter diesem Begriff versteht und was man nicht unter ihm verstehen will. Die Möglichkeit, sich noch einmal ähnlich zu erleben, wie man sich als Kind erlebt hat, ist sicher eine Definition, die allgemeine Zustimmung finden würde. Aber was geschieht dann, wenn man sich noch einmal in die emotionale Dynamik der Kindheitsszenen zurückversetzt? Caruso beschrieb den Vorgang so:

„... die Behandlungstechnik der Psychoanalyse basiert auf den konkreten und ganzheitlichen Beziehungen des Analysanden zur Welt. Sie ist daher ... realistische Praxis. Von den spezifischen Beziehungen der analytischen Situation ausgehend, werden Erinnerungen des Patienten verarbeitet, d.h. Erlebtes wird wiedererlebt und in der Vergegenwärtigung korrigiert. 'Das Modell der psychoanalytischen Situation selbst ist wohl der höchste Beitrag, den Freud zur Gesellschaft beigesteuert hat', sagt E.H. Erikson.[3] Das Neue der psychoanalytischen Technik besteht darin, daß der Mensch sich jetzt als sich und die Welt ändernd und als von der Welt verändert erlebt." (Caruso 1972, S. 13 f)

Wenn manche „Systemiker" diese Zeilen läsen und sie ernst nehmen wollten, dann könnten sie nicht mehr behaupten, die Psychoanalyse fixiere ihre Patienten in der Vergangenheit und kümmere sich nicht um die Veränderung im Hier und Jetzt. Ich denke, man kann das Angebot zur Regression auch als ein „Angebot zur Revision" verstehen, als eine Möglichkeit, in einem geschützten Beziehungsraum die emotionalen „Antworten" des damaligen Kindes noch einmal als sinnvoll und nötig nachzuvollziehen und sie heute zu verändern. In diesem Raum besteht prinzipiell die Möglichkeit, in sich hineinzuhorchen und die Gefühle und Impulse wieder zu entdecken, die damals beiseite geschoben werden mußten, weil anders ein einigermaßen gesichertes Zusammenleben mit den Bezugspersonen nicht möglich gewesen wäre. Deshalb geht es in diesem „Erinnerungsraum", der gleichzeitig ein „Veränderungsraum" ist, darum, zu fragen, zu hören, und Antworten zu finden. Ich kann verstehen, wenn manche Kollegen diesen Vorgang nicht unter dem Begriff der Regression einordnen möchten. Für mich bedeutet Regression im Sinne vom Ernst Kris immer auch „Regression im Dienste des Ich" (Kris 1934), also die „Rückkehr" in einen Zustand vor oder „unter" der Festlegung auf bestimmte die Erlebnis- und Verhaltensmöglichkeiten einschränkende Abwehrstrukturen, mit dem Ziel, sie neu in Frage zu stellen.

Dieser Vorgang entspricht den von Freud erarbeiteten Prinzipien des psychoanalytischen Prozesses: *Erinnern, Wiederholen und Durcharbeiten* (Freud 1914). Auch Freud ging es in seinen psychoanalytischen Bemühungen letztlich darum, daß die vollständige Szene, aus der Kindheit

3 In: „Kindheit und Gesellschaft" 1950a, S. 389.

im Hier und Jetzt der analytischen Beziehung wieder im Bewußtsein zugelassen wird, mit allen ihren verdrängten Anteilen der Trauer, der Sexualität, der Rivalität, usw. Die inneren Normstrukturen von Individuen, aber auch von Paaren, Familien, Gruppen, im gewissen Sinne auch von Völkern oder kulturellen Einheiten, beruhen immer zum Teil auf Unbewußtheit (Erdheim 1982), das heißt: Normen regeln die Beziehungen an den Stellen, an denen das Zusammenleben ohne diese Regelung zu gefährlich schiene. Triebwünsche, die für die intrapsychische Stabilität des Individuums und/oder für die interpsychische Stabilität der Gruppe oder einer Gesellschaft zu ängstigend sind, werden verdrängt, tabuisiert oder auch verschoben, je nachdem, welche Form der individuellen oder kollektiven Abwehr gewählt wird. Dadurch sind diese Triebwünsche aber nicht beseitigt. (Ich sage meistens lieber: „Lebenswünsche", weil diese Wünsche direkt erlebbar sind, und weil ich glaube, daß wir mit unseren „Trieben" nichts anderes wollen als leben.) Sie dringen in verkleideter Form wieder in das Verhalten ein, in Form von Riten, in Form von Ersatzbefriedigungen, oder eben auch in Form von als Symptome bezeichneten Auffälligkeiten oder Abweichungen von der Norm (vgl. Wölpert 1983).

Damit sich solche Symptome auflösen können, ohne daß andere, vielleicht weniger als „Symptome" auffallende Normstrukturen dafür eingesetzt werden müssen, ist ein emanzipatorischer Prozeß erforderlich. Emanzipation bedeutet hier: Infragestellung von bisher selbstverständlichen intrapsychischen und interpsychischen Normstrukturen durch Auflösung der ihnen zugrundeliegenden Unbewußtheit.

Erinnern

Freuds Vorstellung vom psychoanalytischen Prozeß als *Erinnern* von vergessenen oder verdrängten Gefühlen oder Wünschen entspricht diesem Vorgang in der Paar- und Familientherapie. Freud verglich das Erinnern deskriptiv mit dem Auffüllen von Lücken der Erinnerung.

Dynamisch ging es ihm um die Überwindung der Verdrängungswiderstände, und um die Aufhebung der Zensur: An den zensierten Stellen einer Zeitung sollte wieder der Originaltext erscheinen. Auch in der psychoanalytischen Paar- und Familientherapie geht es darum, daß die wahren, aber abgespaltenen Wünsche und Gefühle, deren Unbewußtheit die Symptomatik entstehen ließ und aufrecht erhält, wieder im Erleben zugelassen werden. Die in Machtkämpfen und Erpressungen, in psychischer und/oder somatischer Symptomatik gebundenen Triebwünsche und Ängste, die Gefühle von Trauer, Wut, Sexualität, Rivalität, die Wünsche nach Geborgenheit, Zuneigung, Nähe und Anerkennung, werden so in den Kompromißbildungen der Abwehr wiederentdeckt und dadurch frei.

Da man aber innere Freiheit nicht verordnen oder erlauben kann, geht es für den Analytiker letztlich um die Frage, ob und an welchen Stellen *er selbst an der Aufrechterhaltung der gemeinsamen Abwehrnormen beteiligt ist.* Nimmt er selbst seine abgespaltenen Wünsche, Phantasien und Gefühle wieder wahr, dann steht er in einer anderen Beziehung zu den Patienten, als wenn auch ihm die entsprechenden tabuisierten Anteile fehlen. Soweit er selbst immer wieder „innerlich ganz" wird, kann er auch die Patienten „mit den Originaltexten auf den zensierten Zeitungsseiten" sehen. Indem er die vorher von ihm abgespaltenen Anteile in sich zurücknimmt, gibt er die entsprechenden Anteile, die er vorher von den Patienten übernommen hat, an diese zurück (vgl. 3. Kapitel).

Wiederholen

In der Vorstellung vom *Wiederholen* im psychoanalytischen Prozeß wurde für Freud die Übertragungsneurose zum wichtigsten Therapeutikum. Er schrieb:

> „Das Hauptmittel aber, den Wiederholungszwang zu bändigen und ihn zu einem Motiv fürs Erinnern umzuschaffen, liegt in der Handhabung der Übertragung. Wir machen ihn unschädlich, ja vielmehr nutzbar, indem wir ihm sein Recht einräumen, ihn auf

einem bestimmten Gebiete gewähren lassen. Wir eröffnen ihm die Übertragung als den Tummelplatz, auf dem ihm gestattet wird, sich in fast völliger Freiheit zu entfalten, und auferlegt ist, uns alles vorzuführen, was sich an pathogenen Trieben im Seelenleben des Analysierten verborgen hat. Wenn der Patient nur so viel Entgegenkommen zeigt, daß er die Existenzbedingungen der Behandlung respektiert, gelingt es uns regelmäßig, allen Symptomen der Krankheit eine neue Übertragungsbedeutung zu geben, seine gemeine Neurose durch eine Übertragungsneurose zu ersetzen, von der er durch die therapeutische Arbeit geheilt werden kann. Die Übertragung schafft so ein Zwischenreich zwischen der Krankheit und dem Leben, durch welche sich der Übergang von ersterem zum letzteren vollzieht. Der neue Zustand hat alle Charaktere der Krankheit übernommen, aber er stellt eine artifizielle Krankheit dar, die überall unseren Eingriffen zugänglich ist." (Freud 1914, S. 134 f.)

In der Paar- und Familientherapie kann ein ähnlicher Prozeß ablaufen. Wenn ich mich in das Familiensystem *fühlend* hineinbegebe, dann spüre ich in mir selbst die Kompromißhaftigkeit unserer gemeinsamen Abwehr, der Normen, die unser Zusammenleben regulieren. Ich kann also Schritt für Schritt in der *unvermeidlichen* Wiederholung der verschiedenen Übertragungsszenen die Bedeutung von Verhaltensweisen als Ausdruck von Konfliktlösungen zwischen Wünschen und Ängsten verstehen. Die so wiedergefundenen emanzipatorischen Wünsche drängen von sich aus nach einer Veränderung, nach dem Prinzip des „natürlichen Auftriebs des Unbewußten" (Freud 1941, S. 104). Da gleichzeitig die Ängste in dieser geschützen Situation „gut aufgehoben" sind, kann sich eine strukturelle Veränderung in den Personen und zwischen den Personen ergeben.

Dabei müssen die verschiedenen Übertragungen (von der Mutter auf die Therapeutin und/oder auf die Ehefrau und/oder auf die Tochter, etc.) nicht unbedingt alle „benannt" werden. Es kann sogar eher ungünstig sein, explizit die Frau als die Nachfolgerin der Mutter zu benennen, da es in manchen Familien schon zur Abwehrstruktur gehört, sich die Mutter- und Vaterbindungen bzw. die entsprechenden Übertragungen entwertend „um die Ohren zu hauen". So können psychoanalytische Erkenntnisse dem Erleben unzugänglich und zu einer intellektuellen Spielerei werden. Trotzdem sehe ich für mich als Analytikerin in diesem Feld große Vorteile darin, mir innerlich *jedes* Familienmitglied aus dessen kindlicher Perspektive vorzustellen. In dieser Sichtweise findet man leichter zu den kindlichen Wünschen an Vater und Mutter und auch zu den Ängsten als wenn man nur ein „streitendes Paar" vor sich sieht, das womöglich noch dem eigenen Elternpaar ähnlich ist.

Durcharbeiten

Über das *Durcharbeiten* im psychoanalytischen Prozeß schrieb Freud,

> „daß das Benennen des Widerstands nicht das unmittelbare Aufhören desselben zur Folge haben kann. Man muß dem Kranken die Zeit lassen, sich in den ihm unbekannten Widerstand zu vertiefen, ihn durchzuarbeiten, ihn zu überwinden, indem er ihm zum Trotze die Arbeit nach der analytischen Grundregel fortsetzt. Erst auf der Höhe desselben findet man dann in gemeinsamer Arbeit mit dem Analysierten die verdrängten Triebregungen auf, welche den Widerstand speisen und von deren Existenz und Mächtigkeit sich der Patient durch solches Erleben überzeugt. Der Arzt hat dabei nichts anderes zu tun, als zuzuwarten und einen Ablauf zuzulassen, der nicht vermieden, auch nicht immer beschleunigt werden kann ... (Das Durcharbeiten) ist ... jenes Stück Arbeit, welches die größte verändernde Einwirkung auf den Patienten hat und das die analytische Behandlung von jeder Suggestionsbeeinflussung unterscheidet." (Freud 1914, S. 135 f.)

Es geht also beim Durcharbeiten – entgegen allen Vorurteilen systemischer Kritiker – darum, daß die *Aktivität* in der therapeutischen Veränderung *beim Patienten bleibt.* Das ist nur möglich, wenn der Therapeut *seine* Aktivität und die Verantwortung für *seine* Bewegungen bei sich behält. Sonst findet ein „Austausch" der Veränderungswünsche und der Verantwortung statt: Der Therapeut „schiebt", der Patient läßt „schieben". Das meinte Freud wohl auch mit dem Gegensatz zwischen Psychoanalyse und „Suggestionsbeeinflussung".

Nach Freuds Beschreibung findet der Analytiker zusammen mit dem Patienten die „Triebregungen", die in der Abwehr enthalten sind, das heißt: Dieser erlebt, wie *stark* seine Lebenswünsche sind. Trotzdem ist der ganze Vorgang nicht so „passiv" gemeint, wie er hier dargestellt ist. Der Analytiker „wartet" nicht nur „zu" bis der Patient mit dem „Durcharbeiten" fertig ist. Der Patient braucht für diesen Vorgang die spannungsvoll verstehende Begleitung des Analytikers, die sich durchaus – vor allem in der Einzelanalyse, hier ist ein Unterschied zur Familientherapie – in langem Schweigen ausdrücken kann.

Auch diese Ausführungen Freuds finden ihre Parallele in der psychoanalytischen Paar- und Familientherapie. Gerade im familientherapeutischen Setting habe ich gelernt, daß das Ansprechen der Widerstände nicht nur nicht ausreicht, sondern sogar den Veränderungsprozeß blockieren kann, nämlich dann, *wenn sich der Therapeut selbst im Widerstand befindet.* Ich sehe mich selbst als im Widerstand befindlich an, wenn ich nur noch den Abwehr- oder Widerstandsaspekt der Äußerungen oder Verhaltensweisen meiner Patienten wahrnehmen kann. Bildlich gesprochen hat der Patient für meine Wahrnehmung dann „seine untere Hälfte verloren". Ich sehe ihn „oben" kämpfen, gegen seinen Partner oder seine Kinder oder Eltern, oder auch gegen mich; ich sehe nicht mehr, wie er in sich selbst gegen seine eigenen Wünsche kämpft, und welche Ängste bei ihm von der „Mächtigkeit der Triebregungen" (s.o.) ausgelöst werden. Ich sehe nur noch den Kampf gegen Außenfeinde, der mich unter Umständen selbst betrifft, oder den ich glaube verhindern oder beenden zu müssen. Die psychodynamische Grundlage dieses Kampfes, die Abwehrnotwendigkeit der Angst vor den eigenen Lebenswünschen, ist auch mir unbewußt – soweit ich mich selbst im Widerstand befinde.

Wie jeder andere im Widerstand befindliche Therapeut, beginne ich dann, *gegen die Abwehr* oder gegen den Kampf *vorzugehen,* was die Abwehr und den Kampf selbstverständlich verstärkt. Der Kampf hat sich fortgesetzt, der

Widerholungszwang ist zur „Ansteckung“ geworden; ich wiederhole die Abwehr der Patienten und verstärke sie gleichzeitig.

Aus dem Resultat eines Verhaltens kann man oft auf dessen unbewußte Motivation schließen, und so meine ich, daß ich immer dann in den Widerstand gerate, wenn ich selbst – systemkonform – übergroße Angst vor dem spontanen Auftreten eigener oder fremder (Trieb-) Wünsche habe. Sexuelle, insbesondere inzestuös-sexuelle Angebote der Patienten, die mir zu viel Angst machen, nehme ich dann einfach nicht wahr. Unbewußt und automatisch greife ich zu dem besten Mittel, um zu verhindern, daß sich solche Gefühle und Wünsche bei mir und bei meinen Patienten spontan einstellen können: Ich verordne sie. Ich verordne Befreiung, diffamiere die Abwehr und den Widerstand, und verhindere dadurch genau das, was ich bewußt will und unbewußt fürchte, den „natürlichen Auftrieb“ verdrängter Triebwünsche.

Freud schreibt: „Der Arzt hat dabei nichts anderes zu tun, als zuzuwarten und einen Ablauf zuzulassen, der nicht vermieden, auch nicht immer beschleunigt werden kann“ (s.o.). Das „spannungsvoll verstehende Begleiten“ des therapeutischen Prozesses, wie ich eben das Freudsche „Zuwarten“ interpretiert habe, muß in der paar- und familientherapeutischen Situation häufig andere äußere Formen annehmen als in der Einzeltherapie. Die Angst vor einer aufdeckenden Veränderung ist in der Paar- und Familientherapie zumindest zu Beginn einer Behandlung oft ungleich größer als in der Einzelanalyse, sowohl bei den Patienten als auch bei den Therapeuten. Die Familienmitglieder sind in ihrem Abwehrsystem so gut „aufeinander eingespielt“, daß sich die Abwehr sehr schnell wieder „schließt“, wenn der Therapeut nicht „dran bleibt“[4] Mancher Anfänger auf diesem Gebiet, der seine Identität als Einzelanalytiker bisher mit passiven Verhal-

4 Wie dieses „Dranbleiben“ aussehen kann, beschreibe ich in diesem Kapitel unter dem Bild vom „zweiten Schritt“.

tensweisen verbunden hat, hat deshalb diese Art der analytischen Arbeit nach ersten entmutigenden Versuchen bald wieder aufgegeben oder zu einer anderen familientherapeutischen Methode gegriffen.

Aufgrund dieser Erfahrung hat der Begriff „Durcharbeiten“ für mich immer mehr die Bedeutung von „Durchstehen“ bekommen. Das bedeutet dann, die eigene Abwehr immer wieder reflektierend zu bemerken, in ihrer Dynamik zu verstehen und als Signal für die Situation in der therapeutischen Beziehung zu verwenden. Wenn ich mich dann wieder auf die abgewehrten (emanzipatorischen) Wünsche bei allen Beteiligten einlassen kann, „bewegt“ sich das „System“. Dann beginne ich wieder, mich in konstruktiver Weise mit den Familienmitgliedern „auseinander-zu-setzen“. Es ist sehr wichtig, einen einmal angegangenen Konflikt möglichst bis zu seiner Lösung „durchzustehen“ und nicht „dies und das“ zu beginnen und dann (bei Widerstand) wieder liegen zu lassen. Das Unbewußte der Patienten und des Therapeuten gewöhnt sich sonst daran, daß „hier auch wieder nichts geht“. Die Folge ist, daß auch die Patienten resignieren und selbst nicht mehr auf einer befriedigenden „Erledigung“ eines Konflikts bestehen, die erst dann erreicht ist, wenn alle verstanden haben, wie der Konflikt und die daran Beteiligten „von innen“ aussehen.

Die Veränderung, so schrieb schon Freud, ist erst möglich, wenn die Existenz und die Mächtigkeit der Triebregungen wieder *erlebt* werden kann. Und dazu braucht nicht nur der Patient Zeit, sondern im gleichen Maße auch der Therapeut. Nur wenn die Abwehr nicht als Feind erlebt wird, wenn die Symptomatik in ihrer Sinnhaftigkeit als Kompromißlösung zwischen Triebwünschen und Ängsten verstanden und erlebt werden kann, dann ist eine Veränderung möglich, die sich „von jeder Suggestionsbeeinflussung unterscheidet“ (s. o.).

Die Vorgänge während des Durcharbeitens in der Familientherapie können etwa so beschrieben werden: Wenn ich mich als Analytikerin systematisch darauf konzentriere, daß *ich* verstanden haben muß, wie das Verhalten der einzelnen Familienmitglieder mit deren innerem Erleben zusammengehört, dann wird diese Art des Umgangs allmählich zur Gewohnheit in unserer Beziehung. Infolge dieser „Gewohnheit" tritt Zufriedenheit dann ein, wenn dieser Zusammenhang erlebt werden konnte, nicht „wenn sich der andere endlich verändert hat". So werden die Familienmitglieder allmählich zu „Containern" füreinander, „gehalten" in ihrer „ganzen" Dynamik, was große Veränderungschancen für jeden einzelnen mit sich bringt – vielleicht manchmal größere Chancen als wenn sich nur ein Partner einer verklammerten Beziehung in Analyse begibt.

Die als Begründung für das Verhalten oft angeführten Rationalisierungen („Sachzwänge") und die schuldzuweisenden Begründungen („Ich kann ja nicht, weil du...") werden in einem solchen Prozeß in ihrem Abwehrcharakter erfahrbar. Anstelle dieser Begründungs- oder Argumentationssequenzen erscheinen zunehmend Äußerungen, die den Zusammenhang zwischen dem eigenen Verhalten und den *eigenen* Gefühlen und Wünschen beinhalten: „Ich kann nicht, weil *ich* Angst habe; ich kann, weil *ich* den Wunsch spüre." Gleichzeitig mit dem Erleben dieser Zusammenhänge werden auch die intrapsychischen Ambivalenzen wieder bewußt, wodurch die interpsychischen Ambivalenzspaltungen und die damit verbundene doppelbindende Kommunikation aufgelöst werden.

Auch diese Veränderung kann vom Therapeuten ausgehen, wenn er versucht, seine eigene Ambivalenz wiederzuerleben, und seine unbewußten Phantasien in bezug auf die Patienten aufsteigen zu lassen. Er findet dann regelmäßig in sich einen Konflikt zwischen Wünschen an die Patienten und Angst davor, daß die Wünsche in Erfüllung gehen könnten, zum Beispiel: „Ich möchte gerne, daß ihr (das Paar) euch emotional annähert, aber ich habe auch Angst davor, dann überflüssig zu werden". Ist dem Therapeuten diese seine eigene Ambivalenz bewußt, dann wird er nicht mehr „blind" (aufgrund seiner eigenen Übertragung) die „Vereinigung seiner Eltern" *be-*

treiben, und sie dadurch unbewußt verhindern. Je mehr er nämlich versucht, die beiden „zusammenzuschieben“, desto mehr werden sie auseinanderstreben.

Das zentrale Thema: Das Paar und der Dritte

Nach diesen allgemeineren Überlegungen zum therapeutischen Prozeß und zur therapeutischen Intervention in der psychoanalytischen Familientherapie möchte ich mich nun dem speziellen Fall der *Paartherapie* zuwenden. Die Paartherapie ist für mich das „Herz“ der Familientherapie. Da ich psychische und psychosomatische Symptome als Ausdruck von ersatzpartnerschaftlichen Beziehungen verstehe, muß ich primär in jeder Familie die Beziehung jedes Kindes und auch meine eigene Beziehung zur Paarbeziehung der Eltern untersuchen. Das trianguläre Verständnis zwischenmenschlicher Beziehungen ist für mich die beste und einzige Möglichkeit, dyadische Verklammerungen aufzulösen.

Wir werden als Dritte geboren: die trianguläre Grundform menschlicher Beziehungen

Die Entstehung von Störungen in den Objektbeziehungen (Entweder-Oder-Verklammerungen) geht für mein Verständnis immer auf eine Reduktion des naturgemäß gegebenen Dreiecks zwischen Vater, Mutter und Kind zurück. In den bewußten und unbewußten Phantasien der Beteiligten entsteht durch die Ersatzpartnerschaft des Kindes (und der Eltern) jeweils ein dyadisches Bündnis zwischen Mutter und Kind gegen den Vater einerseits, und zwischen Vater und Kind gegen die Mutter andererseits. Diese Zwei-gegen-einen-Struktur ist in der Familie verhältnismäßig leicht zu erkennen.[5] Schwieriger ist es,

[5] Sie wird innerhalb und außerhalb der psychoanalytischen Literatur zur Paar- und Familientherapie viel diskutiert. Vgl. vor allem Buchholz 1990a, 1993, aber auch Wood 1994.

den Kampf, der innerhalb der dyadischen Bündnisse besteht, in Zusammenhang mit der gespaltenen Triade zu verstehen. Wie ich im 3. Kapitel ausführlich dargestellt habe, sieht dieser Kampf in der „Ersatzpartnerschaft“ intrapsychisch und in seinen Botschaften an den jeweiligen Partner so aus: „Ich kann es nicht ertragen, daß du dich mir zu sehr annäherst, oder daß du dich zu weit von mir entfernst, weil ich fürchte, dadurch verschlungen beziehungsweise verstoßen zu werden.“ Zwei Menschen, die „selbstobjekthaft“ miteinander verklammert sind, weil und wodurch der Dritte ausgeschlossen ist, sind mindestens teilweise *eine Person.* Sie erleben sich jeweils als Teil des anderen, was die vielfältigen „Austauschprozesse“ (vgl. 3. Kapitel) mit sich bringt.

In dyadischen Verklammerungen, die als solche in der Einzeltherapie oder auch in der Familientherapie präsentiert werden, wird oft auch vom Therapeuten die trianguläre Sichtweise „vergessen“. Wird diese reduzierte Phantasie – eventuell in einer Supervision – wieder vervollständigt, dann kann zum Beispiel die Bedeutung des scheinbar nicht existenten Vaters, der scheinbar nicht existenten Mutter und auch das in seinen Wünschen und Ängsten scheinbar unwichtige Kind wieder in das „Gesamtbild“ der Familie eingefügt werden. Die vermiedene Spannung im Dreieck wird wieder relevant, wodurch auch die „Zwei“ wieder lebendiger werden können.

Da sich für jeden Menschen die Grundform seiner Objektbeziehungen in der (eventuell auch nur phantasierten) Beziehung zu *beiden* Eltern entwickelt, ist zunächst für jedes Individuum dessen Originalszene als Kind, als Drittes in der Beziehung zu Vater und Mutter wichtig. Diese Originalszene überträgt sich auf alle späteren Objektbeziehungen, in denen es immer wieder darum geht, ob das frühere Kind in seiner Beziehung zu den Eltern einen Platz als Tochter oder als Sohn hatte, oder ob und in welchem Ausmaß die Generationengrenze verwischt war, und das Kind die Grundangst entwickeln mußte, daß einer von beiden Elternteilen es unter Ausschaltung des anderen als Ersatzpartner „verschlingen" und „verstoßen" könnte, beziehungsweise daß die Eltern sich gegen das Kind zusammenschließen könnten und dieses deswegen keinen Platz mehr im Leben hätte. Die (dyadischen) Ängste vor zu großer Nähe zu einem Partner und vor zu großer Entfernung von ihm, und auch die (triadischen) Ängste, im „gespaltenen Dreieck" entweder ausgestoßen zu werden und wertlos zurückzubleiben, weil zwei oder mehrere andere sich zusammenschließen, oder lebenslang als „Vermittler" gebraucht und mißbraucht zu werden, alle diese Ängste sind „Urängste", die jeder Mensch in mehr oder weniger starkem Maß aus seiner Kindheit mitbringt.

Auch die Methoden des Kampfes um die Position als jeweils Zweiter im Bündnis und gegen die Position als Dritter (Ausgestoßener), die jeder Mensch in der Übertragung seiner Kindheitsszenen mit sich führt, werden in der Beziehung zu den Eltern erworben und weitergeführt in der Beziehung zum Partner, zu den eigenen Kindern und zum Therapeuten. In der Familientherapie ergibt sich durch diese Sichtweise eine Vielzahl von Dreiecken; von jedem einzelnen aus gesehen geht es um die Übertragung seiner Beziehung zu Vater *und* Mutter beziehungsweise zu Vater *oder* Mutter.

Der Paartherapeut als Dritter

In der Dreierbeziehung einer Paartherapie verschränken sich drei solcher triangulärer Übertragungsmuster – jedenfalls, was die anwesenden drei Personen betrifft. Das Paar kommt zum Therapeuten mit dem Wunsch: Jetzt suchen wir uns einen Dritten, der uns hilft, unsere Beziehung zu verbessern. Derselbe Entschluß war mehr oder weniger bewußt oft auch das Motiv für die Zeugung und Geburt des Therapeuten selbst. In gewisser Weise erwarteten auch seine Eltern von ihm, daß er ihre Beziehung festigen und/oder auch trennen würde. Soweit die Beziehung seiner Eltern unbefriedigend war, entwickelte sich seine Identität als besserer Partner für beide Eltern. Diese Szene ist wohl häufig an der Berufswahl zum Psychotherapeuten, und zum Paar- und Familientherapeuten beteiligt.[6]

Soweit sie analysierend durchgearbeitet werden kann, halte ich sie nicht für ein Hindernis für die Berufsausübung. Die Familienselbsterfahrung als ein wichtiger Teil der Ausbildung zum psychoanalytischen Paar- und Familientherapeuten dient vor allem dem Erinnern, Wiederholen und Durcharbeiten der eigenen Ersatzpartnerfunktion in der Beziehung zu den eigenen Eltern. Die Anfälligkeit für ein blindes Mitagieren der jeweils dyadischen Bündnisse wird umso geringer, je besser die entsprechende Szene der eigenen Ursprungsfamilie und die unbewußte Psychodynamik der Ersatzpartnerschaft analysiert und die dadurch gewonnene neue „innere Freiheit" in das Selbstverständnis der eigenen Person integriert werden konnte.

Das heißt nicht, daß ein derart „familiendynamisch durchanalysierter" Therapeut dagegen gefeit ist, die Abwehrstruktur des in „Zweiecke" zerfallenden Dreiecks mitzuagieren. Soweit er in seiner eigenen Entwicklung und Ausbildung die Erfahrung machen konnte, daß solche Bündnisstrukturen etwas Ubiquitäres und aus der intrapsychischen und interpsychischen Beziehungsdynamik Verständliches ist, wird er aber sein eigenes entsprechendes Mitagieren nicht mehr für etwas „Schlechtes", für einen Fehler halten, und dieses Mitagieren deshalb besser wahrnehmen und aufdecken können. Er wird innere Signale entwickeln, die ihm anzeigen, daß er mit einem der beiden Partner in einem bündnisbedingten Clinch steckt, und er wird solche Bündnisse leichter aufdecken und in Frage stellen können, wenn er in seinem Selbstverständnis nicht nur darauf angewiesen ist, der jeweils bessere Partner zu sein. Dann ist er weniger verführbar durch die Situation, in der einer der Partner (oder auch ein Einzelpatient) die übergreifende Phantasie entwickelt, ihn „dringend zu brauchen"; denn er kennt die Rückseite

6 Natürlich kommt sie in anderen Berufsgruppen nicht etwa weniger häufig vor.

dieses „Dringend-gebraucht-Werden“: Man wird gleichzeitig von einem und/oder von beiden Partnern in die Beziehung hineingezogen und auch wieder als „wertlos“ aus der Beziehung ausgestoßen (vgl. Die Verschmelzungssituation in der Triade in Abbildung 6, S. 115).

Wenn der Analytiker in seiner eigenen Entwicklung eine positive Identität als Sohn beziehungsweise Tochter der eigenen Eltern gefunden hat,[7] kann er die Dreiecksdynamik mit ihrem Kampf um die Überwertigkeit oder Grandiosität gegen die Unterwertigkeit des ausgestoßenen Dritten leichter durchschauen, durcharbeiten oder auch durchstehen. Die Rückversicherungsverträge mit der entsprechenden Erpressung: „Wenn du mich nicht liebst (= wenn du mir nicht das Paradies herstellst), dann liebe ich eben die/den andere(n)“, greifen weniger, wenn man selbst erfahren hat, daß die Liebe zwischen den eigenen Eltern die Grundlage für die eigene physische und psychische Existenz ist.

Soweit oder solange dem Therapeuten das analysierende Durcharbeiten der Dreiecksbeziehungen und der jeweils übertragenen triangulären Szenen nicht gelingt, muß er sie agieren oder mitagieren. Ich muß dann zum Beispiel in einer Paartherapie die Aufträge der Frau zu erfüllen versuchen, was wegen des Double-Bind-Charakters der Beziehung unmöglich ist, und mich in die entsprechende Lähmung versetzt. Ich werde auf diese Weise zum willigen, nicht unterscheidbaren „Anhängsel“ der Frau, das denkt, fühlt und tut, was auch die Frau denkt, fühlt und tut. In der „Überschneidung“ (vgl. 3. Kapitel) introjiziere ich ihre Wünsche und Ängste – und erlebe so meine *eigenen* Wünsche und Ängste nicht mehr. Auch habe ich die Phantasie, daß diese unsere „nahe“ oder auch „gute“ Beziehung nichts mit meiner Beziehung zum „Vater“, also eventuell mit dem Partner der Frau, mit meinem eigenen Mann, oder mit anderen Dritten zu tun habe.

---

7 Sei es in der eigenen Ursprungsfamilie, sei es in der Selbsterfahrung einer guten psychoanalytischen Ausbildung.

Dieses Bündnis hilft uns beiden, die Rivalität um den (in der Paartherapie anwesenden) Mann zu vermeiden. Es behindert aber auch unsere Wahrnehmung: Wir können beide den Mann nicht mehr sehen und erleben, wie er wirklich ist. Er scheint entweder gar nicht mehr existent oder in irgendeiner Weise „schlecht“ zu sein.

Auch unsere *gegenseitige* Wahrnehmung ist dann nur partiell: Wenn man mit einem der Partner „in einem Boot sitzt“, kann man ihn nur noch in seiner Not (als Opfer des anderen) *oder* in seiner Abwehr (als „Täter“, vielleicht als abweisend oder rücksichtslos, etc.) sehen. Oft erlebt man ihn nicht mehr in seiner sexuellen Identität (als Frau oder Mann) und gibt gleichzeitig bei sich selbst das psychophysische Gefühl der eigenen sexuellen Identität auf. Für einen angestrengten und bemühten Helfer ist die sexuelle Identität in der Paartherapie, und in der Psychotherapie überhaupt, scheinbar Nebensache. Solange sie Nebensache bleibt, kann sich oft an der Verklammerung zwischen jeweils Zweien gegen einen Dritten nichts verändern.

In der Supervision von Paartherapien oder auch bei dem Versuch, mir meine eigene Position zwischen den Partnern bewußt zu machen, habe ich manchmal das Bild vor Augen, daß der Therapeut zwischen dem Paar im Bett liegt. Er wendet sich hin und her, und geht bereitwillig auf das jeweilige Angebot ein, der bessere Partner zu sein. Dabei phantasiert er, daß die Hinwendung zu einem Partner, die in diesem Bild unausweichlich eine Abwendung vom anderen Partner mit sich bringt, vor dem Partner, dem er jeweils „den Rücken zukehrt“, geheimgehalten werden kann und muß. Anders ist der „Rückversicherungsvertrag“ nicht aufrechtzuerhalten, der immer die Möglichkeit gibt, den jeweiligen Bündnispartner zu Höchstleistungen an Fürsorge und Loyalität zu verpflichten, immer mit der Drohung, sich sonst (im Bett) „umzudrehen“ und abzuwenden.

Außerdem ist nur so die Größenphantasie aufrechtzuerhalten, daß beide Eltern oder Partner von ihm, dem Therapeuten, abhängig sind, und daß es dem Therapeuten deshalb nicht ohne dessen Einverständnis und ohne dessen Erlaubnis passieren kann, daß die Eltern sich einander annähern oder voneinander entfernen. Die jeweils gegenüberliegende Seite im Dreieck (also die Beziehung zwischen den beiden anderen) ist für das Selbstwertgefühl immer die bedrohlichste, weshalb auch bei schweren psychischen Störungen regelmäßig die Tatsache, durch den Koitus der Eltern entstanden zu sein, mindestens emotional geleugnet wird. Das mit dieser Vorstellung verbundene Gefühl der Abhängigkeit der eigenen Existenz von der sexuellen Annäherung zwischen den Eltern ist bei schweren Störungen nicht aushaltbar. Sie wird verkehrt in die Phantasie: Die Eltern sind von mir abhängig, nicht ich von ihnen. Im Extremfall bedeutet das in irgendeiner Form: Ich habe die Mutter zusammen mit dem Vater gezeugt, oder umgekehrt – eine Phantasie, die bei schizophrenen Psychosen nicht selten ist.

Wie ein Kind, so wird auch der Therapeut zwischen dem Paar sowohl hin und herge*schoben* als auch hin und herge*rissen*. Um die (Größen-)Phantasie von der eigenen Unabhängigkeit nicht aufgeben zu müssen, versucht er oft, seine eigenen Bewegungen zwischen den Partnern nicht wahrzunehmen, und gleichzeitig nicht zu spüren, wie die Partner ihn sich gegenseitig zuschieben und um ihm kämpfen. Er „arbeitet" und vor lauter „Arbeit" spürt er nicht, daß und wie er die beiden durch seine Vermittlerhaltung sowohl trennt als auch verbindet, und daß auch er, sobald ihm selbst die Nähe zu einem der beiden zu gefährlich wird, automatisch den anderen zwischen diesen und sich selbst schiebt, um „in Deckung gehen" zu können.

Muß immer alles analysiert und aufgedeckt werden?

Alle diese Wiederholungen von frühen Szenen der Patienten und des Therapeuten können *schrittweise* aufgedeckt und dadurch aufgelöst werden, soweit es die abnehmende Angst der Beteiligten zuläßt. Die Formulierung „schrittweise" ist mir an dieser Stelle wichtig, weil ich oft mit meiner Beschreibung der verschiedenen Wiederholungsszenen mißverstanden werde – vor allem, wenn man mich nicht persönlich erlebt, sondern meine Überlegungen nur lesend nachzuvollziehen versucht. Man nimmt dann an, ich würde von mir und anderen verlangen, immer alle diese Bewegungen überblicken und sofort aufdecken und verändern zu können. Die von mir dargestellte Paar- und Familientherapie erscheint dann mit einem ungeheuren Anspruch belastet. Was ich als Chance verstehe, wird zum therapeutischen Soll. Aber Chancen, die man glaubt, „zum Besten der Patienten" ergreifen zu *müssen,* sind keine das *eigene* Leben erleichternden Chancen. Da man sich nur selbst befreien kann, und dies nur tut, wenn man „Lust" dazu hat und einen „schönen" Weg dazu vor sich sieht, ist es zwecklos, sich irgendwelche Sollzustände im therapeutischen Prozeß vorzustellen.

Die therapeutische Devise: „Wenn ich weiß, wie die Veränderung gehen kann, dann muß ich sie auch sofort und total herbeiführen" ist eine typische Größenphantasie, die die eigene Angst und die Angst der Patienten nicht berücksichtigt, und gleichzeitig kleine Schritte verhindert, weil sie nicht mit Siebenmeilenstiefeln gemacht werden können.

Ich meine, daß sowieso immer nur ein sehr kleiner Teil der sich ständig wiederholenden Abwehrszenen bewußt wahrgenommen und aufgedeckt werden kann. Ich halte es für wichtig, jeweils *vor* einem solchen Schritt *fühlend* in mir zu beurteilen, ob ich das Gefühl habe, den durch mein aufdeckendes Ansprechen virulent werdenden Konflikt so *durchstehen* zu können, daß er sich wirklich löst, oder ob ich befürchten (und vielleicht auch hoffen) muß, daß die nach einer Intervention selbstverständlich zunächst eintretende Abwehr-„Antwort" nur mein Feindbild bestätigt, und der Konflikt auf diese Weise keine neue Lösung finden kann.

In diesem Fall hat dann ein „Austausch" zwischen mir und den Patienten stattgefunden: Ich habe den emanzipatorischen Teil des gemeinsamen Systems übernommen und die Angst und Abwehrnotwendigkeit dem oder den Patienten zugeschoben. Diese schützen nun nicht nur sich selbst sondern auch mich durch ihren Widerstand gegen eine uns alle ängstigende Situation. Wenn es so ist, werde ich auch keinen „zweiten Schritt“ (s.u.) unternehmen, der anzeigt, daß der in mir aufgetretene emanzipatorische Impuls „die Abwehr-Antwort überleben“ konnte. Ich werde mit einem bestätigten Feindbild (*die* können das ja nicht aushalten) aus der „Schlacht“ zurückkehren, was in allen Beteiligten bewußt oder unbewußt die Resignation verstärkt. Weitere emanzipatorisch-aufdeckende Impulse, bei mir selbst und auch bei den Patienten, werden dadurch entmutigt oder gelähmt.

Hätte ich versucht, vorher *bewußt* zu spüren und zu entscheiden, ob wir (das therapeutische System) den von mir eventuell anzusprechenden Konflikt *jetzt durcharbeiten* können, oder ob die gemeinsame Angst dafür (jetzt noch) zu groß ist, dann hätte ich es vielleicht unterlassen, diesen Konflikt anzusprechen und mich einem anderen, im Moment leichter zu bewältigenden Thema zugewandt. Wenn man eine „Revolution“ in Gang setzt, ist man dafür verantwortlich, daß sie (und man selbst in ihr) nicht untergeht.[8] Diese Gefahr kann man oft am besten *vorher* einschätzen – wenn man genau „hinfühlt“ und nicht „irgendetwas“ macht, was der Supervisor sagt, was in Büchern steht, oder was einem gerade unreflektiert in den Kopf kommt.

Die eben beschriebene Szene macht deutlich, wie wichtig es ist, sich immer wieder an den eigenen Gefühlen zu orientieren. Die Fragen: „Was fühle ich? Was bedeutet das? Was will ich deswegen tun?“ sind die wichtigsten Fragen in jeder psychoanalytischen Therapie. Nur wenn man sich diese Fragen immer wieder stellt, kann man die Verantwortung für sein Handeln *selbst* übernehmen und dadurch gleichzeitig den Patienten die Verantwortung für

8 Über die Folgerungen aus diesen Überlegungen für den politischen Widerstand vgl. Bauriedl 1988.

ihr Verhalten zurückgeben. Beziehungsstörungen bestehen grundsätzlich aus „verschobenen“ Verantwortungsgrenzen (vgl. 3. Kapitel). Die verschiedenen (strategischen) Versuche in der systemischen Familientherapie, den Patienten die Verantwortung für ihr Verhalten und für ihre Gesundheit zurückzugeben, können in der Psychoanalyse wegen der ihr eigenen besonderen Potenz, *Beziehungsstrukturen in einem selbstanalytischen Prozeß zu erkennen und zu verändern,* (hier wirklich) im Rahmen eines „Systems“ verstanden werden.

Ich kann mir vorstellen, daß meine wiederholte Betonung der Notwendigkeit, die eigenen Gefühle zu beachten, für manche psychoanalytischen Kollegen so aussieht als würde aus meiner Sicht die analytische Beziehung nur noch aus den Wünschen und Ängsten des Analytikers bestehen. Wo bleiben dann die persönlichen Einfälle „hinter der Couch“, theoretische und therapietechnische Überlegungen, durch die der analytische Prozeß schließlich auch strukturiert wird? Und die „freien Assoziationen“ des Analytikers, die er in „gleichschwebender Aufmerksamkeit“ in sich zuläßt, sind diese Assoziationen denn noch frei, wenn man sie ständig reflektiert und kontrolliert? Kann man das überhaupt leisten, sich immer auf zwei Ebenen zu bewegen, auf der inhaltlichen und auf der Beziehungsebene?

In der schon zitierten Arbeit über Theodore W. Jacobs' Beschreibung der „inneren Erfahrungen des Analytikers“ (Jacobs 1993), in der dieser seine Einfälle „hinter der Couch“ darstellt und in Zusammenhang mit den Einfällen des Analysanden reflektiert, schreibt André Green:

> „Ich kann mir nur schwer vorstellen, daß Theodore Jacobs gleichzeitig auf das, was sein Patient ihm sagte, hat hören und sich doch soweit hat gehen lassen können, daß er auf eine ähnlich eingehende Weise sich selbst zuzuhören vermochte. Kann man zwei Diskurse gleichzeitig führen, selbst wenn beide miteinander in Resonanz stehen? Wenn Theodore Jacobs sich soweit gehen lassen konnte, daß er bei seinen eigenen Einfällen verweilt, muß er notgedrungen in diesem Moment aufgehört haben, seinem Patienten zuzuhören.

Wird man mir die gleichschwebende Aufmerksamkeit vorhalten? Die scheint mir aber etwas ganz anderes zu sein als diese in der Arbeit der Sitzung enthaltene Bipolarität, wie sie Jacobs beschreibt" (Green 1994, S. 191).

Ähnlich wie Theodore Jacobs in der auf dem 38. Internationalen Psychoanalytischen Kongreß vorgetragenen Analysestunde habe ich über 20 Jahre lang meine „freien Einfälle hinter der Couch" und nach Möglichkeit „auch ohne Couch" (in dieser Situation nur als Gedächtnisprotokolle) zusammen mit dem, was jeweils gesprochen wurde registriert und zusammen mit Protokollen von Kollegen und Kolleginnen (aus Supervisionen) verlaufsanalytisch untersucht. Dabei kam ich eindeutig zu dem Ergebnis, daß die Stellen, an denen Fixierungen im analytischen Prozeß eintreten, mit „Austauschprozessen" (vgl. 3. Kapitel) zwischen Analytiker und Analysand zu tun haben. Es treten dann auch in den „freien Assoziationen" des Analytikers „Verwechslungen" mit Teilen des Analysanden ein. Die „multiple Identifikation" wird durch Verschmelzung und „Perspektivenwechsel" (vgl. 3. Kapitel) zur „Identifikation mit dem Aggressor". Das sind teilweise dieselben Vorgänge, die auch Jacobs beobachtet hat.

Meine Schlußfolgerung aus diesem Forschungsergebnis ist, daß der Analytiker an den Stellen, an denen er das Gefühl hat, daß der Prozeß stagniert, daß Grenzüberschreitungen und Grenzunterschreitungen stattfinden, eine Chance hat, über die *Reflexion der Vorgänge in der Beziehung* den Fortgang des Prozesses zu unterstützen. Schon durch den Vorgang der Reflexion kommt ein psychischer Trennungsprozeß in Gang. Denkt der Analytiker – in welchem Setting auch immer – wieder an sich, an die eigenen Gefühle, dann beginnt er sich im selben Moment wieder von seinem oder seinen Patienten zu unterscheiden. Er wird innerlich wieder zum *Gegenüber,* was überhaupt erst eine dialogische Beziehung von seiner Seite her möglich macht. Was von diesem Prozeß ausgesprochen werden muß, und ob es dem Patienten überhaupt explizit bekannt werden muß, ist eine andere Frage, die im Einzelfall zu entscheiden ist.

Wenn man in seiner analytischen Arbeit nicht daran gewöhnt ist, sich innerlich immer wieder zurückzunehmen und das, was im Hier und Jetzt „geschieht" zu reflektieren, sondern vor allem die Inhalte der Assoziationen des Analysanden zu verstehen und zu interpretieren versucht, ist man in seiner Aufmerksamkeit natürlich ganz anders eingestellt. So kann ich verstehen, daß André Green, den ich hier nur stellvertretend für manche andere Kritiker der interaktionellen Theorie in der Psychoanalyse zitiere, den Eindruck hat, man könne doch nicht gleichzeitig den Analysanden und auch sich selbst analysieren. Wenn man sich einmal daran gewöhnt hat, *„in Szenen zu denken"* und sich selbst als Teilnehmer dieser Szenen zu verstehen, dann bedeutet die „doppelte Analyse" (in der Paar- oder Familientherapie: die „multiple Analyse") keine Überlastung. Im Gegenteil, das szenische Verstehen weist den Einfällen aller Beteiligten ihre jeweilige *Bedeutung in der Szene* zu. Wie ich in diesem Buch schon mehrmals ausgeführt habe, geht es aus meiner Sicht in der Psychoanalyse nicht um Inhalte, die mit dem jeweiligen Kontext nichts zu tun haben, sondern um eine Verständigung über die Bedeutungen des „szenischen Gesprächs", das innerhalb und zwischen den Personen stattfindet. Doch darüber gibt es unterschiedliche Meinungen.

Abstinenz in der Paartherapie: Verzicht auf die Ersatzpartnerschaft

Die therapeutische Abstinenz in der Paartherapie bekommt in dieser Sichtweise eine ganz spezifische Bedeutung: Das Verzichten auf die Position als Ersatzpartner. Manche Paartherapeuten haben in ihrer Kindheit die Nicht-Einmischung als beste Konfliktlösung in der Beziehung zu ihren Eltern kennengelernt. Sie hoffen deshalb, daß die anderen beiden aufhören, sich zu streiten, wenn sie selbst das Signal von sich geben: „Mich gibt's gar nicht, um mich geht's gar nicht". Und doch ist die therapeutische Konsequenz dieser scheinbar abstinenten Haltung, daß die Partner sich um so mehr bekämpfen müssen, wenn der Dritte, um den der Kampf geht, nur als scheinbar willenloses und mehr oder weniger stummes Streitobjekt existiert.

In vielen Familien kann man beobachten, daß Vater und Sohn oder Mutter und Tochter in einem unaufhörlichen Krieg miteinander verbunden sind, weil die dazugehörige Mutter beziehungsweise der Vater so tun, als wären sie nicht da, als ginge es nicht um sie, als hätten sie keine – zumeist wechselnde – Zuneigung zu einem der Streitpartner, als wären die beiden anderen eben „verrückt“, als müßten die beiden anderen unbedingt voreinander geschützt werden, und so weiter. Der oder die „hilfreiche“ oder „nicht existente“ Dritte „läßt streiten“; als Therapeut glaubt er dann oft, daß diese Haltung als „abstinente Haltung“ geboten sei.

Vielleicht hat der Therapeut aber auch in seiner Kindheit die Erfahrung gemacht, daß er am besten seine Kontakte mit Vater und Mutter vor dem jeweils anderen Elternteil geheimhält. Er hat dann vielleicht die Phantasie, er könne gleichzeitig „auf dem Schoß“ des Vaters und der Mutter sitzen, beide befriedigend, oder so schnell zwischen beiden wechseln, daß man den Wechsel gar nicht bemerkt.

In diesen Phantasien ist das Dreieck zu einem „Zweieck“ zusammengeklappt, in dem jeweils zwei Eckpunkte des Dreiecks durch Identifikation zusammenfallen. Der Therapeut kann diese Struktur verändern, wenn er versucht, den *Winkel* des Dreiecks an seinem eigenen Eckpunkt *zu halten,* und die Verschiebungen in Form von emotionalen Annäherungen und Entfernungen bewußt wahrzunehmen und eventuell auch aufdeckend zu besprechen. Unter der Vorstellung, „den Winkel zu halten“, verstehe ich den Versuch, sich bewußt zu machen, daß man mit dem einen *und* mit dem anderen Partner eine jeweils spezifische und sich verändernde Beziehung hat. Diese beiden Beziehungen schließen sich nicht gegenseitig aus. Wenn ich den einen verstehe, bedeutet das nicht, daß ich der Feind des anderen geworden bin, und so weiter. Es ist auch eine Frage der *Selbstachtung,* ob und wieweit man sich in diesem Dreieck so bewegt, wie es die in der Übertragung der Beteiligten enthaltenen Normen (Doppelbindungen vgl. Abbildung 7, S. 116) zulassen, oder ob man „Widerstand leistet" und sich so gut wie möglich die eigene Bewegungsfreiheit bewahrt. Da niemand auf etwas verzichtet, wenn er nicht etwas Besseres dafür bekommen kann, ist es wohl wichtig, sich immer wieder die eigene „Lust" bewußt zu machen, in dem Dreieck des therapeutischen Systems „herumzugehen", wie es seinen eigenen Gefühlen und Wünschen entspricht. Die dadurch bei dem Paar entstehenden Gefühle und Phantasien kann man eventuell besprechen und durcharbeiten, was zur entsprechenden Befreiung der beiden Partner beitragen kann. In diesem Durcharbeiten können sie auch ihre eigenen Wünsche nach mehr psychischer Trennung und Kontakt und nach mehr Beweglichkeit im Dreieck erleben.

Der Verzicht auf die Ersatzpartnerschaft ist aber nicht nur wegen der Übertragung des Therapeuten so schwierig, sondern auch wegen der mit dieser Übertragung regelmäßig verbundenen doppelten Aufforderung der Partner: „Befriedige jeden von uns, und komm' keinem von uns zu nahe. Nimm mir den Partner nicht weg, aber nimm ihn mir ab. Verbinde und trenne uns." Diesen Beziehungsfallen kann ein Therapeut nur entgehen, wenn er sie als solche erkennt und sich um seine eigene Individuation bemüht. Wenn er beginnt, neben den Aufträgen des Paares auch *seine eigenen Gefühle, seine Wünsche und Ängste wahrzunehmen,* dann wird er in gleichem Maße frei von dem Zwang, widersprüchliche Aufträge erfüllen zu müssen.

Er kann dies aber nur, wenn er die elterliche Beziehung oder die Paarbeziehung, mit der er therapeutisch umgeht, anerkennt *so wie sie wirklich ist,* wenn er sie weder idealisiert noch anulliert. Die Beziehung der beiden anderen zu sehen, ohne das Gefühl zu haben, sie verbinden oder trennen zu müssen, ist nicht leicht. Man kann im Lauf einer gelingenden Paartherapie als Therapeut aber so weit kommen, daß man das Paar miteinander leben *lassen* kann, ohne dabei den Kontakt zu beiden zu verlieren – bzw. *indem* man wirklich Kontakt mit ihnen aufzunehmen versucht.[9] Das Anerkennen der elterlichen Beziehung bedeutet nicht Gleichgültigkeit, sondern ein intensives Miterleben *als Kind* (oder als Therapeut), das (der) nicht für die Rettung der Eltern zuständig ist, sondern das (der) seine eigenen Gefühle an seinem Platz hat und sich auch entsprechend diesen seinen eigenen Gefühlen verhält.

Paartherapie wird so zu dem vielleicht paradox erscheinenden Versuch, das Paar zusammenkommen oder auch auseinandergehen zu *lassen,* je nachdem, was die beiden schließlich aus den Spaltungen ihrer Ambivalenzen als endgültigen Wunsch herausfinden. Der Therapeut hat nach meinem Verständnis prinzipiell nicht die Aufgabe, das Paar zusammenzubringen. Empfindet er diese Aufgabe trotzdem, dann kommt er damit aus seiner eigenen Übertragung heraus einem ambivalenten Wunsch des Paares entgegen. Denn, wie gesagt, der Versuch, ein Paar miteinander zu verbinden, hat zur Folge, daß es um so intensiver auseinanderstrebt.

Intrapsychisch geht es für den Therapeuten in jeder Paartherapie immer wieder um den Abbau seiner eigenen Größenphantasien: Nicht ich habe die Beziehung der Eltern gemacht (die Welt gemacht), sondern ich bin aus der Beziehung meiner Eltern hervorgegangen als ein von äußeren Objekten und inneren (Trieb-)Wünschen und Ängsten abhängiges Geschöpf. Ich bin auch nicht der bessere Partner für Vater oder Mutter. Die Tatsache, daß die beiden vielleicht zusammenfinden, ist für mich nicht enttäuschend oder kränkend, sondern erleichternd. Ich kann mich als Kind beziehungsweise als Therapeut von dem (Eltern-)Paar dann in befriedigender Weise trennen, wenn wir gemeinsam die Generationengrenze wieder gefunden haben. Denn die Generationengrenze entspricht

9 Vgl. die Ausführungen über die „aktive Abstinenz“ im 3. Kapitel.

hier der Grenze, die das Paar auf der einen Seite vom Therapeuten auf der anderen Seite trennt.

Das „Handwerk“ des Psychoanalytikers in der psychoanalytischen Paar- und Familientherapie

Wegen des teilweise hohen Abstraktionsniveaus meiner theoretischen Überlegungen werde ich immer wieder gefragt, wie ich denn nun „ganz konkret“ arbeite. Obwohl ich mir keine Darstellung einer „Behandlungstechnik“ ohne Berücksichtigung der in der jeweiligen Beziehungssituation relevanten Bedeutungen vorstellen kann, will ich wie angekündigt im folgenden versuchen, einige typischen *Prozeßfiguren* in der psychoanalytischen Paar- und Familientherapie darzustellen, an denen ich in meiner therapeutischen Arbeit aktiv beteiligt bin. Ich habe den Begriff „Handwerk“ gewählt, weil er etwas weniger von den begleitenden Gefühlen abstrahiert als der Begriff „Technik“. Die hier dargestellten Prozeßfiguren ereignen sich natürlich mutatis mutandis genauso in anderen psychoanalytischen Settings „mit und ohne Couch“, vor allem auch in psychoanalytisch orientierten Team- und Fallsupervisionen (vgl. 6. Kapitel). Da die Veränderungen der Beziehungsstrukturen immer von Veränderungen im *Bewußtsein* des Analytikers ausgehen, sind trotz aller Handwerklichkeit die „inneren Bewegungen“ des Analytikers in einem beziehungsanalytisch verstandenen Feld das Wesentliche an diesen Beschreibungen.

Inzwischen gibt es eine umfangreiche Literatur auch zur psychoanalytischen, zur psychoanalytisch orientierten und speziell zur beziehungsanalytischen Paar- und Familientherapie.[10] An verschiedenen Orten haben sich

[10] Z. B. von Borch-Posadowsky und Dott 1992; Buchholz 1982, 1990a, 1993; Dierking (Hg.) 1980; Eiguer und Ruffiot 1991; Herberth 1994; Kernberg 1992; König und Kreische 1985; Lemaire 1980; Massing (Hg.) 1990; Massing et al. 1992; Maurer 1992; Möhring & Neraal (Hg.) 1991; Overbeck (Hg.) 1985; Reich 1991; Reich und Rüger 1994; Sohni 1985, 1991; Sperling et al. 1982.

unterschiedliche Schwerpunkte herausgebildet, die aus meiner Sicht alle untereinander „verträglich“ sind. Psychoanalytiker haben begonnen, ihre Erfahrungen und Überlegungen zur Praxis und Theorie der Familientherapie *innerhalb* des psychoanalytischen Denkens zusammenzutragen. Allmählich wird sich daraus ein gemeinsamer Erfahrungsschatz bilden, zu dem ich im folgenden hier etwas beitragen möchte.

Wie Grenzen entstehen: Der Prozeß der psychischen Trennung

Im 3. Kapitel dieses Buches habe ich dargestellt, weshalb ich in jeder psychoanalytischen Therapie den Prozeß der psychischen Trennung als den wichtigsten Vorgang ansehe. Er geht mit einer *Differenzierung der Beziehungsstrukturen* einher, und das ist aus meiner Sicht der Grund, weshalb sich Patienten während und nach einer analytischen Therapie „besser fühlen“ und weniger quälende Symptome haben als vorher.[11]

In meinen bisherigen Ausführungen wurde dieser Prozeß schon unter vielen verschiedenen Aspekten dargestellt. Was man nun „ganz konkret“ tun kann, um ihn zu fördern, ist nach meiner Erfahrung folgendes:

Personen, die in und mit stark spaltenden Beziehungsstrukturen leben, erleben sich zumeist als „Opfer“ in allen Beziehungen. Gleichzeitig fühlen sie sich mehr oder weniger manifest immer auch als „Täter“, schuldig für alles, was geschieht. Ein dauernder Kampf darum, *nicht* schuldig zu sein, prägt ihr Leben. Wie schon beschrieben, führt sie dieser Kampf immer wieder in dieselben Szenen, als Opfer und/oder als Täter. Ihre *subjektive* Lebensgeschichte besteht aus Mißhandlungen, zuerst von seiten der Eltern und später von seiten der weiteren Bezugspersonen, eventuell bis hin zum jetzigen (Ehe-)Partner oder zur jetzigen (Ehe-)Partnerin.

---

[11] Vgl. die Vorstellungen der therapeutischen Veränderungen als ein Fortschreiten von „unreiferen“ (undifferenzierten) zu „reiferen“ (differenzierteren) Abwehrmechanismen, z. B. Kernberg 1989.

Diese Mißhandlungen sind zumeist in irgendeiner Form real geschehen. Es geht also nicht darum, die Realität umzudeuten, sondern darum, *die intrapsychische Unterscheidung von Täter und Opfer zu fördern.* Hier noch einmal kurz die Beschreibung der intrapsychischen und interpsychischen Abwehrvorgänge: Wegen der unsicheren Grenzen und der „Überschneidung" (vgl. 3. Kapitel) ereignet sich im Konfliktfall eine ständige Introjektion und Projektion von „Schuld". Das augenblickliche „Opfer" introjiziert die Schuldgefühle des „Täters" (Selbstbeschuldigung und innere Einverständniserklärung mit der Tat). Gleichzeitig werden diese Schuldgefühle auch dem anderen zugeschoben (explizite oder implizite Schuldzuweisung). Diese Verschiebung, die damit verbundene Nichtunterscheidung der Personen und die Nichtwahrnehmung der wirklichen *eigenen* Gefühle sind das Problem. Da sich das Opfer immer auch als Täter *fühlt,* laufen in ihm ständig Introjektions- und Projektionsprozesse ab (ursprünglich zum Schutz der Eltern, aber auch zur Abwehr der eigenen Schmerzen). Entsprechende Prozesse finden auch im Täter statt. (Die Rolle des Täters war ursprünglich die Rolle der Eltern, die aber vom Kind zusammen mit der Tat introjiziert wurde.) Der Täter kann die Grenzüberschreitungen nur ausführen, wenn er sich selbst als Opfer und den anderen als Täter sieht. Gleichzeitig mit der „Tat" kämpft auch er gegen die eigenen, introjizierten Schuldgefühle, indem er sie *durch die Tat* dem Opfer zuweist.

Da bei dieser für psychoanalytische Laien schwer verständlichen Beschreibung der Introjektions- und Projektionsprozesse Mißverständnisse naheliegen, möchte ich noch einem deutlich machen, daß hier jeweils *intrapsychische* Vorgänge gemeint sind. Ich entscheide *mit dieser Beschreibung* also nicht, wer nun wirklich Opfer und wer Täter ist. Diese wichtige Unterscheidung wird in der psychotherapeutischen Arbeit angestrebt, weil die subjektive Nichtunterscheidbarkeit von Täter und Opfer das Problem der gestörten Beziehungsstruktur ist.

Das geschieht dadurch, daß man nach den wirklichen Gefühlen sucht, die jeweils im Augenblick des Geschehens mit den aktiven und passiven Grenzüberschreitungen verbunden sind oder verbunden waren. In einer Paartherapie ist es möglich, in einem gemeinsamen Prozeß beider Partner diese Szenen emotional verstehbar zu machen und so „die Austauschprozesse zwischen beiden zu behindern". Wenn ein Dritter dafür sorgt, daß jeweils beim „Grenzübertritt" auf die dabei entstehenden Gefühle geachtet wird, geschieht es weniger automatisch und unbewußt, daß der eine die Schuldgefühle des anderen übernimmt und die eigenen Schuldgefühle dem anderen zuschiebt. Die zwischen den Familienmitgliedern „frei flottierende Schuld" wird so in „reale Schuld" umgewandelt. Der Therapeut achtet in „multipler Identifikation" (vgl. 3. Kapitel) genau auf die unterschiedlichen Perspektiven der einzelnen Familienmitglieder. Dann kann allmählich besser unterschieden werden, wer wem etwas antut und wie sich beide dabei fühlen. So werden *Trauerprozesse* möglich, eine Wiederbelebung der schmerzhaften Gefühle, die verbunden sind mit dem, was man erlitten hat, und mit dem, was man anderen (und damit sich selbst in der Beziehung zu diesen anderen) angetan hat.

Wesentlich für die auf diese Weise geförderte psychische Trennung ist, daß diese sich nur in einem *Verständigungsprozeß und nicht in einer Gerichtsverhandlung* entwikkeln kann. Den Übergang von der Szene der Gerichtsverhandlung zur Szene der Verständigung kann der Therapeut unterstützen, indem er systematisch an den Stellen, wo das Gespräch zur Gerichtsverhandlung wird, die dann entstehenden Anklagen und Verteidigungsreden im Hinblick auf die darin enthaltenen Mitteilungen hinterfragt. Jeder Vorwurf und jede Verteidigung enthält versteckte Gefühle und Wünsche, die aber nicht mehr direkt geäußert werden können. Die Angst ist zu groß, vom anderen in irgendeiner Weise „vernichtet" zu werden, sobald man aus der „Deckung" kommt. Also bleibt man erst einmal „in Deckung". Die Deckung besteht in solchen Situationen in der „frei flottierenden Schuld", die hin und her geschoben wird. Wenn der Therapeut den Familienmitgliedern „aus der Deckung hilft", indem er sich für nichts anderes interessiert als für die in den Vorwürfen enthaltenen Gefühle und durch seine Haltung ausdrückt, daß diese Gefühle bei ihm, und das heißt dann auch: in der therapeutischen Situation gut aufgehoben sind, dann löst sich allmählich der „Zwang zum Dauerkampf". Ist der Kampf sehr „hart", weil die Angst so groß ist, ist dafür gelegentlich eine direkte und eindeutige Aktivität des Therapeuten nötig, die in diesem Maß „hinter der Couch" nicht nötig ist, bzw. dort eher auf einen verzweifelten Abwehrkampf gegen Angriffe des Analysanden hinweisen würde und nicht, wie hier, ein aktives Eingreifen im Sinne der therapeutischen Abstinenz (sich nicht mißbrauchen lassen, s.u.) anzeigen würde.

Um diese abstinente Haltung einnehmen zu können, ist oft eine Selbstanalyse oder „innere Supervision" (Casement 1985) nötig, damit man nicht selbst von der Gerichtsatmosphäre „angesteckt" wird, oder aus einer solchen Ansteckung möglichst schnell wieder herausfindet. Ist man angesteckt, dann beginnt man seinerseits, innerlich und/oder äußerlich die Gerichtsverhandlung zu „verurteilen". Man ist dann nicht mehr fähig, ein anderes Gesprächsklima der Verständigung zu halten bzw. wieder einzuführen. Ist man frei, dann sieht man den Wunsch beider Partner, sich zu verständigen und weder zu verurteilen noch verurteilt zu werden. Mit diesem Wunsch kann man dann arbeiten. Ohne diesen Wunsch und ohne ihn immer wieder zu suchen und zu finden, wird sich keine Veränderung der inneren Szenen ergeben.

Im 3. Kapitel habe ich die Introjektion der Schuldgefühle des Täters durch das Opfer beschrieben, die zur Ununterscheidbarkeit von beiden in der gemeinsamen Gewaltszene führt. Um hier die Grenzen wieder erlebbar werden zu lassen, muß auch das *Einverständnis des Opfers mit der Tat zurückgenommen werden.* Damit dies möglich werden kann, muß dieses Einverständnis aber erst einmal erlebt werden können. Hier besteht im allgemeinen ein großer Widerstand, weil die Patienten immer wieder fürchten, daß sie als die eigentlich Schuldigen gesehen werden sollen, obwohl sie doch Opfer waren. Diese Interpretation liegt so nahe, weil sie den Introjektionsprozeß der Schuldgefühle wiederholt.

Verändert werden diese gespaltenen Szenen auch dadurch, daß sich die einzelnen Familienmitglieder *gleichzeitig als Produkte und Produzenten ihrer Situation erleben* können. Sobald man das Gefühl hat, daß die eigene Misere zum Teil auch an dem eigenen, bisher kaum bemerkten Einverständnis liegt, wird es leichter, an dieser Situation etwas zu verändern. Allerdings ist auch hier das Erleben der Gefühle von Opfer und Täter die Voraussetzung für eine Veränderung. Denn die Selbst- und Fremdbeschuldigung im Sinne der projektiven und introjektiven Schuldverschiebung dient auch der Vermeidung von Angst und Schmerz, und zwar beim Opfer *und* beim Täter.

Ursprünglich (in der Szene des Kindes) mußten die wirklichen Gefühle aus den Verletzungsszenen verbannt werden, sonst wären die Grenzüberschreitungen nicht möglich gewesen. Solange diese Gefühle verbannt bleiben, können und müssen sich die zwischenmenschlichen Verletzungen wiederholen. Jeder hält daran fest, daß auf jeden Fall *nicht er,* sondern der andere schuld ist. Wie in der hilflosen Situation als Kind glaubt man, sich gegen die Grenzverletzungen, die einem angetan werden, nicht schützen zu dürfen, und man hat keine Vorstellung davon, wie man sie jeweils *selbst* wieder „reparieren" könnte. Deshalb muß man auch immer warten, bis der andere die Situation endlich rückgängig macht oder verbessert. Meist gibt es keine Vorstellung davon, daß man dem anderen dabei helfen könnte, indem man ihm die eigenen Wünsche und Ängste mitteilt. Das „Feindbild", daß der andere eben unfähig und böswillig ist, stabilisiert die eigene Abwehr gegen die Angst. So wartet man – zumeist lange und vergeblich – auf dieses Ereignis. Viele Familien befinden sich in diesem „Dauerwartezustand".

In Familien sieht man deutlich die gegenseitige Überlagerung der Gewalt- und Mißbrauchsszenen mit den entsprechenden Introjektionen und Projektionen der Schuld. An dieser Stelle ist vom Therapeuten zumeist eine schwere und beständige Abgrenzungsarbeit zu leisten, bis die einzelnen Personen erleben, daß es ihnen besser geht, wenn sie *die Verantwortung für ihr Wohlergehen wieder selbst übernehmen.* Das bedeutet nicht, daß jeder für sich selbst sorgen muß und keine Hilfe von den anderen mehr bekommen soll; es bedeutet, daß allmählich die Möglichkeit besteht, um Hilfe zu bitten und nicht zu warten, bis der andere *wieder nicht* erraten hat, was der eine wollte oder nicht wollte. Jeder ist selbst dafür verantwortlich, daß er deutlich macht, was er fühlt, was er möchte oder nicht möchte.

Diese Veränderung kann nur eintreten, wenn die Familienmitglieder allmählich ein Gefühl dafür bekommen, daß sie mit dem Ausdruck ihrer Gefühle und Wünsche nicht „stören", sondern daß der Therapeut vor allem daran interessiert ist, *zu fragen und zu hören, was sie empfinden und was sie deswegen tun möchten.* Die beiden miteinander in Verbindung stehenden Fragen: „Was fühlen Sie?", und: „Was wollen Sie deswegen tun?" sind so oder anders ausgedrückt fast schon zu „Standardfragen" in meinen Therapien geworden. Durch die sich in dieser Fragenkombination ausdrückende Haltung wird den Patienten die Verantwortung für ihr Leben zurückgegeben; es wird angenommen, *daß* sie etwas dafür tun *wollen,* daß es ihnen besser geht, und gleichzeitig wird der *selbstverständliche Zusammenhang zwischen Gefühlen und Verhalten hergestellt.*

Dadurch wird in den „Phantasien des therapeutischen Systems" jeder Patient wieder „innerlich ganz" – jedenfalls soweit dieser Prozeß, den ich hier idealtypisch beschreibe, voranschreiten kann. Er erlebt, daß er Wünsche, Ängste und Abwehrmechanismen hat, die zu ihm gehören, während sein/e Partner/in und/oder sein(e) Kind(er) andere oder ähnliche innere Strukturen haben, die *nicht* zu ihm gehören. Die Unterscheidung der eigenen Perspektive von den Perspektiven der anderen Beteiligten, auch von der Perspektive des Analytikers, macht die Verschmelzungsvorgänge in der frühen Kindheit rückgängig. Damals konnten die Bezugspersonen ein eigenes, von ihnen unabhängiges Erleben des Kindes nicht zulassen. So entsteht im Lauf *jedes* psychoanalytischen Prozesses (mit und ohne Couch) in den Phantasien von allen an dem Prozeß beteiligten Personen ein „mehrdimensionaler psychischer Familienraum", in dem jeder *seinen* Platz finden kann, weil er sich von den anderen Familienmitgliedern zu unterscheiden und seine *eigene* Beziehung zu ihnen aufzunehmen gelernt hat.

Das *dialektische Verständnis von Kompromißbildungen in der Person* kann ebenfalls helfen, die Grenzen sicherer zu machen. So läßt sich zum Beispiel ein hartes „externalisiertes Überich" als intrapsychische Kompromißbildung zwischen Wünschen und Ängsten verstehen:

> In einer Familientherapie kommt der Vater voller Angst und abgehetzt in die letzte Stunde vor dem Urlaub des Analytikers. Er kommt zu spät, weil er eine Station zu früh aus der Straßenbahn ausgestiegen ist. In seinem Erleben geht es nur um seine „Schuld" und um seine „Dummheit" – wie seine Eltern dieses Verhalten wohl bezeichnet hätten. In der Arbeit an dieser Szene wird deutlich, wie sein „hartes" Überich auch als Schutzschild gegen Angst und Schmerz dient. Er erlebt, wie er in ambivalenten Gefühlen vor der „Abschiedsstunde" (Wunsch, den Analytiker „festzuhalten"; Angst, selbst „festgehalten" zu werden) die Kompromißlösung gefunden hat, zugleich zu spät und zu früh zu kommen: Er steigt zu früh aus der Straßenbahn aus; darin ist sein Wunsch, nur ja nicht zu spät zu kommen, erkennbar. Gleichzeitig kommt er im Endeffekt zu spät, was seine Angst vor der Trennung erkennbar werden läßt.

Für diese Situation gäbe es natürlich viele unterschiedliche Interpretationsmöglichkeiten, die alle noch einmal auf andere Weise die Gegenläufigkeit der Motive deutlich machen würden. Entscheidend für meine Prozeßbeschreibung hier ist, daß im gemeinsamen Durcharbeiten dieser für die Struktur der ganzen Familie relevanten Szene

Gefühle und Verhalten miteinander in Verbindung gekommen sind, und daß der innerpsychische Konflikt in seinem äußeren Ausdruck (der Fehlleistung) verstehbar geworden ist. Ist dieser Konflikt an dieser einen Stelle der Familie (hier beim Vater) erarbeitet, dann kann man eventuell ähnliche Kompromißbildungen bei den anderen Familienmitgliedern finden und in ähnlicher Weise daran arbeiten. Dadurch finden alle gemeinsam einen Weg, „freundlicher" miteinander umzugehen. Der „harte Panzer" (das strafende Überich) des Vaters kann weicher werden, weil er die Hoffnung haben kann, auch in Zukunft besser verstanden zu werden. Und auch die Familienmitglieder fühlen sich besser und sicherer, weil sie an diesem Prozeß beteiligt waren. Die gemeinsam phantasierte Szene hat sich verändert von: „Wenn jemand eine Fehler macht, muß man ihn beschimpfen oder auslachen" in: „Wenn jemand einen Fehler macht, kann man ihn fragen, wie es dazu gekommen ist und wie es ihm damit geht". Ein Schritt in Richtung auf eine dialogische Beziehungsstruktur ist getan.

Der „Mißbrauch" wird aufgelöst

Dieses Thema steht mit dem ersten in enger Verbindung. Im 3. Kapitel habe ich den Mißbrauch des Menschen durch den Menschen als einen Akt der aktiven und passiven Grenzüberschreitung beschrieben. In der Therapie soll also auch in dieser Hinsicht erreicht werden, daß die Grenzen sicherer werden und Mißbrauchsszenen im engeren und im weitesten Sinn abnehmen.

In der Paar- und Familientherapie wird besonders deutlich, daß Mißbrauchsszenen, was die Grenzüberschreitung betrifft, *immer gegenseitig* sind.[12] In dem Maß, wie die Familienmitglieder sich gegenseitig funktionalisieren und

[12] Diese Sichtweise soll nicht die besondere Verantwortung von Eltern oder Therapeuten für eventuelle Übergriffe ihrerseits verschleiern. Sie soll helfen, die gemeinsame Szene zu verstehen und Veränderungsmöglichkeiten zu finden.

mißbrauchen, wird auch der Therapeut mißbraucht. Seine Arbeit dient zum Beispiel bei einer Paartherapie als Alibiveranstaltung dafür, daß die Frau beruhigt ist und der Mann weiterhin seine Freundin haben kann. Er dient als „Dolmetscher“, der es den Partnern ermöglicht, nur noch über ihn miteinander zu sprechen. Er dient als Schiedsrichter und als Bundesgenosse. Kaum hat er bei einem Partner etwas verstanden, verbündet sich der andere mit ihm in der phantasierten Möglichkeit, jetzt zu zweit den Partner als „pathologisch“ darstellen und behandeln zu können.

Diese Reihe könnte man bliebig lange fortsetzen. Alle „eigentlich“ als unangenehm empfundenen Rollen und Aufträge des Therapeuten gehören hierher. Aber zumeist bemerkt der Therapeut dieses unangenehme Gefühl gar nicht, oder er rationalisiert sein „Einverständnis“ mit der Rolle des Mißbrauchten dadurch, daß er sich oder anderen sagt: „Die brauchen das jetzt so.“ Schon an den Formulierungen kann man sehen, wie ähnlich die Strukturen des sexuellen Mißbrauchs von Kindern, des Mißbrauchs von Patienten durch Therapeuten im engeren Sinn und diese „alltäglichen“ Mißbrauchsszenen in jeder Therapie sind.

Mißbrauchsszenen kann man prinzipiell auf zwei Wegen verändern oder auflösen:

Erstens kann man dafür sorgen, *daß die eigenen Grenzen nicht überschritten werden.* Dazu muß man aber *spüren,* wo das geschieht, wo man funktionalisiert wird, und wie man das „Einverständnis“ mit dieser Rolle aufkündigen kann. Die auf diesen Befreiungsschritt folgenden Reaktionen (Erstaunen, Ärger, Anpassung, Unterordnung, etc.) müssen dann durchgearbeitet werden. Dabei gehe ich davon aus, daß jedes der Familienmitglieder ebenfalls den Wunsch hätte, nicht mißbraucht zu werden, daß es aber nicht wagt, dagegen zu protestieren, weil es fürchtet, dann nicht mehr „geliebt“ zu werden, daß es die Funktionalisierung häufig gar nicht mehr spürt, und daß es auf die Möglichkeit, so mit den anderen Familienmitgliedern umzugehen, nicht verzichten kann, solange es keine bessere Alternative sehen kann. Daß Grenzen *heilsam* sein können und eine *Schutzfunktion* haben können, wird erst im Laufe der Therapie erfahrbar, wenn der Therapeut sich *selbstverständlich* immer wieder gegen Grenzüberschreitungen schützt und die entstehende Szene dann durcharbeitet.

Die zweite Möglichkeit, für die Entstehung sicherer Grenzen und damit für die Verminderung des Mißbrauchs zu sorgen, besteht darin, daß man, wie ich es grundsätzlich oben schon beschrieben habe, *immer wieder an den Stellen, wo die Grenzen überschritten werden, nach den dabei entstehenden und nach den diese Situation auslösenden Gefühlen und Phantasien fragt.* Man „setzt" sich dann sozusagen mit den Familienmitgliedern jeweils an den Personengrenzen „zusammen" (sogar dieses Bild könnte hilfreich sein, um die Szene erkennbar werden zu lassen) und sucht immer nach den Gefühlen des einen und des anderen. So kann eine „Begegnung an den Grenzen" stattfinden, genau dort, wo die Unterscheidung des einen vom anderen so schwierig ist.

Als szenische Formel für die Auflösung von Mißbrauchsbeziehungen habe ich für meine Arbeit herausgefunden: *„Ich will dieses nicht, aber ich will jenes".* Es geht darum, an den Grenzen das Nein *und* das Ja den eigenen Gefühlen entsprechend wieder zu etablieren. Der erste Schritt zur Abgrenzung ist zumeist das Nein. Erst der zweite Schritt macht es möglich, das Nein mit einem Ja zu sich selbst und zum anderen zu verbinden. Erst wenn die Grenzen durch das Nein gesichert sind, kann auch wieder Ja gesagt werden. Vorher würde jedes Ja von beiden Partnern als Einverständnis mit der Grenzüberschreitung verstanden. Andererseits ist noch keine Grenze sicher, an der nur Nein gesagt werden kann. Wegen der polarisierenden Ambivalenzspaltungen reizt diese Nein-Grenze den anderen ganz besonders zum „Einbruch", und es ist ja auch nicht sicher, ob unter dem lauten Nein nicht doch ein geheimes Ja zu finden ist, „wie es schon immer war".

Es ist müßig, auch hier wieder darauf hinzuweisen, daß dieser Prozeß der Grenzfindung und der Auflösung von

Mißbrauchsbeziehungen im engen und im weitesten Sinn nur möglich ist, wenn und soweit der Therapeut sich darum bemüht, seine eigenen Grenzen einzuhalten und zu *spüren,* wenn sie überschritten werden, oder wenn er selbst in Gefahr ist, sie zu überschreiten.

Mißbrauchsszenen beginnen zwischen Zweien schon dort, wo Dritte als „irgendwie schlechter" aus der Zweierbeziehung ausgeschlossen werden. Das wird oft in analytischen Einzeltherapien nicht bedacht. Die Analysanden bringen auch in diese Situation die szenische Struktur mit: „Ich kann nur gut sein, wenn der andere (meine Mutter, mein Vater, mein Ehepartner, etc.) 'böse' ist". Diese Beziehungsphantasie wird gelegentlich von Analytikern übernommen. So entwickelt sich ein Bündnis zwischen ihnen und dem Analysanden gegen dessen frühere oder gegenwärtige Bezugspersonen. Der Analytiker reflektiert dann nicht, daß und wie er dadurch dem Patienten auch schadet, obwohl dieser das Gefühl hat, jetzt endlich einen Menschen gefunden zu haben, der ihm glaubt und zu ihm hält. Es ist ein Unterschied, ob ich für den Patienten eindeutig „Partei ergreife", indem ich seine *Gefühle als Opfer* (das war er eindeutig als Kind) zu erfahren versuche und dadurch bestätige, oder ob ich für ihn Partei ergreife, indem ich – zusammen mit der „Reprojektion" der vom Patienten introjizierten Schuldgefühle – die Eltern oder andere Bezugspersonen, vielleicht auch nur in mir selbst, diffamiere. Im zweiten Fall habe ich nichts zur Veränderung der Szene getan. Ich habe nicht daran gearbeitet, daß die Gefühle des (damaligen) Opfers für dieses unterscheidbar werden von den Gefühlen des (damaligen) Täters.

Aber auch jede psychische Stabilisierung des Therapeuten durch den Patienten, die der Therapeut annimmt oder sogar mehr oder weniger bewußt „verlangt", ist genau genommen als Mißbrauch anzusehen. Die Reihe der Beispiele für verschiedene Formen des „therapeutischen Mißbrauchs" könnte noch lange fortgesetzt werden. Genau genommen besteht die ganze Beziehungsarbeit im psychoanalytischen Prozeß darin, die Grenzüberschreitungen in den Übertragungsszenen erlebbar zu machen und dadurch zu einer Stabilisierung der psychischen Grenzen zwischen den Personen beizutragen. Ich habe den Eindruck, daß dieser Aspekt der psychoanalytischen Arbeit in der psychoanalytischen Ausbildung bisher viel zu wenig gesehen und berücksichtigt wird. Über die sexuellen Übergriffe im engeren Sinn zwischen Eltern und Kindern und zwischen Therapeuten und Patienten will ich an dieser Stelle nicht eingehen, da mich hier nur die *Struktur* der Übergriffe und die Möglichkeiten, daran etwas zu ändern, interessiert haben.[13]

Der Analytiker als „Container" in der Familie: Das szenische Verstehen

Im 3. Kapitel habe ich die Funktion des Analytikers als „Container" ausführlich diskutiert und beschrieben. Meine These war, daß der Analytiker dadurch zur „Entgiftung" des Patienten beiträgt, daß er die Spaltungen (richtig/falsch) innerhalb des Patienten und zwischen ihm und dem Patienten in sich „zusammenhält". Es war mir dort auch wichtig, daß der Analytiker nicht zum „Müllschlukker" des Patienten werden darf, weil dies nichts anderes als die Wiederholung der destruktiven Szene wäre und auch zur Selbstvergiftung des Analytikers führt.

Hier möchte ich nun dieses Konzept noch einmal kurz für den speziellen Fall einer Paar- oder Familientherapie diskutieren: Prinzipiell geht es natürlich auch in der Familie darum, die Fragen: „Was ist richtig? Was ist falsch? Wer ist richtig? Wer ist falsch?" zu verändern in die Fragen: „Wie ist es? Wer erlebt was? Wie ist die gemeinsame Szene zu verstehen?". Das szenische Verstehen spielt in der psychoanalytischen Familientherapie eine ganz besondere Rolle. Hier werden einerseits die Gefühle (Innenansicht, s.u.) der Familienmitglieder erforscht und

[13] Als weiterführende Literatur empfehle ich Hirsch 1987 und Bauriedl 1992a.

auch die Mitteilungen, die sie sich gegenseitig machen, und die diesen Gefühle entsprechen (und die deswegen vielleicht gegenläufig sind).

So wird das teilweise zerstörte „Gespräch“ rekonstruiert, die aus Abwehrgründen aus dem expliziten Gespräch ausgeschlossenen Anteile der Personen und der Botschaften, zumeist Wünsche, Ängste und andere Gefühle, kommen wieder zum Vorschein. Sie werden wieder in den „vollständigen Text“ der bisher „zensierten Zeitung“ aufgenommen. Von den einzelnen Patienten aus gesehen bedeutet das, daß der „zerstörte Dialog“ zwischen ihnen und ihren Eltern wieder vervollständigt wird, wodurch auch sie selbst sich wieder vollständiger erleben können.

Das gilt für Einzelpatienten genauso wie für die einzelnen Teilnehmer an einer Paar- oder Familientherapie. Hier kommt noch hinzu, daß der Analytiker die ganze Familie in sich zu „containen“ versucht. Diese Haltung wird von den einzelnen Familienmitgliedern zumeist sehr ambivalent erlebt: Einerseits übermittelt sie die Botschaft: „Hier ist keiner schlecht, hier gehören alle dazu, keiner ist überflüssig“, was natürlich jeden einzelnen in seiner Angst vor dem Ausgestoßen-Werden entlastet. Gleichzeitig macht diese integrative Haltung aber auch Angst, weil sie die Feindbilder in der Familie in Frage stellt, die den Familienmitgliedern bisher zur Angstabwehr gedient haben. Übrigens ist auch hier aus meiner Sicht der Unterschied zwischen Familientherapie und Einzeltherapie geringer als man im allgemeinen denkt: Auch in der Einzeltherapie ist es wichtig, die ganze Familie des Patienten in sich als „gute Objekte“ zu halten. Das hat auch in dieser Situation dieselben Folgen für den Patienten. Zudem halte ich es für sehr wichtig, auch in der Einzelanalyse die familiären Spaltungen nicht mitzumachen und lieber die Angst vor der Bündnisverweigerung in der Übertragung durchzuarbeiten als die Bündnisse zu wiederholen. Man nimmt sonst den Patienten ihre unter aller Ablehnung verborgene Liebe zu den Eltern und anderen Familienmitgliedern.

„Umrühren“ und Symmetriedeutung: Der Tausch der Positionen in der Szene

Um die Verwechslung der Gefühle von Täter und Opfer innerhalb der einzelnen Personen und zwischen den Personen zu erleichtern, habe ich eine „handwerkliche“ Möglichkeit herausgefunden, die in fast allen schwierigen Situationen eine Lockerung mit sich bringen kann:

Wenn eine wichtige Szene in einer Person oder zwischen mehreren Personen „vollständig“, mit den dazugehörenden Gefühlen erarbeitet ist, wird sie von diesen Personen „abgelöst“ und „gedreht“, das heißt: Die Rollenverteilung in derselben Szene wird – in einer „fragenden“ Deutung – vertauscht. Dabei wird erkennbar, daß *in dieser Szene jeder jede Rolle in sich hat und auch wechselnd mit anderen einnimmt.* Erlebbar wird, daß es hier nicht darum geht, die „Bösen“ von den „Guten“ zu unterscheiden, sondern die Szene zu erkennen, unter der alle leiden, jeder an seiner Stelle und jeder in jeder Rolle. Jeder ist in dem gespaltenen Dreieck der Erste, der wählen kann, der Zweite, der „erwählt“ wird, und auch der Dritte, der von den ersten beiden ausgestoßen werden kann. Manchmal ist es günstig, auch sich selbst als in der Szene beteiligt zu sehen, denn sie betrifft natürlich auch den Therapeuten. Wenn diese Szenen nicht mehr stumm agiert werden müssen, sondern wenn von allen Positionen her miteinander über das Erleben in der jeweiligen Rolle gesprochen werden kann, stellt das einen sehr fruchtbaren Verständigungs- und Verstehensprozeß dar. *Das „sprachlose Leiden“ unter dem anderen wird ersetzt durch ein Gefühl für das Leiden an dieser Beziehungsform.*

Ich habe die Erfahrung gemacht, daß dieses „Revirement“ der Positionen desto schneller vor sich gehen muß, je stärker die Spaltung in der Familie ist. In stark gespaltenen Familien sind alle Mitglieder von schweren Schuldgefühlen belastet, weshalb das Erarbeiten einer solchen Szene zunächst die Phantasie hervorruft, daß hier jetzt doch nach dem Schuldigen, zumindest nach dem „Kranken“ gesucht wird. Es besteht also die Gefahr, daß einem die Szene „unter der Hand zerfällt". Die im Mittelpunkt der Aufmerksamkeit stehende Person erlebt sich als „Sündenbock" und die anderen „freuen" sich über die Gelegenheit, mit Hilfe des Therapeuten dieser die Schuld zuweisen zu können, oder sich an der „Erklärung" ihrer Pathologie beteiligen zu können. Wenn ich sage, daß das „Revirement" in solchen Situationen schneller vor sich gehen muß, will ich damit die Erfahrung ausdrücken, daß ich manchmal fast „in einem Atemzug" die in der Familienphantasie „Bösen" mit den „Guten" in ihrer szenischen Rolle vertauschen muß, um zu verhindern, daß meine Verstehensversuche als Schuldzuweisungen fehlinterpretiert werden. Oft kann die trotzdem eintretende Fehlinterpretation nur in einem „zweiten Schritt" durchgearbeitet werden.

In solchen Situationen fiel mir für meine Aktivität das Bild vom „Umrühren" ein, was sich inzwischen für mich und für manche Ausbildungsteilnehmer/innen in München schon fast zu einem terminus technicus entwickelt hat. Das Bild des „Umrührens" lag für mich deshalb nahe, weil man auch beim Kochen manchmal sehr schnell umrühren muß, um zu verhindern, daß die Suppe „anbrennt". Das entsprach meinem Gefühl beim „Umrühren" in der Familie: Ich kann so lange „ohne Umrühren" an einer Szene arbeiten, wie sie noch nicht „anbrennt". Wiederholt sich aber die Spaltung, über die als szenisches Element gesprochen werden soll, sehr massiv in demselben Moment, dann muß zunächst diese Wiederholung durchgearbeitet werden. Unter Umständen muß man in dieser szenischen Arbeit sehr schnell sein, sowohl im Verstehen als auch im Aufgreifen destruktiver Szenen, wenn man das „Anbrennen" vermeiden will.

In der Paartherapie ergeben sich oft ähnliche Situationen und Möglichkeiten, zum Beispiel die *Verbindung von Komplementarität und Symmetrie* in der Paarbeziehung. Bei streitenden Paaren versucht regelmäßig jeder von beiden, nicht „böse", sondern „gut" zu sein. Sie sehen sich komplementär. Jeder sieht von sich selbst die „Innenseite", vom anderen die „Außenseite". Die Symmetriedeutung zusammen mit einem sorgfältigen Erarbeiten der vollen Szenen kann hier helfen. Ohne dieses Erarbeiten der Szenen führt die Symmetriedeutung zumeist nur zu einem „Umkippen" der Schaukel, dem die Partner mehr oder weniger zustimmen. Sie wird dann so erlebt als würde der Analytiker sagen: „Keiner ist hier gut, sondern beide sind schlecht". Diese Reaktion beobachte ich im übrigen fast bei jeder „intellektuellen" Symmetriedeutung. Wenn nur festgestellt wird, daß der eine Partner die Wunschseite übernommen hat, der andere die Abwehr – was wohl „stimmt" –, bewegt sich dadurch zumeist nichts, weil der Status quo nur „festgeschrieben" wurde und die Patienten nur staunend „Ja" sagen können, wegen des „großartigen" Überblicks des Analytikers, oder sich resignierend in dem Bewußtsein zurückziehen können, daß sie hier ein interessantes aber aussichtsloses Spiel betreiben. Vom Narzißmus des Therapeuten geleitete großartige Deutungen tragen nicht zur Verständigung bei, weil dabei kein Konflikt riskiert wird.

Wenn aber zusammen mit der Symmetriedeutung die intrapsychischen Szenen erarbeitet werden, entsteht zum Beispiel eine Szene, die heißt: Wir beide haben Wünsche nach Annäherung und Kontakt; beide haben wir auch Angst vor dieser Annäherung; deshalb haben wir ähnliche und auch unterschiedliche Mittel gefunden, die Annäherung zu vermeiden.„ Oder: „Bösartig werden wir, wenn wir uns ohnmächtig und verzweifelt fühlen. Das ist eine Möglichkeit für uns, uns weniger ohnmächtig und ersatzweise von anderen abgegrenzt zu erleben." Hier ist die innerpsychische Dynamik zusammen mit der Ähnlichkeit beider Partner erarbeitet, und das hat andere Folgen für die Beziehung als nur das „Besser-Wissen" des Therapeuten.

Das Prinzip des „Umrührens" macht deutlich, daß *strukturelle Veränderungen,* wie sie die Psychoanalyse anstrebt, nur erreicht werden können, wenn die *Beziehungsstruktur zum Thema wird.* Nur dann ist nicht mehr das gut, was der „Freund“ tut und das schlecht, was der „Feind“ tut. Stattdessen wird die Tragik der zerstörten Szenen erlebbar, und das bedeutet: „Wer immer einen anderen verletzt, tut ihm etwas an“.

Die Innen- und die Außenansicht

Die Arbeit mit der Innen- und Außenansicht unterstützt ähnliche Prozesse wie das „Umrühren“. Um die Verschmelzung aufzulösen und psychische Trennungsprozesse zu fördern, versuche ich gelegentlich auch explizit, also unter Verwendung der beiden Worte Innen- und Außenansicht, zwischen beiden Bildern zu unterscheiden.

Familienmitglieder, die miteinander kämpfen, behaupten oft mit großer Sicherheit zu wissen, wie sich der andere fühlt, was er weswegen tut, usw. Um diese ständigen gegenseitigen Interpretationen aufzulösen, interessiere ich mich dann konstant jeweils für die „Innenansicht“, die ich natürlich nur von demjenigen selbst erfragen kann, um den es geht. Nur er selbst kann sagen, was er in sich fühlt und wie er sich deswegen verhält. Wenn die jeweilige Innenansicht geklärt ist, wird sie regelmäßig „neben“ die Außenansicht gestellt. Das bedeutet: „Beides hat nebeneinander Platz, das subjektive Erleben der Innenwelt des einen *und* das Bild, das sich der andere, ebenso subjektiv, von diesem einen macht.“ Sollten sich dabei Unterschiede zwischen den Bildern ergeben, ist das ein wichtiger Anlaß, sich über die Unterschiede in der Selbst- und Fremdwahrnehmung zu *verständigen.*

Um den Familienmitgliedern dabei zu helfen, sich gegenseitig zu *fragen,* bevor sie zu wissen glauben, wie der andere ist, muß ich natürlich auch meine eigenen Interpretationen sorgfältig reflektieren. Da solche Szenen „ansteckend“ sind, bin auch in *Gefahr, zu „sagen“, anstatt zu fragen.* Das heißt nicht, daß ich keine Vermutungen über die „Innenansicht“ der einzelnen Familienmitglieder mehr äußern dürfte. Es heißt, daß auch ich bei meiner inneren Reflexion des szenischen Geschehens bedenken muß, ob meine „Deutungen“ im Moment so verstanden werden – oder auch so gemeint sind –, als wüßte ich schon, was sich in demjenigen abspielt, über den ich spreche. Die Situation kann sich auch so gestalten, daß ich *mit* einem Patienten *über* ihn spreche – und eben deswegen doch nicht wirklich *mit* ihm. Patienten finden das manchmal interessant, aber eine Veränderung der Beziehungsstruktur „Einer weiß, was mit dem anderen los ist" tritt dadurch nicht ein.

Mit Hilfe der therapeutischen Prozeßfigur „Innen- und Außenbild" kann ein Verständigungsprozeß über die *Gefühlssituation als Grundlage des Verhaltens* in Gang gesetzt werden. Im Verlauf dieser Arbeit erleben sich die einzelnen Personen psychisch deutlicher voneinander getrennt. Sie können sich besser aufeinander beziehen, weil sie jeweils Innen und Außen besser unterscheiden können. Scheinbare Gegensätze werden in ihrer dynamischen Korrespondenz verstanden, weil sie nicht mehr ersatzweise als Abgrenzung zwischen den Personen gebraucht werden. Die Gegensätze „klein" und „groß", Angst und Gewalt werden so miteinander verbunden, denn wer sich „innen" klein fühlt, ist außen vielleicht sehr „groß", und wer außen gewalttätig ist, hat „innen" vielleicht große Angst.

Die „Arbeit im System": Das dialektische Verständnis der Abwehrmechanismen

Für manche Analytiker, die mit der Arbeit in Familien beginnen und keine gruppentherapeutische Erfahrung haben, stellt sich die Frage, ob hier der einzelne behandelt wird, oder „das System". In der Arbeit übertragen sie dann unter Umständen ihre Deutungstechnik aus der Einzeltherapie auf die Familiensituation. Wenn dabei jeweils die *Bedeutung* der Arbeit mit dem einzelnen für *alle* Anwesenden beachtet wird, ist das kein Nachteil. Die Erfahrungen aus der Einzelanalyse müßten nur durch Kenntnisse über die Veränderung von zwischemenschlichen Systemen ergänzt werden.

Grundsätzlich verändert sich ein System dadurch, daß sich der einzelne in ihm verändert. Dies gilt vor allem für den Therapeuten als „einzelnen" im therapeutischen System. Dadurch daß er *in sich* die Beziehungsstrukturen verändert, die von der Familie her und auch von seiner eigenen Geschichte her „zur Wiederholung drängen", stößt er eine Veränderung in den Beziehungsstrukturen der anderen Mitglieder des therapeutischen Systems an. Dieser „Anstoß" kann nur gelingen, wenn er dabei jeweils mit der „ganzen" Person seiner Patienten in Kontakt ist. Sonst wiederholen sich psychodynamisch verstanden die Austauschprozesse, die den gespaltenen Beziehungsstrukturen zugrunde liegen, auch zwischen ihm und den Familienmitgliedern.

Ich habe in diesem Buch wiederholt beschrieben, was es bedeutet, mit der „ganzen" Person in Kontakt zu sein. Das entscheidende Kriterium ist, ob der Therapeut in der Lage ist, die „Abwehr" oder auch die Struktur einer Person, konkret also eigentlich alle ihre Erscheinungsformen, *dialektisch zu sehen.* Hat man eine innere Vorstellung von jedem einzelnen Patienten (und damit in der Familie auch von der ganzen Familie), die dessen Psychodynamik möglichst vollständig erfaßt, dann erlebt man das Zusammenspiel von emanzipatorischen Wünschen und Ängsten. Die äußere Erscheinung ist in dieser Sicht das Ergebnis der inneren Dynamik, die einerseits aus Veränderungsimpulsen (emanzipatorischen Wünschen) und andererseits aus homöostatischen Impulsen (wegen der Angst vor Veränderung) besteht. Die unten angefügten Fragebögen sollen eine Hilfe beim Erkennen und Wiedererkennen dieser beiden Seiten der Abwehr sein.

Für die „Deutungstechnik" in der psychoanalytischen Familientherapie bedeutet das: Solange ich nicht „beide Seiten" eines Patienten sehe, bin ich entweder ruhig, oder ich versuche die „verlorene" andere Seite mit ihm zusammen wiederzufinden. Zumeist geht dem Therapeuten in Konfliktsituationen das „Innenbild" des Patienten verloren. Man erlebt nicht mehr die Wünsche und Ängste, sondern nur noch das „Ergebnis", unter Umständen Bösartigkeit, Gewalt oder „Krankheit" im Sinne eines Defekts.

Das Bemühen, die Patienten möglichst immer oder immer wieder „ganz" zu sehen, korrespondiert in gewisser Weise mit der Technik der „Positiven Konnotation" in der systemischen Familientherapie. Nach meinem Verständnis versucht man dort mit diesem Hilfsmittel die Entstehung von Feindbildern im Therapeuten und dem sich daraus entwickelnden Widerstand des Patienten zu vermeiden. Freilich spricht man in der systemischen Therapie ganz ausdrücklich nicht mehr von „Widerstand", weil man diesen psychoanalytischen Begriff dort nicht psychodynamisch sondern nur als Feindbild des Therapeuten dem Patienten gegenüber verstanden hat. Auf diese Weise kam dann wohl auch das Mißverständnis zustande, daß die Psychoanalyse immer nur die Pathologie der Patienten sehen würde, was in diesem Verständnis bedeutet, sie sähe nur die „negativen" Seiten des Patienten.

Die Lösung dieses Problems in der systemischen Psychotherapie geht nun dahin, systematisch nur die „positiven" Seiten des Patienten, seine „Ressourcen", zu sehen und ihm gegenüber zu erwähnen: Was er alles kann und was er alles schon erreicht hat. Im positiven Fall verändert sich dadurch das Selbstbild des Patienten, und zwar kommt die „positive Seite" wieder an die Oberfläche, die negative „dreht sich nach unten". In manchen Fällen ist auch in psychoanalytischen Therapien nichts anderes zu erreichen. Aber grundsätzlich bemüht sich die Psychoanalyse, wie vielfach ausgeführt, um eine *strukturelle Veränderung des intrapsychischen und interpsychischen Systems.* Dazu ist der Vorgang des Durcharbeitens in der Therapie erforderlich. Diesen Vorgang habe ich hier wiederholt beschrieben. Aus psychoanalytischer Sicht setzt jede strukturelle Veränderung voraus, daß sich der Patient „gehalten" fühlt. Die „handwerkliche" Seite dieses „Haltens" möchte ich im folgenden Abschnitt beschreiben.

Die Arbeit „mit zwei Händen": Halten und Konfrontieren

Im Zusammenhang mit der Diskussion der „Objektkonstanz des Analytikers" (3. Kapitel) habe ich beschrieben, welche Voraussetzungen *im* Analytiker gegeben sein müssen, damit er seine(n) Patienten im Sinn eines „Containers“ halten kann. Hier möchte ich den Unterschied zwischen dem (psychoanalytischen) *Durcharbeiten* einerseits und der Technik der *positiven Konnotation* in der systemischen Psychotherapie andererseits auch am konkreten therapeutischen Handeln und seinen Folgen deutlich machen.

Das Durcharbeiten in der Psychoanalyse habe ich im 1. Kapitel als eine „gemeinsame Entdeckungsreise von Analytiker und Analysand“ beschrieben. Diese Reise ist unter Umständen für beide, oder, in der psychoanalytischen Familientherapie, für alle Mitreisenden sehr riskant. Wegen der Wiederholung der verschiedenen Szenen, in denen mehr oder weniger schwere Verletzungen stattgefunden haben, sind Analytiker und Analysand/en auf dieser gefährlichen Reise in Gefahr, dieselben Verletzungen noch einmal passiv zu erleiden und aktiv zu wiederholen. In der Psychoanalyse versucht man, zusammen mit dem oder den Patienten in die sich ständig wiederholenden konflikthaften Szenen „hineinzugehen“ und dort die Sprachlosigkeit aufzuheben, die bisher dazu geführt hat, daß dieselben Verletzungen und Selbstverletzungen stets wiederholt wurden. Trotz dieser guten Absicht ist es nicht erstaunlich, daß bei allen Beteiligten auf dieser Reise immer wieder große Angst auftritt.

Diese Angst kann – ebenso auf beiden Seiten – dazu führen, daß der jeweils andere als „Feind“ erlebt wird. In einer feindseligen Beziehung ist es für jeden Menschen sehr schwer, sich zu verändern. Man ist mit allen Kräften damit beschäftigt, den „Einbruch“ des Feindes in das eigene „Land“ zu verhindern. So findet in jeder psychoanalytischen Behandlung ein Balanceakt statt zwischen dem Versuch, den Konflikt in der Wiederholung zuzulassen und doch das Vertrauen zueinander nicht zu verlieren.

Für meine Haltung als Therapeutin auf dieser Reise habe ich gelegentlich das Bild entwickelt, „mit zwei Händen zu arbeiten“. Und zwar befindet sich in diesem

Bild meine linke Hand unter dem oder den Patienten, während die rechte sie zu berühren versucht. Da sich auch dieses Bild in Supervisionen schon weiterverbreitet hat, frage ich die Kollegen und Kolleginnen, die sich in einer Kampfsituation mit einem oder mehreren Patienten befinden, ob sie das Gefühl haben, daß ihre linke Hand sich noch „unter“ dem oder den Patienten befindet. Wenn das so wäre, hätten sie ihre Funktion als „Container“ im beschriebenen Sinn noch inne. Dann würde die mit der anderen Hand versuchte Konfrontation zumindest ihnen selbst nicht so viel Angst machen, daß sie ein Feindbild dem oder den Patienten gegenüber entwickeln müßten.

Die „linke Hand als Container“ bedeutet im hier vielfach beschriebenen Sinn, daß mein Bild vom Patienten noch „vollständig“ ist und ich in mir die Fähigkeit zur Objektkonstanz noch nicht verloren habe. Der Patient bleibt in meinem Gefühl ein „gutes Objekt“, auch wenn er in dem Konflikt große Angst bekommt und sich entsprechend wehrt. Diese Haltung ist verschiedentlich unter dem Begriff der „therapeutischen Ichspaltung“ beim Analytiker beschrieben worden. In den vieldimensionalen Konflikten einer Paar- oder Familientherapie ist mir diese recht abstrakte Bezeichnung zu erlebensfern. Das innere Bild von den beiden zusammenarbeitenden Händen gibt mir mehr Sicherheit bei der Orientierung an meinen Gefühlen und Phantasien. Bevor ich mich in eine Konfrontation hineinbegebe, versuche ich mich anhand dieses inneren Bildes der Beziehungssituation zu vergewissern, ob ich sie werde durchstehen können. Ich habe die Erfahrung gemacht, daß mich hier mein Gefühl nicht trügt, d.h. daß ich mit Hilfe dieser Phantasie auch abschätzen kann, ob *wir* den Konflikt durchstehen können, um den es sich handelt.

Ich habe es mir zur Regel gemacht, einen Konflikt (vorläufig) zu umgehen, wenn ich in meinem Phantasiebild die Hand nicht vollständig sicher und ausgeruht „unter“ meinen potentiellen Konfliktpartnern haben kann. Würde ich mich in diesem Zustand „in den Konflikt stürzen", dann wäre das von meiner Seite kein Angebot, den Konflikt zu bearbeiten, sondern ein Auftakt zum Streit. Daraus könnte allenfalls noch etwas gutes entstehen, wenn der Patient fähig wäre, *mich* in sich als gutes Objekt zu bewahren, obwohl ich ihn „angreife", aber dann wären die Rollen vertauscht und die Therapie ad absurdum geführt.

Durcharbeiten: Der „zweite Schritt"

Zu diesem Bild von der „Arbeit mit zwei Händen" gehört ein wichtiges zweites Bild: das Bild vom „zweiten Schritt". Dieses Bild habe ich vor allem in der Supervision entwikkelt. Häufig sind Kollegen oder Kolleginnen erstaunt darüber, daß Patienten auf eine Intervention so „negativ" reagieren. Und weil sie eine solche Reaktion oft auch schon vorher befürchten, wagen sie es – vor allem in Familientherapien, wo man es potentiell mit mehreren „Gegnern" zu tun hat – dann oft nicht, durch eine konfrontierende Intervention „in den Konflkt hineinzugehen".

Auch hier kann eine vorbereitende innere Reflexion der Beziehungsstruktur hilfreich sein. Wenn ich in mir reflektiere, ob beide Hände „an ihrem Platz" sind, dann habe ich gleichzeitig ein Bild von dem oder den Patienten vor Augen, das Wünsche, Ängste und Abwehrmechanismen enthält. Wenn ich dieses Bild ernst nehme, muß ich prinzipiell erwarten, daß meine „Konfliktpartner" auf meine Intervention hin Angst entwickeln und mit dieser Angst selbstverständlich in irgendeiner Weise umgehen werden. Sie werden sich wehren, entweder gegen ihre Angst, oder gegen mich – und damit ebenfalls gegen ihre Angst. Ich muß also mit einer Abwehrreaktion rechnen, die vielleicht auch mir Angst machen wird.

Bin ich auf diese Situation innerlich nicht vorbereitet, dann werde ich vielleicht nach einer solchen Reaktion innerlich oder äußerlich „weglaufen" – enttäuscht oder vielleicht auch in meinem Feindbild („die wollen eben doch nichts ändern") bestätigt. Ich habe schon darauf hingewiesen, daß man die Folgen seiner emanzipatorischen Schritte in einem System, das man verändern will, aushalten muß. Man ist sich selbst und den Patienten gegenüber dafür verantwortlich, daß die Revolution, die man beginnt, auch möglich wird, daß in den alten Szenen „neue Antworten" gefunden werden können. Vernachlässigt man diese Verantwortung und die Konzentration auf den therapeutischen Prozeß, dann kann es geschehen, daß man „dies und das" versucht, daß „nichts geht" und daß nach kurzer Zeit alle enttäuscht aufgeben.

Diese Szene wäre dann die Wiederholung der Beziehungsstruktur, um deren Veränderung es ginge. Jeder einzelne in diesem System lebt in der unbewußten Phantasie: „Ich unternehme gelegentlich 'Ausfälle', aber genau in der Art, daß sich gleichzeitig bei uns nichts ändert, denn ich habe zu viel Angst vor der Veränderung. Deshalb haben meine Initiativen auch eher den Sinn, immer wieder die 'Abwehr' der anderen Familienmitglieder zu bestätigen und zu verstärken. Einen zweiten Schritt in derselben Richtung werde ich nicht unternehmen, weil mir die Bestätigung der Aussichtslosigkeit von Befreiungsversuchen schon genügt." In der durch diese Phantasie getragenen Pattsituation muß jeder warten, bis der andere sich verändert, und er selbst durch diese Veränderung des anderen die Möglichkeit oder sogar die Erlaubnis erhält, sich ebenfalls zu verändern.

Die Funktion des Therapeuten ist es aber nicht, zu warten, bis sich die Patienten ohne sein Zutun verändern, damit er nicht in Konflikte gerät. (Gelegentlich wird Psychotherapie allerdings so verstanden.) Will man von sich aus Veränderungen eines zwischenmenschlichen Systems „anstoßen", die dann auch wirklich in Gang bleiben, dann muß man die Verantwortung für seine Schritte selbst übernehmen, sich gut überlegen, ob der Schritt jeweils zu diesem Zeitpunkt sinnvoll ist, und „dranbleiben".

Dieses „Dranbleiben" bedeutet in meinem Bild, daß man schon beim „ersten Schritt" mit der auf diesen

Schritt zu erwartenden Abwehrreaktion rechnet und auch den eigenen „zweiten Schritt“ schon im Auge hat. Dieser muß und kann nicht inhaltlich vorgeplant werden, aber er kann in seiner *Aussage auf der Beziehungsebene* schon vorbereitet sein: „Ihr habt die unbewußte Phantasie, daß man das, was ich jetzt gesagt habe, nicht aushalten kann. Deshalb reagiert ihr mir gegenüber so, wie eure Eltern euch gegenüber reagiert haben und wie ihr in den entsprechenden Szenen mit den Eltern gelernt habt, mit euren eigenen Gefühlen und Wünschen umzugehen. Ich werde mich mit diesem Ablauf aber nicht zufrieden geben und in einem 'zweiten' Schritt mit euch zusammen durcharbeiten, was jetzt zwischen uns und/oder in euch geschehen ist.“ Da die Patienten in sich – vielleicht sehr versteckt – ebenfalls den Wunsch haben, daß man die Szenen, in denen sie bisher verstummt sind, „sprechend“, also *miteinander überleben* kann, sind sie für diese Haltung des Therapeuten dankbar, auch wenn sie ihre Dankbarkeit zunächst nicht aussprechen, vielleicht sogar nicht einmal spüren können.

Psychoanalyse oder Systemtherapie?

Aus dieser Beschreibung des therapeutischen Prozesses in einer psychoanalytischen Paar- oder Familientherapie wird verständlich, weshalb es sich hier um längerdauernde Therapien handelt und weshalb eine relativ hohe Sitzungsdichte erforderlich ist. Man muß „dranbleiben“ können und den Veränderungsprozeß begleiten, der über längere Zeit den geschützten Beziehungsraum braucht, um in Gang zu bleiben.

Anders ist das in einem strategischen Modell der Familientherapie, wie zum Beispiel in der systemischen Familientherapie. Dort wird mit dem Problem der Spaltung innerhalb der Patienten und zwischen Patienten und Therapeuten grundsätzlich anders umgegangen. Die spontane Reaktion jedes Menschen auf nicht integrierbare Angst besteht, wie schon erwähnt, in der Entwicklung eines Feindbildes. Dies geschieht auch zwischen Therapeuten und Patienten und wurde von den Forschern des kommunikationstheoretischen und systemischen Ansatzes – in anderer Terminologie – beschrieben. Sie sahen, daß sich aufgrund der Ambivalenzspaltung (so mein Verständnis der Szene) häufig die Situation ergibt, daß Therapeuten sich bemühen, die Patienten zu verändern, wodurch diese „in den Widerstand" geraten.

Eine technische Lösung für dieses Problem wurde in der „positiven Konnotation" gefunden. Man versucht, sich möglichst wenig in das Familiensystem hinein zu begeben und erklärt entweder die Symptomatik für „positiv", und/oder man konzentriert sich systematisch auf die „positiven Seiten" der Patienten, auf die sogenannten Ressourcen. Alles was die Patienten schon erreicht haben, und sich vorstellen können, noch weiter zu verändern, wird aufgegriffen und auf diese Weise verstärkt.

In meinem beziehunganalytischen Verständnis bedeutet diese Art zu arbeiten eine große psychische Entlastung für den Therapeuten, kann er doch mit Hilfe dieser „Technik" die spontane Feindbildentstehung sowohl bei sich selbst als auch – wenn diese Interventionen „wirken" – bei seinen Patienten umgehen. Die Patienten fühlen sich bestätigt als „nicht schlecht". Da ihre innere Beziehungsstruktur desto stärkere Spaltungen aufweist, je schwerer die Beziehungsstörung ist, leben sie sowieso mehr oder weniger in der Phantasie: „Wir sind entweder gut oder schlecht". Bestätigt ihnen der Therapeut, daß sie „nicht schlecht" sind, dann „dreht sich" diese Struktur – ich erwähnte es schon – derart, daß die narzißtische oder auch hypomanische Seite „oben ist", wo vorher das Erleben noch von Aussichtslosigkeit und Verzweiflung bestimmt war.

Ich will nicht behaupten, daß durch diese Art des Umgangs mit Patienten *keinerlei* strukturelle Veränderungen in Gang gebracht werden. Wenn sich Patienten auf diese Interventionen hin wieder „gut" fühlen, ist vielleicht mehr erreicht als wenn man sich mit ihnen jahrelang „im Kreis gedreht" hat.

Ich will aber zu bedenken geben, daß es ein großes Mißverständnis der Psychoanalyse ist, wenn man behauptet, sie würde die Patienten und deren Pathologie systematisch „negativ konnotieren". Eine entwertende Haltung den Patienten und ihrem Leiden gegenüber ist vielmehr als ein Produkt der Spaltungstendenzen in der therapeutischen Beziehung und des Wiederholungszwangs zu sehen – wie in anderen Therapien auch. Die „positive Konnotation" der Patienten und ihrer Abwehrstruktur in der Psychoanalyse ist Ausdruck der analytischen Haltung. Fehlt sie, dann befindet sich der Analytiker (hoffentlich vorübergehend) im Widerstand.

In diesem Buch habe ich die Abstinenz des Analytikers als therapeutische Aktivität beschrieben, die darin besteht, immer wieder Konflikte mit dem oder den Patienten „durchzuarbeiten". Das Ergebnis dieses Durcharbeitens ist ein Sinnverständnis, das grundsätzlich nichts mit den Kategorien „gut" oder „schlecht" zu tun hat. Es ist ein Verständnis für psychodynamische Zusammenhänge, in dem immer alle drei wichtigen Komponenten der intrapsychischen und interpsychischen Beziehungsdynamik enthalten sind: Der Wunsch als bewegendes Element, die Angst als zurückhaltendes Element, und die Abwehrstruktur als kompromißhaftes drittes Element, das Triebbefriedigung und Sicherheitsbedürfnis miteinander vereinbart. Somit verfügt die Psychoanalyse *wirklich* über eine Systemvorstellung; sie kann sagen, welche Intervention weshalb in welchem System wirkt. In der Systemtherapie habe ich bisher nur interessante Anregungen für therapeutische Strategien gefunden, aber keine Vorstellungen von zwischenmenschlichen Systemen (z. B. de Shazer 1985, Selvini Palazzoli et al. 1988).

Was die Technik der „positiven Konnotation" betrifft, möchte ich darauf hinweisen, daß sich Patienten mit starken Spaltungen sehr gerne durch „positive Konnotation" verführen lassen. Sie warten auf nichts sehnlicher als darauf, daß endlich einer sagt: „Du bist o.k.". Das hilft ihnen, wieder für einige Zeit „gut drauf" zu sein. Dafür, daß „sie endlich von jemandem angenommen“ werden, geben sie ihr Letztes. Das ist innerhalb der Psychoanalyse durchaus nicht unbekannt. Aber man hat hier doch Bedenken, diese Bereitschaft zur völligen Selbstaufgabe um der Paradiesphantasie willen therapeutisch auszunützen. Zu deutlich ist dem Analytiker in diesen Fällen die Gefahr der Wiederholung der (gespaltenen) Szene in der Therapie. Das ist der Grund, weshalb auch ich mich bemühe, soweit es mir und den Patienten möglich ist, die psychische Struktur im psychoanalytischen Sinn „durcharbeitend“ zu verändern.

Die verschiedenen Formen psychoanalytisch orientierter und psychoanalytischer Arbeit mit Paaren und Familien

Das Konzept

Seit 1981 wird an der Akademie für Psychoanalyse und Psychotherapie München eine Ausbildung in psychoanalytisch orientierter Krisenintervention, psychoanalytisch orientierter Beratung und psychoanalytischer Fokal- und Langzeittherapie bei Paaren und Familien angeboten. An dieser Ausbildung nehmen Psychoanalytiker, Analytische Kinder- und Jugendlichenpsychotherapeuten, Ärzte und Psychologen mit zum Teil wenig psychoanalytischer Vorbildung und Sozialpädagogen teil. Die unterschiedliche Vorbildung und die unterschiedlichen Arbeitsfelder der Teilnehmer/innen, sowie auch die Notwendigkeit, für die einzelnen Fälle die jeweils angemessene Indikation zu stellen, machten es erforderlich, als Arbeitshilfe Indikationsleitlinien für die Berater und Therapeuten zu erstellen, die jeweils die Fragen der Indikation von zwei Seiten beleuchten, von der Seite der Berater und Therapeuten einerseits und von der Seite der hilfesuchenden Klienten oder Patienten andererseits.

Um einen Einblick in unsere Arbeit zu geben, werden im folgenden die vier verschiedenen Formen der psychoanalytischen Arbeit mit Paaren und Familien mit den jeweiligen Indikationsrichtlinien dargestellt und auch die diese Arbeit begleitenden *Fragebögen zur therapiebegleitenden Prozeßanalyse.* Diese Fragebögen haben sich als Hilfe zur prozeßbegleitenden „Selbstsupervision" bewährt. Viele Kollegen und Kolleginnen, die in München eine Ausbildung in psychoanalytischer Paar- und Familientherapie gemacht haben, arbeiten seit Jahren mit der Grundform dieser Fragebögen, die hier erstmals spezifiziert für die verschiedenen Formen dieser Arbeit veröffentlicht werden.

Nicht nur während der Ausbildung ist es schwierig, in der Arbeit mit interpersonellen Systemen die Übersicht über das aktuelle Interaktionsgeschehen zu behalten. Je schwerer die Erkrankung der Beziehungsstrukturen (d. h. die Spaltungstendenzen) des Paares oder der Familie ist, desto schwieriger ist es für den Helfer, seine eigene Position als Helfer (Dritter), und das heißt: seine eigene Gefühlswelt zu bewahren und seine Gefühle und Wünsche als Helfer von den Gefühlen und Wünschen der Klienten oder Patienten zu unterscheiden. Um die dann desto mehr eintretenden Austauschprozesse zwischen Helfer und Klienten oder Patienten zu erkennen und mit ihnen arbeiten zu können, ist in dieser Arbeit einerseits dringend eine kontinuierliche kollegiale Supervision erforderlich[14]; andererseits können auch die hier angefügten Fragebögen – als Supervisionsersatz – eine Hilfe bei der Orientierung im laufenden Prozeß darstellen.

Die Fragen sind oft nur sehr schwer zu beantworten; oft weist gerade diese Schwierigkeit auf einen Verschmelzungsprozeß zwischen Helfer und Familie hin, der die Notwendigkeit einer Supervision deutlich werden läßt. Die Fragebögen sind absichtlich sehr persönlich gehalten. Um eine möglichst offene, unzensierte Beantwortung zu erleichtern, sind sie nur für den Berater/Therapeuten selbst gedacht. Neben ihm soll sie niemand zu sehen

[14] Die kontinuierliche kollegiale Supervision entspricht in ihrer Funktion annähernd der Arbeit mit dem Einwegspiegel in der systemischen Psychotherapie. Dort werden ebenfalls die Einfälle „weniger in das System verwickelter“ Kollegen zu Hilfe genommen. Im psychoanalytischen Rahmen geht es allerdings weniger um Vorschläge von Kollegen als um einen – wiederum analytischen – Supervisionsprozeß, durch den der Therapeut selbst innerlich wieder „ganz“ wird und so in besserer psychischer Abgrenzung in die therapeutische Situation zurückkehren kann (vgl. 6. Kapitel).

bekommen, wenn er das nicht ausdrücklich möchte. Für die Darstellung eines Falles in der Ausbildung bilden die vom Therapeuten selbst ausgewerteten Fragebögen eine wichtige Grundlage. Sie könnten auch als Grundlage einer systematischen Prozeßanalyse in der Psychotherapieforschung zur psychoanalytischen Paar- und Familientherapie werden.

Die meisten Fragen wurden so formuliert, daß man sie nur beantworten kann, wenn man sich *auf seine Gefühle einstellt.* Das soll verhindern, daß über den Verlauf der Therapie ausschließlich nach*gedacht* wird und nur äußere Fakten protokolliert werden. Die durch die Fragebögen angeregte prozeßbegleitende Introspektion macht das Interaktionsgeschehen vor allem *szenisch* verstehbar, wodurch die Kategorien richtig/falsch in den Hintergrund rücken. Durch die in den Fragen enthaltene Aufforderung, die Szenen und Abwehrmechanismen jeweils *dialektisch* zu beschreiben, wird man auch immer wieder daran erinnert, daß die Patienten oder Klienten *emanzipatorische Wünsche* haben, die es zu sehen gilt, wenn man nicht stellvertretend für sie die Verantwortung für die Veränderung übernehmen will. (So würde man, psychoanalytisch gesehen, in den „Widerstand" geraten und wäre in seiner therapeutischen Handlungsfähigkeit gelähmt.)

Die ersten Anregungen für die Entwicklung dieser Fragebögen entnahm ich der Arbeit von Balint, Ornstein und Balint (1972), in der einige Fragen zur prozeßbegleitenden Beobachtung der Therapeut-Patient-Beziehung enthalten sind. Balint protokollierte mit Hilfe dieser Fragen eine von ihm selbst durchgeführte Kurzpsychotherapie. In den ebenfalls veröffentlichten Protokollen erfährt man kaum etwas von seiner „Interventionstechnik", dafür aber viel von dem, was er in den Sitzungen erlebt. In jüngerer Zeit hat Casement (1985) ähnliche Protokolle aus eigenen psychoanalytischen Behandlungen vorgelegt. In eindrucksvoller Weise zeigen diese Protokolle, was *wirklich im Interaktionsprozeß zwischen Analytiker und Analysand geschieht.* Dadurch entstehen heilsame

Kontrastbilder zu den üblichen Bildern von analytischen Therapien, die vorwiegend das enthalten, *was geschehen sein soll.*

In diesem therapiebegleitenden Introspektionsprozeß werden im Freudschen Sinne *Forschen und Heilen* miteinander verbunden. Die Ehrlichkeit des Forschens, auch „in der eigenen Seele", ist allerdings eine Vorbedingung dafür, daß beides „gut geht".

Richtlinien für die Indikation

Für die vier unterschiedlichen Formen der psychoanalytischen Arbeit mit Familien haben wir[15] folgende Kurzbeschreibungen und Anhaltspunkte für die Differentialindikation[16] entwickelt:

Psychoanalytisch orientierte Krisenintervention

Hier handelt es sich um ein kurzfristiges oder evtl. auch um ein wiederholtes Eingreifen in ein innerpsychisches (Einzelperson) und gleichzeitig interpsychisches (Paar oder Familie) System, das sich in einer Krisensituation befindet.

Als Krise wird ein Zustand einer oder mehrerer Personen verstanden, die sich in einem unausgetragenen Konflikt befinden, der in einer akuten Zuspitzung danach drängt, ausgetragen zu werden.[17] Es ist eine Entscheidungssituation, in der psychodynamisch gesehen die Frage deutlich wird, ob alles beim alten bleiben soll, beziehungsweise wieder so werden soll, wie es vor der Krise war, oder ob sich etwas ändern darf und muß. Jede Krise enthält eine oder mehrere psychodynamisch zu verstehende Fragen, wie z. B.: Können Mann und Frau, Mutter/

---

15 Die folgenden Texte sind in Zusammenarbeit mit Astrid von Borch-Posadowsky, Peter Dott und Frieder Wölpert entstanden.

16 Einen guten Einblick in die Fragen der Indikation vor und während einer analytischen Therapie gibt Karl König in seinem kürzlich erschienen Buch „Indikation" (1994).

17 Zur psychoanalytischen Krisenintervention vgl. auch Bauriedl 1985a.

Vater und Kind *miteinander,* oder müssen sie *gegeneinander* leben (= Sicherheit und Zufriedenheit erreichen)?

In jeder akuten psychischen Krise stehen die Helfer unter besonders starkem Handlungsdruck, der etwas gemildert wird, wenn man die Szene versteht und die eigene Rolle darin wahrnehmen kann. Diese Rolle ist durch gegenläufige Aufträge gekennzeichnet. Bei genauem Hinsehen und „Hinfühlen" kann man also zumeist bemerken, daß man keine Lösung finden kann, mit der die Beteiligten *eindeutig* zufrieden wären. Diese Erkenntnis hilft wiederum, die *eigenen* Antworten (verbal oder nonverbal) in der Krisensituation zu finden. Damit diese Antworten auch dem Helfer selbst nicht „willkürlich" erscheinen, ist es sinnvoll, zu versuchen, die *Bedeutung* dieser Antworten in der kritischen Szene zu erkennen. Erst wenn man diese Bedeutung verstanden hat, wird man eventuell einen „zweiten Schritt" (s.o.) in der Krise unternehmen können, was gerade in solchen Situationen besonders nötig und besonders heilsam ist.

Kriseninterventionen in diesem Sinne werden von Psychoanalytikern in privater Praxis, von Psychologen und Sozialpädagogen in Beratungsstellen, von Schulpsychologen und Beratungslehrern, von Ärzten und Psychologen in Kliniken, Heimen oder Gefängnissen, aber auch von medizinisch tätigen Ärzten von Richtern, Anwälten, Mediatoren, Mitarbeitern in Jugendämtern und sozialpsychiatrischen Diensten, etc. ausgeführt. Mit der „Antwort" des Helfers in der Krisenszene sind auch ganz konkrete Handlungen gemeint, wie die Einweisung in eine Klinik, ein Schulwechsel, der Entzug des Sorgerechts, eine Umgangsregelung, oder eine konkrete Beratung und Hilfestellung im Falle von Gewalt im sozialen Nahraum, etc.

Für diese Arbeit ist eine Fortbildung in psychoanalytischer Arbeit mit Paaren und Familien sinnvoll, um sich in das psychoanalytische Denken (szenisches Verstehen) und auch in das Erkennen der psychodynamischen Bedeutung des eigenen Verhaltens im jeweiligen System einzuarbeiten.

Psychoanalytisch orientierte Beratung

Hier handelt es sich um eine meist kurzfristige oder evtl. auch längerfristige beratende Begleitung eines Paares oder einer Familie, die vorwiegend stützende Funktion hat. Eine psychoanalytisch orientierte Beratung schließt Empfehlungen und Erklärungen auf der Grundlage des psychodynamischen Verständnisses der Situation und der Beziehungsstrukturen zwischen den Klienten und zwischen Berater/in und Familie ein. Der Berater/die Beraterin versucht, sein/ihr Eingebundensein in das familiäre System zu verstehen und seine/ihre Interventionen vor dem Hintergrund des psychodynamischen Verständnisses des Beratungs-Systems (Klienten und Berater/in) zu reflektieren.

Häufig wird in dieser Arbeit (Beratungsstellen, etc.) die Bedeutung eines guten Arbeitsvertrags übersehen. Deshalb habe ich hier und auch für die anderen Formen der psychoanalytischen Arbeit mit Paaren und Familien einen besonderen Fragebogen für die Situation während der Erarbeitung eines Arbeitsvertrags[18] entwickelt. In dieser Phase wird die Aufmerksamkeit des Beraters häufig von den drängenden Problemen der Klienten so sehr besetzt, daß er selbst – wie auch die Klienten – meint, daß er hier nur möglichst schnell „helfen“ müsse und sofort eine Lösung für das Problem anbieten können müsse. Die Zwiespältigkeit des Problems und der Personen gerät dabei in den Hintergrund, ebenso wie der Blick auf die doppelten Botschaften, die dann unreflektiert von *allen* Seiten, also auch von der Seite des Beraters ausgehen. Wenn diese Beziehungssituation nicht geklärt wird, täuschen sich alle Beteiligten über die Eindeutigkeit der Zustimmung zu oder Ablehnung der Beratung durch jeden einzelnen: Die Zustimmung des Beraters scheint „sowieso klar“ zu sein; daß einige der Familienmitglieder etwas verändern wollen, andere scheinbar nicht, scheint

[18] Zur Problematik und zur Gestaltung des Arbeitsvertrags in der Familientherapie vgl. Bauriedl 1980, S. 180 ff.

auch eindeutig festzustehen. Nach mehr oder weniger kurzer Zeit kommt dann die gegenläufige Reaktion, nicht selten in Abbruchtendenzen, zum Tragen. Diese Situation kann besser überblickbar werden, wenn man sich den entsprechenden Fragebogen vor Augen hält und mit seiner Hilfe sich selbst und die gemeinsame Szene „erforscht".

Wichtig ist die Differentialindikation zwischen psychoanalytisch orientierter Beratung einerseits und psychoanalytischer Fokal- bzw. Langzeittherapie andererseits:

Differentialindikation von seiten der Klienten:
Viele Paare und Familien suchen keine grundsätzliche Infragestellung ihrer bisherigen gemeinsamen Konfliktlösungen, sondern eine beratende Hilfe in einer Phase der Desorientierung. Hier kann eine aufklärende und ordnende Struktur, die von außen angeboten wird, hilfreich sein. Die Beratung hat das Ziel, eine neue, befriedigende und möglichst stabile Orientierung, evtl. auch eine wichtige gemeinsame Entscheidung (z. B. Mediation auf psychoanalytischer Grundlage) zu finden. In einem solchen Beratungsprozeß kann eventuell deutlich werden, daß eine grundsätzliche und langfristige analytische Psychotherapie einzeln oder in Form einer psychoanalytischen Paar- bzw. Familientherapie nötig und sinnvoll ist. In diesem Fall kann in der psychoanalytisch orientierten Beratung eine wichtige Vorarbeit für eine psychoanalytische Einzel-, Paar- oder Familientherapie geleistet werden.

Differentialindikation von seiten des Beraters/der Beraterin bzw. der Institution:
Für die verantwortliche Durchführung einer psychoanalytisch orientierten Beratung von Paaren oder Familien ist, abgesehen von der persönlichen Eignung für eine psychoanalytisch orientierte Arbeit, in der Regel einige Praxiserfahrung als Psychologe oder Sozialpädagoge, in Ausnahmefällen auch in anderen Vorberufen, und zusätzlich eine gründliche Ausbildung in psychoanalytischer Arbeit mit Paaren und Familien erforderlich. Eine psychoanalytische

Eigenanalyse ist in der Regel die wichtigste Grundlage der persönlichen Eignung (Reflexionsfähigkeit der eigenen innerpsychischen Prozesse) für diese Arbeit.

In den meisten beratenden Institutionen ist diese Art der Arbeit mit Paaren und Familien von der Institution her vorgesehen (Dauer und Aufwand pro Fall, Konzentration auf einen bestimmten aktuellen Konflikt bzw. auf eine aktuelle Entscheidungssituation).

Fokaltherapie

Diese Form der psychoanalytischen Arbeit mit Paaren und Familien ist besonders schwierig. Sie erfordert vom Therapeuten ein rasches Erfassen der dem aktuellen Konflikt zugrundeliegenden Psychodynamik und Interaktionsdynamik (szenisches Verstehen auf den drei Ebenen: Genese, aktueller Konflikt und Übertragungsbeziehung), sowie die Fähigkeit, konzentriert und doch nicht starr am jeweiligen Fokus zu arbeiten.[19] Ziel ist eine relativ kurzfristige „Weichenstellung" im Sinne einer Umorientierung in bezug auf den aktualisierten Konflikt. Es geht nicht nur um eine Entscheidungsfindung wie bei der psychoanalytisch orientierten Beratung, sondern vor allem um ein Aufdecken und Durcharbeiten der den Entscheidungsproblemen oder dem aktuellen Konflikt zugrundeliegenden Psychodynamik innerhalb der und zwischen den beteiligten Personen.

Die besondere „Kunst" bei dieser Therapieform besteht darin, nicht in eine drängende Haltung zu geraten (wegen der kurzen, evtl. explizit limitierten Zeit von ca. 5 bis 30 Sitzungen), sondern stattdessen die Aufmerksamkeit auf dem vereinbarten Fokus zu halten und zu erkennen, wenn dieser Fokus verlassen oder vermieden wird und weshalb. Es ist eine konzentrierte Arbeit an den *Gefühlen im Hier und Jetzt* (der aktuellen Konfliktsituation und der Übertragungssituation) ohne Vernachlässigung der Genese der

[19] Neuere Literatur zur psychoanalytischen Fokaltherapie: Bauriedl 1985a, Klüwer 1985, Köhler-Weisker 1985a, Lachauer 1992.

jetzt als einschränkend erlebten Konfliktlösungen (z. B. szenische Wiederholungen von Dreiecksbeziehungen).

Eine psychoanalytische Fokaltherapie geht nicht selten in eine Langzeittherapie über, wenn man gemeinsam erfahren hat, daß man psychoanalytisch aufdeckend und durcharbeitend miteinander arbeiten kann, und daß weitere „Foci“ zur Bearbeitung anstehen. Es ist wichtig, einen solchen Übergang nicht „schleichend“, sondern deutlich und reflektiert zu gestalten. Psychoanalytische Fokaltherapien mit Paaren und Familien sind auch an Institutionen wie Kliniken oder Beratungsstellen möglich, wenn die psychoanalytische Kompetenz und der äußere Rahmen (z. B. dichte Supervision) dafür vorhanden sind.

Wichtig ist auch hier die Differentialindikation zwischen psychoanalytisch orientierter Beratung, psychoanalytischer Langzeittherapie und psychoanalytischer Fokaltherapie:

Differentialindikation von seiten der Patienten:
Für eine psychoanalytische Fokaltherapie eignen sich vorwiegend Patienten, die mit psychoanalytischen Deutungen und Konfrontationen kreativ umgehen können. Bei schweren psychischen Störungen mit entsprechenden Spaltungsprozessen und starker Neigung zu projektiver Identifikation macht die Konfrontation mit psychodynamischen Erkenntnissen den Patienten so große Angst (Schuldgefühle), daß sie mit Spaltungen (Idealisierung, Entwertung) reagieren müssen.

Solche Paare und Familien sind in einer auf den aktuellen Konflikt bzw. auf aktuelle Entscheidungsprozesse bezogenen Beratungsarbeit besser aufgehoben als in einer psychoanalytischen Fokaltherapie, wenn der Berater/die Beraterin gelernt hat, vorsichtig mit den Spaltungsprozessen umzugehen und „an der Oberfläche des Konflikts“ zu bleiben. Auch in einer psychoanalytischen Langzeittherapie kann ihnen u. U. geholfen werden, wenn zu Beginn über einen mehr oder weniger langen Zeitraum nicht aufdeckend und konfrontierend, sondern vor allem akzeptierend und damit an der Grundlage des gegenseitigen Vertrauens gearbeitet wird.

Die Indikation für eine psychoanalytische Fokaltherapie erkennt man also an relativ gesunden Abwehrmechanismen im Umfeld des aktuellen Konflikts, die für den ausgebildeten Psychoanalytiker durch Probedeutungen erkennbar werden (Fragebogen 4). Auch ein deutlich erkennbarer Leidensdruck im psychoanalytischen Sinn (wenig verschobenes „Leiden an anderen") ist ein positives Zeichen für eine psychoanalytische Fokaltherapie.

Differentialindikation von seiten des Therapeuten/der Therapeutin:
Die Beschreibung der Ziele und der Methode der psychoanalytischen Fokaltherapie mit Paaren und Familien zeigt schon, daß hierzu – vor allem auch wegen der schwierigen Indikationsstellung – in der Regel eine volle psychoanalytische Ausbildung und zusätzlich eine gute Ausbildung in psychoanalytischer Paar- und Familientherapie erforderlich ist. Außerdem ist es dringend nötig, sich die Fragen zum Arbeitsvertrag und zur Verlaufsanalyse einer Fokaltherapie immer wieder vor Augen zu halten, um den speziellen Charakter dieser Therapieform nicht zu verfehlen, bzw. frühzeitig zu erkennen, wann und weshalb er nicht mehr durchzuhalten und deshalb zu verändern ist. Der Therapeut muß auch fähig sein, mit dem Unbewußten des Paares oder der Familie (jeweils mit den Einzelpersonen und mit dem gemeinsamen Unbewußten) in ein „Gespräch" zu treten und mit den emanzipatorischen Bedürfnissen der Patienten zusammenzuarbeiten.

Langzeittherapie

Dies ist die anspruchsvollste Form der psychoanalytischen Arbeit mit Paaren und Familien, wenngleich auch eine verantwortlich durchgeführte psychoanalytische Fokaltherapie sehr hohe Anforderungen an den Therapeuten/die Therapeutin stellt. Die psychoanalytische Langzeittherapie ist auf eine *grundsätzliche Veränderung der*

Beziehungsstrukturen zwischen dem Paar bzw. in der Familie ausgerichtet. Ähnlich wie in der psychoanalytischen Einzeltherapie als Langzeittherapie werden regressive Prozesse bei allen Patienten zugelassen und gefördert, die eine grundsätzliche Infragestellung der bisher miteinander gelebten (psychodynamisch verstandenen) Szenen ermöglichen. Gleichzeitig kommt ein Gesundungsprozeß in jedem der an der Therapie beteiligten Patienten in Gang (eventuell auch in den nicht direkt beteiligten Familienmitgliedern). Für solche grundsätzlichen Veränderungsprozesse ist eine längere Dauer der Therapie (evtl. mehrere Jahre) und eine kontinuierliche (zumeist wöchentliche) Arbeit erforderlich.

Häufig gehen als Familientherapien begonnene Behandlungen nach einiger Zeit in Paartherapien über, wenn bestimmte aktuelle Probleme mit den Kindern geklärt sind und sich der Schwerpunkt der Konfliktdynamik in der Paarbeziehung zeigt. Ein Settingwechsel zwischen Paar- und Familientherapie muß gut überlegt und besprochen werden. Gelegentlich ist er unumgänglich, wenn nämlich die Generationenschranke durch das Setting geschützt werden muß.

Für eine sorgfältige Abwägung der Differentialindikation zur psychoanalytischen Langzeittherapie in Abgrenzung zur psychoanalytischen Einzeltherapie, zur psychoanalytischen Fokaltherapie und zur psychoanalytisch orientierten Beratung sind folgende Überlegungen wichtig:

Differentialindikation von seiten der Patienten:
Eine psychoanalytische Langzeittherapie schließt häufig an eine Krisenintervention oder auch an eine psychoanalytisch orientierte Beratung in einer aktuellen Konfliktsituation an, gelegentlich auch an eine psychoanalytische Fokaltherapie, wenn sich herausgestellt hat, daß das Bedürfnis und die Möglichkeit bestehen, über die Bearbeitung des aktuellen Fokus hinauszugehen und sich mehr Zeit für eine grundsätzliche Infragestellung der Paar- bzw.

Familienbeziehungen zu nehmen. Gelegentlich geht eine psychoanalytische Langzeittherapie auch von dem Wunsch beider Partner bzw. aller Familienmitglieder aus, wieder miteinander ins Gespräch zu kommen und bisher vermiedene Konflikte miteinander durchzuarbeiten, oder auch erstmals die Basis des Zusammenlebens grundsätzlich zu klären, ohne daß dieser Wunsch durch eine akute Krise ausgelöst wurde.

Wichtig für die Klärung der Indikation zu einer psychoanalytischen Langzeittherapie ist die Beantwortung der Fragen zum entsprechenden Arbeitsvertrag während der Vorgespräche. Spätere Abbrüche oder maligne Prozesse können nachträglich zumeist als Folge einer unzureichenden Erarbeitung des Arbeitsvertrags verstanden werden. Je größer der akute Druck (nicht unbedingt Leidensdruck im psychoanalytischen Sinn!) zu einer Therapie von seiten der Patienten ist, desto schwieriger ist es, während der Vorgespräche das Thema „Vorgespräche" zu halten und die Entscheidung über eine gemeinsame Arbeit offen zu halten. Ähnlich wie zu Beginn einer Beratung, meint man, „helfen" zu müssen, was immer das dann bedeuten mag, und stellt sich nicht mehr die Frage, ob man auf die vorgesehene Weise wirklich helfen kann und will (Allmachtsphantasien, die über die Realität und die eigene Begrenztheit hinwegtäuschen).

Differentialindikation von seiten des Therapeuten/der Therapeutin:
Für eine psychoanalytische Fokal- oder Langzeittherapie ist in den meisten Fällen eine volle psychoanalytische Ausbildung und anschließend eine spezielle Ergänzung dieser Ausbildung in psychoanalytischer Paar- und Familientherapie erforderlich. Die exakte Arbeit mit Übertragung und Gegenübertragung in einem fokusorientierten oder langfristigen psychoanalytischen Prozeß kann nur auf dem Weg einer gründlichen Ausbildung mit dem Schwerpunkt auf der Eigenanalyse und der ständigen Reflexion des eigenen Eingebundenseins in das Feld der

szenischen Wiederholungen zwischen Analytiker und Analysand/en erlernt werden.

Da diese Art der therapeutischen Arbeit mit Paaren und Familien auf langfristig ablaufenden Prozessen beruht, die den Therapeuten/die Therapeutin auch als Person stark in „Mitleidenschaft“ ziehen, ist es wichtig, den Umgang mit Übertragung und Gegenübertragung gut gelernt zu haben, das heißt: die eigenen Gefühle als Indikatoren für das Geschehen im therapeutischen System nutzen zu können. Ebenso wichtig ist es, die eigene Übertragung auf die Patienten, insbesondere auf das Paar (als Projektionsfläche für die eigenen Elternimagines), reflektieren zu können, um nicht selbst unbemerkt in der Therapie nur die eigenen Kindheitsszenen zu wiederholen. Ähnlichkeiten zwischen der Patientenfamilie und der eigenen Familie können sich positiv und negativ auf die therapeutische Beziehung auswirken, positiv: weil man die Beziehungsstrukturen der konflikthaften Szenen gut kennt, negativ: weil man unter Umständen gerade die Probleme, um deren Lösung man sich in der Therapie mit der Familie zusammen bemüht, selbst nicht gelöst hat und deshalb (unbewußt) der Familie den Auftrag gibt, sie stellvertretend für sich selbst zu lösen.

Die Fragebögen

Fragebogen (1) zum psychodynamischen Verständnis einer *Krisenintervention* bei Paaren und Familien aus psychoanalytischer Sicht

Paar/Familie ______________________________

________ ter Kontakt am ____________________

1. Die äußeren Elemente der Krise:
2. Psychodynamisches und familiendynamisches Verständnis der Krisensituation (Die Szene; welchen ungelösten Konflikt und welche Fragen enthält sie?)
3. Welche (psychodynamisch verstandene) Rolle habe ich (evtl. auch im Rahmen meiner Institution) in dieser Szene, bzw. wird mir in dieser Szene zugewiesen? (Werde ich verwendet und gebraucht als Bündnispartner, Schiedsrichter, „Müllplatz“, „Ruheplatz“, Helfer bei einem Befreiungsschritt, Dienstleistungsbetrieb, etc.?)
4. Welche Gefühle (Gegenübertragung) habe ich (als Person und evtl. als Vertreter/in meiner Institution) in dieser Situation? (Angst, Wut, Resignation, angestrengte Hilfsbereitschaft, Weglauftendenzen, Lust, mich einzumischen, etc.?)
5. Bin ich einverstanden mit dem Konzept meiner Institution bzw. mit der gesamtgesellschaftlichen Sicht und „Bewältigung“ des vorliegenden Konflikts? Kann und will ich es evtl. riskieren, hier auch innerhalb

meiner Institution auf andere Möglichkeiten hinzuweisen?

6. Durch welches Verhalten möchte ich im Augenblick auf die in der Krisensituation enthaltenen Fragen „antworten"? (Auflösung der Funktionalisierung in selbstbestimmtes und selbstverantwortetes Verhalten):
7. Was bedeutet diese meine „Antwort" im Krisengeschehen?
8. Was ist als Nachsorge nach dieser Intervention nötig?

Fragebogen (2) zur *Verlaufsanalyse* während der Erarbeitung eines *Arbeitsvertrags* zur psychoanalytisch orientierten *Paar- oder Familienberatung*

Paar/Familie ______________________________

________ te Sitzung am ______________________

1. Meine Erwartungen und Gefühle vor der Sitzung:
2. Erster Eindruck und Gefühle in der Sitzung (Gegenübertragung):
3. Wie wird das in die Beratung führende Problem von den einzelnen Familienmitgliedern geschildert und erlebt?
4. Welche Motivation für die Beratung ergibt sich daraus für jeden einzelnen? Was tut ihm weh? Was möchte er ändern (Leidensdruck)? Wovor hat er Angst?
5. Was ist der explizite, was der implizite Auftrag der einzelnen Familienmitglieder an mich (Ambivalenzen, emanzipatorische und homöostatische Wünsche)?
6. Wie sehe ich den Fokus des Konflikts (Szene)?
7. Welche Motive habe ich, mit der Familie zu arbeiten (Ambivalenzen!)?
8. Wo besteht die Gefahr, daß ich mißbraucht werde? (Alibiveranstaltung, Klagemauer, Schiedsrichter, Ersatzpartner, etc.)

9. Wie könnte ich am besten arbeiten? (Zeitliche Festlegung, Setting)?
10. Sind die unterschiedlichen Vorstellungen (auch meine) über eine evtl. gemeinsame Arbeit in Kontakt miteinander gekommen? Warum nicht?
11. Auf welche Art der Zusammenarbeit haben wir uns bis jetzt geeinigt? Was steht einer Einigung entgegen (innere und äußere Faktoren)?
12. An welchen Fragen muß in bezug auf das Entstehen des Arbeitsvertrags noch weiter gearbeitet werden?

Fragebogen (3) zur *Verlaufsanalyse* in psychoanalytisch orientierten *Paar- oder Familienberatungen*

Paar/Familie: ______________________________

__________ te Sitzung am ______________________________

1. Meine Erwartungen und Gefühle vor der Sitzung:
2. Atmosphäre in der Sitzung:
3. Gefühle und Bündnisse der Familienmitglieder:
4. Meine Gefühle und Bündnisse:
5. Hauptthemen und wichtigste szenische Erkenntnisse, auch evtl. Erklärungen und Ratschläge (Strukturierung von außen):
6. Aktueller Fokus der Konfliktdynamik:
7. Wie sieht die Entscheidungssituation (Ambivalenzen) in bezug auf das Problem aus, das zur Beratung geführt hat? An welchem Problem arbeiten wir derzeit?
8. Meine Wünsche (z.B. nach Kontakt, mit wem?) und meine Versuche, sie zu befriedigen:
9. Situation am Ende der Sitzung:
10. Einfälle nach der Sitzung:

Fragebogen (4) zur *Verlaufsanalyse* während der Erarbeitung eines *Arbeitsvertrags* zur psychoanalytischen Paar- oder Familientherapie *(Fokaltherapie)*

Paar/Familie ______________________________

________ te Sitzung am ______________________

1. Meine Erwartungen und Gefühle vor der Sitzung:
2. Mein erster Eindruck und meine Gefühle in der Sitzung (Gegenübertragung in Beziehung gesetzt zur Konfliktdynamik):
3. Wie wird die aktuelle Krise von den einzelnen Familienmitgliedern geschildert und erlebt?
4. Welche Motivation zur Therapie ergibt sich daraus für jeden einzelnen? Was tut ihm weh? Was möchte er ändern? Wovor hat er Angst?
5. Wie sehe ich den Fokus des Konflikts (Szene)?
6. Ist ein gemeinsamer Fokus zu finden und zur expliziten Arbeitsgrundlage zu machen? Weshalb? Weshalb (noch) nicht?
7. Wie kommt eine (welche?) Probedeutung an?
8. Welche Motive habe ich, mit der Familie zu arbeiten (Ambivalenzen!)?
9. Worauf müßte ich mich einlassen (evt. eigene Problematik)? Will ich das?
10. Wo besteht die Gefahr, daß ich mißbraucht werde (Alibiveranstaltung, Klagemauer, Schiedsrichter, Ersatzpartner, etc.)?
11. Wie könnte ich am besten arbeiten (Zeitliche Festlegung, Setting)?
12. Auf welche Art der Zusammenarbeit haben wir uns bis jetzt geeinigt? Was steht derzeit einer Einigung entgegen (äußere und innere Faktoren)?
13. An welchen Fragen muß in bezug auf das Entstehen des Arbeitsvertrags noch weiter gearbeitet werden?

Fragebogen (5) zur *Verlaufsanalyse* in psychoanalytischen Paar- oder Familientherapien *(Fokaltherapie)*

Paar/Familie: ____________________

________ te Sitzung am ____________________

1. Meine Erwartungen und Gefühle vor der Sitzung:
2. Atmosphäre in der Sitzung:
3. Gefühle und Bündnisse der Familienmitglieder:
4. Meine Gefühle und Bündnisse:
5. Ist die Verantwortung zwischen mir und den Patienten richtig verteilt? Weshalb nicht?
6. Hauptthemen und wichtigste szenische Erkenntnisse:
7. Konnte der vereinbarte Fokus der Konfliktdynamik gehalten werden? Warum? Warum nicht?
8. Abwehrstruktur des therapeutischen Systems:
9. Meine Wünsche (z.B. nach Kontakt, mit wem?) und Versuche, sie zu befriedigen:
10. Situation am Ende der Sitzung:
11. Einfälle nach der Sitzung:

Fragebogen (6) zur *Verlaufsanalyse* während der Erarbeitung eines *Arbeitsvertrags* zur psychoanalytischen Paar- oder Familientherapie *(Langzeittherapie)*

Paar/Familie ____________________

________ te Sitzung am ____________________

1. Meine Erwartungen und Gefühle vor der Sitzung:
2. Mein erster Eindruck und meine Gefühle in der Sitzung (Gegenübertragung in Beziehung gesetzt zur Konfliktdynamik):

3. Wie wird die gegenwärtige Situation von den einzelnen Familienmitgliedern geschildert und erlebt?
4. Welche Motivation ergibt sich daraus für jeden einzelnen? Was tut ihm weh? Was möchte er ändern (Leidensdruck)? Wovor hat er Angst?
5. Wie sehe ich den aktuellen Fokus der Konfliksituation (Szene)?
6. Welche Motive habe ich, mit der Familie zu arbeiten (Ambivalenzen!)?
7. Worauf müßte ich mich einlassen (evtl. eigene Problematik)? Will ich das?
8. Wo besteht die Gefahr, daß ich mißbraucht werde (Alibiveranstaltung, Klagemauer, Schiedsrichter, Ersatzpartner, etc.)?
9. Wie könnte ich am besten arbeiten (Zeitliche Festlegung, Setting)?
10. Auf welche Art der Zusammenarbeit haben wir uns bis jetzt geeinigt? Was steht derzeit einer Einigung entgegen (äußere und innere Faktoren)?
11. An welchen Fragen muß in bezug auf das Entstehen des Arbeitsvertrags noch weiter gearbeitet werden?

Fragebogen (7) zur *Verlaufsanalyse* in psychoanalytischen Paar- oder Familientherapien *(Langzeittherapie)*

Paar/Familie: ______________________________

________ te Sitzung am ______________________

1. Meine Erwartungen und Gefühle vor der Sitzung:
2. Atmosphäre in der Sitzung:
3. Gefühle und Bündnisse der Familienmitglieder:
4. Meine Gefühle und Bündnisse:
5. Hauptthemen und wichtigste szenische Erkenntnisse:
6. Aktueller Fokus der Konfliktdynamik:

7. Abwehrstruktur des therapeutischen Systems:
8. Wünsche des Therapeuten (z.B. nach Kontakt, mit wem?) und Versuche, sie zu befriedigen:
9. Situation am Ende der Sitzung:
10. Einfälle nach der Sitzung:

5. Kapitel

Die Therapie von Kindern, Jugendlichen und ihren Eltern aus beziehungsanalytischer Sicht

In den Anfängen der Psychoanalyse wurde die Analyse von Kindern und Jugendlichen analog zur Analyse von Erwachsenen vorwiegend als Einzeltherapie verstanden und durchgeführt. Die Funktion der Eltern von Patienten wurde, wenn überhaupt, dann zumeist nur als für die Therapie störend empfunden, weshalb man sich bemühte, die Eltern möglichst von der analytischen Situation fernzuhalten. Allmählich setzte sich jedoch die Erkenntnis durch, daß man ein Kind nicht erfolgreich „gegen die Eltern" behandeln kann, und es entstanden Arbeiten über die „Erziehung der Eltern", über die Einbeziehung der Eltern in den Therapieplan der Kinder, und Überlegungen über die Möglichkeiten der Einflußnahme auf das Erziehungsverhalten der Eltern durch Elternberatung. Diese Vorstellungen führten dann auch zu der heute üblichen Regelung der Krankenkassen, die im Normalfall eine alle zwei Wochen stattfindende Beratung der Eltern, genannt „begleitende Psychotherapie der Beziehungspersonen", und zwei Wochenstunden analytische Psychotherapie mit dem Kind vorsehen.

Erst die Entwicklung familiendynamischer Vorstellungen in der Psychoanalyse (vor allem H. E. Richter, 1963, 1970) machte es deutlich, daß und weshalb die Eltern nicht eindeutig an der Beseitigung der kindlichen Symptomatik interessiert sind, sondern daß immer auch gegenläufige, zumeist unbewußte Tendenzen bei den Eltern zu erwarten und zu finden sind, die die Aufrechterhaltung der Symptomatik mit bedingen. Wenn die Symptomatik des Kindes zur psychischen Stabilität der Familie und damit auch der Eltern beiträgt, dann ist nicht zu erwarten, daß eine einfache Beratung im Sinne einer Aufklärung über bessere Erziehungsmethoden den Eltern helfen kann, zur Auflösung der Symptomatik des Kindes beizutragen.

So geht mit der Veränderung der wissenschaftlichen Erkenntnis notwendigerweise eine Veränderung in der therapeutischen Zielsetzung und in der Methodik der Kinder- und Jugendlichenpsychotherapie einher. Auch wenn berufspolitisch die Vorstellungen von Erwachsenenpsychotherapeuten und ebenso von Kinder- und Jugendlichenpsychotherapeuten oft dahin gehen, daß letzere Erwachsene, nämlich die Eltern ihrer Patienten, nicht als Patienten ansehen und behandeln dürfen, so ist die Realität der Gesprächssituation mit den Eltern doch so, daß diese – wenn es gut geht – sich selbst als Patienten oder als Mitpatienten erleben, und selbstverständlich als solche behandelt und mitbehandelt werden müssen. Daß in solchen, oft einer psychoanalytischen Kurztherapie, oder auch einer psychoanalytischen Paar- und Familientherapie ähnelnden Behandlungen analytische Kinder- und Jugendlichenpsychotherapeuten häufig überfordert sind, hat für mich nicht die Konsequenz, daß sie die Mitbehandlung der Eltern im Rahmen der Therapie von Kindern und Jugendlichen nicht übernehmen sollten. Ich bin vielmehr der Meinung, daß bei der Auswahl und bei der Ausbildung von Kinder- und Jugendlichenpsychotherapeuten stärker darauf geachtet werden sollte, daß sie auch in bezug auf die „begleitende Psychotherapie der Beziehungspersonen" eine echte *psychoanalytische* Identität und Kompetenz erwerben können.

Beziehungsanalyse oder Technik der Kinder- und Jugendlichenpsychotherapie?

Aus meinem beziehungsanalytischen Konzept folgt, daß das Verständnis der Beziehung zwischen Therapeut und Patient für den psychoanalytischen *Prozeß* wichtiger ist als die Beachtung therapeutischer Techniken. Technische Überlegungen können, soweit sie von der Therapeut-Patient-Beziehung absehen, zu Rationalisierungen von Abwehrmanövern des Therapeuten dienen, die dieser dann unter Umständen selbst nicht mehr durchschauen und verändern kann. Alles was in einer Beziehung grundsätzlich und dauerhaft nicht mehr zur Disposition gestellt werden kann, fixiert diese Beziehung. Diese Überlegung ist uns bekannt aus der Beobachtung von Eltern, die bestimmte Erziehungsgrundsätze für absolut unanfechtbar halten; auch sie haben es oft schwer, zuzulassen, daß diese ihre „richtigen" Grundsätze dadurch relativiert werden, daß sie vor dem Hintergrund ihrer eigenen Wünsche und Ängste verstanden werden. Ähnliches trifft meiner Ansicht nach auch für uns Therapeuten zu, wenn wir uns bestimmte Regeln für unser therapeutisches Verhalten ausdenken, ohne uns mit der *Bedeutung* dieser Regeln für die jeweils aktuelle Beziehungsdynamik mit unseren Patienten zu beschäftigen.

Es geht mir hier also nicht um die Darstellung bestimmter Techniken für die Kinder- und Jugendlichenpsychotherapie, sondern um die Erhellung der Beziehungsdynamik der Gesamtfamilie unter Einbeziehung der Psychodynamik des Therapeuten. Die Betrachtung des „therapeutischen Systems" geschieht dabei auf psychoanalytischer Grundlage, nämlich unter Berücksichtigung von Übertragung und Gegenübertragung *beider* Seiten. Der Therapeut reagiert bewußt und unbewußt mit seiner Gegenübertragung auf die Szene der Familie, mit der er es zu tun hat. Die Familie reagiert ihrerseits mit einer „Gegenübertragung" auf die Familienszene, die der Therapeut durch Übertragung aus seiner Ursprungsfamilie mitbringt. Die Analyse dieses Gesamtsystems von Übertragungen und Gegenübertragungen ist der Kern jeder analytischen Psychotherapie. Die Beziehungsdynamik wird im Wiederholungszwang so lange agiert, bis sie durch Analyse, und das heißt: durch Aufdecken und Durcharbeiten, verändert werden kann.

Für die Ausbildung von Psychoanalytikern hat dieses beziehungsanalytische Verständnis die Konsequenz, daß es in den Supervisionssitzungen, ähnlich wie in den Elterngesprächen, weniger um Beratung im Sinn von Ratschlägen als um Beziehungsanalyse geht. Hier ist dann auch die Beziehung zwischen Ausbilder und Lernendem zu analysieren, was fast nicht möglich ist, wenn der Supervisor gleichzeitig die Arbeit des Ausbildungskandidaten beurteilen muß. In der Rolle als beurteilender „Lehrer" kann er sich kaum mehr die Frage stellen, wieweit er seine eigenen Übertragungs- und Gegenübertragungsgefühle in ein szenisches Verständnis der Patienten-Familie, des supervidierten therapeutischen Systems, der Supervisionsbeziehung und nicht zuletzt seiner eigenen Ursprungsfamilie einbeziehen kann. Um die Frage „Was oder wer ist richtig?" in ihrer Abwehrfunktion aufzudecken, wäre aber auch in dieser Ausbildungsbeziehung ein „geschützter Beziehungsraum" nötig, in dem keine Beurteilung stattfindet, sondern Szenen analysierend verstanden werden können. Dieses Konzept bringt also nicht nur die Notwendigkeit der Veränderung der Kassenpraxis sondern auch die Notwendigkeit einer Veränderung des Selbstverständnisses aller an der Ausbildung beteiligten Personen mit sich.

Verklammerungen zwischen dem Therapeuten und seinem Patienten

Die beziehungsanalytische Betrachtungsweise der Therapeut-Patient-Beziehung bringt es auch mit sich, daß jede Fixierung einer solchen Beziehung, also eigentlich jeder schwierige Status quo, als gegenseitige Manipulation oder Verklammerung verstanden werden muß. Der Begriff Manipulation bedeutet hier, daß Therapeut und Patient durch Doppelbindungen und Über- und Unterschreitungen der Grenzen (vgl. 3. Kapitel) miteinander verbunden sind. Die Doppelbindung als ambivalente Beziehungsform hat die Grundform: „Komm' her, aber bleib' weg", d. h. der Beziehungspartner wird aufgefordert, einen Wunsch zu befriedigen und gleichzeitig aufgefordert, das nicht zu tun, weil die Befriedigung des Wunsches dem Sender dieser Botschaft zu viel Angst machen würde. Die Botschaft „komm' her, aber bleib' weg" sichert die Einhaltung eines festen Abstandes, eines Abstandes, der zugleich ein Optimum an Befriedigung *und* an Sicherheit möglich macht.

Erkennbar wird die Doppelbindung zwischen Therapeut und Patient unter anderem daran, daß ein gemeinsamer Feind innerhalb oder außerhalb der Beziehung besteht. Existiert dieser „Feind" innerhalb der Beziehung, dann hat diese die Form eines mehr oder weniger manifesten Dauerstreites, oft als „clinch" bezeichnet, in dem jeweils der andere die Schuld an der frustrierenden Beziehung zu haben scheint. Aber auch die gegenseitige Idealisierung ist eine Form gemeinsamer Abwehr und damit eine Form gegenseitiger Verklammerung von Therapeut und Patient. Der „Feind" befindet sich hier außerhalb der Beziehung. Angst, Wut und Abwertung sind innerhalb der Beziehung nicht manifest erlebbar, sie werden auf Personen oder Situationen außerhalb der Beziehung projiziert und gemeinsam dort bekämpft. Keiner der Beziehungspartner darf den anderen verletzen oder in Frage stellen, weil er sonst vom Ausschluß aus der gemeinsamen „Schutz- und Trutzburg" bedroht wäre. Solche idealisierenden Verklammerungen werden vor allem in narzißtischen Beziehungsstörungen oft mit Liebe verwechselt.

Da in beiden Formen der Verklammerung die emotionale Bewegungsfreiheit beider Partner eingeschränkt ist, ist auch deren Kontakt auf das zwischen beiden mögliche

Maß beschränkt. Die Frustrations- und Befriedigungstoleranz von Therapeut und Patient bestimmt das Maß ihrer Bewegungsfreiheit im Bereich der Gefühle und Phantasien. Der Therapeut ist zum Beispiel „unfähig", sich bestimmte Sichtweisen oder Deutungen einfallen zu lassen; er hat Angst, den Patienten zu sehr zu lieben oder auch zu hassen; er verliert unter Umständen überhaupt die Fähigkeit, Phantasien über die therapeutische Beziehung zu bilden, weil er sich selbst nicht mehr fühlt und stattdessen nur noch beim Patienten „mitfühlt". Er fühlt sich verpflichtet, nur für den Patienten zu sorgen und glaubt, daß es für diesen gut sei, wenn er Schmerzen und Kränkungen, die der Patient ihm zufügt, scheinbar gefühllos hinnimmt. Der Patient seinerseits wagt es nicht, sich auf die therapeutische Beziehung einzulassen und hält mühsam die Distanz zum Therapeuten aufrecht, indem er zum Beispiel „sowieso nie in diese blöde Spielstunde kommen will", oder indem er sich bemüht, alles zu tun, damit der Therapeut zufrieden ist. Das Kind oder der Jugendliche ist dann ständig bemüht zu erraten, was der Therapeut gerade denkt und fühlt, und vermeidet jeden Konflikt, indem er sich perfekt anpaßt, jeder Deutung ohne Reflexion zustimmt, und vielleicht zusammen mit dem Therapeuten die eigenen Eltern für böse oder schädigend erklärt. Die möglichen Erscheinungsformen einer gestörten therapeutischen Beziehung sind so vielfältig, daß sie hier nur beispielhaft beschrieben werden können. Grundsätzlich möchte ich festhalten, daß Schwierigkeiten in der therapeutischen Beziehung nicht nur als technische Probleme, sondern vor allem als Beziehungsprobleme zu verstehen sind, wenn man den Therapeuten und seine Wünsche, Ängste und Abwehrmechanismen als einen Teil des therapeutischen Systems versteht.

Die Veränderung der Therapeut-Patient-Beziehung

Ähnlich ist unter diesem Aspekt auch der therapeutische „Fortschritt" zu sehen: als eine strukturelle Veränderung der Therapeut-Patient-Beziehung. Technische Überlegungen von Wiedergutmachung der in der Familie erlebten Traumata durch den Therapeuten oder die Befriedigung eines Nachholbedarfs an Zuneigung und Versorgung für ein „abgewiesenes", „unverstandenes" oder „vernachlässigtes" Kind werden unter dem familiendynamischen und beziehungsanalytischen Gesichtspunkt suspekt. Ein beziehungsanalytisch denkender Analytiker sieht in dem Patienten nicht mehr nur ein „leeres Faß" vor sich, sondern auch ein „Faß ohne Boden", das heißt er versucht nicht Befriedigung nachzuholen und erlittene Frustration wiedergutzumachen, oder auch „defiziente Ichfunktionen" zu üben, sondern er untersucht, warum der Boden des Fasses bei einer gewissen Füllung oder schon von vorneherein immer offen gehalten werden muß, warum das Kind zum Beispiel ausdrücken muß: „Gib mir etwas, aber was du mir gibst, befriedigt mich nicht." Entsprechend untersucht er auch, warum er selbst, symmetrisch zu dieser Doppelbindung des Kindes diesem zum Beispiel ausdrückt: „Ich möchte dir schon etwas geben, aber wenn du mich immer abweist, dann kann ich mich nur noch zurückhalten und warten, bis du deine Abwehr endlich aufgibst." Solche Erscheinungen beim Analytiker sind einerseits als „Ansteckung" oder Übernahme der destruktiven Szenen verstehbar, die das Kind in seiner Familie introjiziert hat, andererseits als Wiederholungen der entsprechenden Szenen in der Ursprungsfamilie des Therapeuten.

Die Analyse einer solchen Verklammerung führt zur Erkenntnis gemeinsamer Ängste von Therapeut und Patient. Zumeist handelt es sich um Ängste vor Verführung, Kränkung, Wut, Verlassenwerden, etc., die durch die Übertragung beider Beziehungspartner in die therapeutische Beziehung eingebracht werden. Wagt es der Therapeut, in diesem Sinne seine Selbstanalyse in der Beziehung zu seinem Patienten fortzusetzen, dann riskiert er Schritt für Schritt mehr Auseinandersetzung mit dem Patienten, was diesem zwar Angst macht, ihm aber auch einen Anstoß gibt, seinerseits *seine* wirklichen Gefühle und Wünsche, beziehungsweise mehr emotionale Annäherung oder Entfernung (psychische Trennung vgl. 3. Kapitel) zuzulassen. Die als Symptome gekennzeichneten Auffälligkeiten einer gestörten Beziehung verschwinden zumeist mit der Auflösung der Beziehungsstörung.

Der wesentliche Unterschied zwischen technischer und beziehungsanalytischer Betrachtungsweise der Psychotherapie besteht darin, daß sich der Therapeut im ersten Konzept in einem phantasierten Leistungssystem befindet, während er im zweiten Konzept einen Prozeß der Veränderung in sich selbst und in der Beziehung zu seinem oder seinen Patienten erlebt. Der Therapeut im Leistungssystem versucht, sich „richtig" zu verhalten, damit der Patient sich verändert und einen bestimmten Soll-Zustand erreicht. Der Therapeut als Teilnehmer an einem gemeinsamen Entwicklungsprozeß erlebt seine und des Patienten Ängste und Wünsche, Sicherheitsbedürfnisse und Veränderungsbedürfnisse, und versucht, die gemeinsame Abwehr (Verklammerung) zu erkennen und durch die Einführung dialogischer Elemente in die Beziehung aufzulösen.

Das Leistungsdenken in der Therapie von Kindern und Jugendlichen impliziert außerdem immer eine Aufrechterhaltung der Spaltung in gute und böse Väter oder Mütter, da der Therapeut auf diese oder jene Art das zu korrigieren versucht, was die Eltern „falsch" gemacht haben. Dadurch wird er in seiner Phantasie zum besseren Vater oder zur besseren Mutter des Patienten. Die Spaltung wiederholt sich, weil man die Wiederholung durch ein dem Verhalten der Eltern entgegengesetztes Verhalten vermeiden wollte. Stellt man sich die Therapie als einen gemeinsamen Prozeß vor, dann sieht und bearbeitet man die Übertragung der Doppelbindungen aus der Eltern-

Kind-Beziehung auf die therapeutische Beziehung. Das entspricht dem Freudschen Paradigma „Erinnern, Wiederholen und Durcharbeiten“ (Freud 1914).

Ich habe die Erfahrung gemacht, daß im Bereich der Kinder- und Jugendlichenpsychotherapie die Phänomene von Übertragung und Gegenübertragung oft noch weniger beachtet werden als in der Einzeltherapie von Erwachsenen. Therapeuten von Kindern und Jugendlichen phantasieren sich besonders häufig als bessere Eltern ihrer Patienten, was zur Folge hat, daß sie sich als Versager fühlen, wenn sie nach einiger Zeit entdecken, daß sie gar nicht viel „besser“ auf das Kind oder den Jugendlichen reagieren können als dessen Eltern. Wenn sie nicht von vorneherein mit einem Geflecht aus Übertragungen und Gegenübertragungen rechnen, geraten sie den Eltern des Therapiekindes gegenüber unbewußt in die Rolle des Kindes und sie verhalten sich diesen gegenüber ähnlich wie das Therapiekind, und/oder ähnlich wie sie sich selbst ihren eigenen Eltern gegenüber verhalten haben: Sie bekämpfen die „Eltern“, versuchen sie zu schonen, zu spalten oder zu verbinden, etc. All diese Anstrengungen und Versagensgefühle müssen nicht sein, wenn die Kinder- und Jugendlichenpsychotherapie als Teil einer psychoanalytischen Familientherapie verstanden und erlebt wird.

In der familientherapeutischen Situation lernte ich den systemtheoretischen Aspekt auch der Kinder- und Jugendlichenpsychotherapie kennen. Ich erlebte mich im direkten und übertragenen Sinn neben den Eltern sitzend und sehr ähnlich auf das Kind reagierend wie diese; oder ich sah, wie ich mich bemühte, mich gerade entgegengesetzt zu den Eltern zu verhalten. Wenn die Eltern das Kind anklagten, schwankte auch ich zwischen Anklagen gegen das Kind und Verteidigung des Kindes durch Anklagen gegen die Eltern hin und her. Ich bemerkte, daß ich durch komplementäre Identifikation nicht nur den Eltern eines Patienten sehr ähnlich wurde, sondern gleichzeitig auch dem Patienten selbst in der Beziehung zu dessen Eltern.

Außerdem fiel mir auf, daß ich selbst die Szenen meiner eigenen Herkunftsfamilie auf meine Patientenfamilien übertrug, und diese, ebenfalls in komplementärer Identifikation, oder, wie Searles (1958) sagen würde, in introjektivem Agieren auf meine Beziehungsangebote reagierten. Ich erkannte, daß sich das gespaltene Beziehungssystem ständig reproduziert, auch in mir. Jede Übertragung konstelliert eine Gegenübertragung; die problematischen Szenen gleichen sich immer wieder, wobei die Rollen dieser Szenen prinzipiell von jedem Mitglied der Familie und auch von mir selbst übernommen werden können. Es war aussichtslos, ein besserer Elternteil, ein besseres Kind oder überhaupt auch nur ein besserer Mensch als die Familienmitglieder sein zu wollen, ja der Versuch, dies zu sein, erschien mir zunehmend als ein systemimmanenter Versuch, auf Kosten der übrigen Beteiligten die narzißtisch-moralische Oberhand zu behalten oder zu gewinnen.

Diese Erkenntnisse brachten es mit sich, daß ich begann, *jedes* Phänomen einer Beziehung als Ausdruck eines Systems oder Geflechts von Übertragungen und Gegenübertragungen zu verstehen. Damit wurde nicht nur die Symptomatik eines einzelnen Familienmitgliedes sondern auch alle nicht als Symptome bezeichneten Verhaltensweisen und Gefühle der Beteiligten zurückführbar auf die *Struktur,* und das heißt: auf die Dynamik der Wünsche, Ängste und Abwehrmechanismen jedes einzelnen.

Nun sah ich es als meine Aufgabe und Chance, *strukturelle* Veränderungen zu fördern. Es wurde mir weniger wichtig, wer hier recht hatte und wer nicht. Stattdessen begann ich, die *Szene zu erfassen* und sie durchzuarbeiten, indem ich jeden Beteiligten in jeder Rolle der gemeinsamen Szene zu sehen und zu verstehen versuchte (vgl. 4. Kapitel). Die Szenen selbst erkannte und erkenne ich an meinen eigenen Gefühlen, was ich selten explizit äußere, aber so gut wie möglich in meiner ständigen Selbstanalyse reflektiere.

Die Untersuchung all dieser Übertragungs- und Gegenübertragungsreaktionen folgt dem Freudschen Prinzip, daß Heilen durch Forschen möglich wird, und daß die therapeutische Veränderung in der Psychoanalyse nicht durch korrigierende Nacherziehung oder technische Tricks, sondern durch das Bewußtwerden beziehungsweise das Wiederzulassen unbewußter oder verdrängter Persönlichkeits- oder Beziehungsanteile geschieht. Allerdings ist diese therapeutische Haltung wesentlich riskanter für das Selbstwertgefühl des Therapeuten als eine Therapeutenrolle, die vom Therapeuten verlangt, daß er der gesündere und damit bessere Beziehungspartner ist. Sie ist aber in gewisser Hinsicht auch sicherer, da sie weniger Realität ausspart und weniger starr oder ideologieverhaftet ist als die Rolle des Richters oder des „besseren" Partners. Die Rolle des Therapeuten als besserer Beziehungspartner ist immer gefährdet, genauso gefährdet wie die Rolle eines Kindes, das der bessere Partner für Vater oder Mutter zu sein versucht. Ebenso wie das Kind als Partnerersatz muß auch der Therapeut als Partnerersatz ständig auf sein eigenes Wohlbefinden zugunsten eines vermeintlichen Wohlbefindens des Patienten verzichten. Und er ist ständig in Gefahr, diesen grandiosen Platz zu verlieren, nämlich dann, wenn er es nicht mehr „richtig" macht.

Das Setting in der analytischen Therapie von Kindern und Jugendlichen

Die familiendynamische Betrachtung der Psychotherapie von Kindern und Jugendlichen hat nicht zwingend zur Folge, daß nur noch im familientherapeutischen Setting gearbeitet werden könnte und sollte. Die getrennte Behandlung von Kind und Eltern kann ganz spezifische Vor- und Nachteile haben, von denen ich hier nur einige anführen will. Wenn zwei Schwerpunkte der Konfliktdynamik in einer Familie bestehen, nämlich die persönliche Problematik des Kindes und die Beziehungsproblematik der Eltern, dann kann es auch vom familiendynamischen Verständnis her unter Umständen sinnvoll sein, in getrennten Sitzungen mit den Eltern und dem Kind zu arbeiten.

Ein wichtiges Kriterium für die Auswahl des Settings scheint mir auch die Belastbarkeit und die Erfahrung des Therapeuten zu sein. Wenn der Therapeut das sichere Gefühl hat, daß ihn die gemeinsame Arbeit mit der ganzen Familie überfordern würde, dann ist ein solches Setting auf jeden Fall kontraindiziert.[1] Dieses Gefühl des Therapeuten zeigt nicht nur seine eigene Angst, sondern auch die Angst der Familie vor einer aufdeckenden Konfrontation im Beisein aller Familienmitglieder an. Wenn man über diese Ängste hinweggeht – unter der Devise: Psychotherapeuten sind stark und Familientherapie ist gut –, dann wird man notwendigerweise im gleichen Maß den analytischen Prozeß unbewußt sabotieren. Wenn man sich als Therapeut den gegebenenfalls nötigen Schutz durch ein getrenntes Setting nicht erlaubt, wird man einen anderen Schutz brauchen und unbewußt herbeiführen. Man „vertreibt" dann zum Beispiel unbewußt die Familie oder einzelne Familienmitglieder aus der Therapie. Nach außen hin sieht dieser Vorgang zumeist wie ein ausschließlich von der Familie herbeigeführter Abbruch aus. Oder man gerät in ein zudeckendes Mitagieren, das zwar vielleicht den Abbruch verhindert, aber eben auch die Veränderung. Besonders während der Ausbildung und in den ersten Jahren der eigenständigen Arbeit mit Kindern, Jugendlichen und ihren Familien ist der Schutz des getrennten Settings mit der in ihm gegebenen besseren Überschaubarkeit der jeweiligen Konfliktdynamik für den Therapeuten oft unerläßlich, um zu vermeiden, daß er sich überfordert und dadurch die Chancen der Therapie vermindert.

Die Nachteile des getrennten Settings sind im Einzelfall mit der *Bedeutung* dieses Verfahrens vor dem Hintergrund des Verständnisses der Familiendynamik erkennbar. Am schwerwiegendsten scheint mir dabei die Gefahr zu sein, daß der Therapeut durch die Einzelbehandlung

---

1 Das gilt aber für jedes Setting.

des Kindes die von den Eltern in diesem Setting angebotene und natürlich gleichzeitig auch nicht angebotene Rolle des besseren Elternteils übernimmt. Wenn die Kränkung der Eltern durch die Notwendigkeit einer Therapie ihres Kindes und eine eifersüchtige Rivalität zwischen den Eltern und dem Therapeuten um das Kind nicht aufgedeckt und durchgearbeitet werden können, entsteht unter Umständen für das Kind wie für alle Beteiligten die Phantasie, daß es von „schlechten" Eltern zu einem „guten" Vater oder einer „guten" Mutter gehen mußte, um sich von den Schädigungen durch seine „schlechten" Eltern zu erholen. Diese Phantasie verhindert eine Versöhnung des Kindes mit seinen Eltern durch direkte Auseinandersetzung mit ihnen, vor allem dann, wenn auch die negative Übertragung in der analytischen Einzeltherapie mit dem Kind nicht zugelassen und als Wiederholung der Eltern-Kind-Beziehung durchgearbeitet werden kann. Unter diesen Umständen bleibt die Spaltung zwischen guten und bösen Elternobjekten und entsprechend zwischen guten und bösen Anteilen des kindlichen Selbst erhalten, auch wenn die Symptomatik vielleicht im Sinne einer Übertragungsheilung dem Therapeuten zuliebe aufgegeben wurde.

Für die Elterngespräche besteht im getrennten Setting die Gefahr, daß der Therapeut das „bessere Kind" bei den Eltern wird. Je nach dem Stand der bewußten und unbewußten Beziehung zu seinen eigenen Eltern wird er die angebotene Rolle als Dritter im Bunde mit den Eltern übernehmen, ohne sie reflektieren und damit schrittweise aufgeben zu können. Diese Gefahr ist etwas geringer, wenn das Kind oder die Kinder des Paares gleichzeitig im Raum sind. Fehlen sie, dann gerät der Therapeut fast zwangsläufig in diese „Lücke" im Familiensystem[2], was oft

[2] Für alle Settingfragen ist zu berücksichtigen, daß man regelmäßig in Gefahr gerät, solche „Lücken" im Familiensystem zu füllen, wenn ein wichtiges Familienmitglied nicht anwesent ist. Automatisch wird man zum „Ersatz" für das fehlende Mitglied und fühlt und handelt dann auch oft so wie dieses.

nicht erkannt wird. Die Dynamik der komplementären Rollen zwischen Eltern und Kindern ist nach meiner Erfahrung oft leichter zu überblicken, wenn Eltern und Kinder gleichzeitig im Raum sind. Im anderen Fall bleibt dem Therapeuten nur die Möglichkeit, dieses Zusammenspiel an seiner Gegenübertragung zu erkennen, und das ist oft schwieriger.

Es ist also auch aus familiendynamischer Sicht nicht so, daß das gemeinsame Setting mit allen Familienmitgliedern in jedem Fall günstiger wäre. Vielmehr scheint aus dieser Sicht eine *gemeinsame* Indikationsstellung mit allen Familienmitgliedern unter Berücksichtigung der Wünsche und Ängste des Therapeuten die optimale Lösung des Problems zu sein. Aus psychoanalytischer Sicht ist es wichtig, daß kein Setting von vorneherein idealisiert wird, so daß *jedes* Setting in seinem Kompromißcharakter (Bedeutung für die Veränderung und für die Erhaltung des status quo) reflektiert werden kann. Oft wird durch eine solche Reflexion ein Settingwechsel überflüssig, weil man den Wunsch nach einer äußeren Veränderung vielleicht als einen Ersatz für den Wunsch nach einer inneren Veränderung erkennen kann. Oder der Settingwechsel zeigt eine wichtige Veränderung der Beziehung an, wenn zum Beispiel in einer bisher nur äußerlich getrennten Ehe jetzt der bisher ausgeschlossene Partner dazukommen kann und dadurch auch die *psychische* Trennung der früheren Partner möglich wird.

Die Dreiecksperspektive

Im 3. Kapitel habe ich ausführlich dargestellt, daß jede Verklammerung durch Doppelbindungen auf eine ungelöste ödipale Situation (Ersatzpartnerschaft) in der Ursprungsfamilie zurückgeht. Aus meiner familientherapeutischen Erfahrung halte ich deshalb jede Phantasie (oder Theorie) über eine Beziehungsstörung, die sich nur mit zwei Beziehungspartnern befaßt, für potentiell systemimmanent, d. h. in gewissem Sinn für eine Wiederholung der Störung selbst. Ich kann in dieser Sichtweise nicht annehmen, daß es Störungen gibt, die ausschließlich aus der Mutter-Kind-Beziehung hinreichend verstanden werden können. Spätestens vom Zeitpunkt der Zeugung an ist für jeden Menschen das Dreieck zwischen ihm und seinen Eltern von zentraler Bedeutung. Auch wenn der Vater unbekannt ist oder nicht mehr lebt, hat er für die Phantasie von Mutter und Kind und für deren Beziehung zueinander eine ebenso wichtige Bedeutung im Dreieck wie Mutter und Kind selbst. Die Beziehung von Mutter und Kind kann nicht verstanden werden ohne Beachtung der Beziehung zwischen Vater und Mutter und zwischen Vater und Kind. Entsprechendes gilt für „fehlende" Mütter.

Natürlich werden Beziehungsprobleme oft als Zwei-Personen-Probleme präsentiert. Sie haben dann meist die Form typischer Doppelbindungsbeziehungen, in denen der Therapeut entscheiden soll, wer wen schädigt oder verletzt. Jugendliche haben oft zu einem Elternteil eine „bessere" Beziehung als zum anderen, und man ist dann versucht zu glauben, daß nur die als schlechter bezeichnete Beziehung der Hilfe bedarf. Ich habe die Erfahrung gemacht, daß eine Verklammerung zwischen zweien immer mit der Beziehung dieser beiden zu einem oder mehreren Dritten zu tun hat, daß also zum Beispiel die „schlechte" Beziehung eines Jugendlichen zu seiner Mutter damit zusammenhängt, daß er für *beide* Eltern als Ersatzpartner fungiert, daß ihn die Mutter deshalb anziehen und abstoßen muß, daß der Vater ihn gleichzeitig zur Mutter „hinschiebt" und auch verhindert, daß sich die beiden zu nahe kommen, und daß er sich selbst in zwei „Zweiecken" statt in einem Dreieck erlebt. Er schaltet dann zum Beispiel Phantasien über die potentiell befriedigende Beziehung zwischen seinen Eltern aus seinem bewußten Erleben aus, und erlebt sich selbst in einer „guten" Beziehung zum Vater und in einer „schlechten" Beziehung zur Mutter.

Ähnlich kann es auch Therapeuten von Kindern und Jugendlichen ergehen. Auch sie folgen häufig Theorien, die nur zwei Personen umfassen, und bemühen sich dann entsprechend um die fehlende Abgrenzung zwischen Mutter und Kind, oder sie kämpfen selbst einen verzweifelten Kampf um die eigene Abgrenzung von einem „symbiotischen" Kind. In solchen Fällen fehlt meiner Ansicht nach die Dreiecksperspektive, aus der ganz eindeutig hervorgeht, daß Individuation und Abgrenzung nur durch Anerkennung der elterlichen Beziehung möglich ist. Dabei geht es um die Anerkennung der Tatsache, daß man selbst *ein* „Eck" im Dreieck ist, und nicht nur ein Punkt am Ende einer „Strecke", die zwei Punkte miteinander verbindet. Alle Versuche, Abgrenzung „im Zweieck" zu erreichen, bleiben notgedrungen in der Gegenabhängigkeit stecken. Auf einer „Strecke" geht es immer nur um Nähe und Entfernung zwischen zweien. Abgrenzung hat dort nur die Bedeutung von „Nein-Sagen-Können". Es fehlt die Möglichkeit, Ja zu sagen zu sich selbst und zu den Eltern in der Spannung, die ein Dreieck zwischen drei Personen mit sich bringt.

Die eben beschriebene Dreiecksperspektive verändert natürlich auch die Beratungssituation mit den Eltern. Wo es bisher mehr oder weniger um Erziehungsberatung ging, werden die Gespräche mit den Eltern unter familientherapeutischem Aspekt mehr und mehr zur Paartherapie. Der zentralen Position des ödipalen Konflikts entsprechend, geht es dann in jedem Fall bewußt oder unbewußt auch um die sexuelle Identität aller Beteiligten. Ein Kinder- und Jugendlichentherapeut, der unter der psychoanalytisch-familiendynamischen Perspektive arbeitet, ist nicht mehr nur ein Helfer bei Schulproblemen, Bettnässen, Stottern und ähnlichen Symptomen, der sich um das Kind kümmert. Er kümmert sich im gleichen Maß auch um die Beziehung zwischen den Eltern und um seine eigene Beziehung zu diesen im Dreieck der Beratungssituation. Wenn der Therapeut in dieser Situation versucht, sich selbst im Dreieck zu erleben, beginnen auch die

Eltern, sich selbst so zu erleben, wodurch zum Beispiel auch gegenläufige Delegationen der Eltern an das Kind zurückgenommen werden, die heißen: „Sei krank an meiner Stelle und laß' dich auch an meiner Stelle behandeln." Die Eltern entdecken auf diese Weise, in welchem Maß sie selbst in durch Verklammerung eingeschränkten Beziehungen leben und sich nicht frei bewegen können, aus Angst, der jeweils andere könnte sich dann auch bewegen. Das durch Bündnisbildungen und Doppelbindungen starr gewordene Beziehungsnetz zwischen Eltern und Kind, oder in der Beratungssituation zwischen Eltern und Therapeut, wird nur dadurch wieder lebendig, daß der Therapeut nicht – wie das Kind – verzweifelt zwischen den beiden Partnern hin und her läuft, jeweils den im Augenblick als Opfer erscheinenden Elternteil stützend. Es wird dadurch lebendig, daß er versucht – was das Kind und die Eltern noch nicht können – sich selbst in seiner wechselnden Beziehung zu beiden Eltern zu erleben.

Wenn er sich die innere Freiheit „nimmt", sich *seinen* Gefühlen entsprechend zwischen „Vater" und „Mutter" (im triangulären Raum) zu bewegen und die emotionalen Folgen dieser Bewegung bei den Eltern beachtet und analysiert, dann werden auch die Eltern freier, sich im therapeutischen Dreieck zu bewegen. Sie haben dann nicht mehr das Gefühl, *entweder* mit dem einen *oder* mit dem anderen Gesprächspartner in Beziehung sein zu können oder zu müssen. Individuation an einer Stelle des Systems ist ein Anstoß zur Individuation an allen Stellen des Systems. Die emanzipatorischen Wünsche der Patienten werden „wach", wenn sie (unbewußt) erleben, daß der Therapeut sehr genau auf sein Wohlergehen in der therapeutischen Beziehung achtet.

Diese Haltung ist in den meisten Fällen leichter aufrecht zu erhalten, wenn beide Elternteile anwesend sind, als wenn nur einer kommt. In der Zweiersituation mit nur einem Elternteil besteht genauso wie in der Zweierbeziehung mit dem Kind oder Jugendlichen die Gefahr, daß die Existenz des jeweils Dritten systemgerecht vergessen oder verleugnet wird, und dadurch das Dreieck „zum Zweieck zusammenklappt“. So wiederholt sich eine dyadische Verklammerung, die nur in der Dreiecksperspektive[3] auflösbar ist. Der Therapeut wird in der Zweiersituation noch leichter zum Ersatzpartner als in der Dreiersituation. Die Ersatzpartnerschaft im „Zweieck“ ist immer an der doppelten Botschaft erkennbar, z.B.: „Komm’ her zu mir und befriedige meine frustrierten Wünsche, aber bleib’ bloß weg, weil du mir sonst zu nahe kommst.“

Wenn der Therapeut beiden Eltern gegenübersitzt, gerät er leicht in die Rolle des Kindes, das die Funktion hat, die „leere Stelle“ zwischen den Eltern einzunehmen, und dadurch die Eltern gleichzeitig zu verbinden und zu trennen. Dieser Auftrag vermischt sich mit der entsprechenden Rolle, die der Therapeut in der Beziehung zu seinen eigenen Eltern innehatte, und so entsteht zunächst eine Starre, die aus den Übertragungs- und Gegenübertragungsmustern der drei Beteiligten resultiert. Die Wünsche aneinander werden mehr oder weniger durch die Sicherheitsbedürfnisse aufgehoben, das Ergebnis ist an all diesen Stellen Bewegungslosigkeit und Lähmung. Der Therapeut soll dann alles ändern und gleichzeitig alles lassen wie es ist, er soll als Ersatzpartner für die in der Ehe nicht mögliche Befriedigung jedes Elternteiles sorgen und gleichzeitig keinem von beiden zu nahe kommen. Der einzige Ausweg aus dieser Verklammerung durch Doppelbindungen ist der Versuch, die Wahrnehmung der eigenen Gefühle und Wünsche wieder zu riskieren und die eigenen Gefühle sowie die Gefühle des Paares wieder für bedeutsam zu halten, das heißt systematisch nach ihnen zu suchen. Dies ist die Alternative dazu, daß man immer wieder versucht, sich „richtig“ zu verhalten, obwohl man sich wegen der doppelten Aufträge nie „richtig“ verhalten kann. Hilfreich

[3] Das bedeutet nicht, daß für die „Dreiecksperspektive“ immer alle drei Personen anwesend sein müssen. Es geht um eine trianguläre Sicht von Beziehungen, die natürlich auch – vielleicht weniger leicht – im dyadischen Setting möglich ist.

für diese emanzipatorischen Schritte im therapeutischen Prozeß kann es sein, wenn man sich immer wieder vor Augen führt, daß sich die „anderen“ in diesem System zum gleichen Zeitpunkt in derselben Not befinden, auch wenn sie diese Not zu spüren längst aufgegeben haben.

Die Symptomatik des Kindes – Folge und Ursache der gestörten Elternbeziehung

Um die gegenläufigen Aufträge, die in den Elterngesprächen relevant werden, besser zu verstehen, scheint es mir sinnvoll zu sein, die Bedeutung der Symptomatik des Kindes als Folge und Ursache der gestörten Elternbeziehung noch genauer zu beleuchten. Ich bin im Zusammenhang mit meinen Forschungen zur Familiendynamik zu dem Schluß gekommen, daß man die psychische und psychosomatische Symptomatik eines Kindes, und damit letztlich die entsprechende Symptomatik jedes Menschen, familiendynamisch betrachtet, immer auch als Ausdruck seiner Ersatzpartnerrolle verstehen kann. Das Kind schützt durch die Symptomatik sich selbst und die Eltern vor Ängsten und Schmerzen, die auf andere Weise nicht bewältigt bzw. abgewehrt werden können. Das ist der *homöostatische Aspekt* der Symptomatik, der Grund, weshalb die Familienmitglieder auch Angst vor der Veränderung haben.

Gleichzeitig enthält die kindliche Symptomatik immer auch einen *emanzipatorischen Aspekt:* Wenn man sie unter diesem Blickwinkel sieht, erkennt man, daß das Leiden des Kindes und auch seiner Eltern der Ausdruck für ein Leiden an der Beziehungsstruktur ist, das sich nur auf diese Weise zeigen kann. Und hat man erst einmal das Leiden gespürt – nicht nur das Leiden unter der Symptomatik, sondern auch die Not aller Beteiligten in ihren Beziehungen zueinander –, dann ist es zumeist nicht mehr schwer, auch die emanzipatorischen Wünsche aller Beteiligten zu finden. Ohne ein Verständnis der Dynamik der Gesamtfamilie und auch jedes einzelnen Familienmitglieds wird man immer wieder in die Spaltungen und die damit verbundenen „Austauschprozesse" (vgl. 3. Kapitel) mit den Familienmitgliedern hineingeraten und im gleichen Maß in seiner Arbeit an den Beziehungsstrukturen im therapeutischen System und im Familiensystem gelähmt sein.

Freud hat das Symptom grundsätzlich als Kompromißbildung zwischen Triebwünschen und Abwehr des Individuums verstanden. Heute können wir dieses dialektische Verständnis der Symptomatik auf die Beziehungsdynamik der Familie erweitern: Ein Symptom in der Familie ist eine Kompromißbildung zwischen den Wünschen und den Ängsten *aller* Familienmitglieder. Es hilft den notwendigen emotionalen Abstand zwischen den Familienmitgliedern aufrecht zu erhalten, der jeweils den optimalen Kompromiß zwischen emotionaler Nähe und Ferne darstellt. Im 3. Kapitel habe ich ausführlich die Beziehungsstruktur der partiellen Verschmelzung und Verwechslung in der „Überschneidung" dargestellt.

Aus diesem Verständnis der Symptomatik als Ausdruck der familiären Beziehungsdynamik wird die Beobachtung erklärbar, daß die Symptomatik häufig nicht nur dann auftritt, wenn die Gefahr besteht, daß die Eltern sich zu sehr annähern, sondern auch dann, wenn die Beziehung zwischen den Eltern zu zerbrechen droht. Ein Asthmaanfall vereint sie wieder in der gemeinsamen Sorge um das Kind, schlechte Schulnoten vereinen sie im gemeinsamen Ärger über das Kind. Die Eltern schieben sich das Kind gegenseitig zu und sie reißen es sich im gleichen Maß auch gegenseitig weg. Die Symptomatik des Kindes erscheint dabei als Anlaß und Begründung für das Verhalten der Eltern: „Wenn das Kind das Symptom hat, muß ich es doch dem schlechten Einfluß des anderen Elternteils entziehen", oder: „Wenn das Kind das Symptom hat, muß ich doch dafür sorgen, daß der andere Elternteil sich endlich um das Kind kümmert." Familiendynamisch verstanden sind diese Überlegungen vor allem Ausdruck der Beziehungsdynamik zwischen den Eltern. Sie können so direkt als Manifestationen ihrer Wünsche aneinander und ihrer Ängste voreinander verstanden werden, die sicherheitshalber über das Kind und seine Symptomatik laufen.

Die Auflösung der Symptomatik des Kindes in Korrespondenz zur Auflösung der Spaltung in der Beziehung der Eltern

Wenn die Symptomatik des Kindes als Folge und Ursache der gestörten Elternbeziehung verstanden wird, dann wird die Korrespondenz zwischen Elternbeziehung und kindlicher Symptomatik wichtig für die Therapie. Das bedeutet noch nicht, daß in jedem Fall zuerst die Elternbeziehung behandelt oder verändert werden muß, damit es dem Kind besser gehen kann, oder daß in jedem Fall immer alle Familienmitglieder gemeinsam oder parallel behandelt werden müssen. Die Entscheidung für das bestmögliche Setting ergibt sich, wie schon ausgeführt, aus der Beurteilung der Veränderungsmöglichkeiten im jeweiligen Fall. Ein wichtiger Hintergrund für diese Entscheidung ist freilich das Verständnis der psychodynamischen Zusammenhänge zwischen Elternbeziehung und kindlicher Symptomatik. Vor diesem Hintergrund erscheinen therapeutische Bemühungen um eine Besserung der kindlichen Symptomatik *gegen* die Eltern oder ohne die Eltern, beziehungsweise gegen oder ohne einen Elternteil oft von vorneherein sinnlos. Die Grunderkenntnis, daß alle Beteiligten in ihrem Wohlergehen zusammenhängen, bringt auch die Einsicht mit sich, *daß kein Familienmitglied auf Kosten der anderen wirklich gesund werden kann.*

Für die *Arbeit in einem „gespaltenen Dreieck"* ist es wichtig, die spezifische Dynamik in dieser Beziehungsstruktur vor Augen zu haben, und zwar sowohl in der Einzeltherapie als auch in der „begleitenden Elternberatung", wie auch in der Arbeit mit der ganzen Familie:

Die Grundform der Ersatzpartnerschaft im Dreieck ist, wie schon beschrieben, das Bündnis von zweien gegen einen. Von jedem Individuum aus ergeben sich also zwei Linien nach den beiden anderen Eckpunkten des Dreiecks. Diese beiden Linien versucht das Individuum auf jeden Fall zu halten, den einen Partner als Bündnispartner, den anderen als „Rückversicherungspartner". Die Bedrohung kommt immer von der gegenüberliegenden Seite des Dreiecks. Wenn diese Seite sich verkürzt, wenn die Beziehung zwischen den beiden anderen zu nah wird, dann bedeutet das für den Dritten, daß die Bündnisse, die seinen Selbstwert ersatzweise bestätigen, mehr oder weniger aufgelöst werden. Gefühle von Wertlosigkeit und Resignation haben deswegen immer mit dem tatsächlichen oder phantasierten Zusammenschluß von zwei anderen zu tun.

Aber auch wenn die beiden anderen zu weit auseinanderrücken, besteht für den Dritten eine Gefahr, die er vermeiden muß: Da die beiden anderen wegen ihres Auseinanderrückens verstärkt einen Ersatzpartner brauchen, wird dieser noch mehr zwischen beiden zerrissen und von jedem der beiden verschlungen. Folgerichtig versucht er, die beiden anderen von dem Moment an einander wieder näher zu bringen, an dem für ihn die Belastung durch die Ersatzpartnerschaft den Gewinn, den er aus ihr zieht, übersteigt. Er versucht dann als „Ehevermittler" für sich selbst die Sicherheit wiederzugewinnen, daß er nicht zerrissen und verschlungen wird, gleichzeitig aber auch die Kontrolle über die Beziehung der beiden anderen aufrechterhalten kann.[4]

---

[4] Die Struktur und Dynamik des „gespaltenen Dreiecks" beschreibe ich hier aus der Perspektive des Kindes, in der sie jeder Mensch zuerst kennenlernt und in sich aufnimmt. Wegen der Übertragung dieser Struktur auf alle späteren Beziehungen ist aber zu bedenken, daß die beschriebenen Ängste und Strategien in einer Familie auch von Vater und Mutter aus gesehen werden müssen. Aus diesem Blickwinkel kann man dann auch verstehen, wie die Eltern im Dreieck mit dem Partner und einem oder mehreren Kindern „agieren". In der Übertragung wird die Ehefrau zur Mutter, der eigene Sohn zum Vater, etc.

Neben unseren technischen Überlegungen vergessen oder übersehen wir oft, daß die hier beschriebene Beziehungsdynamik für den Therapeuten nicht weniger gilt als für das Kind und für jeden anderen „Patienten“ im gemeinsamen therapeutischen System. Auch für den Therapeuten geht es um die Frage: „Fühle ich mich zwischen Vater und Mutter hin- und hergerissen, habe ich das Gefühl: Entweder der Vater oder die Mutter? Welche narzißtischen Vorteile bringen mich dazu, zwischen beiden hin und her zu springen? Welchen Nachteil oder welche Gefahr würde ich in Kauf nehmen, wenn ich aufhören würde, jedem der beiden das zu ersetzen, was ihm der andere nicht bieten kann, beziehungsweise was er vom anderen nicht annehmen kann? Kann ich mich darauf einlassen, daß die Eltern die Beziehung zueinander haben, die sie wirklich haben, nämlich eine ambivalente?“ Zur Aufrechterhaltung des eigenen Selbstwertgefühls wird von Kindern, Therapeuten und anderen „Dritten“ oft die jeweilige gegenüberliegende Seite des Dreiecks als nicht existent, oder doch wenigstens als eine schlechte Beziehung, die auf den Dritten als Helfer angewiesen ist, phantasiert. Soweit sie als „gut“ diagnostiziert wird, phantasiert sich der Dritte dann oft als derjenige, der diese gute Beziehung hergestellt hat, herstellen muß und kann, auf jeden Fall aber unter seiner Kontrolle hat – damit sie ihn nicht bedroht, wenn sie ohne sein Zutun eintritt.

Die Verklammerung im Dreieck hat im Erleben aller Beteiligten die Grundform Entweder-Oder: Entweder der Vater oder die Mutter, entweder das Kind oder der Mann/die Frau, entweder der Therapeut oder der Partner/die Partnerin, entweder die Eltern oder das Kind, usw. Wenn man sich einem von beiden Beziehungspartnern zuwendet, erlebt der andere das als einen feindseligen Akt ihm gegenüber. So sind Bewegungen, vor allem emotionale Bewegungen oft nur in geringem Ausmaß möglich, oder sie müssen verborgen bleiben, weil Verletzungen der Loyalität in den Bündnissen mit Ausstoßung bedroht und bestraft werden. Diese Beziehungsdynamik wird oft im

Zusammenhang mit Familiengeheimnissen und mit dem Problem der Mitteilung von Inhalten aus der Kindertherapie in den Elterngesprächen und umgekehrt deutlich.

Aber auch wenn man die Zweierbeziehungen in einem solchen System betrachtet, findet man überall das Entweder-Oder: Entweder du oder ich. Was ich bekomme, geht dir verloren; was du bekommst, geht mir verloren. Eine der wichtigsten Erkenntnisse zur Frage der Auflösbarkeit solcher dyadischer und gleichzeitig triadischer Verklammerungen ist für mich die Erfahrung, daß beide Verklammerungen dadurch aufgelöst werden können, daß sich die Beteiligten wieder voneinander unterscheiden können. Und das ist nur erreichbar, wenn sie es wagen, *ihre emanzipatorischen Bedürfnisse als die, die sie sind, zu spüren:* Der Vater möchte gerne Vater seiner Kinder und Mann seiner Frau sein, die Mutter möchte gerne ihre mütterlichen Gefühle den Kindern gegenüber und ihre Gefühle als Frau ihrem Mann gegenüber spüren, und die Kinder möchten aus der Ersatzpartnerschaft entlassen werden, bzw. es wagen, ihre Gefühle als Tochter oder als Sohn dieser Eltern zuzulassen und so ihren Platz als Kind in der Familie einnehmen.

Wenn man diese emanzipatorischen Wünsche nicht vergißt, dann verwechselt man nicht so leicht die Ersatzbedürfnisse mit den wirklichen. Man verstrickt sich auch weniger in Bilder, die zum Beispiel einen Clinch zwischen Mutter und Tochter als Ausdruck unstillbarer, „symbiotischer" Gier nach Nähe und Zuwendung von beiden Seiten erscheinen lassen. Man bedenkt, daß beide am liebsten Mutter und Tochter wären und in ihrer mörderischen Dramatik unbewußt um Hilfe bei der „psychischen Trennung" bitten. Wegen der triangulären Sichtweise bleibt einem gleichzeitig bewußt, daß es trotz „oraler" Inhalte gleichzeitig auch um den – manifest vielleicht von beiden entwerteten – Vater geht.

In der Dreierbeziehung eines Elterngesprächs geht es zum Beispiel manifest um die Frage, ob der Vater oder die Mutter recht hat, ob der Vater oder die Mutter schuld ist.

Auflösbar ist ein solcher Clinch oft nur, wenn deutlich wird, daß beide Partner nicht nur den Therapeuten zum Richter und Schiedsrichter gemacht haben, sondern daß sie auch um die Zuneigung des Therapeuten oder der Therapeutin miteinander ringen. Aus dem Erkennen der gegengeschlechtlichen oder auch der gleichgeschlechtlichen Rivalität (Mutter gegen Vater um den Therapeuten oder die Therapeutin, aber auch Vater mit Therapeut um die Mutter und Mutter mit Therapeutin um den Vater, etc.) folgt oft plötzlich das gemeinsame Erleben, daß zwei Personen desselben Geschlechts und eine Person des anderen Geschlechts im Raum sind, und daß es in dieser Konstellation auch eine gleichgeschlechtliche Rivalität zwischen zwei Männern um eine Frau, beziehungsweise zwischen zwei Frauen um einen Mann gibt (positiver Ödipuskomplex). Erst mit dem Bewußtwerden dieser Spannung löst sich der Leistungsdruck aller Beteiligten auf, und auch der Zwang, gegen den anderen recht behalten zu müssen.

Diese Veränderung geht familiendynamisch betrachtet genauso vor sich, wie die entsprechende Veränderung in der klassischen Psychoanalyse beschrieben wird. Der Therapeut versucht, sich darauf einzulassen, was er abgesehen von den manifesten Gesprächsinhalten in sich selbst und in seiner Beziehung zu dem oder den Patienten *spürt*. Er versucht, diese seine Gefühle und Phantasien ernst zu nehmen und für wichtig zu halten. Gleichzeitig bemüht er sich darum, die Relativität seiner Gefühle und Wahrnehmungen nicht aus dem Auge zu verlieren, das heißt, er bleibt nach Möglichkeit korrigierbar in seinen Wahrnehmungen durch die Wahrnehmungen der Patienten. Diese Korrektur bleibt aber, wenn es gut geht, nicht in einem Entweder-Oder stecken: Entweder ich habe recht, oder der Patient. Sie ermöglicht vielmehr eine Relativierung der Ansichten und Erkenntnisse in dem gemeinsamen Bemühen um die schrittweise Annäherung an Gefühle und Phantasien, die bisher unter der gewalttätigen Starre der verklammerten Beziehungen verborgen blieben. Das schrittweise Auftauchen bisher unbewußter Anteile von Personen in der Beziehung ermöglicht eine psychische Trennung und damit die Auflösung der Starre.

Dieser Prozeß geht nie linear und ohne Störungen vor sich, wie man das oft gerne hätte. Im Gegenteil, mit dem bisher verdrängten Wunsch zusammen tritt immer auch die Angst wieder auf. Spricht der Therapeut einen verdrängten Wunsch bei dem Patienten an, dann reagiert dieser verständlicherweise nicht nur mit Erleichterung, sondern auch mit Angst und der entsprechenden Abwehr. Ich halte es für sehr wichtig, daß man sich als Therapeut diese Selbstverständlichkeit immer wieder vor Augen führt, damit man nicht resignierend – und vielleicht auch manchmal erleichtert – aufgibt, wenn der Patient (leider und Gott sei Dank) Interpretationen abwehrt, und damit man nicht erschreckt und mit Wertlosigkeitsgefühlen reagiert, wenn man bei sich selbst Abwehrreaktionen gegen den Fortgang des analytischen Prozesses wahrnimmt.

Ist das möglich in einem Setting, das nur alle zwei Wochen ein Elterngespräch vorsieht? Sind das nicht theoretische Grundlagen für eine langfristige Paar- oder Familientherapie, und nicht für die heute zumeist geübte Praxis der Kinder- und Jugendlichenpsychotherapie? Ich wollte mit meinen Ausführungen nicht den Eindruck erwecken, als würde ich glauben, daß man schwere Beziehungsstörungen der Eltern ganz nebenbei in wenigen Beratungsstunden aufheben könnte. Mir ist wohl bewußt, daß das von den Krankenkassen vorgegebene Setting den therapeutischen Schwerpunkt auf die Behandlung des Kindes legt. Das heißt, daß in diesem Setting die Problematik der Elternbeziehung zumeist nur am Rande behandelt werden kann. Und dieser Umstand wirkt sich wiederum je nach Fall unterschiedlich auf die Veränderungsmöglichkeiten des Kindes aus.

Wenn man so tiefgreifende Entwicklungen in Gang setzen will und nicht nur oberflächliche Einstellungsänderungen im Sinn hat, ist es in den meisten Fällen auch nötig, daß die Abstände zwischen den Sitzungen nicht zu groß werden. Man muß „dabei bleiben“ können, sonst kann der „geschützte Beziehungsraum“, in dem Veränderungen zugelassen werden können, nicht hilfreich sein. Wie schon gesagt, plädiere ich für eine flexible Anpassung des Settings an die Erfordernisse und Möglichkeiten des jeweiligen Falles. Und ich plädiere auch für eine Anpassung der Ausbildung an die wissenschaftliche Weiterentwicklung der Kinder- und Jugendlichenpsychotherapie und der psychoanalytischen Paar- und Familientherapie.

6. Kapitel

Psychoanalytische Perspektiven in der Supervision[1]

Die Supervision boomt. Nicht nur im psychosozialen, pädagogischen und psychotherapeutischen Bereich, sondern auch in der Wirtschaft nehmen die Lehrgänge und Veranstaltungen zu, in denen die Persönlichkeitsstruktur oder die Kommunikationsfähigkeit der Mitarbeiter verbessert werden soll. Sehr unterschiedlich sind dabei die Absichten und Theorien, die hinter all diesen Aktivitäten stehen. Die einen wollen als Supervisoren „eigentlich" Psychotherapie machen, die anderen wollen „auf gar keinen Fall die Mitarbeiter des Betriebs psychisch zerlegen", wieder anderen geht es vor allem um die Verbesserung der Teamfähigkeit ihrer Führungskräfte. Häufig haben solche Seminare auch Alibifunktion: Um nicht die Unternehmensstruktur in Frage stellen zu müssen, wird viel Geld für entsprechende Seminare ausgegeben. Es ist Mode geworden, den „Faktor Mensch" im Betrieb zu berücksichtigen. Die große Frage: Anpassung an das System oder Veränderung des Systems? stellt sich für die Supervision im weitesten Sinn ebenso wie sie sich schon immer für jede Form der Psychotherapie gestellt hat. Auch im psychosozialen Bereich bietet sich ein buntes Bild auf dem großen Markt der Supervision. Auch hier kann man auf Erscheinungsformen von Supervision treffen, die weniger mit Hilfe als mit Machtausübung und Dominanzstreben zu tun haben – ganz ähnlich wie in der

---

1 Dieses Kapitel wurde in gekürzter Form veröffentlicht in: Supervision, 1993 (b), Heft 23, 9–35.

Psychotherapie. Nicht selten versuchen Psychologen oder Sozialarbeiter, die resigniert aus ihrer Arbeit „an der Basis“ ausgeschieden sind, nun als „Super-Visor“ ihre Insuffizienzgefühle dadurch aufzuheben, daß sie Kollegen, die noch auf diesem Gebiet arbeiten, sagen, was diese falsch machen. Der „Super-Seher“ ist eine Figur, die eine große Versuchung für viele darstellt, die aus Gefühlen der Minderwertigkeit heraus in die superiore Position dessen kommen wollen, der immer alles besser weiß. Wenn man diese Position längere Zeit halten will, muß man allerdings psychisch Gewalt anwenden. Man muß verhindern, daß die Supervisanden die Entwertung spüren, der sie ausgeliefert sind, und man muß sie mit Erfolg an der Phantasie gemeinsamer Übergröße beteiligen, damit sie keinen Aufstand gegen diese Art von „Führerschaft“ machen.

Dies sind weder Probleme der Supervision noch der Psychotherapie an sich. Es sind Probleme unserer Zeit und unserer vom Narzißmus geprägten Gesellschaft. Wir können sie nicht beseitigen, wir können nur versuchen, sie kritisch und selbstkritisch nicht aus dem Auge zu verlieren.

Zum Glück spiegeln sich auch die *Chancen* unserer Zeit in der Entwicklung sowohl der Psychotherapie als auch der Supervision. Es wird heute deutlich, welchen Stellenwert die Selbstreflexion als heilsame Veränderungsmöglichkeit in unserer Gesellschaft gewonnen hat. Das positivistische Denken des 19. Jahrhunderts und der ersten Hälfte des 20. Jahrhunderts wurde und wird durch die parallele Entwicklung von Psychoanalyse und psychoanalytisch orientierter Supervision in Frage gestellt. Im Gegensatz zu diesem Denken halten wir es heute für möglich, daß das, was wir wahrnehmen, nicht alles ist, was wir wahrnehmen könnten. Wir bedenken, daß wir in unserer Wahrnehmung von unseren Abwehrmechanismen abhängig sind; wir verstehen uns selbst nicht mehr als Außenstehende, objektive Beobachter, sondern als Teil eines Systems; und wir erkennen die Abhängigkeit unserer Wahrnehmung und unserer Reaktionen auch von unserem Befangensein in diesem System, die Abhängigkeit von den in dieser Situation in uns wirksamen Abwehrmechanismen und von unserer eigenen Tendenz, schon erlebte Situationen szenisch in neue Situationen zu übertragen. Ein wichtiger Grundgedanke der Supervision beruht auf der Erkenntnis der Psychoanalyse, daß die (neurotische) Befangenheit in einer Szene die Sicht und in der Folge auch die Handlungsfreiheit einschränkt. Wenn dann von außen ein Dritter kommt, sei es der Psychoanalytiker, sei es der Supervisor, dann besteht die Chance, daß dieser, sich eine relativ differenzierte Sicht bewahrend, bei der Emanzipation aus dieser Befangenheit hilfreich sein kann.

Zur Geschichte von Psychoanalyse und Supervision

Es gibt viele Möglichkeiten, die Geschichte der Supervision nachzuzeichnen. Ich möchte mich hier nicht mit ihrer Entwicklung aus der Sozialarbeit in den USA beschäftigen. Für die Darstellung der psychoanalytischen Perspektiven in der Supervision scheint mir die parallele Entwicklung der Psychoanalyse und Supervision besonders interessant zu sein.

Ein erster wichtiger Ansatz innerhalb der Psychoanalyse war die Entwicklung der „Balint-Gruppen“ durch Michael Balint. Hier wird die nahe Verwandtschaft zwischen Supervision und Psychoanalyse besonders deutlich. Balint rückte mit seinem Buch „Der Arzt, sein Patient und die Krankheit“ (Balint 1957) die Arzt-Patient-Beziehung in den Mittelpunkt der Aufmerksamkeit. Dabei definierte er das therapeutische Geschehen zwischen Arzt und Patient ebenso wie zwischen Analytiker und Analysand als eine *Wechsel*beziehung und erweiterte damit das klassische Konzept der Übertragungsneurose.

Bis dahin hatte man in der Psychoanalyse mehr oder weniger die Vorstellung, daß alle (neurotischen) Gefühle und Phantasien, die der Patient dem Arzt bzw. dem Analytiker gegenüber entwickelt, ausschließlich Ausdruck der Übertragungsneurose des Patienten seien, und daß alle Gefühle, die der Analytiker bzw. der Arzt dem Patienten gegenüber entwickelt, nur Ausdruck von dessen „Gegenübertragung" seien, also ausgelöst vom neurotischen „Angebot" des Patienten. Die neue Sichtweise machte es Balint möglich, die „Droge Arzt" in ihrer Heilwirkung, aber auch in ihren Risiken und Nebenwirkungen zu untersuchen. Es war damit eine wichtige Erkenntnis gelungen: Sobald man grundsätzlich in Beziehungen nicht mehr von der Fiktion ausgeht, daß alle eigenen Gefühle nur vom Beziehungspartner ausgelöst werden, also nur *Re*aktionen sind, dann kann man als Arzt oder Therapeut erkennen, wie man selbst, in seiner eigenen Person, zur Heilung des Patienten beiträgt – oder diese behindert. Natürlich muß man dazu Allmachts- und Unschuldsphantasien aufgeben. Man muß darauf verzichten, in schwierigen Situationen den anderen, hier den Patienten und seine Neurose, für jede Schwierigkeit und jeden Mißerfolg verantwortlich zu machen.

Da Supervision, zumal als Teamsupervision, häufig in Gruppen stattfindet, müssen wir noch andere Quellen in der Psychoanalyse untersuchen, die im Gegensatz oder in Ergänzung zu Balints Ansatz die Psychodynamik der Gruppensituation in ihren unbewußten Anteilen beleuchtet haben. Ich meine z. B. das gruppenanalytische Konzept von S.H. Foulkes (Foulkes 1978). Foulkes stellte die Vielfalt der Übertragungsprozesse in einer Gruppensituation in den Mittelpunkt seiner Arbeit und eröffnete so dem Analytiker eine Möglichkeit, die „Matrix" der Gruppe, ihre mehr oder weniger unbewußten Erwartungen und Befürchtungen zu erkennen und therapeutisch damit umzugehen.

Ich kann und will hier nicht die vielfältigen Ansätze und Kontroversen innerhalb der psychoanalytischen Gruppentherapie wiedergeben. Für meine Fragestellung zum Verhältnis von Supervision und analytischer Psychotherapie bzw. Psychoanalyse ist m. E. aus dem Foulkes'schen Ansatz besonders wichtig, daß die Aktionen und Reaktionen des einzelnen Gruppenteilnehmers und auch die des Gruppenleiters nicht *nur* als Ausdruck von deren persönlicher Neurose zu verstehen sind, sondern *gleichzeitig* immer *auch* als Ausdruck der jeweils aktuellen Abwehr- und Beziehungssituation in der Gruppe. Spaltungs- und Entwertungsprozesse können so als Problem der ganzen Gruppe und gleichzeitig jedes einzelnen Teilnehmers verstanden werden. Diese Sichtweise ermöglicht es, z. B. „Sündenböcke" in einer gemeinsamen Bemühung wieder zu integrieren, was, wie wir noch sehen werden, ein sehr wichtiger Vorgang in einer psychoanalytisch geleiteten Supervisionsgruppe ist.

In meinem Konzept der „Beziehungsanalyse" (Bauriedl 1980, siehe auch oben vor allem 3. Kapitel) habe ich eine psychodynamische und gleichzeitig soziodynamische Beziehungstheorie vorgelegt, die es ermöglicht, die Grundprinzipien von Beziehungsstörungen und deren Auflösung zu erkennen. Ich ging dabei von meinen Untersuchungen zur Familiendynamik aus und versuchte, die Grundformen von Beziehungsstörungen herauszuarbeiten, wie sie sich in jedem von uns als Muster unserer inneren Bilder von Beziehungen abbilden. Ich sah, daß es am günstigsten ist, zwischenmenschliche Beziehungen prinzipiell triadisch, also aus einer Dreiecksperspektive zu betrachten, weil dies die erste und wichtigste Perspektive ist, in der wir uns als Kinder in Beziehung zu unserer Umwelt erleben; (ausführlich ist diese Thematik im 4. und 5. Kapitel dargestellt). Das eröffnet mir die Möglichkeit, Beziehungsstörungen und die Grundprinzipien ihrer Auflösung nicht nur in Familien, sondern auch in Gruppen, in Arbeitsbeziehungen, in der therapeutischen Beziehung, in der Supervisionsbeziehung und gleichzeitig auch in unserer gesellschaftlichen Beziehungsmatrix zu sehen und in den diversen „Übertragungen" wiederzuerkennen.

Heilen durch Forschen – das emanzipatorische Prinzip von Psychoanalyse und Supervision

Mir persönlich sind in der Supervision die psychoanalytischen Grundprinzipien besonders wichtig. Und hier wiederum geht es mir um die Frage, welche Vorstellung von Veränderung meiner Arbeit zugrunde liegt. Aus meiner Sicht gibt es zwei grundsätzlich unterschiedliche Prinzipien von psychischer Veränderung, die sich allerdings in allen Ansätzen vermischen: *Das emanzipatorische und das manipulative Prinzip.* Nach dem emanzipatorischen Prinzip wird bisher bestehende Unbewußtheit aufgehoben, nach dem manipulativen Prinzip werden Unbewußtheit und Abwehrnotwendigkeit zur (weiteren) Repression verwendet. Unter Unbewußtheit verstehe ich den Zustand, daß bestimmte Wünsche und Gefühle im Individuum und zwischen Individuen verdrängt werden oder verdrängt bleiben, die bei ihrem Bewußtwerden emanzipatorische Veränderungen der (von der Unbewußtheit getragenen) Normstrukturen mit sich bringen würden. Jeder Mensch und jedes soziale System enthält zu jeder Zeit einen mehr oder weniger großen Anteil von Unbewußtheit, die das reibungslose Funktionieren der Person und der Gemeinschaft sicherstellt. Es handelt sich bei der hier gemeinten Aufhebung von Unbewußtheit also immer um relative und partielle Befreiungsschritte, die aber doch in ihrer Qualität jeweils von großer Bedeutung sind.

Wenn die Angst vor dem Auftauchen bisher unbewußter Wünsche und Gefühle zu groß ist, tritt das manipulative Prinzip in den Vordergrund. Dann wird im Individuum und in der jeweiligen sozialen Gemeinschaft alles unterdrückt, was die bestehende Normen- und Abwehrstruktur gefährden könnte. Wünsche nach Veränderungen können dann nicht mehr als Wünsche geäußert werden, mit dem Risiko der Erfüllung oder Nichterfüllung. Ihre Befriedigung muß manipulativ herbeigeführt werden, und das heißt, daß bewußte und unbewußte Erpressungsmechanismen zur Erreichung der gewünschten Befriedigung eingesetzt werden.

Keine Zugehörigkeit zu irgendeiner (therapeutischen) Schulrichtung gibt die Gewähr dafür, daß ausschließlich emanzipatorische, also aufklärende Prozesse in Gang gesetzt werden. Es hängt vielmehr von der Angsttoleranz der Beteiligten, vor allem von der Angsttoleranz der Psychoanalytiker, Psychotherapeuten oder Supervisoren ab, ob in der jeweiligen Situation ein emanzipatorischer oder ein manipulativer Veränderungsschritt vor sich geht.

Ich möchte hier nicht die emanzipatorische Veränderung im Gegensatz zur manipulativen als richtig oder gut oder besser darstellen. Die Diffamierung bestimmter Methoden hat immer auch den Nachteil, daß man dieselben Prozesse im eigenen Lager oder in der eigenen Person nicht sieht. Dadurch verliert man die Möglichkeit, Entscheidungsstellen zwischen verschiedenen Wegen und ihren jeweiligen Vor- und Nachteilen zu erkennen.

Trotzdem sehe ich in dem von Freud entdeckten Prinzip „Heilen durch Forschen" eine große Chance für jede Form der Psychotherapie und entsprechend auch für jede Form der Supervision. Die Chance, unbewußte Anteile in einer Situation, in einer Beziehung, in einer Person bewußt werden zu lassen, ist prinzipiell in jedem Moment gegeben. Ob und wieweit sie genutzt werden kann, ist eine Frage der persönlichen und situativen Angsttoleranz und des Leidensdrucks. Ist der Leidensdruck – im Sinne des Veränderungswunsches – größer als die Angst vor der Veränderung, dann werden Chancen zur Heilung durch Aufklärung ergriffen; ist die Angst vor Veränderung größer, dann wird neue Stabilität nach dem alten Muster der Unterdrückung von Wünschen und Ängsten gesucht. Wenn man genau hinsieht, könnte man sogar in jedem Vorgang beide Seiten sehen, die emanzipatorische und die homöostatische Seite, und man könnte entdecken, daß es wiederum auf die eigene Beziehung zu diesem Vorgang oder zu der jeweiligen Person ankommt, ob man ein Interesse daran hat, in einem bestimmten Ereignis nur einen Befreiungsschritt oder nur eine Fortsetzung des Status quo zu sehen.

Freilich besteht trotzdem ein Unterschied zwischen beiden Vorgängen. Es ist kein Zufall, welche Form von Psychotherapie, welchen Psychotherapeuten, welche Art von Supervision oder welchen Supervisor sich ein Mensch oder eine Institution sucht. Es ist ein Unterschied, ob die gewählte Form der Psychotherapie oder der Supervision sich explizit um die Erforschung unbewußter Prozesse bemüht, oder ob sie sich explizit damit zufrieden gibt, Stabilität durch bessere Bewältigungsstrategien im Sinne von Unterdrückung eigener und fremder Gefühle zu erreichen. Die unterschiedlichen Ansätze legen ihr Schwergewicht in der Ausbildung und Methodik in unterschiedlicher Weise auf den einen oder den anderen Vorgang, weshalb in den verschiedenen Therapie- und Supervisionsformen nicht nur unterschiedliche Zielsetzungen, sondern auch unterschiedliche Fähigkeiten der Therapeuten bzw. Supervisoren anzutreffen sind.

Beraten oder Analysieren?

Die Frage nach dem Unterschied zwischen emanzipatorischen und manipulativen Veränderungsschritten setzt sich fort in der Frage: Beraten oder Analysieren? Auch diese Frage stellt sich in ähnlicher Weise in der Psychotherapie wie auch in der Supervision, obwohl die Supervision gewissermaßen von Hause aus der Beratung, der Handlungsanleitung näher zu stehen scheint als die Psychotherapie, insbesondere als die Psychoanalyse. Wenn ich als Supervisorin tätig bin, stehe ich ständig vor der Entscheidung: Gebe ich hier einen Rat, oder helfe ich die Situation zu analysieren, in der sich die Supervisanden befinden, bzw. in der wir uns im Hier und Jetzt der Supervision miteinander befinden? Ich meine auch hier, daß nicht prinzipiell die eine Entscheidung besser wäre als die andere. Aber ich halte es für wichtig, daß mir jeweils *bewußt* wird, daß es hier um meine *Entscheidung* geht, und daß ich die Verantwortung dafür habe, welchen Weg ich wähle.

Jede Entscheidung hat Folgen, und jede Entscheidung geschieht in einer bestimmten Beziehung. Sie hat deshalb auch eine spezifische Bedeutung innerhalb der Beziehung, in der sie getroffen wird. Wenn ich einen Supervisanden oder eine Supervisandin „an der Hand nehme" wie eine gute Mutter, dann kann es sein, daß das „Kind" sich gut geführt fühlt und meine Hilfe beim Kennenlernen der Welt bzw. der Möglichkeiten, sich in der Welt zu verhalten, dankbar in Anspruch nehmen kann. Es kann aber auch sein, daß mir als Mutter/Supervisorin die Situation des Kindes/Supervisanden und/oder unsere Beziehung zueinander soviel Angst macht, daß ich mehr oder weniger bewußt, und mehr oder weniger offen, die Dinge unter Kontrolle bringen muß oder will. Dann „zerre" ich das „Kind" hinter mir her und achte nicht auf meine Gefühle und auf die Gefühle des „Kindes". Ich lege „Marschrichtungen" fest, schließe andere Wege aus und habe „richtiges Verhalten" im Auge, nicht aufklärendes Verständnis .

Die Suche nach Verständnis und Verständigung durch Aufklärung oder Bewußt-Werden-Lassen unbewußter Gefühle und Wünsche ist dann möglich, wenn wir uns beide, der/die Supervisand(in) bzw. die Supervisionsgruppe und ich, auf eine Verunsicherung der bisherigen Sicherheitsstrukturen einlassen können. Dazu ist ein Klima des Vertrauens nötig, auch hier gibt es wichtige Ähnlichkeiten zwischen Psychoanalyse und Supervision.

Fehlt dieses Vertrauen in der Supervisionsbeziehung, dann verschiebt sich das Gespräch leicht in Richtung Verhaltensempfehlung. Dadurch besteht aber die Gefahr, daß die Verantwortung für das geplante Verhalten des Supervisanden auf den Supervisor verschoben wird. Der Supervisand tut, was ihm zu tun empfohlen wurde. Wie bei Ratschlägen in anderen Zusammenhängen auch, etwa in der Erziehungsberatung, ist das Ergebnis zumeist nicht günstig. Sobald der Supervisand aufgrund der Supervision sich in einer Weise verhält, die ihm nicht wirklich entspricht, wird er unbewußt die Wirkung seines veränderten

Verhaltens selbst rückgängig machen. Er kommt nicht nur in die nächste Supervisionssitzung und sagt: „Der Rat war nicht gut", oder etwas vorsichtiger: „Ich habe es doch nicht gekonnt", sondern die Supervision hat in diesen Fällen häufig auch eine negative Wirkung. Das Problem des Supervisanden, das darin bestand, daß er ein „falsches Selbst" entwickelt hatte, wurde nur verschoben: Er hat jetzt ein neues, für ihn wiederum falsches Selbst vom Supervisor übernommen.

Charakteristisch für dieses Abgleiten von Supervision in eine Verhaltensempfehlung, die mit der psychischen Verfassung des Supervisanden bzw. mit der supervidierten Beziehung nicht übereinstimmt, ist die *Suche nach Strategien* für den Supervisanden. Der Supervisor läßt sich dazu verführen, sich auszudenken, was der Supervisand tun soll. Er sucht nicht mehr nach dessen Gefühlen, obwohl gerade der Verlust des Zugangs zu den eigenen Gefühlen die Not des Supervisanden ausmacht. Er hilft ihm nicht, sich selbst mit allen seinen Gefühlen und Phantasien wiederzufinden, und sich so aus der Verstrickung der verschiedenen projektiven Identifikationen zu befreien.

Dieses Problem resultiert häufig daraus, daß Supervisand und Supervisor gemeinsam die emotionale Betroffenheit des Supervisanden unterschätzen. Vor allem wenn es sich um die Supervision schwerer psychischer und psychosozialer Beziehungsstörungen handelt, wiederholt sich die Bedrohlichkeit der analysierten Szene zwischen Supervisor und Supervisand, was zur gemeinsamen Abwehr Anlaß gibt. Die Massivität der Bedrohung, in der sich der Supervisand befindet, wird gemeinsam verdrängt. Stattdessen werden gemeinsam Strategien entwickelt, wie sich der Supervisand am besten „wehren" könnte – gegen seine nicht anwesenden Beziehungspartner. Die Alternative wäre, die in der Wiederholung aufsteigenden Gefühle der Angst, der Wut, der Gleichgültigkeit, der Ohnmacht und eventuell auch des Widerwillens in der Supervision anzunehmen. Die Gegenübertragung des Supervisanden ebenso wie die des Supervisors muß verstanden werden, ohne

Schuldzuweisung an einen von beiden oder an die Bezugspersonen des Supervisanden. Gerade wenn emotional bedrohliche Szenen in der Supervision analysiert werden, ist es hilfreich, die destruktiven Täter- und Opferrollen in der eigenen Gefühlswelt zu erleben. Diese Wiederholung der berichteten Szenen und das Durcharbeiten ihrer unbewußten Anteile ist aber nur in einer angstfreien, vertrauensvollen Supervisionsbeziehung möglich. Leistungsdruck und andere Abhängigkeiten, wie sie häufig in Ausbildungssupervisionen bestehen, sind hier sehr hinderlich.

Gegenüber der Beratung im Sinne einer Handlungsempfehlung oder Handlungsanleitung ist die Analyse der Situation nach dem Prinzip des *szenischen Verstehens* grundsätzlich bewegender und auch anspruchsvoller. Sie bedeutet eine Infragestellung der beteiligten Personen und ihrer bisherigen Sicherheitsstrukturen. Auch als Supervisorin setze ich mich dieser Infragestellung aus, wenn ich analysiere anstatt „ex cathedra“ einen Rat zu geben. Ich kann mir allerdings nicht vorstellen, daß es sinnvoll ist, hier allgemeine Verhaltensregeln festzulegen, weder für Supervisanden noch für Supervisoren. Verhaltensregeln schränken die Freiheit und damit die Verantwortlichkeit ein. Für eine Person kann dieses Verhalten „richtig“ sein, für eine andere Person jenes. Was „richtig“ ist, kann nicht durch eine allgemeingültige Norm bestimmt werden; es bestimmt sich aus dem Zusammenspiel und Zusammenpassen von Person und Situation. Je mehr relevante Elemente der zu analysierenden Szenen aufgedeckt und ins Bewußtsein integriert werden können, desto größer ist die Chance, daß man sich „richtig“ verhält, *richtig in bezug auf die eigenen Gefühle und richtig in bezug auf die Situation, in der man sich befindet.*

Die Probleme, mit denen wir sowohl in der Psychotherapie als auch in der Supervision umgehen, sind geprägt von *psychischer Ungetrenntheit* und daraus folgender Kontaktlosigkeit zwischen den Menschen, von Grenzenlosigkeit der Beziehungen und der Beziehungsphantasien, von Überschneidungen und Überlappungen der Verantwortungsgrenzen, usw. Häufig ist diese Ebene der Probleme unbewußt. Bewußt wird um Erfolg und Anerkennung gekämpft, um Unter- und Überordnung, um „Frieden" in der Beziehung, usw.. Diese Kämpfe, die häufig viel Kraft verbrauchen und oft so fruchtlos sind, sind Ausdruck von Konfliktvermeidungsstrategien. Wenn hier nicht analysiert wird, wenn der Konflikt nicht verstanden wird, wenn die Angst in diesem Konflikt nicht respektiert wird und die verborgenen Wünsche nicht wiederentdeckt werden, dann sind solche Verklammerungen nicht aufzulösen. Mit der Auflösung der Verklammerung, mit dem Wiedererkennen der eigenen Grenzen und damit der Kontaktmöglichkeiten zum Konfliktpartner „weiß" der Supervisand, welches Verhalten für ihn in der Situation „richtig" ist. *Er weiß plötzlich, was er tun muß, damit es ihm in der supervidierten Situation besser geht.* Und das ist die durch Supervision potentiell erreichbare bestmögliche Lösung.

Verhaltensvorschläge können gegeben und angenommen werden, soweit es um Unerfahrenheit und Ungeschicklichkeit geht. In den meisten Fällen geht es aber nicht vor allem darum, sondern um psychische Verklammerungen, in denen die „Freiheit" durch Dominanz über andere oder durch „Sich-Verstecken" in der Beziehung angestrebt wird. Die emanzipatorische Auflösung von intrapsychischen und interpsychischen Machtstrukturen setzt immer auch den Verzicht auf Dominanz voraus. Befreiung aus solchen Beziehungsstrukturen ist nur erreichbar, durch Verzicht auf Machtausübung (Bauriedl 1986). Einen anderen Weg zu diesem Ziel gibt es nicht. Diese Tatsache hat Folgen für die Haltung des Supervisors oder der Supervisorin.

Revolution oder Anpassung?

Dem Verständnis von Emanzipation als Verzicht auf die Macht liegt ein Verständnis von Befreiung und Revolution zugrunde, das sich in unserer Zeit erst allmählich entwickelt. Das traditionelle Verständnis der Ziele und Methoden von Revolutionen bezog sich vorwiegend auf Phantasien darüber, wie die Unterdrücker beseitigt und evtl. ihrerseits wieder unterdrückt werden können. Oft war die Veränderung durch politische und gesellschaftliche Revolutionen deshalb in bezug auf die ursprünglich von den Revolutionären ersehnte Menschlichkeit wenig befriedigend. Die Revolutionen fraßen und fressen ihre Kinder. Macht*strukturen* im Bewußtsein der Beteiligten sind durch „Umsturz" nur in sehr geringem Maß oder gar nicht zu verändern. Sie haben die Tendenz, sich nach dem „Umsturz" sehr schnell wieder zu restaurieren, evtl. mit neuen Inhalten und in neuen Formen.

In unserer Zeit entstehen im politischen wie im institutionellen und persönlichen Bereich allmählich neue Vorstellungen darüber, wie mehr Menschlichkeit erreicht werden kann, nämlich *durch* mehr Menschlichkeit. Menschlichkeit wird hier nicht nur verstanden als Fürsorglichkeit – das ist sicher eine wichtige Komponente – sondern auch als Mut zur konstruktiven Auseinandersetzung, durch die Krieg bzw. gegenseitige Zerstörung vermieden werden können (vgl. Bauriedl 1992).

Ich denke, daß solche Überlegungen von großer Bedeutung für die Psychotherapie, aber vor allem auch für die Supervision sind. Die innere Entscheidung, ob ich daran mitwirken will, daß ein destruktives System stabilisiert wird, oder ob ich mich an einem Prozeß beteiligen will, der mehr Menschlichkeit, besser gesagt: mehr Mitmenschlichkeit in diesem System möglich macht, hat gleichermaßen politische und persönliche Bedeutung. Diese Entscheidung hat weitreichende Folgen für die Arbeit und für die Selbstdefinition in dieser Arbeit. Verstehe ich z. B. Solidarität als Schutz- und Trutzbündnis gegen gemeinsame Feinde, oder verstehe ich Solidarität als innere Chance und Verpflichtung, einen ehrlichen, möglicherweise kritischen, aber gleichzeitig freundlichen Kontakt zu halten oder aufzunehmen, zu „Feinden" aber auch zu „Freunden"? Diese zweite Vorstellung von Solidarität stellt Bündnisse in

Frage, Bündnisse der Supervisanden mit den Opfern oder mit den Tätern von Gewalt, aber auch Bündnisse innerhalb der Supervisionsgruppe gegen außenstehende „Böse", usw. Anstelle der strategischen Fragen: „Wie können wir in einem Konflikt stärker werden als die anderen?", „Wie können wir jemanden zwingen, sich so zu verhalten, wie wir es wollen?" tritt dann die Frage: „Wie können wir, wie könnt ihr *miteinander* zufriedener werden?" (Bauriedl 1987, 1988). Ähnlichkeiten mit den wichtigen neuen Gedanken Sicherheitspartnerschaft oder der kooperativen Sicherheitsstrukturen in der internationalen Politik sind nicht zufällig. Angesichts der Gefährlichkeit unserer Waffensysteme kann in unserer Zeit die Alternative zur passiven Unterwerfung und Anpassung nicht mehr der Krieg und die aktive Unterwerfung anderer sein. In den revolutionären Veränderungen unserer Zeit geht es um mehr Menschlichkeit, um ein Freiwerden der sozialen und kooperativen Fähigkeiten der Menschen. Das zeigt sich in jeder Partnerschaft, in jeder Familie, in jeder Institution, in jeder therapeutischen oder Supervisionsbeziehung.

Die Chance, Konflikte in der Überlagerung verschiedener Szenen zu verstehen

Bei soviel prinzipieller Ähnlichkeit zwischen Psychoanalyse und Supervision gibt es doch auch Schwerpunkte in der Supervision, die in der Psychoanalyse weniger in den Vordergrund treten. Ich meine, daß in der Supervision die Überlagerung verschiedener Übertragungsszenen in einer Situation noch viel deutlicher wird als in der üblichen therapeutischen Arbeit. Es scheint mir hier auch noch wichtiger, die verschiedenen Szenen zu erkennen und diese Erkenntnis zu nutzen.

In der Psychoanalyse orientiert man sich schon seit langem an der Übertragungsszene des Patienten, d. h. man versucht zu verstehen, wie sich seine in der Kindheit erworbenen Beziehungsmuster in der Beziehung zum

Analytiker wiederherstellen und dadurch einer Bearbeitung im Hier und Jetzt zugänglich werden. Im Lauf der Weiterentwicklung der Psychoanalyse wurde immer deutlicher, daß der Analytiker in seiner Gegenübertragung nicht nur auf den Patienten reagiert.

In meinem beziehungsanalytischen Konzept bekommt nun die Übertragung des Analytikers auf den oder die Patienten einen zusätzlichen und besonders wichtigen Stellenwert, weshalb mir in der Ausbildung zum Paar- und Familientherapeuten, aber auch in der Ausbildung zum Supervisor die Familienselbsterfahrung wichtig geworden ist. Das Erkennen der eigenen Rolle in der Herkunftsfamilie erleichtert den Zugang zu den eigenen unbewußten Befürchtungen und Erwartungen. In der Gruppe zur Familienselbsterfahrung überlagern sich die familiären Übertragungsmuster der Gruppenmitglieder und des Leiters. Wenn man sich grundsätzlich darüber klar wird, daß jede Übertragung auch eine Gegenübertragung auslöst, dann wird einem die Vielfalt der bedeutsamen Szenen bewußt, mit denen man es als Supervisor zu tun hat.

Im Gegensatz zur psychoanalytischen Situation wird in der Supervision zusätzlich noch die Abbildung der Szenen der Institution, in der die Supervisanden arbeiten, bzw. der Szenen der supervidierten Arbeit und der daran beteiligten Personen relevant. Und es wird hier besonders deutlich, daß auch Supervision nicht im luftleeren Raum stattfindet, sondern, daß jedes System Teil eines weiteren, umfassenderen Systems ist, welches das Teilsystem beeinflußt und von diesem beeinflußt wird.

Zwar ist es auch für die therapeutische Arbeit eines Psychoanalytikers wichtig, die institutionellen und gesellschaftlichen Bedingungen und Phantasien nicht zu übersehen, in denen sich der Patient und er selbst befinden. Die Arbeit des Supervisors hat jedoch einen anderen Fokus. Es ist hilfreich, die persönlichen Übertragungs- und Gegenübertragungsmuster der Supervisanden zu erkennen und, soweit dies nötig und möglich ist, an ihnen zu arbeiten – dies aber immer nur bezogen auf das

Beziehungsproblem, das der Supervisand einbringt. Das Zentrum der Aufmerksamkeit und der Arbeit sind die Spiegelungen der institutionellen Strukturen bzw. die Matrix der Phantasien, die sich aus der supervidierten Arbeit im Hier und Jetzt der Supervision abbilden.

Für diese Arbeit ist es z. B. besonders wichtig, zu erkennen, wie und in welcher Weise die „Krankheit" einer Institution auch den Supervisanden oder das supervidierte Team „krank" macht. Die große Anpassungsfähigkeit des Menschen bringt ihm viele Vorteile; sie ist aber auch Ursache vieler Deformationen, deren Ursache oft unerkannt bleiben, eben weil wir Menschen so schnell bereit sind, eine Situation für „normal" oder „selbstverständlich" zu halten – um sie ertragen zu können. In der Supervision ist die durch objektive und subjektive Abhängigkeiten produzierte und aufrechterhaltene Unbewußtheit als Grundlage von Sprachlosigkeit, von Unzufriedenheit und von Erkrankungen aufzudecken (vgl. Wittenberger 1985).

Wo die analytische Psychotherapie die Gesundheit des Patienten evtl. auch im Rahmen seiner institutionellen Beziehungen – im Auge hat, da verlegt sich in der Supervision das Schwergewicht der Aufmerksamkeit auf das Erkennen kranker und krankmachender Strukturen in der Institution. Der Patient möchte sich mit sich selbst und mit seinen Bezugspersonen wohler fühlen. Deshalb kommt er in eine psychoanalytische Behandlung. Der Supervisand möchte sich in seiner beruflichen Situation wohler fühlen. Es stellt sich deshalb für den Supervisanden nicht nur die Frage, weshalb er sich die Bedingungen und Strukturen schweigend gefallen läßt, in denen er lebt, sondern vor allem auch die Frage, wo er selbst durch Größen- und Kleinheitsphantasien und durch seine Sprachlosigkeit das kranke System aufrechterhält. Wenn man mit Hilfe der Supervision die eigenen, aus der Ursprungsfamilie stammenden Anteile (Übertragung des Supervisanden) wieder von den Anteilen unterscheiden kann, die die Beziehungsstörung in der Institution ausmachen, ist man fähiger, für das eigene Wohl und evtl. gleichzeitig für das Wohl der Institution zu sorgen. Man weiß dann, in welcher, aus der eigenen Geschichte verständlichen, spezifischen Weise man auf die institutionellen Strukturen reagiert. Da man emanzipatorische Veränderungen immer nur an den eigenen Aktionen und Reaktionen vornehmen kann, niemals (primär) an denen der Bezugspersonen, ist dies nach meinem Verständnis der einzige Weg zur Verbesserung von Beziehungen.

Dazu müssen Projektionen zurückgenommen und Introjektionen zurückgegeben werden. Dieser Prozeß ist gewissen therapeutischen Prozessen ähnlich, aber er unterscheidet sich auch von diesen. Ähnlichkeiten sehe ich z. B. dort, wo Beziehungen weder durch die Betonung von hierarchischen Machtstrukturen noch durch deren Verleugnung zu verbessern sind. Das ist in Familien ähnlich wie in Institutionen. Weder das „Machtwort" des Vaters/Chefs noch die Illusion von der Gleichheit aller kann die Kommunikation und Kooperation verbessern. Unterschiedlich erscheint mir auch hier der Schwerpunkt der Arbeit vor dem Hintergrund der kollektiven Phantasien in unserer Gesellschaft und in deren Institutionen.

So geht es in der Supervision einer Sozialpädagogin in einer sozialen Institution z. B. um das Erkennen der gemeinsamen Phantasie, die die Mitarbeiter ihrer Institution, aber auch die von der Institution betreuten Personen hegen. Es ist dies häufig die Phantasie vom „süßen Brei", der – wie im Märchen – dringend gesucht und gebraucht wird, der aber gleichzeitig bedrohlich ist, weil er, wenn das „Töpfchen" einmal in Gang gesetzt ist, die Hungrigen zu verschlingen droht. Die Versorgung ist nötig, aber sie macht auch abhängig und hilflos, das heißt: Man darf nicht aufbegehren, keinen eigenen Standpunkt vertreten, wenn man nicht den Verlust der Versorgung riskieren will. In diese institutionelle Phantasie passen die individuellen Strukturen der betreuten Personen und der Mitarbeiter. Sie halten die ausweglose Situation aufrecht, indem sie alle auf ihre Art das Spiel vom „süßen Brei" mitspielen. Die Sozialarbeiterin verschmilzt entweder mit der Institution oder mit ihren „Schützlingen" und ist so nicht mehr fähig, einen eigenen Standpunkt in bezug auf beide Seiten einzunehmen. Sie wird von den Querulanten unter den betreuten Personen und auch von der Institution verschlungen. Versorgt- und Verschlungen-Werden liegen in dieser Szene so dicht beieinander, daß die Supervisandin Hilfe braucht, um ihre Wünsche von denen der Institution und von denen der Versorgungsempfänger unterscheiden zu können. Gelingt diese Erweiterung des Bewußtseins in der Supervision, entsteht allerdings für die Institution und für die von ihr betreuten Personen ein Anstoß, sich ebenfalls vom „süßen Brei" zu befreien, ein Anstoß, der Angst macht und nicht in allen Fällen freudig begrüßt wird.

Dies ist ein Beispiel für die Arbeit mit den vielfältigen Perspektiven, die ein psychosoziales System aufweist. Das psychische „Herumgehen" in den verschiedenen „Räumen" dieser Szenen erleichtert die Auflösung von Feindbildern. Wenn man dieselbe Szene einmal als Opfer und einmal als Täter erlebt, beginnt man die Gewaltszene zu verstehen, um die es sich handelt, und in der man gefangen ist. Man erlebt, daß die eigene Sprachlosigkeit darauf beruht, daß man sich nicht mehr von den Beziehungspartnern unterscheiden kann. Der solcherart entgleiste oder unterlassene Dialog wird als Ursache dafür erlebt, daß Menschen zu Objekten von Menschen geworden sind.

Die Auflösung von Feindbildern als revolutionärer Akt

Die *Aufhebung der Sprachlosigkeit* und die *Rekultivierung des Dialogs* sind deshalb die wichtigsten Anliegen emanzipatorisch verstandener Supervision. Darin sehe ich auch die gesellschaftliche und politische Bedeutung dieser Arbeit (Bauriedl 1985b). Jede Form von Gewalt beruht auf Feindbildern. Ein Charakteristikum für die Beziehungsstruktur von Feindbildern ist, daß ein Mensch oder eine Gruppe von Menschen es aufgegeben haben, mit einem anderen Menschen oder mit einer Gruppe anderer Menschen zu sprechen. Zur Früherkennung von Gefahren und zum

Verständnis von Gewaltszenen verbaler und nonverbaler Art ist es deshalb nötig, den Zustand der Sprachlosigkeit – eventuell auch in einem Wortschwall – zu erkennen und aufzudecken. Gewalt ist dann nicht nur ein plötzlich auftauchendes Phänomen, mit dem reagierend umgegangen werden muß, sondern Ausdruck einer Beziehungsstörung im Sinne der Sprachlosigkeit (vgl. Bauriedl 1992).

Vor diesem Hintergrund können einschränkende Rollenverteilungen zwischen Frauen und Männern, sexistische und militant-feministische Positionen, Vergewaltigung und Unterordnung von Frauen und Männern in unseren privaten und gesellschaftlichen Beziehungen verstanden und verändert werden. Diese Veränderung ist freilich nicht auf einem abstrakttheoretischen Niveau oder im ideologischen Kampf möglich, sondern nur mit Hilfe der Reflexion auch der eigenen Abwehrmuster von Frauen und Männern im Hier und Jetzt der Supervision. Ähnliches gilt für die aufklärende Veränderung von Machtkämpfen zwischen Berufsgruppen und auch von Machtkämpfen in Politik und Wirtschaft.

In allen diesen Feldern, deren Problematik ich hier nicht im einzelnen ausführen kann, geht es nach meinem Verständnis immer auch um die *Auflösung von interpsychischen Verschmelzungszuständen,* die durch Sprachlosigkeit gekennzeichnet sind. Wenn der oder die andere ein Teil von mir ist, brauche ich oder kann ich nicht mehr mit ihm oder ihr sprechen. Ich spreche stattdessen mit Teilen von mir selbst, sei es idealisierend, sei es entwertend. Auch dieser Zustand einer Beziehung ist charakteristisch für das Vorliegen eines „Feindbildes“ (Bauriedl 1987). Die Arbeit an der (psychischen) Unterscheidbarkeit von Personen und Personengruppen ist deshalb ein wichtiger Aspekt psychoanalytisch orientierter Supervision, wie ich sie verstehe.

Ein häufiges Grundmuster von Beziehungsstörungen besteht nach meiner Erfahrung auch in der Entwertung und Ausstoßung von „Sündenböcken“ oder „Feinden“. Für die Supervision stellt sich deshalb noch deutlicher als für die analytische Psychotherapie die Aufgabe, „Sündenböcke“ wieder in die Gemeinschaft aufzunehmen. Dies ist zunächst ein bewußtseinsverändernder Vorgang. Er ist nur möglich, wenn der „Sündenbock“ oder „Feind“ in der Gemeinschaft derer, die er verlassen hat, vermißt wird. Zumeist ist aber die ausstoßende Person oder Gemeinschaft froh, das der „Feind“ böse ist und daß man nicht mehr mit ihm umgehen muß. Hier ist der Supervisor in seiner psychischen Integrationsfähigkeit gefragt. Es geht darum, den Verlust des „Feindes“ zu erleben und die Einschränkung zu spüren, die durch Entwertung auch für den oder die Entwertenden verbunden ist. Auf dieser Grundlage kann dann langsam und vorsichtig – auf keinen Fall unter der Fahne der Moral – der vermiedene Kontakt, der immer auch ein vermiedener Konflikt ist, wieder aufgenommen werden. Wie schon beschrieben, ist der Wechsel zwischen den einzelnen Szenen, den persönlichen Übertragungsszenen, den institutionellen Szenen und der Szene im Hier und Jetzt der Supervision für den Vorgang der Reintegration abgespaltener Anteile oder Personen zumeist hilfreich.

Dieser Wechsel kann aber auch zur Schuldentlastung durch Schuldzuschreibungen an andere, Außenstehende, verwendet werden. Häufig wird das Phänomen der Spiegelung von Szenen der Bezugspersonen der Supervisanden in der Supervisionsgruppe zur Schuldentlastung und Angstverminderung innerhalb der Gruppe verwendet. Dann hat man in der Gruppe die Phantasie: Nicht ich bin hier verletzt worden, nicht ich habe hier jemand anderen verletzt, *eigentlich* waren das die Personen und ihre Strukturen, über die wir hier sprechen, also Abwesende. Die Nicht-Anwesenden oder auch die (scheinbar) nicht anwesende „Gesellschaft“ ist dann an allem schuld, was man sich im Hier und Jetzt der Supervision gegenseitig antut. Die Gruppenmitglieder scheinen nur Marionetten „böser“ Mächte zu sein, für ihre Bewegungen nicht selbst verantwortlich.

Aufgabe des Supervisors ist es dann, Schuldzuschreibungen und Phantasien von Über- und Unterwertigkeit als Ausdruck von Angst in einem Konflikt zu verstehen und so die bisher vermiedenen Konflikte der Bearbeitung zugänglich zu machen. Schuldzuweisungen fixieren den Status quo. Ihre Auflösung wird erleichtert durch den identifikatorischen Wechsel zwischen Täter- und Opferpositionen in den sich überschneidenden Gewaltszenen. Es geht dabei nicht um die Ent-Schuldung oder Entschuldigung von Tätern, also um eine Parteinahme für die Täter, wie oft befürchtet wird, sondern um die Reintegration des „Bösen" in Form von Personen und in Form von Verhaltensweisen.

Ein guter Weg in diese Richtung ist der, daß man beginnt, *Gefühle* an Stelle von Tätern oder „falschen" Verhaltensweisen *zu suchen.* Die Fixierung in Feindpositionen beruht immer auch auf der Verdrängung von Gefühlen. In Szenen starker Schuldzuweisung fühle ich mich häufig an die Situation erinnert, in der ein Kind mit einer Verletzung zur Mutter läuft. Die Mutter kann das Erleben der Verletzung und des damit verbundenen Schmerzes nicht aushalten und reagiert mit Schuldzuweisung: „Du bist selbst schuld, hättest du besser aufgepaßt!", anstatt nach dem Schmerz zu fragen und das Kind in den Arm zu nehmen. Die Suche nach dem Fehler und nach dem Schuldigen ist ein Mechanismus, der bei vielen Menschen fast automatisch in Gang gesetzt wird, wenn ihr labiles psychisches Gleichgewicht gestört wird.

Zumeist halten wir die *Fehlersuche* für den effektivsten Weg, in Zukunft „Unfälle" und Schmerzen zu vermeiden. Das ist aber ein Irrtum. Ein Kind, das für seine Schmerzen beschimpft wird, tendiert dazu, denselben „Unfall" (unbewußt) wieder zu produzieren. Ein Kind, dessen Schmerzen an- und aufgenommen werden, kann in diesem Angenommenwerden so viel psychische Kraft sammeln, daß es in Zukunft besser für sich sorgen kann. Auf der Grundlage dieser Überlegung erscheint die Fehlersuche anstelle der Suche nach dem Schmerz beim Supervisanden kontraindiziert. Die Suche nach dem Fehler geht von der Phantasie aus, daß zwischenmenschliche Beziehungen, wie das Leben überhaupt, (nur) strategisch zu meistern seien.

„Wer strategische Fehler macht, geht unter.“ Diese für unsere Gesellschaft typische Phantasie kann in jeder Therapie und in jeder Supervision in Frage gestellt werden. Die Phantasie heißt dann nicht mehr: „Wer Fehler macht, geht unter“, sondern: „Wem es nicht möglich ist, in einer Beziehung für sich (und das heißt gleichzeitig: für seine Bezugspersonen) zu sorgen, der gerät in schmerzliche Situationen.“ Die Trauerarbeit, der Umgang mit dem Schmerz, den man selbst erlitten und den man anderen zugefügt hat, ist die Alternative zur Ausstoßung von „Feinden“, von „falschen“ Verhaltensweisen bei sich selbst und bei anderen Menschen.

Supervision ist wesentlich auch *Umgang mit Gewalt und Schuld.* Wird hier ausschließend mit der Schuld umgegangen, dann wiederholen sich nur die zu supervidierenden Szenen. Ist es möglich, einschließend, d. h. *analysierend* mit der Schuld umzugehen, dann wird die Wahrscheinlichkeit der Wiederholung destruktiver Szenen verringert. Der Anstoß dazu kann von einer emanzipatorisch verstandenen Supervision ausgehen.

Für den Supervisor bedeutet das, daß er versuchen muß, die innere Distanz und damit den Überblick über das Geschehen Dort und Dann und auch Hier und Jetzt zu bewahren. Wenn es mir als Supervisorin so geht wie der oben beschriebenen Mutter, deren psychisches Gleichgewicht durch das Auftreten von Schmerzen in Frage gestellt wird, dann werde ich zugleich den Überblick über die Situation und den Zugang zu meinen eigenen emotionalen Reaktionen verlieren. Ich reagiere ausstoßend und diffamierend auf Ängste und Schmerzen und kann diese Reaktion nicht mehr in mir selbst analysieren und sie dann im Sinne der „Gegenübertragung“ zu einer Intervention nutzen. Stattdessen lasse ich mich von den destruktiven Systemkräften in die Reaktion treiben und „verteidige“ mich unbewußt gegen Angreifer, die meiner eigenen Projektion entstammen. Ich reagiere mit Entwertung anderer, mit Selbstentwertung und mit einem Kampf gegen diese meine eigene Tendenz, mich und andere zu entwerten und zu beschuldigen – um die

Angst loszuwerden, die ich nicht (aus)halten kann. Der Supervisor braucht ein hohes Maß an Konflikttoleranz und an gesunder Selbstsicherheit, um psychische Verletzungen (Entwertungen und Schuldgefühle) bei den Supervisanden spüren und aufnehmen zu können, ohne solche Verletzungen im Hier und Jetzt der Supervision zu wiederholen oder gegen die Wiederholung anzukämpfen. Die Frage: „Hast Du Angst?" ist immer heilsamer als die Reaktion: „Da braucht man doch keine Angst zu haben, das macht man doch so..."

„Erinnern, Wiederholen und Durcharbeiten" (Freud 1914), das ist auch in der Supervision der Königsweg zur Veränderung. Die Erinnerung wird durch die Darstellung der supervidierten Szenen ermöglicht, die Wiederholung tritt automatisch ein; es fragt sich nur, ob man sie auch in seinen Gefühlen wahrnehmen kann. Das Durcharbeiten besteht darin, daß bisher unbewußt gebliebene Gefühlsanteile in den erarbeiteten Szenen durch die Reaktionen im Hier und Jetzt der Supervision wieder zugänglich werden. Über die Frage nach den wahren Gefühlen, die zumeist ambivalent sind, führt der Weg in das Wiedererleben der bisher abgewehrten intrapsychischen und interpsychischen Konflikte, die ausgehalten werden können, wenn sich die Supervisanden von einer grundsätzlich wohlwollenden Haltung des Supervisors/der Supervisorin getragen fühlen. Hier spiegeln sich wesentliche Prinzipien des Umgangs mit der Schuld, die für unsere Gesellschaft charakteristisch sind.

Emotionale Gesundung und Rückverteilung der Verantwortung

Für mein Verständnis sind die eben beschriebenen Vorgänge der Gesundung zwischenmenschlicher Beziehungen in der Supervision den entsprechenden Prozessen in der Psychoanalyse sehr ähnlich. Auch in einem guten psychoanalytischen Prozeß geht es um *die emotionale Gesundung durch Toleranz.* Die psychoanalytische Grundregel, nach der alles ausgesprochen werden soll, was dem Analysanden „durch den Kopf geht“, auch die Gedanken, Phantasien und Gefühle, die wegen früherer Abspaltung als beschämend, ängstigend, störend oder nebensächlich erlebt und aus der „normalen“ Konversation ausgeschlossen werden. Auch die Supervision ist keine „normale Konversation“, auch hier geht es um den Zugang zum Unbewußten, der nur über die Aufhebung der Kontrolle möglich ist, die „normalerweise“ zur Gesichtswahrung eingesetzt wird. Wenn sich die Supervisanden in der Supervisionsbeziehung *getragen und gehalten fühlen,* können sie sich darauf einlassen, daß jeder Einfall, und sei er noch so „absurd“, als sinnvoll und „richtig“, weil dazugehörig, angesehen wird.

Die Grundregel der freien Assoziation kann in der Supervision allerdings, ähnlich wie in der Psychoanalyse auch, zu Abwehrzwecken mißbraucht werden. Dann „überschlagen“ sich die Assoziationen; ein Einfall erschlägt den anderen, man kann die Einfälle nicht mehr reflektieren und in eine sinnvolle psychodynamische Gestalt integrieren. Supervisionsgruppen „regredieren gelegentlich in Wiederholung“. Es wird z. B. nur noch gelacht oder die latente Angst in der Gruppe durch eine Serie sadomasochistischer Phantasien unterdrückt. Hier wird deutlich, daß es auch in der Supervision um einen (künstlerischen) *Gestaltungsprozeß* im Supervisor geht, in dem abgespaltenes Material nicht nur aufgenommen, sondern auch kreativ gestaltet wird.

Die für diesen Gestaltungsprozeß nötige *Toleranz* ist deutlich verschieden von einer Haltung der Gleichgültigkeit. Es ist nicht gleichgültig, welches Material in den freien Einfällen der Supervisanden zutage tritt; die Aufmerksamkeit richtet sich darauf, welche Gesamtgestalt sich aus diesen Einfällen ergibt. Für die Möglichkeit, in der Supervision zumindest in bezug auf die bearbeiteten Probleme emotional zu gesunden, ist beim Supervisor eine innere Spannungstoleranz nötig, die dazu beiträgt, daß in dem gemeinsamen Prozeß eine möglichst differenzierte und der Situation angemessene Konfliktgestalt erkennbar wird.

Neben dieser partiellen Ähnlichkeit des Supervisionsprozesses mit dem psychoanalytischen Prozeß, geht es in der Supervision deutlich um einen weiteren Vorgang der Beziehungsklärung, der in der Psychoanalyse zwar auch eine Rolle spielt, aber doch mehr in den Hintergrund tritt: Es ist die *Rückverteilung der Verantwortung.* In der Supervision institutioneller oder auch therapeutischer Beziehungen geht es häufig darum, daß der Supervisand seinen „Platz" verloren hat. Als Therapeut oder als Chef oder Mitarbeiter einer Institution hat er eine bestimmte Funktion, die er nicht mehr ausfüllen kann. Das ist das Problem. Der Therapeut hat sich darauf eingelassen, mit seinem Patienten unreflektiert mitzuagieren, der Leiter einer Einrichtung hat seine Leiterfunktion verlassen, er „leitet" nicht, der Untergebene findet seinen Platz als Untergebener nicht, die Teammitglieder kooperieren nicht.

Organisationspsychologisch orientierte Supervisoren arbeiten vor allem an diesem Problem. Sie versuchen, den Supervisanden dabei zu helfen, ihren „Platz" in der Organisation wiederzufinden oder erstmals klar zu definieren. Aus einer psychoanalytisch-familiendynamischen Sicht ergibt sich hier noch eine weitere Perspektive, die bei der Rückverteilung der Verantwortung hilfreich sein kann. Ein Therapeut (Supervisand), der seinen „Therapeutenstuhl" verloren hat, lebt zumeist in Größenphantasien – wie ein Kind, das seinen Platz als Kind bei den Eltern nicht einnehmen oder nicht halten kann, weil es für die Eltern den Partner/die Partnerin ersetzen muß (siehe oben 3. Kapitel). In der Psychodynamik dieser Situation ergeben sich typische Doppelbindungen (widersprüchliche Aufträge: Tu' das, aber tu' es nicht!), in denen auch der Therapeut gefangen ist, wenn er zur Supervision kommt. Die (Größen-) Phantasien als „Helfer" (ursprünglich seiner Eltern) hindern ihn daran zu erkennen, daß er sich einer Double-Bind-Situation gegenüber befindet. Er möchte „es recht und gut machen“, gerät aber gerade dadurch immer tiefer in die Szene der interpersonellen Verschmelzung mit seinem Patienten hinein. Erst wenn ihm wieder bewußt geworden ist, daß er angesichts einer Double-Bind-Situation nichts „rechtmachen“ *kann,* kann er die Verantwortung für die Veränderung wieder an seinen Patienten zurückgegeben und im gleichen Schritt seine Verantwortung als Therapeut wieder übernehmen. Ähnliche Vorgänge sind aus psychoanalytischer Sicht auch bei Verschmelzungszuständen in Institutionen zu beobachten. Es handelt sich immer wieder um den Verlust des eigenen Platzes, was gleichzeitig immer auch bedeutet: um den Verlust der eigenen Verantwortung. Anstelle der Verantwortung für sich selbst hat der Supervisand eine Verantwortung für andere (für Vorgesetzte oder Untergebene) übernommen, was zwangsläufig zu Platzkämpfen und Double-Bind-Beziehungen mit dem typischen Gefühl der Lähmung führt. Nur das Bewußtwerden und die Übernahme der eigenen Verantwortlichkeit in Verbindung mit der eigenen Größe oder Kleinheit kann diese Beziehungsstörung heilen.

Konsequenzen für die Ausbildung

Welche Konsequenzen ergeben sich aus all diesen Überlegungen für eine Ausbildung in psychoanalytisch orientierter Supervision? Trotz der hier von mir beschriebenen Ähnlichkeiten zwischen psychoanalytisch orientierter Supervision und psychoanalytischer Therapie halte ich auch für die Ausbildung die Unterscheidung zwischen beiden Arbeitsfeldern für außerordentlich wichtig. Wenn man nur eine therapeutische Ausbildung hat und wenig Erfahrung in Supervision, dann läuft man Gefahr, die Konflikte ausschließlich als intrapsychisches Problem der Supervisanden zu sehen und diese „heilen“ zu wollen. Das käme zwar dem mehr oder weniger bewußten Wunsch vieler Supervisanden entgegen, die hoffen, im Rahmen einer

Supervision „heimlich“ Therapie machen zu können, ohne die sichere Position des Fachmannes oder der Fachfrau dabei aufgeben zu müssen. Der geheime Wunsch nach Therapie in der Supervision muß – ähnlich wie der geheime Wunsch nach Supervision in der Therapie – erkannt und aufgedeckt werden, sonst vermischen sich zwei unterschiedliche Rollenbeziehungen zum Schaden der jeweiligen Arbeit miteinander.

Wenn Unsicherheit über die Unterschiede zwischen beiden Arbeitsweisen besteht, kommt es auch vor, daß – aus Angst vor der Vermischung bzw. vor der „Klientifizierung“ der Supervisanden – in der Supervision nur noch über technische und theoretische Probleme miteinander gesprochen wird. So scheint die Gefahr, daß der Supervisand seinen Status als „Kollege“ verliert, gebannt zu sein.

Leider wird innerhalb der Psychoanalyse nur wenig über die Ähnlichkeiten und Unterschiede zwischen psychoanalytischer und Supervisionsbeziehung diskutiert. Mehr Klarheit über diese Fragen käme sowohl den Lehr- als auch den Kontrollanalysen in der *psychoanalytischen Ausbildung* zugute. Die Unklarheit über den Unterschied zwischen beiden Beziehungsformen führt dazu, daß die Fallsupervision im Rahmen der psychoanalytischen Ausbildung häufig nicht mit der für einen psychoanalytischen Prozeß unabdingbaren gleichschwebenden Aufmerksamkeit durchgeführt wird. Einerseits liegt das wohl an dem von der Ausbildungssituation angebotenen Zwang zur kritischen Beurteilung des Kandidaten/der Kandidatin, andererseits gibt es innerhalb der psychoanalytischen Ausbildungsinstitute keine spezielle Weiterbildung für „Kontrollanalytiker“ und kaum Gespräche über den Unterschied zwischen Supervision und analytischer Psychotherapie (vgl. Engelbrecht 1990). So wird der Kontrollanalytiker leicht zum Zensor, weil er fürchtet, den Kandidaten zum Patienten zu machen, und weil der Kandidat in einem solchen „Klima“ fürchtet, als pathologisch abgelehnt zu werden, wenn man die *in seiner Person* liegenden Schwierigkeiten der Behandlung sieht.

Für mein Verständnis handelt es sich bei der „Kontrollanalyse“ in der psychoanalytischen Ausbildung um einen schwierigen Balanceakt zwischen „Analyse der Analyse“ und „Analyse des Analytikers“. Wenn man sich nicht klar darüber ist, daß man in der Ausbildungssupervision als Supervisor oder Supervisorin den analytischen Prozeß (unter Einbeziehung der Übertragung und nicht nur der Gegenübertragung des Supervisanden/der Supervisandin) zu analysieren hat, und was das im Einzelfall bedeutet, dann gerät die Supervision leicht zur Zensur des Supervisanden oder zur Bündnisbildung zwischen den Anwesenden gegen den abwesenden Patienten. Es entwickelt sich zwischen beiden ein „medizinisches Denken“, das den Patienten zum gemeinsamen Objekt macht. So sinnvoll die in der Theorie entwickelten Bilder über Krankheitszustände und Heilungsmethoden auch sind, sie können in der psychoanalytischen Ausbildungssupervision im Sinne dieser Bündnisbildung zum „Bollwerk“ gegen den Patienten und gegen die im Umgang mit ihm ausgelösten Ängste werden, so daß im psychoanalytischen Denken – ähnlich wie in der klassischen Psychiatrie – die Arzt-Patient-Beziehung auf eine medizinische Technik reduziert wird. Wo der Supervisor dem Supervisanden die Beziehung verweigert, d. h. seine Gefühle und Einfälle im Hier und Jetzt der Supervision zugunsten strategischer Überlegungen verdrängt, erhält der Supervisand keine Hilfe bei der dringend nötigen Suche nach seiner in schwierigen Behandlungssituationen verlorenen *Gefühlswelt.*

Auch für die *Ausbildung in psychoanalytisch orientierter Supervision* außerhalb der psychoanalytischen Ausbildung scheint mir die Unterscheidung zwischen psychotherapeutischer Beziehung und Supervisionsbeziehung einer der wichtigsten Ausbildungsinhalte zu sein. Wenn hier eine klare Unterscheidung möglich ist, besteht weniger Angst vor der Vermischung oder Verwechslung beider Beziehungsformen, und es ist ein freierer Umgang bzw. eine organischere Verbindung zwischen beiden Arbeitsbeziehungen möglich.

Eine psychoanalytische Ausbildung ist sicher eine gute Voraussetzung für die psychoanalytisch orientierte Supervisionstätigkeit. Sie ist nach meiner Erfahrung aber nicht unbedingt Voraussetzung für eine qualifizierte Tätigkeit auf diesem Gebiet. Da für die Supervision zusätzlich zur psychoanalytischen Kompetenz noch Kenntnisse des Fachgebiets erforderlich sind, in dem die Supervisanden arbeiten, kann unter Umständen ein Supervisor, der selbst in dem Gebiet (etwa der Politik, der Rechtsprechung, der Pädagogik, der Sozialarbeit oder der Medizin) tätig ist oder war, und der außerdem eine eigene Analyse absolviert hat, oft mehr Verständnis für die Dynamik des Berufsfeldes haben als ein Psychoanalytiker, der dieses Feld nicht aus eigener Anschauung kennt.

In jedem Fall kann die psychoanalytisch orientierte Supervision einen großen Erfahrungsschatz aus der Psychoanalyse übernehmen, vor allem was die Diagnose und die Auflösung von Beziehungsstörungen betrifft. Aber auch die Unterschiede zwischen Supervision und analytischer Psychotherapie sind in der Supervisionsausbildung deutlich zu machen. Die Supervision endet im Unterschied zur Psychoanalyse dort, wo eine Klärung *in bezug auf den jeweiligen Fall* erreicht ist, mag es auch eine Situation sein, in der zum Zweck dieser Klärung ein Stück Familienselbsterfahrung des Supervisanden nötig geworden war. Ist diese Klärung erreicht, dann wird gezielt zum nächsten unklaren Punkt übergegangen. Dieser Übergang wird bewußt gesteuert. In einer psychoanalytischen Therapie würde der Fokus nicht von der Lösung bestimmter *Problemsituationen* bestimmt. Hier würden sowohl in der Einzeltherapie als auch in der Gruppentherapie die weiteren Phantasien aufgenommen und durchgearbeitet. In der Supervision liegt der Schwerpunkt nicht auf der persönlichen Entwicklung des einzelnen, sondern auf der Problem- und Konfliktlösung der in die Supervision eingebrachten Arbeitssituationen.

Natürlich läßt sich durch eine gute Ausbildung des Supervisors in diesem Punkt nicht verhindern, daß Supervisanden mehr oder weniger unbewußt im Gewand der Fallproblematik fast regelmäßig ihre jeweils aktuellen persönlichen Probleme einbringen. Hier ist neben therapeutischen Kompetenzen des Supervisors auch seine Fähigkeit zur Unterscheidung zwischen Psychotherapie und Supervision gefragt. Was das eingebrachte Problem mit dem Supervisanden, mit seiner Geschichte und seiner gegenwärtigen Lebenssituation zu tun hat, ist wohl am besten nur so weit zu erarbeiten, wie es nötig ist, um den eingebrachten Konflikt überschaubar zu machen, und, so weit es möglich ist, bezogen auf seine Angsttoleranz und gegebenenfalls auf die Situation der Supervisionsgruppe. Gelegentlich kommt es vor, daß ein Supervisand immer wieder denselben Konflikt einbringt und der Eindruck entsteht, daß an dieser Stelle im Rahmen der Supervision keine Lockerung zu erreichen ist. Dann stellt sich u.U. die Frage, ob der Supervisand eventuell Hilfe in einer analytischen Therapie suchen könnte.

Das Problem der Vereinbarkeit von Analyse der supervidierten Situation und Analyse des Supervisanden ist ein Problem, mit dem der Supervisor lernen muß umzugehen. Da die Wünsche nach verdeckter Selbsterfahrung in problematischen Fällen hochambivalent sind, geht es auch hier darum, mit diesen Ambivalenzen umgehen zu lernen. Grundsätzlich sind die von inneren Ambivalenzen ausgehenden Doppelbindungen (Nimm' mich heimlich in Therapie, aber laß mich in Ruhe! nach dem Motto: Wasch' mich, aber mach' mich nicht naß!) nur zu lösen, wenn man sie erkennt und als verständliche, gegensätzliche Wünsche anspricht. Ist das nicht möglich, dann kommt es unter Umständen in Supervisionsgruppen zu einem Kipphänomen: Es werden entweder keine Fallprobleme mehr eingebracht, oder nur noch Fallprobleme. Das organische Oszillieren zwischen Fallproblematik und – soweit nötig – Einbeziehen der Selbsterfahrung und der Gruppenselbsterfahrung ist dann solange gestört, bis dieses Problem erkannt und durchgearbeitet ist. Bei all dem ist nämlich zu bedenken, daß die eingebrachten Fallprobleme nicht nur die zur Klärung einer Konfliktsituation des einzelnen Teilnehmers anstehenden Fragen beinhalten, sondern darüber hinaus auch die zur Bearbeitung drängenden Konflikte in der Supervisionsgruppe. Wird diese Dimension übersehen, dann ist es für die Supervisionsgruppe schwierig, sich zu einem lebendigen Organismus zu entwickeln, in dem weitgehende Offenheit und Angstfreiheit herrscht. Für den Supervisor, der mit Supervisionsgruppen oder Teams arbeitet, ist also auch eine gruppentherapeutische (Selbst-) Erfahrung sinnvoll.

Wo dem Nicht-Psychoanalytiker als Supervisor vielleicht Kenntnisse und Erfahrungen aus dem therapeutischen Bereich fehlen, kann es sein, daß – wie schon erwähnt – dem Psychoanalytiker Kenntnisse und Erfahrung aus dem supervidierten Arbeitsgebiet fehlen. Er sieht dann unter Umständen den Supervisanden zu ausschließlich in seiner intrapsychischen Problematik und zu wenig in seinem sozialen Kontext, im Spannungsfeld seiner Institution oder sonstigen beruflichen Tätigkeit. Wenn er die Zug- und Druckverhältnisse, z. B. in der Politik, nicht aus eigener Erfahrung kennt, wird er die äußere Belastung des Supervisanden unterschätzen, seine Arbeit zu wenig wertschätzen und ihn deshalb psychisch überfordern. Aus diesem Grund wurden in die am Institut für Politische Psychoanalyse München angebotene Ausbildung in politischer Supervision zwei Voraussetzungen aufgenommen: Eigene langjährige Analyse und persönliche Tätigkeit im politischen Feld (allerdings in einem sehr weiten Sinn). Die Ausbildung selbst erfolgt dann in einer Supervisionsgruppe, wo die Probleme und Möglichkeiten dieser Arbeit in Selbsterfahrung kennengelernt werden können.

Die Notwendigkeit von *Selbsterfahrung in der Ausbildung* zum Supervisor ist zwischen den einzelnen Schulen umstritten. Für eine Ausbildung in psychoanalytisch orientierter Supervision ist sie von großer Bedeutung. Hier kann der zukünftige Supervisor, wie in jedem psychoanalytischen Prozeß, erfahren, daß seine Gefühle und Phantasien ernst zu nehmen sind, wie immer sie sind. So wird die emotionale Abstumpfung gegen sich selbst und gleichzeitig gegen andere möglichst weitgehend aufgelöst, und es kann ein Gefühl dafür entwickelt werden, wenn diese Abstumpfung als ein Abwehrmechanismus gegen Angst eintritt. Die Selbsterfahrung vor dem Hintergrund der Dynamik der eigenen Ursprungsfamilie ermöglicht auch die Unterscheidung zwischen eigener Übertragung auf das Arbeitsfeld und Gegenübertragung. Sie hilft die „Interaktionspersönlichkeit" zu erkennen, d. h. die Gefühle und Phantasien, die durch die spezifischen Phantasien im Arbeitsfeld in der eigenen Person angeregt werden. Durch diese Trennung fällt es leichter, die Gegenübertragung als einen Hinweis auf Ängste und Wünsche zu sehen und zu verwenden, die im jeweiligen Arbeitsfeld vorhanden sind, aber nicht ausgesprochen werden.

Wenn man in der Selbsterfahrung erlebt hat, daß man sich dann am besten auf eine Veränderung einlassen kann, wenn man so sein darf, wie man ist, wird man diesem Vorgang mehr vertrauen als wenn man nur theoretisch davon erfahren hat. In der psychoanalytischen Selbsterfahrung kann auch erlebt werden, wie angenehm es ist, sein „Gesicht" verändern zu können und diese Veränderung nach außen hin deutlich werden zu lassen. So wächst die Fähigkeit des zukünftigen Supervisors/der zukünftigen Supervisorin, den eigenen Lern- und Forschungsprozeß als einen Heilungsprozeß anzusehen und als solchen zu vermitteln. Es vermindert sich die Vorstellung, als Supervisor alles von vorneherein (besser) wissen zu müssen, immer „sein Gesicht wahren" zu müssen, und dadurch die Bewegungsfreiheit der Supervisanden einzuschränken.

Natürlich hilft die Selbsterfahrung auch, Gruppenprozesse erkennen zu lernen und die eigene Rolle in einer Gruppe zu verstehen. In den von uns angebotenen Gruppen zur (politischen) Selbsterfahrung und Supervision verbindet sich die Selbsterfahrung mit der Supervision, d. h. es können persönliche Probleme und Probleme in der politischen Arbeit bearbeitet werden. Ein ungestörtes Nebeneinander von Selbsterfahrung und Supervision in der Ausbildung ist dann möglich, wenn beides deutlich voneinander unterschieden wird. In einer solchen Ausbildungsgruppe bleibt der Drehpunkt der verschiedenen Szenen immer das eigene Ich, die eigenen Gefühle, Wünsche und Abwehrmechanismen, und zwar sowohl in den Szenen aus der eigenen Kindheit als auch in den Szenen der jetzigen persönlichen Beziehungen, sowohl in den Szenen aus dem (politischen) Arbeitsfeld als auch in den sich in der Gruppe entwickelnden Szenen. So kann die *Wahrnehmung von szenischen Prozessen* gefördert werden und gleichzeitig das „Herumgehen" in konfliktreichen Szenen, die Einfühlung in komplementäre Positionen (Täter und Opfer) einer Szene und gleichzeitig das Erleben, bei aller Identifikation mit anderen Menschen *selbst immer dieselbe Person mit ihren spezifischen Übertragungsszenen* zu bleiben. Nur so ist eine Position der „multiplen Identifikation" (siehe 3. Kapitel) zu erreichen, die das eigene Erleben als das Erleben einer den verschiedenen Arbeitsfeldern (Team, Institution, Supervisand) gegenüberstehenden Person nicht aus dem Auge verliert. Diese Position ist nötig, um einerseits die Erwartungen und Ängste von Institutionen, von Teams, von Supervisionsgruppen und andererseits – davon getrennt – die eigene Gefühlswelt wahrzunehmen. Wenn dies gelingt, wird es auch möglich, anstelle des „blinden" Mitagierens (z. B. durch Nicht-Wahrnehmen dieser Erwartungen oder durch den Versuch, alle Erwartungen zu erfüllen) die Erwartungen und Befürchtungen der zukünftigen Supervisanden zu analysieren.

Die Abstinenz des Supervisors

Der psychoanalytische Prozeß beruht weitgehend auf der Abstinenz des Psychoanalytikers (vgl. auch 3. Kapitel). Auch in der psychoanalytisch orientierten Supervision geht es um die Abstinenz, hier des Supervisors. Was ist darunter zu verstehen?

Lange Zeit wurde der Begriff Abstinenz in der Psychoanalyse nur negativ definiert, als die Vermeidung eines bestimmten Verhaltens. Da im psychoanalytischen Prozeß versucht wird, die Schutzgrenzen aufzuheben, die sich im Laufe des Lebens innerhalb einer Person zur Abwehr von Inzestgefahren herausgebildet haben, war die Psychoanalyse von Anfang an mit dem Problem konfrontiert, daß durch diese Aufhebung von (Ersatz-)Grenzen die Gefahr der Grenzverletzung und des destruktiven Übergriffs in der therapeutischen Beziehung besonders groß war. Man versuchte diese Gefahr dadurch zu vermindern, daß der Analytiker sich möglichst zurückhaltend verhielt und seinen „weißen Kittel" als Arzt oder Psychotherapeut wahrte. Durch die öffentliche Diskussion über sexuellen Mißbrauch in der Familie und über therapeutischen Mißbrauch gerieten in letzter Zeit die Psychoanalyse und auch andere Psychotherapieformen sehr in Mißkredit. Ich verstehe diese öffentliche Diskussion als einen Anstoß, der uns Psychoanalytiker dazu veranlassen könnte, neu über das Problem der Abstinenz nachzudenken und vor allem auch das Defizit in der psychoanalytischen Ausbildung in diesem Punkt zu sehen.

Ich will diese Diskussion hier nur andeuten und darauf hinweisen, daß Überlegungen zur Abstinenz auch für die Arbeit des Supervisors angebracht sind. (Eine ausführliche Darstellung des Problems der Abstinenz findet sich im 3. Kapitel.) Wenn man fehlende Abstinenz auf der Beziehungsebene grundsätzlich als einen Zustand sieht, in dem die nötigen Grenzen zwischen Menschen nicht eingehalten werden, dann geht es auch bei der Frage nach der Abstinenz des Supervisors um die *Respektierung von Grenzen.* Sexuelle Beziehungen zwischen Supervisor(inn)en und Supervisand(inn)en werden kaum diskutiert, vielleicht auch deswegen nicht, weil solche Beziehungen nicht als „Mißbrauch" erlebt werden, sind doch Supervisanden nicht im selben Sinne abhängig wie Patienten. Und doch glaube ich, daß auf der Beziehungsebene Grenzüberschreitungen vorkommen, die zumindest aus psychoanalytischer Sicht als fehlende Abstinenz zu bezeichnen sind. Es geht mir hier nicht um eine moralische Be- oder Verurteilung, sondern darum, daß bei fehlender Abstinenz die grenzüberschreitenden Szenen nur wiederholt und nicht durchgearbeitet und damit auch nicht verändert werden können.

Im Zusammenhang mit einer Suchterkrankung bedeutet der Begriff Abstinenz einen Verzicht, den Verzicht auf das Suchtmittel. Ähnlich geht es für den Psychoanalytiker und auch für den Supervisor darum, ob er auf die in den destruktiven Szenen von Patienten und Supervisanden enthaltenen „Suchtmittel" verzichten kann, oder ob er seine Angst in ähnlicher Weise betäuben muß wie dies in den Szenen geschieht, mit denen er analysierend oder supervidierend umgeht.

Die sozialen Abwehrmechanismen gegen die Gefahr des Ausgestoßen- und des Verschlungen-Werdens bestehen in Bündnisbildungen, d. h. in der Vermeidung von Konflikten. Zwei oder mehr Personen schließen sich zusammen gegen eine oder mehrere andere Personen, denen sie „falsches" oder „böses" Verhalten vorwerfen. Die Konflikte zwischen den Bündnispartnern bleiben ebenso ausgespart wie die Konflikte mit den gemeinsamen „Feinden". Das Bündnis wird durch die latente Drohung der Entwertung (Ausstoßung) beim Verlassen des Bündnisses aufrechterhalten.

Die zwischenmenschlichen Szenen, mit denen man es als Supervisor zu tun hat, bestehen aus einer Vielzahl solcher Bündnisstrukturen, die auf gemeinsamen Ideologien und auf der gemeinsamen Feindschaft gegen andere beruhen: gegen die Institution, gegen Vorgesetzte, gegen Mitarbeiter, gegen Patienten, gegen die Bezugspersonen von Patienten, gegen „andere" Ärzte von Patienten, usw. Diese Bündnisstrukturen tendieren dazu, den Supervisor einzuschließen. Das bedeutet, daß er mehr oder weniger bewußt von Entwertung und Ausschluß bedroht ist, wenn er die angebotenen Bündnisse nicht mitmacht.

Ohne die Infragestellung dieser Abwehrstrukturen ist

aber keine Veränderung in Richtung auf mehr Lebendigkeit und Zufriedenheit zu erreichen. Also muß der Supervisor schrittweise versuchen, die auch ihm angebotenen Bündnisse in Frage zu stellen, indem er sie bewußt macht und die darin abgewehrten Ängste und Wünsche akzeptierend aufdeckt. Er verzichtet damit auf (Pseudo-)Sicherheit, auf ein angebotenes „Suchtmittel", und riskiert, daß sich die dadurch auftretende Verunsicherung in Feindseligkeit und Entwertung gegen ihn verwandelt. In einer vertrauensvollen und lebendigen Supervisionsbeziehung ist diese Gefahr sehr viel geringer als in einer in diesem Sinne „ungepflegten" Beziehung.

Mit der Einhaltung von Grenzen hat dieser Verzicht auf Bündnisse insofern zu tun als in jedem Bündnis und in jeder „Feind-Beziehung" die interpsychischen Grenzen unklar sind. Weder in der Beziehung zum „Freund" noch in der zum „Feind" werden die Personen so erlebt, wie sie sind oder wie sie sich selbst erleben. Durch vielfältige projektive Identifikationen werden Angst- und Wunschanteile zwischen den Personen hin und her geschoben. Sowohl der „Freund" als auch der „Feind" werden in gewissem Sinne „vergewaltigt"; der „Freund" darf keine „bösen" Anteile haben, der „Feind" keine „guten". Diese Spaltung in „gut" und „böse" ergibt in mehr oder weniger starkem Maße die (Pseudo-)Stabilität jeder zwischenmenschlichen Beziehung. Der Supervisor kann bei der Auflösung solcher Freund- und Feindbilder hilfreich sein, wenn er fähig ist, in diesen Bündnisstrukturen das *Leiden* unter der Einschränkung zu spüren und die in den beschriebenen sozialen Abwehrmechanismen gebundene *Angst* an- und aufzunehmen.

Er kann zu solchen Veränderungsprozessen nicht beitragen, wenn er selbst auf die Position des „Besser-Wissers" angewiesen ist und dadurch seinerseits Bündnisstrukturen aufbaut, in denen von seiner Meinung nicht abgewichen werden darf – bei Strafe der Entwertung und Ausstoßung. Ängste und Verunsicherung werden dann in ein Machtgefälle verwandelt und hierarchisch bewältigt.

Alle emanzipatorischen Gefühle und Phantasien, die die bearbeiteten Szenen verständlicher machen könnten, müssen unterdrückt werden. Der Supervisor wird zum „Feldherren“, der sich für die Supervisanden bessere Strategien gegen deren Feinde ausdenkt.

Für die Ausbildung zum Supervisor bedeutet das, daß die Toleranz mit sich selbst gefördert werden muß. Sie ist die Vorbedingung dafür, daß man die in Feindbildern gebundenen Ängste ausfindig machen kann. Der Respekt vor den eigenen Schwierigkeiten und Ängsten und deren Kenntnis ist die Basis, auf der man die entsprechenden Schwierigkeiten und Ängste der Supervisanden erkennen und akzeptierend aufdecken kann. Wer sich selbst nicht kennt, kann andere Menschen nicht so annehmen, wie sie sind. Er wird immer die Anteile im anderen kritisieren und ablehnen, die er bei sich selbst entweder nicht kennt, oder die er bei sich selbst ablehnt.

Der Leidensdruck ist allerdings in den verschiedenen Feindbildern („Ich kann ja nicht, weil der...“) oft nicht leicht zu finden. Oft ist der Wunsch nach Veränderung zwischen vielen „Waffen“ und Schutzmechanismen versteckt. Wenn man entsprechende eigene „Waffenarsenale“ und die darin verborgenen Wünsche kennt, ist es leichter, in all der Feindseligkeit, die einem angeboten oder vorgetragen wird, den *Lebenswillen zu entdecken.* Es geht dabei immer darum, den Kampf *um* einen Menschen im Kampf *gegen* ihn zu entdecken. Die eigene Selbsterfahrung vermittelt auch ein Gefühl dafür, wie lange es dauert, bis sich solche Strukturen lockern. Das ergibt ein größeres Maß an Gelassenheit, das dabei hilft, nicht gegen Abwehrmechanismen vorzugehen, die noch gebraucht werden, und so aus Gründen der eigenen Angst und des eigenen Narzißmus die Erstarrung zu verstärken, die man eigentlich lockern möchte.

Der Supervisor als „Container“ und als sozialkritischer Forscher

Von W.R. Bion wurde das Konzept des Psychoanalytikers als „Container“ entwickelt (Bion 1962). Es verweist darauf, daß die verschiedenen Anteile des Patienten, die „guten“ und die „bösen“, im Psychoanalytiker aufgenommen werden und dort eine neue Ordnung zueinander finden. Ähnlich wäre aus meiner Sicht die Rolle des Supervisors zu verstehen. Wie schon mehrfach beschrieben, geht es in der Supervision um die Integration abgespaltener Anteile in den Supervisanden. Dieser Integrationsprozeß hängt wesentlich von der Integrationsfähigkeit des Supervisors als „Container“ ab. Je mehr unterschiedliche „Stimmen“ in der „Polyphonie“ einer Supervisionsgruppe, eines einzelnen Supervisanden, und auch in den geschilderten Szenen er wahrnehmen und in sein Bild von der Situation integrieren kann, ohne dabei seine eigene „Stimme“ zu verlieren, desto bessere Voraussetzungen bestehen für die Integration abgespaltener Anteile. Die Zufriedenheit aller Beteiligten an der Supervision hängt schließlich von diesem Vorgang ab.

Lebendigkeit entsteht, wo Vielfalt zugelassen werden kann. Die innere Konflikttoleranz des Supervisors überträgt sich auf die Supervisionsgruppe. Die Teilnehmer einer solchen Gruppe bekommen Lust, sich auch in riskanter Weise auseinanderzusetzen, wenn sie das Gefühl haben, der Supervisor hat auch Lust an der Auseinandersetzung und ist fähig, die bei solchen Auseinandersetzungen „versprengten“ Anteile von Wut und Angst in sich aufzunehmen, zu ordnen und so die Gruppe als Ganzes zu „halten“. Je größer die Konfliktfähigkeit in einer Gruppe, desto weniger muß das Umfeld (z. B. von Teams oder politischen Gruppierungen) entwertet werden. Das erhöht die Attraktivität und die Aufnahmefähigkeit solcher Gruppen nach außen hin. Natürlich kann der Supervisor alle abgespaltenen und nach außen projizierten Anteile „seiner“ Gruppe nur aufnehmen, wenn er nicht deren

Bündnispartner gegen die Außenwelt geworden ist, sondern sich als Dritter versteht, der in sich selbst stehen kann, ohne Bündnis mit der Gruppe oder gegen sie.

Er muß dazu das „Böse", das aus der Gruppe hinausprojiziert wird und das in den Auseinandersetzungen innerhalb der Gruppe „frei" wird, in sich halten können und jeweils als Ausdruck von Angst und Unsicherheit verstehen. Die Supervision wird so zu einem Platz, an dem alles so sein darf, wie es ist. Die verändernde Bewegung erfolgt nicht in Richtung auf einen Soll-Zustand, sondern in Richtung auf ein vollständigeres Erleben des Ist-Zustandes. Die emotionale „Gesundung" in bezug auf den jeweils bearbeiteten Konflikt führt bei dem Supervisanden zumeist nicht zu dem Ergebnis: „Jetzt weiß ich, was ich tun soll", sondern: „Jetzt fühle ich mich wieder besser, nicht mehr so verängstigt und eingeklemmt". Die Verhaltensänderung entsteht von selbst aus der veränderten Beziehung. Wenn man sich freier fühlt, weiß man besser, was man will. Dadurch wird die Entstehung eines falschen Selbst durch Supervision vermieden.

Schließlich möchte ich noch auf eine Funktion der Supervision und damit des Supervisors hinweisen, die häufig übersehen wird. Da Supervision, sei es in Institutionen, sei es die Supervision einer Psychotherapie, oft nur zur Effektivierung der Arbeit angestrebt wird, geht zumeist die gesellschaftskritische Funktion der Supervision unter. Die Bemühung um die Integration des „Bösen" und des „Schwachen" stößt nicht überall auf Zustimmung. Es macht Angst, wenn Feindbilder, wenn die Leistungsideologie unserer Gesellschaft und das Idealbild des perfekten Funktionierens in Frage gestellt werden. Eine emanzipatorisch verstandene Supervision kann diese Infragestellung aber nicht vermeiden, im Gegenteil: Sie besteht ganz wesentlich in dieser Infragestellung. Hier werden die typischen Rollen von Frauen und Männern in unserer Gesellschaft analysiert, hier geht es um grundsätzliche Fragen der Unterordnung und der Gewalt, um Sexismus und Vergewaltigung, um die Psychodynamik des

Mißbrauchs und destruktiver Strategien in unseren privaten und gesellschaftlichen Beziehungen. Mich selbst bewegt dabei immer wieder besonders, daß hier an den konkreten Szenen der Gewalt gearbeitet wird und nicht nur an theoretischen Überlegungen über die Gewalt in unserer Gesellschaft.

In der Supervision der unterschiedlichsten Berufsfelder lernt der Supervisor Teile unserer Gesellschaft kennen, mit denen er sonst nicht in Kontakt käme, und das auf eine Weise, in der er Ruhe hat, sich mit dem psychodynamischen und dem soziodynamischen Verständnis destruktiver Beziehungsstrukturen zu befassen. Das Zusammenspiel von Individuum und Gesellschaft wird hier ganz besonders deutlich. In Familien, Institutionen oder auch in politischen Gruppierungen lernt man Beziehungsstrukturen kennen, in denen Menschen psychisch krank werden, und man erfährt, wie der einzelne zur gemeinsamen „Krankheit“ beiträgt.

In besonderem Maße wird der Supervisor zum sozialkritischen Forscher bei der Supervision einer Forschungsgruppe, die sich die Untersuchung von unbewußten Phantasien in verschiedenen Konfliktpunkten unserer Gesellschaft zur Aufgabe gemacht hat. Die psychoanalytische Forschungssupervision in den Sozialwissenschaften, wie sie an einigen Universitäten und auch in unserem Institut praktiziert wird, hilft dem Forscher, seine Motive und blinden Flecken in bezug auf sein Forschungsfeld zu verstehen, und so zu einer differenzierten Sicht der untersuchten Fragestellung zu kommen (vgl. Eicke 1983).

7. Kapitel

Politische Psychoanalyse als angewandte Psychoanalyse – Probleme und Möglichkeiten

Seit 1986 besteht das Institut für Politische Psychoanalyse München. Dort arbeiten Psychoanalytiker und an Psychoanalyse Interessierte in dem Bemühen zusammen, psychoanalytisches Denken für das Verständnis und die Veränderungen gesellschaftlicher und politischer Verhältnisse nutzbar zu machen.

Den Begriff „Politische Psychoanalyse" verstehen wir im doppelten Sinn: als Psychoanalyse der Politik und als Politik der Psychoanalyse. Es geht dabei sowohl um die Erforschung der psychoanalytischen Perspektiven des kollektiven Bewußtseins als auch um die Frage nach der Bedeutung und Position der psychoanalytischen Theorie und Praxis im gesellschaftlichen Umfeld.

Neben den in unserem Institut durchgeführten Forschungsarbeiten im engeren Sinn (z. B. über die Möglichkeiten und Schwierigkeiten von einzelnen und kleinen Gruppen, politische Veränderungen anzuregen; über die Funktion der Feindbilder – speziell über die Psycho- und Soziodynamik der Ausländerfeindlichkeit – in unserer Gesellschaft; über die ethische Problematik der Endlagerung des Atommülls; über die notwendigen Bewußtseinsveränderungen für eine ökologische Reform der Wirtschaft; über die private und politische Problematik der Abtreibung, etc.) veranstalten wir Gespräche und beteiligen uns an politischen und interdisziplinären Tagungen. Im Institut finden politisch aktive Personen einen Ort, an dem sie einzeln oder in Gruppen über ihre Situation im politischen Feld reflektieren können (politische Supervision) und es findet eine Ausbildung in politischer Supervision statt.

In unregelmäßigen Abständen finden am Institut seit 1986 Gesprächsabende statt („Dienstagsgespräche"), an denen Interessierte aus den verschiedensten gesellschaftlichen Gruppen teilnehmen. In diesen Gesprächen wird jeweils die aktuelle politische und gesellschaftliche Situation in mehr oder weniger „freier Assoziation" der Gesprächsgruppe besprochen. Diese Gespräche werden auf Tonband aufgenommen und von mir verlaufsanalytisch ausgewertet. So entsteht allmählich eine Langzeitstudie über die Veränderung der gesellschaftlichen Phantasien. In unregelmäßigen Abständen werden diese Verlaufsanalysen und andere Arbeiten aus dem Institut in den „ANMERKUNGEN aus dem Institut für Politische Psychoanalyse" veröffentlicht.

In letzter Zeit lag der Schwerpunkt meiner Arbeit auf den Möglichkeiten der Friedens- und Konfliktforschung aus psychoanalytischer Sicht. Die zunehmende Gewalt in unserer Gesellschaft, aber auch die Phantasien über gewaltsame Konfliktlösungen im internationalen Feld und die Probleme der „inneren Sicherheit" im psychoanalytischen und politischen Sinn gaben Anlaß zu vielen interdisziplinären Gesprächen, Vorträgen und Veröffentlichungen. Die Erfahrungen, die ich *als Psychoanalytikerin* in Auseinandersetzungen mit Wissenschaftlern, Politikern und politisch engagierten Privatpersonen bei Diskussionen und Aktionen im politischen Feld gemacht habe, möchte ich hier mitteilen. Es ist der Versuch, die Möglichkeiten und Schwierigkeiten zu reflektieren, die auftreten, wenn man versucht, *im gesellschaftlichen System* mit Hilfe psychoanalytischen Denkens Bewußtseinsveränderungen als Grundlage einer emanzipatorischen Entwicklung unserer gemeinsamen Phantasien und unseres gemeinsamen Handelns anzuregen. Diese Reflexion beginnt mit einer Bestimmung der eigenen Identität im gesellschaftlichen System:

Das Wesen der Psychoanalyse und damit auch der Politischen Psychoanalyse ist Ideologiekritik

Angewandt auf die Psychoanalyse selbst bedeutet das, daß Politische Psychoanalyse ideologische Verfestigungen innerhalb der psychoanalytischen Theorie und Praxis in Frage stellen muß. Dies betrifft z. B. den schwierigen Bereich der Unbewußtheit in psychoanalytischen Institutionen, aber auch die medicozentristische (Parin und Parin-Matthéy 1983b) Reduktion der Psychoanalyse auf eine „Hilfswissenschaft der Medizin". Psychoanalyse ist wiederzuentdecken und erkennbar zu machen als „Kulturanalyse" des einzelnen und der Gesellschaft, als *kritische Theorie des Subjekts und der Subjekte.*

Das zweite, derzeit im Vordergrund unserer Bemühungen stehende Anliegen der Politischen Psychoanalyse betrifft den Versuch, psychoanalytische und beziehungsanalytische Erkenntnisse und Denkansätze in die öffentliche Diskussion einzubringen, so z. B. eine aufklärende Reflexion über die unbewußte Suizidalität in unserer hochtechnisierten Gesellschaft, über Ambivalenz und Ambivalenzspaltung in politischen Aktionen (z. B. die Sabotage der eigenen bewußten Absichten im politischen Aktionismus), oder auch über die soziodynamische Korrespondenz von Feindbildern (komplementäre und symmetrische Phantasien feindlicher Gruppen, vgl. Bauriedl 1992a).

Ideologiekritik als Versuch, Unbewußtheit beim einzelnen und im Kollektiv aufzulösen, kann nicht als „Aufklärung in einem Schritt" verstanden werden. Es handelt sich wie in der Psychoanalyse sonst auch um einen allmählichen Prozeß *gemeinsamer* Aufklärung, an dem der „Aufklärer" ebenso teilnimmt wie der oder die „Aufzuklärenden". Auch der Psychoanalytiker in der Gesellschaft ist ein „Aufzuklärender", einer der lernen kann und muß. Als Teil dieser Gesellschaft ist er mitbetroffen von und mitbeteiligt an deren Unbewußtheit. Wie jede andere Person ist es für ihn eine Frage, ob er sich am politischen Leben beteiligt und seine spezifische Art zu denken in die öffentliche Diskussion einbringt, oder ob er doch lieber „hinter der Couch" bleibt und sich dort auf seine Weise an „politischen" Veränderungen im Sinne der Veränderung von Beziehungsstrukturen beteiligt.

Politische Psychoanalyse kann keine beziehungslose Wissenschaft sein

Diese These gilt zwar für alle Wissenschaften, wird aber am Beispiel der Politischen Psychoanalyse besonders deutlich. Ich sehe die Gefahr der Beziehungslosigkeit von Wissenschaft in zwei Formen:

1. Die Wissenschaft bleibt auf ihr Fachgebiet und auf die Vertreter ihres Fachgebiets beschränkt. Vertreter anderer Fachgebiete und wissenschaftliche „Laien" werden von der Diskussion ausgeschlossen.
2. Die wissenschaftlichen Ergebnisse werden als „objektive Erkenntnisse" ausgegeben, die keinen Bezug zum Erkenntnisinteresse und damit zur Person des Wissenschaftlers und zu dessen persönlichen Motiven haben. Dadurch wird zwar der Wissenschaftler als Person unangreifbar, aber seine Motive und vor allem die kritische Diskussion der gesellschaftlichen Folgen seines Tuns verfallen der Unbewußtheit.

Der Versuch, Vertreter anderer Fachgebiete und wissenschaftliche „Laien" an den Fragestellungen der Politischen Psychoanalyse zu beteiligen, bringt Schwierigkeiten und Chancen mit sich. Die Schwierigkeiten bestehen darin, daß gerade die für die Psychoanalyse typischen Denkmöglichkeiten einem Menschen oft nur schwer verstehbar gemacht werden können, der selbst nie einen psychoanalytischen Prozeß in der eigenen Person erfahren hat. Andererseits werden manche Einseitigkeiten psychoanalytischen Denkens in Frage gestellt, wenn im Kontakt mit psychoanalytischen Laien psychopathologische Begriffe in anschauliche Zusammenhänge der Psycho- und Soziodynamik übersetzt werden müssen. Wenn nicht mehr *das* Wissenschaft ist, was Laien *nicht* verstehen, sondern wenn das, was Laien nicht oder systematisch falsch verstehen, Anlaß zur kritischen Selbstreflexion gibt, dann eröffnet sich in diesem „interdisziplinären" Gespräch eine Chance auch für die Psychoanalyse, der psychosozialen und politischen Realität wieder näher zu kommen und überflüssiges oder eventuell sogar schädliches (z. B. die Tendenz, Einzelpersonen oder eine ganze Gesellschaft und ihre Abwehrmechanismen als pathologisch zu diffamieren) in Theorie und Praxis fallen zu lassen. Es mag sein, daß die durch dieses Gespräch immer einfacher und allgemeinverständlicher werdende Sprache der Politischen Psychoanalyse von manchen Fachkollegen als Populärwissenschaft oder als banal angesehen wird. Ich halte die ständige Bemühung um die (Wieder-) Annäherung an das Alltagsdenken und an die Alltagssprache für einen wissenschaftlichen Gewinn.

Wenn wissenschaftliche Ergebnisse nicht mehr als „objektive Erkenntnisse", d. h. ohne Bezug zum Erkenntnisinteresse und zur Person des Wissenschaftlers, verstanden werden, dann geht die unangreifbare Autorität des Wissenschaftlers verloren. So wie die Psychoanalyse gegenüber der klassischen Psychiatrie eine persönlichere Beziehung zu den psychisch Kranken riskiert (Arbeit mit Übertragung und Gegenübertragung), so muß auch der in politischen Zusammenhängen tätige Psychoanalytiker den weißen Kittel des „Fachmanns für andere" ausziehen, auch wenn ihm dieser Kittel aus Gründen der Distanzwahrung von vielen Menschen immer wieder angeboten und umgehängt wird.

Die Rolle des Psychoanalytikers als Fachmann besteht, wie in wohlverstandener Psychoanalyse sonst auch, nicht darin, besser über „die Patienten" Bescheid zu wissen als diese selbst und den Patienten dieses „Besserwissen" aufzudrängen, sondern in der durch eigene analytische Selbsterfahrung gewonnenen Fähigkeit, mit anderen Menschen zusammen abgewehrte Anteile in der Einzelperson oder in zwischenmenschlichen Beziehungen wieder bewußt werden zu lassen. Der Psychoanalytiker ist dabei vor allem „Fachmann für sich selbst", das heißt: Er bewahrt, so gut es geht, das Bewußtsein für den Zusammenhang zwischen dem, was er tut, und dem, was er erlebt.

Damit verliert Psychoanalyse, verlieren die Psychoanalytiker aber auch das Monopol für die Erkenntnis des Unbewußten. Wenn auch Psychoanalytiker aufgrund ihrer persönlichen und beruflichen Erfahrung einen ganz besonderen Zugang zum Unbewußten, vor allem zu ihrem eigenen Unbewußten haben, so können doch die Zugänge anderer Wissenschaften (z. B. der Philosophie, der Soziologie, der Politikwissenschaft, aber auch der Künstler und Schriftsteller, etc.) oder auch jedes anderen „Laien" nicht als weniger wertvoll angesehen werden.

Gerade die offene Konfrontation mit anderen Perspektiven ermöglicht eine Verminderung der persönlichen und fachspezifischen „Betriebsblindheit". Im (politischen) Zusammenwirken mit anderen Wissenschaftsbereichen und gesellschaftlichen Strömungen (z. B. Friedens- oder Ökologiebewegung) eröffnet sich dem Psychoanalytiker ein Feld neuer (jetzt politischer) Selbsterfahrung, das er unbedingt selbst betreten muß, um sich ein adäquates Verständnis der dort ablaufenden psychodynamischen und psychosozialen Prozesse zu erwerben.

Im politischen Feld trifft der Psychoanalytiker auf ähnliche Schwierigkeiten wie im Feld seiner traditionellen Arbeit

Auch hier trifft er auf *Heilserwartungen,* auf übersteigerte Hoffnungen, Erlösungs- und Paradiesphantasien. Auch hier besteht die Gefahr für den Psychoanalytiker, die Angebote „blinder Gläubigkeit" anzunehmen und zum Aufbau eigener Größenphantasien zu verwenden. Gerade in unserer Zeit der allgemeinen Unsicherheit und Suche nach festen Sinngebäuden sind die psychischen und ökonomischen „Marktchancen" für Heilslehren jeder Art sehr gut. Ein erfahrener Psychoanalytiker ist dieser Gefahr wohl im allgemeinen weniger ausgeliefert als (andere) Heilsbringer, weiß er doch (zumeist) um die ungeheure Schwierigkeit und um die lange Dauer von Veränderungs- und Gesundungsprozessen. Die gut gemeinten Angebote, zum „Therapeuten der Nation" oder zum „therapeutischen Überpolitiker" zu werden, sind keine große Versuchung für einen Analytiker, der weiß, daß er bestenfalls Begleiter und Beteiligter an *gemeinsamen* Entwicklungsprozessen sein kann, niemals Führer in ein verheißenes Land.

Die Rückseite der Heilserwartungen und der Idealisierung ist die *Entwertung und Verteufelung:* Wenn der Psychoanalytiker nicht „der große Weise" ist, der einen sicheren Weg aus Gefahren und Ängsten, aus Krankheit und Tod weiß, dann wir er eben für einen (mehr oder weniger „selbst verrückten") Scharlatan gehalten, der vorgibt, helfen zu können, aber auch keine besseren Lösungen weiß als andere. Die Enttäuschung der Suche nach einer Heilsbotschaft führt dann gelegentlich zu Entwertungen des früheren Hoffnungsträgers: Seine Analysen seien ja nur Ausreden dafür, daß er sich nicht an politischen Aktionen beteiligen will. Ironisch, ängstlich, manchmal auch ärgerlich oder triumphierend wird dann gefragt, ob man denn glaube, daß es eine Gesellschaft ohne Gewalt geben könne, ob man denn glaube, mit therapeutischen Ratschlägen überhaupt die Mächtigen, die Politiker erreichen zu können. Wenn nicht – und das sei doch wohl so –, dann sei doch der ganze Zirkus mit dem Gewaltverzicht sinnlos. Es werde immer Gewalt geben, weil Gewalt eben nun einmal zur Natur des Menschen gehöre. Zwar stammen die in diesem Vorwurf enthaltenen Erlösungsvorstellungen zumeist aus den Phantasien der Kritiker selbst, doch weisen sie deutlich auf das Spannungsfeld zwischen Allmachts- und Ohnmachtsphantasien hin, in dem sich auch Politische Psychoanalyse befindet.

So kann auch diese Entwertung den Psychoanalytiker dazu anregen, den wahren Kern der darin enthaltenen

Kritik für sich nutzbar zu machen. Nicht nur auf dem Feld der Behandlung seiner Patienten, sondern auch und ganz besonders auf dem Feld gesellschaftpolitischer Veränderungen ist die Gefahr groß, selbst zwischen Allmachts- und Ohnmachtsphantasien hin und her zu schwanken und dabei die eigene wirkliche Größe nicht zu finden. Psychoanalyse kann, wie alles andere auch, zum Vorwand und zum Mittel von Konfliktvermeidung werden.

Diese Gefahr wird auch in dem häufig anzutreffenden *Psychologismusvorwurf* gesehen: Psychoanalyse und insbesondere Politische Psychoanalyse übersähe die wirklichen, die „handfesten" Bedingungen von Verhalten, die *realen* Machtverhältnisse. Dieser Vorwurf beruht, so weit ich bisher sehen kann, einerseits auf einem ideologisch verengten Therapieverständnis, andererseits auf dem traditionsreichen Streit zwischen Idealismus und Materialismus. Das ideologisch verengte Therapieverständnis ist sehr weit verbreitet und liefert vielerlei Begründungen dafür, daß Psychoanalyse „überhaupt" abzulehnen sei: Diagnostik und Behandlung von psychischer Erkrankung werden als diffamierend erlebt, als Abwertung dessen, der sich dieser Prozedur „unterzieht" oder „unterziehen muß". Die Macht des Psychoanalytikers wird (erhofft und) gefürchtet, und deshalb lehnt man die Psychoanalyse „sowieso" ab. Diese Ablehnung könnte uns Psychoanalytiker zum Nachdenken darüber anregen, was wir selbst dazu beitragen, daß analytische Psychotherapie in diesem verkürzten Sinn gelegentlich als eine Demütigung des Patienten verstanden wird und nicht als eine Chance, sich selbst besser kennenzulernen und dadurch freier zu werden.

Der Streit oder die Spaltung zwischen materialistischer und idealistischer Sicht von politischen Zusammenhängen (die ökonomischen Machtverhältnisse prägen das Bewußtsein, bzw. umgekehrt: Das Bewußtsein bedingt die Machtverhältnisse) erscheint mir in entsprechenden Diskussionen manchmal ähnlich wie die Spaltung zwischen naturwissenschaftlich-medizinischer und psychologischer Betrachtungsweise von körperlichen Erkrankungen. Im

Streit der beiden Richtungen scheint nur die eine *oder* die andere Sichtweise „richtig“ zu sein und nicht beide zugleich. Wirtschaftliche Interessen haben scheinbar nichts mit psychologisch oder psychoanalytisch verständlichem Machtstreben zu tun. Das erinnert an die Vorstellung, daß die von der Biochemie erfaßten Vorgänge im Gehirn (etwa im Fall der Schizophrenie) nichts mit den Vorgängen zu tun haben, die im gleichen Fall auch mit den Hilfsmitteln der Psychoanalyse verstanden werden können. Diese Spaltung im Bewußtsein und die häufig damit verbundene pauschale Ablehnung von Psychoanalyse (sobald die Phantasie auftaucht, die Psychoanalyse könnte vielleicht die ökonomischen Zwänge auflösen, denen gegenüber man sich ohnmächtig fühlt!) in politischen Zusammenhängen verhindert eine ganzheitliche Sicht, wie sie z. B. in der Psychosomatik schon teilweise erreicht ist.

Psychoanalyse ist nicht die Reduktion von medizinischen, ökonomischen oder politischen Vorgängen auf „Psychisches“, sondern vielmehr die Erweiterung der aus diesen anderen Zusammenhängen bekannten Vorgänge um den Aspekt, daß das jeweilige Verhalten bzw. die medizinisch feststellbare Erkrankung auch als Ausdruck persönlicher, individueller und kollektiver (bewußter und unbewußter) Motive zu verstehen ist. Selbstverständlich ist dies auch nur ein Aspekt unter vielen und es tut uns Psychoanalytikern gut, die Relativität auch unserer eigenen Erkenntnismöglichkeit zu sehen.

Erkennt man diese Relativität an, dann trifft auch der – häufig von marxistischer Seite geäußerte – *Subjektivismusvorwurf* nicht so sehr: Die Psychoanalyse reduziere politische, ökonomische, technische Prozesse oder Fakten auf die Psychologie einzelner Subjekte. Das trage zur politischen Lähmung bei, da dann alles verstehbar und damit zu entschuldigen sei. Da könne und brauche man ja dann nichts mehr anzugreifen, nichts mehr zu verändern. Es sei dann eben alles so wie es sei.

Die zu akzeptierende Relativität der psychoanalytischen Erkenntnismöglichkeiten betrifft sowohl die Tatsache, daß jeder auch noch so geschulte und erfahrene Psychoanalytiker immer nur einen sehr kleinen Bruchteil dessen erkennen kann, was in der jeweiligen Situation unbewußt ist, als auch die Tatsache, daß jeder Mensch, auch der Psychoanalytiker, von der kollektiven Unbewußtheit, also von den der jeweiligen Gruppe oder Gemeinschaft gemeinsamen unbewußten Wahrnehmungseinschränkungen mitbetroffen ist. Nicht nur die persönlichen Abwehrmechanismen, sondern ebenso die kollektiven Abwehrmechanismen und die Wechselwirkung zwischen beiden sind die Ursachen von Unbewußtheit. Also ist Psychoanalyse auch nicht die (unzulässige) Rückführung allen „realen“ Geschehens auf unbewußte („irreale“) Prozesse im einzelnen Subjekt, sondern die Erforschung der *Zusammenhänge* zwischen individuellem und gesellschaftlichem oder auch kulturellem Unbewußten. Für ein systemtheoretisches Verständnis dieser interaktiven Zusammenhänge der individuellen und kollektiven Abwehrstrukturen hat mir die im 3. Kapitel dargestellte Beziegungstheorie viel geholfen.

In entsprechenden Diskussionen treffe ich häufig auf den *Verdacht des grenzenlosen Relativismus.* Politische Psychoanalyse wird dann als trügerische Paradiesphantasie (miß-)verstanden: „Wenn ich keinen Unterschied zwischen Tätern und Opfern, zwischen Mächtigen und Ohnmächtigen mehr mache, dann mag ich einfach alle, ich kann ja alle verstehen. Das ist eine gefährliche Vernebelung politischer Realitäten, vor allem der Unterdrückung, der Bösartigkeit und Gewalt gegen Menschen.“

Politische Psychoanalyse in der Friedens- und Konfliktforschung: Das psychoanalytische Verständnis von Feindbildern

Zum Beispiel in bezug auf das Problem der Auflösung von Feindbildern kann die Psychoanalyse einen wesentlichen Beitrag zur Friedens- und Konfliktforschung leisten. In der Friedensbewegung, aber auch von vielen Politikern wird immer wieder die Auflösung von Feindbildern gefordert. Manche Menschen schwimmen dabei in einer Friedlichkeitsphantasie, die sie solange ungehindert träumen können, wie es andere gibt, die an der Aufrechterhaltung der jeweiligen Feindbilder festhalten. Andere fürchten diese paradiesische Verschmelzungsphantasie wie den Teufel. Für sie ist das eine unrealistische Neuauflage des Gebotes „liebe deine Feinde", das nur selten eingehalten wurde und etwa in der christlichen Kirche die tatsächliche Grausamkeit eben dieser Kirche verschleiern half. Wo dieses Gebot in illusionärem Gottvertrauen eingehalten wurde, so wird argumentiert, da gingen solche „Friedensfreunde" eben unter.

Es wird also zumeist nicht verstanden, was unter dem Begriff „Auflösung der Feindbilder" auch gemeint sein kann. Zurecht wird die Vorstellung angegriffen, die Menschen brauchten nur über die wahre, die friedliche Natur ihrer „Feinde" aufgeklärt zu werden, um aufgrund der so erreichten Auflösung ihrer „paranoiden" Ängste auch ihre eigene Aggressivität aufgeben zu können. Zurecht wird an dieser Stelle immer eingewandt: „Ich *habe* aber Feinde, das sind nicht nur Bilder von Feinden. Die wollen mir *wirklich* Böses. Es ist gefährlich, wenn ich da die Realität nicht mehr sehe".

Hier kann Psychoanalyse fruchtbar aufklärend wirken, soweit sie nicht selbst in Illusionen von machbarer Friedlichkeit verfangen ist. Dazu ist es nötig, bei sich selbst und damit auch bei anderen die Angst zu verstehen, die entsteht, wenn die Schutzwälle der „Abwehr" gegen feindliche Angriffe in Frage gestellt werden sollen. Die Angst, sich nicht mehr verteidigen zu können oder zu dürfen, wenn man angegriffen wird, überlagert im Konfliktfall alle moralischen Überzeugungen christlicher oder nichtchristlicher Friedfertigkeit. Die Auflösung von Feindbildern besteht psychoanalytisch verstanden aber nicht im Niederreißen der eigenen Verteidigungsmauern, die immer zugleich Angriffsmauern sind. Die Auflösung von

Feindbildern besteht aus dieser Sicht vielmehr darin, die Funktion solcher Mauern zu verstehen, ihre Bedeutung in der Beziehung bewußt werden zu lassen.

Feindbilder haben verschiedene Funktionen:

1. Sie bieten *Schutz* gegen (eigene und fremde) Verschmelzungswünsche. Es ist oft erstaunlich, wie nahe unter der absoluten Feindschaft oft die (unbewußte) Faszination und der Wunsch nach „grenzenloser" Annäherung liegt.
2. Sie halten die *Resignation* in der Beziehung aufrecht. Resignation heißt: Mit dir habe ich es aufgegeben, mich auseinanderzusetzen; du bist sowieso böse und schlecht. Vom Zeitpunkt dieser Resignation an wird nur noch Beweismaterial gegen den Feind gesammelt, denn auch die Resignation ist schwer aufrechtzuerhalten gegen die in jedem Menschen mehr oder weniger verdrängten, aber vorhandenen Wünsche, sich anzunähern.
3. Sie ermöglichen erst den „Krieg". Man kann keinen anderen Menschen angreifen, schädigen oder töten, wenn man ihn nicht vorher im eigenen Bewußtsein für böse, schlecht und gefährlich erklärt hat. Feindbilder dienen also auch der Möglichkeit, sich zu verteidigen, da Verteidigung fast immer auch Angriff gegen den Angreifer ist.

Bei der Auflösung oder Relativierung von Feindbildern entsteht also eine ganz spezifische Angst: Ich kann mich nicht mehr „abgrenzen" bzw. als „besser" vom „Schlechteren" unterscheiden. Ich kann nicht mehr so einfach resignieren und mich von dem „Schlechten" oder „Bösen" abwenden, und ich kann nicht mehr Krieg führen im Sinne des Angriffs- oder Verteidigungskrieges. Die im Feindbild enthaltene Wertlosigkeit des oder der anderen ist bei Auflösung meiner Feindbilder für mich nicht mehr eine *objektive* Gegebenheit; ich muß dann sehen, daß sie mir selbst zur Abgrenzung und zur Aufrechterhaltung meiner psychischen Integrität dient. Und wie kann ich sicher sein, daß ich mich schützen *darf,* wenn der andere *nicht* unbedingt „böse" ist, sondern nur in seine Schranken zurückverwiesen werden müßte?

Wenn diese Funktion des Feindbildes verstanden wird, bedeutet das nicht, daß man erkennen muß, daß der Feind eigentlich ganz harmlos und freundlich ist. Es bedeutet vielmehr, daß man sehen kann, daß man sich mit dem Feind in einer *real* gefährlichen Beziehung befindet. Diese real gefährliche Situation besteht in der (übergreifenden) Beziehungsstruktur, die viele Menschen als „unabänderliche Selbstverständlichkeit" introjiziert haben und keinen anderen Weg der Befreiung kennen gelernt haben als eben die Entwicklung eines Feindbildes und die darauf aufbauende Verhaltensweise.

Aus dem Gefühl der Ausweglosigkeit („Ich kann ja gar nicht anders, weil er wirklich so ist") kann die Relativierung von Feindbildern in ein Bewußtsein von verantwortlicher Entscheidungsfähigkeit befreien. Anstatt sich immer wieder zu sagen und zu bestätigen, daß der andere *wirklich so ist,* und man deshalb unausweichlich so oder so handeln *muß,* erscheint jetzt die Möglichkeit, sich zu entscheiden: *Will* ich mich wirklich weiterhin in der bisherigen Weise von dem Feind abgrenzen? Will ich die Beziehung aufgeben und mich mehr oder weniger stumm abwenden? *Will* ich „Krieg führen", ihn angreifen, ihn vielleicht beseitigen, schädigen oder töten? Es kann sein, daß alle diese Fragen mit ja beantwortet werden und die Feindschaft – vielleicht zunächst – noch fortgesetzt wird. Und doch ist es ein großer Unterschied, ob jemand diffamiert, resigniert oder angreift in dem Bewußtsein, daß *er selbst* sich jetzt für diese Haltung entscheidet, weil er *wegen seiner eigenen Angst* nicht anders kann, oder ob er sich dabei nur als reagierend erlebt. Sobald man sich selbst als Teil eines gemeinsamen Ganzen, in diesem Fall als interagierenden Partner in einem Beziehungsfeld von *gegenseitiger* Abhängigkeit, verstehen kann, gesteht man auch dem anderen zu, daß er reagiert.

Wenn die Funktionen der jeweiligen Feindbilder bewußt werden, ändert sich dadurch also nicht sofort die

Feindschaft, aber sie wird weniger „objektiv". Sie wird erkennbar als Ausdruck der schlechten *Beziehung* zwischen beiden Seiten. Dadurch wird ein Weg sichtbar, auf dem die sonst oft unausweichliche Eskalation der Feindbilder und im Gefolge auch der Gewalt angehalten werden kann: der Weg der Verbesserung der Beziehung. Und Verbesserung der Beziehung bedeutet nicht, über alle Angst und Wut hinwegzugehen, sondern sie eventuell dem anderen auszudrücken – durchaus im Bewußtsein der gegenseitigen Feindseligkeit. Dieser Weg kann prinzipiell aus der Resignation herausführen. Daß dabei die Schutzbarrieren der moralischen Überlegenheit (über den „bösen" Feind) schrittweise aufgegeben werden müssen, geht aus der eben dargestellten Funktion der Feindbilder hervor. Der Feind muß deshalb aber nicht zum Freund uminterpretiert werden, entgegen dem *realen* subjektiven Erleben des Feindes als Feind. Der Abbau von Feindbildern kann nicht darin bestehen, daß Feindbilder gegen Feindbilder errichtet werden, sondern darin, daß das Erleben von eigener und fremder Feindseligkeit als ein Signal für einen *gefährlichen Zustand der Beziehung* angesehen wird. Obwohl jeweils subjektiv nur der Feind als gefährlich erlebt wird, ist es doch der Zustand der Beziehung, der *real* gefährlich ist für beide, vor allem für den Beziehungspartner, der „objektiv" schwächer, an Machtmitteln unterlegen ist.

Bei der als „grenzenloser Relativismus" angeklagten Haltung der Psychoanalyse geht es also nicht darum, Krieg oder jede andere Art von Feindseligkeit zu verbieten oder ins Reich der Illusionen zu verweisen. Es geht vielmehr darum, zu verstehen, daß es in solchen zerstörten zwischenmenschlichen Beziehungen, die selbstverständlich immer wieder vorkommen werden, grundsätzlich zwei Lösungsmöglichkeiten gibt: Der im Sinne der Gewalt Stärkere kann den Schwächeren unterdrücken oder töten, oder beide können sich darauf besinnen, daß sie, um die Feindseligkeit einstellen zu können, sich um die Verbesserung ihrer Beziehung bemühen müssen.

Daß die zweite Variante viel seltener ergriffen wird als die erste, ist kein Beweis dafür, daß sie nicht *prinzipiell* existiert. Gerade die Übermächtigkeit unserer Waffen hilft uns derzeit zu verstehen, daß jeweils *beide* Seiten verlieren, wenn die Eskalation der Feindbilder und der Gewalt zugelassen wird. Natürlich liegt der Entscheidung für die eine oder die andere Variante immer eine Gewinn- und Verlustrechnung zugrunde. Kein Mensch entscheidet sich, wenn er die Wahl hat, für die ihm *subjektiv* ungünstiger erscheinende Variante.

Das Aufgeben der Resignation in der Beziehung zum „Feind" ist nicht nur mit der Angst vor der (Wieder-) Annäherung und Verschmelzung verbunden, sondern auch mit einem scheinbaren Kraftverlust, der als Depotenzierung erlebt wird. Man verliert die Möglichkeit, propagandistische Parolen zu formulieren und sich in der idealisierenden Liebe seiner Anhängerschaft zu sonnen. Der Narzißmus der Führer erleidet Einbußen, wenn die Beziehung zum Feind nicht mehr „eindeutig" feindselig ist, sondern ambivalent. Es scheint so, als verlöre man an Durchsetzungskraft, wenn man unsicher wird durch „diesen Relativismus": „Ich liebe meine Feinde aber wirklich nicht, ich hasse sie!", so wird mir häufig entgegnet. Die eigene Stärke und Handlungsfähigkeit wird aus dem ungebrochenen Haß bezogen. Würde der Haß gemildert durch die Wahrnehmung der immer auch latent vorhandenen Liebe, dann würde Immobilität befürchtet.

Und doch bedingt gerade die Spaltung der Ambivalenz und die Verdrängung der jeweils gegenläufigen *realen* Gefühle eine Fixierung in einem immer gleichbleibenden „Spiel" mit dem Gegner: Beide sind auf die Bösartigkeit des anderen angewiesen, um selbst moralisch überlegen zu sein. Es ist ein ständiger Austauschprozeß (vgl. 3. und 4. Kapitel) von Schuldgefühlen. Man wehrt sich gegen die Schuld, indem man sie mit Hilfe der Wut an den anderen zurückverweist.

So dreht sich das Karussell der Beschimpfungen und der Gewalttätigkeit. Daran verändert sich solange nichts, wie *die reale Ambivalenz beider Seiten unbewußt bleibt.* Erst wenn die Unbewußtheit über die gegenläufigen Beweggründe, über die Wünsche und Ängste in bezug auf das Verlassen von Machtpositionen, schrittweise aufgehoben wird, entsteht eine andere Art von Handlungsfähigkeit, eine Handlungsfähigkeit, die aus der verzweifelten und gefährlichen Verklammerung herausführt. Wie ich in der Beschreibung der intergrativen Prozesse im Lauf einer analytischen Therapie dargestellt habe, geht es auch bei der Auflösung von Feindbildern im politischen Bereich um die Auflösung von Spaltungen im Bewußtsein der Konfliktpartner. Wenn beide oder einer der Partner dazu nicht bereit ist, ist eine solche Auflösung nicht möglich.

Der Vorwurf des „grenzenlosen Relativismus" betrifft auch die Aufhebung der Trennung von Tätern und Opfern. Obwohl bei jedem Menschen zutiefst der Wunsch vorhanden ist, daß sich die Spaltung zwischen Tätern und Opfern auflösen möge, daß man selbst weder Täter noch Opfer sei, macht doch die Relativierung dieser Beziehung zwischen überlegenem und unterlegenem Beziehungspartner Angst. Das liegt an der innerpsychischen Verwechslung von Tätern und Opfern, wie ich sie im 3. Kapitel ausführlich beschrieben habe.

Soweit man es gewöhnt ist, sich grundsätzlich danach zu orientieren, wer gut und wer böse ist in der Welt, soweit geht durch die Relativierung dieser „objektiven Machtverhältnisse" (der Starke ist böse, der Schwache ist gut) die Orientierung verloren. Man kann sich in diesem Weltbild nur vorstellen, daß durch die Relativierung Täter und Opfer einfach vertauscht werden, und das will man verständlicherweise verhindern.

Kollektiver Bewußtseinswandel und neue Orientierung

Hier hat die Psychoanalyse eine Chance, die gegenwärtig in Gang befindliche Umorientierung der Werte, an der sie selbst Anteil hat, deutlich zu machen. Die Infragestellung der traditionellen Werte muß nicht den „Verlust aller Werte“ bedeuten, wie gelegentlich gesagt wird, und auch nicht den oft als „heimtückisch“ erlebten Versuch, neue Werte unter dem Deckmantel der Wertfreiheit einzuführen. In der Umorientierung von Werten, die auch mit dem Aufkommen von Psychologie überhaupt und von Psychoanalyse im besonderen zu tun hat, geht es um neue Orientierungsmöglichkeiten im Gefüge zwischenmenschlicher Beziehungen. Idealtypisch ausgedrückt orientierte man sich in traditioneller Weise daran, was Recht und was Unrecht war, wer die kulturellen, gesellschaftlichen oder auch juristischen Rechtsnormen einhielt und wer dagegen verstieß. Die gemeinsame Norm, das „äußere Gesetz“, wiewohl beugbar und interpretierbar, war das Maß aller Dinge. Diese Bewertung konnte auch umgekehrt werden: dann galten diejenigen als besonders gut, die es wagten, diese als drückend erlebte Herrschaft der Moral oder der Gesetze zu mißachten.

Die neu hinzukommende Orientierungsmöglichkeit ist nicht mehr nur durch die „äußeren Gesetze“ begründet. Die Orientierung an gemeinsamen Normen wird in zunehmendem Maße ersetzt oder ergänzt durch eine Orientierung an „inneren Gesetzen“, an den inneren Notwendigkeiten der Individuen. Als Bezugspunkte für die Einordnung von Personen und von ihrem Verhalten fungieren dann weniger die gemeinsamen Normen, die Einteilung der Menschen in Gute und Schlechte, Gehorsame und Widerspenstige, Wertvolle und Wertlose, Dazugehörende und Auszustoßende. Statt dessen entwickelt sich allmählich ein psychisches Orientierungssystem, nach dem die Personen *selbst* gesehen werden, wie sie wirklich sind, mit ihren Wünschen und Ängsten und dem entsprechenden Verhalten.

Dieses Menschenbild, dieses „Verstehen“ von Motiven und Verhaltensweisen wird oft mit „Entschuldigen“ gleichgesetzt und als Psychologismus entwertet. Aus der Sicht des traditionellen Wertesystems wird die Aufhebung der Norm als Desorientierung erlebt, als Ent-Schuldigung, wo vorher Be-Schuldigung war. Aus der Sicht des neu entstehenden Orientierungssystems bedeutet dieses „Verstehen“ nicht Entschuldigung, sondern ein deutlicheres Erkennen der jeweiligen Personen und Personengruppen in ihren persönlichen und *kollektiven* Ambivalenzen. Diese Art des „Verstehens“ würde eine Auseinandersetzung nicht ausschließen, sondern sie erst ermöglichen.

Ich beziehe mich hier sehr bewußt auch auf die *kollektiven* Ambivalenzen, da sonst, wie schon oben erwähnt, der Subjektivismusverdacht zurecht bestünde. Es kann nicht darum gehen, die objektiven Normen jetzt durch subjektive zu ersetzen. Es geht vielmehr darum, in der Masse oder in der Gemeinschaft *auch* die subjektiven Gefühle und Wünsche des Individuums als *ausreichende Gründe* für sein Verhalten zu verstehen und anzuerkennen. Das bedeutet *nicht,* daß man ein so verstandenes Individuum nun nicht mehr daran hindern dürfte, Grenzen gewaltsam zu überschreiten. Es bedeutet vielmehr, daß die Zusammengehörigkeit von „Symptomträgern“ und scheinbar Gesunden in einer Gesellschaft bewußt wird.

Wenn man einen Menschen und sein Verhalten nur nach den juristischen oder auch psychopathologischen Kriterien für „Normalität“ beurteilt, muß man ihn ausstoßen, für minderwertig und gefährlich halten, wenn er diesen Kriterien nicht genügt. Sobald man beginnt, sein Verhalten als jeweils subjektiv beste Lösung seiner Konfliktsituation zu verstehen und nicht zuletzt auch als Ausdruck seiner Position in der Gemeinschaft, dann vermindert sich der Unterschied zwischen „Normalen“ und „Anormalen“. Es wird deutlich, daß die „Normalen“, die sich an die Gesetze halten, ihre Normalität zum Teil daraus beziehen, daß andere sich nicht an die Gesetze halten, daß sie ihre eigene Ungesetzlichkeit, ihre eigenen Befreiungswünsche delegiert haben an solche, die dann aus ihrer Sicht die „Chaoten“ sind.

Wenn man sich daran gewöhnt hat, sich *an Individuen zu orientieren,* die sich in einem gemeinsamen Netz von Abhängigkeiten befinden, sieht die strenge, nur durch kollektive Normen bestimmte Ordnung selbst chaotisch aus. Dort sind aus dieser Sicht keine einzelnen Individuen und keine gegenseitigen Abhängigkeiten mehr zu erkennen, sondern nur noch unhinterfragte Prinzipien und die eventuelle Abweichung von solchen Prinzipien. Der Bezug zwischen dem Erleben der Person und ihrem Verhalten und der Bezug zwischen den Einzelindividuen im gemeinsamen Ganzen bringt also eine neue Orientierung mit sich, die die alte nicht einfach aufhebt, sondern relativiert. Relation bedeutet Beziehung. Die neuen Werte, die allenthalben entstehen, sind deswegen nicht neue *Ideologien* (neue Trennungen zwischen Gut und Böse), sondern neue *Sichtweisen,* die die Abhängigkeit des einzelnen von seinem persönlichen Unbewußten und vom gemeinsamen Unbewußten seiner Umgebung einbeziehen.

Ein weiteres Problem, das typisch ist für die Psychoanalyse, tritt auch in der Politischen Psychoanalyse wieder auf: *Psychoanalyse kann grundsätzlich keine Handlungsanweisungen geben,* da sie die Entscheidung und damit die Verantwortung immer dort lassen muß, wo sie hingehört, beim jeweiligen Individuum. Psychoanalyse ist keine Sozialtechnologie, sie kann nur typische Prozesse, ihre Bedingungen und Folgen verständlich machen, indem sie die unbewußten Anteile solcher Prozesse erforscht. Die Veränderung besteht im Zulassen bisher unbewußt gehaltener Anteile im Bewußtsein. Verändertes Verhalten ergibt sich aus dieser Bewußtseinsveränderung von selbst. Gerade diese grundsätzlich aufdeckende Haltung und nicht die Entwicklung von Handlungsanweisungen macht die revolutionäre Substanz der Psychoanalyse aus.

Das ruft immer wieder Enttäuschung aber auch Erleichterung hervor. Enttäuschung, weil der Wunsch nach sicheren Methoden zur Veränderung anderer Menschen nicht erfüllt werden kann, Erleichterung, weil der Psychoanalytiker endlich nicht ein Führer ist wie viele andere, die durch propagandistische Versprechungen, aber auch durch eindeutige Vorschriften über richtiges Verhalten, Anhänger suchen und dabei so tun, als könnten Führer ihrer Gefolgschaft die persönliche Verantwortung abnehmen. Aber der Schritt in die Eigenverantwortlichkeit fällt oft auch schwer, da möchte man doch gerne wenigstens Denkanweisungen, wenn schon Verhaltensanweisungen nicht gegeben werden. Man kann sich nicht vorstellen, daß *man selbst* plötzlich neue Handlungsmöglichkeiten sieht, wenn sich innerlich eine andere Art der Beziehung zu möglichen Konfliktpartnern eingestellt hat.

Die Tatsache, daß die Psychoanalyse keine Methode ist, die man durchführen oder „machen" kann, ist auch für viele Psychoanalytiker selbst eine Kränkung, der sie sich lieber nicht aussetzen. Immer wieder schleichen sich auch innerhalb der Psychoanalyse Machbarkeitsphantasien ein. Und doch ist alles, was sich verändert, Ausdruck eines Veränderungsprozesses, an dem der Psychoanalytiker auf seine Weise beteiligt ist, förderlich oder hinderlich, je nachdem.

Der Umgang mit Symptomen

Gerade in der Politik geht es vielfach um ähnliche Fragen wie in der Psychoanalyse auch. Immer wenn es um Veränderungen geht, stellt sich auch die Frage, ob nur ein *Symptom beseitigt* werden soll, oder ob die dem Symptom zugrundeliegende Ideologie kritisch aufgelöst werden kann und muß. Psychoanalyse wird oft so mißverstanden, daß sie sich grundsätzlich nicht um Symptome kümmert. Auch innerhalb der Psychoanalyse ist gelegentlich dieses (Selbst-)Mißverständnis anzutreffen. Es vereinfacht unter Umständen die Sache sehr, wenn man sich als Psychoanalytiker bei gleichbleibender Symptomatik auf die Position zurückziehen kann, daß die Symptomatik sowieso nebensächlich sei, wenn nur die zugrundeliegende psychische Struktur sich verändere.

In der Politischen Psychoanalyse wird einem noch deutlicher, daß weiterbestehende „Symptome", zum Beispiel Atomkraftwerke, solange sie bestehen, eben nicht nebensächlich, sondern höchst gefährlich sind. Trotzdem ist es auch gefährlich, sich durch die offensichtlich akute Gefahr und durch den Einwand: „Die Zeit ist zu kurz, um lange zu analysieren, wir müssen handeln" in einen blinden Aktionismus (im Begriffsfeld der Psychoanalyse: unbewußtes „Agieren") drängen zu lassen. *Die psychoanalytische Erfahrung zeigt, daß das „Anrennen" gegen Symptome diese nur verstärkt, wenn dabei die Psychodynamik des Symptomträgers und der eigenen Beziehung zu ihm nicht reflektiert wird.*

Einem in der Krisenintervention erfahrenen Psychoanalytiker ist auch bekannt, daß kritische Reflexion und Handeln sich nicht gegenseitig ausschließen müssen, daß es aber auch Situationen gibt, in denen man „ganz spontan" handeln muß, Situationen, in denen tatsächlich die Zeit zur Reflexion dessen, was geschehen ist, erst nach der Handlung kommt. Gerade aus der psychoanalytischen Krisenintervention bei akuten Zuständen, etwa der Suizid- oder Psychosegefahr, wissen wir aber auch, daß es meistens besser ist, mit der Handlung möglichst so lange zu warten, bis man selbst wieder ein gutes Gefühl für sich selbst und für die Verantwortbarkeit der Handlung gewonnen hat, auch wenn sich diese Handlung im Nachhinein trotzdem nach aller Wahrscheinlichkeit als teilweises „Mitagieren" herausstellen wird.

Wir müssen in der Politischen Psychoanalyse also, wie eigentlich in der Psychoanalyse sonst auch, für uns selbst und für andere *eindeutiger werden,* wenn es um das Problem der Symptombeseitigung geht. Hier hilft die Frage, weshalb das Symptom beseitigt werden soll: Ob es deswegen stört, weil es eine Abweichung von der Normalität darstellt und deswegen Angst macht, oder ob es deswegen stört, weil es lebenseinschränkend wirkt für den Patienten selbst und für andere (Wölpert 1983).

Dasselbe Symptom, etwa eine terroristische Vereinigung, kann aus sehr unterschiedlichen Motiven bekämpft werden. Man kann sie beseitigen wollen, weil so etwas grundsätzlich in einem freiheitlichen Rechtsstaat nicht vorkommen darf, oder weil der Terrorismus als Ausdruck von Gewalttätigkeit in der Gesellschaft bedrohlich erscheint. Im ersten Fall wird man sich mit polizeilichen Maßnahmen begnügen, im zweiten Fall wird man sich mit den Hintergründen und Ursachen des Terrorismus befassen und nicht nur das Symptom selbst, sondern auch seine Ursachen verstehen und auflösen wollen. Wie mit der Frage der Symptombeseitigung umgegangen wird, entscheidet sich für die Psychoanalyse auch im politischen Raum daran, ob die Symptomauflösung zur Anpassung an bestehende Normen dient oder zur Befreiung und Überschreitung von überflüssig gewordenen, lebenseinschränkenden Normen.

Wenn es in der Psychoanalyse aber grundsätzlich um die Infragestellung von Ideologien (Spaltungen) geht, die für die eigene Entscheidung blind machen und die eigene Verantwortlichkeit verdecken, dann muß man auch im politischen Geschehen sehen, daß eine veränderte Politik nicht alleine dadurch entsteht, daß die „Richtigen" an die Macht kommen, sondern dadurch, daß sich das *Bewußtsein der Bevölkerung und ihrer Politiker verändert.* Daß dies länger dauert als es die Phantasien vom plötzlichen „Umsturz" vorgaukeln, ist kein Argument dafür, daß diese Überlegung falsch sein sollte. Die gesellschaftliche Realität zeigt, daß sich die Bevölkerung immer genau die Politiker und damit die Politik wählt, die ihrem Bewußtseinszustand und ihren Abwehrmechanismen entsprechen. Die kritische Distanz der Psychoanalyse kann helfen, sich nicht immer wieder in der Hoffnung auf die nächsten Wahlen oder auf den sofortigen Erfolg einer Großdemonstration zu verfangen, und sich dann nach einem „Mißerfolg" resigniert zurückzuziehen. Hat man verstanden, daß es um die Veränderung von Beziehungsstrukturen geht, dann hofft man in seinen Veränderungsvorstellungen weniger nur auf den „Machtwechsel".

Wenn man die kontinuierliche Arbeit in dem allmählichen Veränderungsprozeß einer analytischen Therapie kennt, hält man *jeden Schritt* auf diesem Weg für einen

Erfolg und phantasiert nicht Siebenmeilenstiefel, die es nicht geben kann. Man weiß dann auch, daß Veränderungsprozesse manchmal ganz anders verlaufen als man sie sich vorher vorgestellt hat. Oft kommt man unverhofft schnell an ein Ziel, das man gar nicht angestrebt hat; manchmal bewegt sich in der Richtung, die man sich ausgedacht hat, gar nichts. Das Unbewußte des einzelnen ist nicht von außen zu bewegen, um wieviel weniger das Unbewußte einer Gesellschaft. Aber man kann darauf achten, ob und inwiefern man selbst an der Aufrechterhaltung von Unbewußtheit beteiligt ist. Das ist relativ zur Größe der Gesellschaft und zur Zahl der sie bildenden Individuen freilich sehr wenig, in bezug auf die Einzelperson ist es sehr viel, ja es ist alles, was sie beitragen kann, was auch der Psychoanalytiker beitragen kann zum gemeinsamen Veränderungsprozeß.

Literatur

Argelander, H. (1969): Angewandte Psychoanalyse in der ärztlichen Praxis. Jahrbuch der Psychoanalyse Bd.6, 119–140.

Argelander, H. (1970): Die szenische Funktion des Ichs und ihr Anteil an der Symptom- und Charakterbildung. Psyche 24, 324–345.

Argelander, H. (1972): Gruppenprozesse. Wege zur Anwendung der Psychoanalyse in Behandlung, Lehre und Forschung. Reinbek: Rowohlt.

Argelander, H. (1973): Überlegungen zum psychoanalytischen Konzept des Sprechstundeninterviews. Psyche 27, 1002–1011.

Argelander, H. (1979): Balint-Gruppen. In: Heigl-Evers, A. (Hg.): Die Psychologie des 20. Jahrhunderts, Bd. 7, München: Kindler, 822–829.

Argelander, H. (1981): Was ist eine Deutung? Psyche 35, 999–1005.

Balint, A. (1939): Liebe zur Mutter und Mutterliebe. In: Balint, M. (1966): Die Urformen der Liebe und die Technik der Psychoanalyse. Frankfurt/M.: Fischer, 103–119.

Balint, A. (1943): Identification. International Journal of Psycho-Analysis 24, 97–107.

Balint, E. (1976): Michael Balint und die Droge „Arzt". Psyche 30, 105–124.

Balint, M. (1957): Der Arzt, sein Patient und die Krankheit. Stuttgart: Klett.

Balint, M. & Balint, A. (1939): Übertragung und Gegenübertragung. In: Balint, M. (1966): Die Urformen der Liebe und die Technik der Psychoanalyse. Frankfurt: Fischer, 214–221.

Balint, M. & Balint, E. (1970): Psychotherapeutische Techniken in der Medizin. München: Kindler.

Balint, M., Ornstein, P. H. & Balint, E. (1972): Fokaltherapie. Frankfurt: Suhrkamp.

Bateson, G. (1972): Steps to an Ecology of Mind. Chandler Publ. Comp. Dt.: Ökologie des Geistes. Frankfurt M.: Suhrkamp 1981.

Bateson, G., Jackson, D. D., Haley, J. & Weakland, J. (1956): Toward a Theory of Schizophrenia. Behavioural Science 1, 251–264. Dt.: Auf dem Weg zu einer Schizophrenie-Theorie. In: Bateson, G., et al.: Schizophrenie und Familie. Frankfurt: Suhrkamp 1969.

Bateson, G., Jackson, D. D., Haley, J. & Weakland, J. (1962): A Note on the Double Bind. Family Process 2, 154–161.

Bauriedl, Th. (1980): Beziehungsanalyse. Das dialektisch-emanzipatorische Prinzip der Psychoanalyse und seine Konsequenzen für die psychoanalytische Familientherapie. Frankfurt: Suhrkamp.

Bauriedl, Th. (1982): Zwischen Anpassung und Konflikt. Göttingen: Vandenhoeck & Ruprecht.

Bauriedl, Th. (1983): Balint-Gruppen. In: Mertens, W. (Hrsg.): Psychoanalyse – Ein Handbuch in Schlüsselbegriffen. München: Urban & Schwarzenberg, 212–122.

Bauriedl, Th. (1984): Geht das revolutionäre Potential der Psychoanalyse verloren? – Gedanken zur politischen Bedeutung der Psychoanalyse und zum politischen Engagement der Psychoanalytiker. Psyche 38, 489–515.

Bauriedl, Th. (1985a): Psychoanalyse ohne Couch. München: Urban & Schwarzenberg.

Bauriedl, Th. (1985b): Die Aufhebung von Unbewußtheit in Balint-Gruppen – ein politisch bedeutsamer Prozeß. Supervision, 8, 55–59.

Bauriedl, Th. (1986): Die Wiederkehr des Verdrängten. Psychoanalyse, Politik und der einzelne. Münche: Piper.

Bauriedl, Th. (1987): Feindbilder – Bilder gegen die Angst. Anmerkungen aus dem Institut für Politische Psychoanalyse München, 7, 68–84 (erneut veröffentlicht in Bauriedl 1992a).

Bauriedl, Th. (1988): Das Leben riskieren. Psychoanalytische Perspektiven des politischen Widerstands. München: Piper.

Bauriedl, Th. (1992a): Wege aus der Gewalt – Analyse von Beziehungen. Freiburg: Herder.

Bauriedl, Th. (1992b): Zur PsychoÖkologie der Gewalt. In: Rohde-Dachser, Ch. (Hg.): Beschädigungen – Psychoanalytische Zeitdiagnosen. Göttingen: Vandenhoeck & Ruprecht.

Bauriedl, Th. (1993a): Die Gefahr muß zugänglich bleiben. Zur ethischen Problematik des Umgangs mit radioaktiven Abfällen aus psychoanalytischer Sicht. In: ANMERKUNGEN aus dem Institut für Politische Psychoanalyse München, Heft 10/11, S. 66–74.

Bauriedl, Th. (1993b): Psychoanalytische Perspektiven in der Supervision. Supervision, 23, 9–35.

Beckmann, D. (1974): Der Analytiker und sein Patient. Bern: Huber.

Béjarano, A. (1977): Gegenübertragung und Narzißmus. Bulletin der Europäischen Psychoanalytischen Föderation 12, 5–10.

Bellak, L. & Small, L. (1965): Kurzpsychotherapie und Notfallpsychotherapie. Frankfurt: Suhrkamp.

Bertalanffy, L. von (1968): General System Theory. New York: Braziller.

Bion, W.R. (1962): Learning from Experience. Dt.: Lernen durch Erfahrung, Frankfurt M.: Suhrkamp 1990.

Borch-Posadowsky, A.v. & Dott, P. (1992): Übertragung und Gegenübertragung in der beziehungsanalytischen Familientherapie. Beiträge zur analytischen Kinder- und Jugendlichenpsychotherapie, 73, 37–48.

Boszormenyi-Nagy, I. (1965): A Theory of Relationships: Experience and Transaction. In: Boszormenyi-Nagy, I. & Framo, J.F. (Ed.): Intensive Family Therapy. New York: Harper & Row. Dt.: Eine Theorie der Beziehungen. Erfahrung und Transaktion. In: Boszormenyi-Nagy, I. & Framo, J.F. (Hg.): Familientherapie, Theorie und Praxis. Bd 1, Reinbek: Rowohlt 1975, S. 51–109.

Boszormenyi-Nagy, I. & Spark, G.M. (1973): Invisible Loyalities. Hagerstown: Harper & Row. Dt.: Unsichtbare Bindungen: Die Dynamik familiärer Systeme. Stuttgart: Klett-Cotta 1981.

Bowen, M. (1975): Familienpsychotherapie bei Schizophrenie in der Klinik und in der Privatpraxis. In: Boszormenyi-Nagy, I. & Framo, J. L. (Hg.): Familientherapie. Reinbek: Rowohlt 1975, Bd. 1, 244–275.

Boyer, L. B. (1976): Die psychoanalytische Behandlung Schizophrener. München: Kindler.

Brocher, T. und Sies, C. (1985): Psychoanalyse und Neurobiologie. Stuttgart: Frommann-Holzboog.

Buchholz, M. B. (1982): Psychoanalytische Methode und Familientherapie. Frankfurt: Fachbuchhandlung für Psychologie.

Buchholz, M. B. (1983): Psychoanalytische Familientherapie. In: Schneider, K. (Hg.): Familientherapie in der Sicht psychotherapeutischer Schulen. Paderborn: Junfermann, 188–209.

Buchholz, M.B. (1985): Handlung, Selbst, Dialog. Zur Integration von Handlungssprache und Selbstpsychologie. Psyche, 39, 1031–1057.

Buchholz, M.B. (1990a): Die Rotation der Triade. Forum der Psychoanalyse 6, 116–134.

Buchholz, M.B. (1990b): Hermeneutik und/oder Systemtheorie? System Familie, 3, 23–36.
Buchholz, M.B. (1991): Die Regression der Triade. Die Bedeutung des Vaters bei der Magersucht. Forum der Psychoanalyse 7, 47–61.
Buchholz, M.B. (1993): Dreiecksgeschichten – Eine klinische Theorie psychoanalytischer Familientherapie. Göttingen: Vandenhoeck & Ruprecht.
Buchholz, M. B. & Huth, W. (1983): Zur Kritik systemischer Familientherapie. Psychoanalyse 4, 186–215.
Büchi, R., Wirth, E. (1985): Die psychoanalytisch orientierte Krisenberatungsstelle. In: Leuzinger-Bohleber, M. (Hrsg.) (1983): Psychoanalytische Kurztherapien. Opladen: Westdeutscher Verlag, 188–204.
Calogeras, R.C. und Alston, T.M. (1992): Aspekte der psychoanalytischen Beziehung. Forum der Psychoanalyse 8, 89–104.
Caruso, I.A. (1972): Soziale Aspekte der Psychoanalyse. Reinbek: Rowohlt.
Casement, P. (1985): On Learning from the Patient. London: Tavistock Publications. Dt.: (1989) Vom Patienten lernen. Stuttgart: Klett-Cotta.
Ciompi, L. (1982): Affektlogik. Stuttgart: Klett-Cotta.
Cremerius, J. (1979): Gibt es zwei psychoanalytische Techniken? Psyche 33, 577–599.
Cremerius, J. (1981): Die Präsenz des Dritten in der Psychoanalyse. Zur Problematik der Fremdfinanzierung. Psyche 35, 1–41.
Cremerius, J. (1982): Die Bedeutung des Dissidenten für die Psychoanalyse. Psyche 36, 481–514.
Cremerius, J. (1984): Die psychoanalytische Abstinenzregel. Vom regelhaften zum operationalen Gebrauch. Psyche 38, 769–800.
Daser, E. (1993): Die Heilung im Dialog, oder: Das Erkennen des Eigenen im Anderen. Forum der Psychoanalyse 9, 293–302.
Davanloo, H. (Ed.) (1978): Shortterm Dynamic Psychotherapy. New York: SP Medical & Scientific Books.
Deserno, H. (1990): Die Analyse und das Arbeitsbündnis. München: Verlag Internationale Psychoanalyse.
Deutsch, H. (1926): Okkulte Vorgänge während der Psychoanalyse. Imago XII: 418–433.
Dierking, W. (Hg.) (1980): Analytische Familientherapie und Gesellschaft. Weinheim: Beltz.
Dornes, M. (1993): Der kompetente Säugling. Frankfurt/M.: Fischer.

Eckstaedt, A. (1991): Die Kunst des Anfangs – Psychoanalytische Erstgespräche. Frankfurt/Main: Suhrkamp.
Ehlert, M. (1985): Handlungssprache und Metapsychologie. Überlegungen zu R. Schafers „neuer Sprache" für die Psychoanalyse. Psyche, 39, 981–1020.
Eicke, D. (1974): Technik der Gruppenleitung von Balint-Gruppen. In: Luban-Plozza, B. (Hg.): Praxis der Balint-Gruppen. München: Lehmanns, 128–137.
Eicke, D. (1983): Zum Standort von Balintgruppen. Supervision, 4, 6–14.
Eiguer, A., Ruffiot, A. (1991): Das Paar und die Liebe – Psychoanalytische Paartherapie. Stuttgart: Klett-Cotta.
Eissler, K. R. (1953): The Effect of the Structure of the Ego on Psychoanalytic Technique. Journal of the American Psychoanalytic Association 1, 104–143.
Eissler, K. R. (1958): Variationen in der psychoanalytischen Technik. Psyche 13, 604–624.
Engelbrecht, H. (1990): Die Inszenierung der psychoanalytischen Situation in der Supervision. Psyche, 44, 676–688.
Erdheim, M. (1982): Die gesellschaftliche Produktion von Unbewußtheit. Frankfurt: Suhrkamp.
Erdheim, M. (1983): Über das Lügen und die Unaufrichtigkeit des Psychoanalytikers. In: Lohmann, H. M. (Hg.): Das Unbehagen in der Psychoanalyse. Eine Streitschrift. Frankfurt: Qumran, 10–16.
Erikson, E.H. (1950a): Childhood and Society. New York: Norton. Dt: Kindheit und Gesellschaft. Stuttgart: Klett 1965.
Erikson, E. H. (1950b): Growth and Crisis of the Healthy Personality. In: Senn, M. J. E. (Ed.): Symposium on the Healthy Personality. New York.
Erikson, E. H. (1959): Identity and the Life Cycle. New York. Dt.: Identität und Lebenszyklus, Frankfurt: Suhrkamp, 1966.
Ermann, M. (Hrsg.) (1993a): Die hilfreiche Beziehung in der Psychoanalyse. Göttingen: Vandenhoeck & Ruprecht.
Ermann, M. (1993b): Übertragungsdeutungen als Beziehungsarbeit. In: Ermann, M. (Hrsg.) (1993a): Die hilfreiche Beziehung in der Psychoanalyse. Göttingen: Vandenhoeck & Ruprecht, 50–67.
Etchegoyen, H.R. (1985): Identifikationsschicksale. In: Jahrbuch der Psychoanalyse 17, 9–44.
Eysenck, H.J. (1961): The Effects of Psychotherapy. In: H.J. Eysenck (Ed.): Handbook of Abnormal Psychology. New York: Basic Books, S. 697–725.

Falzeder, E. (1985): Sándor Ferenczi und sein Beitrag zur Objektbeziehungspsychologie. Psychoanalyse 6, 81–122.
Ferenczi, S. (1921): Weiterer Ausbau der „aktiven Technik“ in der Psychoanalyse. In: Schriften zur Psychoanalyse, Bd. II, Frankfurt: Fischer 1972, 74–91.
Ferenczi, S. (1928): Die Elastizität der psychoanalytischen Technik. In: Schriften zur Psychoanalyse, Bd. II, Frankfurt: Fischer 1972, 237–250.
Ferenczi, S. (1930): Relaxationsprinzip und Neokatharsis. In: Schriften zur Psychoanalyse, Bd. II, Frankfurt: Fischer 1972, 257–273.
Ferenczi, S. (1933): Sprachverwirrung zwischen den Erwachsenen und dem Kind. In: Schriften zur Psychoanalyse, Bd. II, Frankfurt: Fischer 1972, 303–313.
Fischer, G. (1981): Wechselseitigkeit. Interpersonelle und gegenständliche Orientierung in der sozialen Interaktion. Bern: Huber.
Fischer, G. (1986): Zur traumatischen Wirkung von Doppelbindungen bei der Entstehung von Charakterstörungen. Forum der Psychoanalyse 2, 309–325.
Foulkes, S.H. (1974): Gruppenanalytische Psychotherapie. München: Kindler.
Foulkes, S.H. (1978): Praxis der gruppenanalytischen Psychotherapie. München/Basel: Reinhardt.
Freud, A. (1936): Das Ich und die Abwehrmechanismen. 6. Aufl. München: Kindler 1964.
Freud, S. (1887–1902): Aus den Anfängen der Psychoanalyse. London: Imago Publishing 1950.
Freud, S. (1895): Zur Kritik der „Angstneurose“. G.W. Bd. I, 357–376.
Freud, S. (1898): Die Sexualität in der Ätiologie der Neurosen. G.W. Bd. I, 489–516.
Freud, S. (1905): Über Psychotherapie. G.W. Bd. 5, 11–26.
Freud, S. (1910): Die zukünftigen Chancen der psychoanalytischen Therapie. G.W. Bd.VIII, 103–115.
Freud, S. (1912): Ratschläge für den Arzt bei der psychoanalytischen Behandlung. G.W. Bd.VIII, 375–387.
Freud, S. (1913): Weitere Ratschläge zur Technik der Psychoanalyse: I. Zur Einleitung der Behandlung. G.W. Bd. VIII, S. 453–478.
Freud, S. (1914): Weitere Ratschläge zur Technik der Psychoanalyse: II. Erinnern, Wiederholen und Durcharbeiten. G.W. Bd. X, S. 125–136.

Freud, S. (1915a): Triebe und Triebschicksale. G.W. Bd. X, S. 209–232.
Freud, S. (1915b): Das Unbewußte. G.W. Bd. X, S. 263–303.
Freud, S. (1917a): Vorlesungen zur Einführung in die Psychoanalyse. G.W. Bd. XI.
Freud, S. (1917b): Trauer und Melancholie. G.W. Bd. X, S. 427–446.
Freud, S. (1919): Wege der psychoanalytischen Therapie. G.W. Bd. XII, S. 181–194.
Freud, S. (1920): Jenseits des Lustprinzips. G.W. Bd. XIII, 1–69.
Freud, S. (1921): Massenpsychologie und Ichanalyse. G.W. Bd. XIII, S. 73–161.
Freud, S. (1923a): „Psychoanalyse" und „Libidotheorie". In: G.W. Bd. XIII, 209–233.
Freud, S. (1923b): Das Ich und das Es. G.W. Bd. XIII, S. 235–289.
Freud, S. (1925): Selbstdarstellung. G.W. Bd. XIV, S. 31–96.
Freud, S. (1926): Hemmung, Symptom und Angst. G.W. Bd. XIV, S. 111–205
Freud, S. (1933): Neue Folge der Vorlesungen zur Einführung in die Psychoanalyse. G.W. Bd. XV, S. 1–197.
Freud, S. (1937): Die endliche und die unendliche Analyse. G.W. Bd. XVI, 57–99.
Freud, S. (1938): Die psychoanalytische Technik. G.W. Bd. XVII.
Freud, S. (1939): Der Mann Moses und die monotheistische Religion. G.W. Bd. XVI, 101–246.
Freud, S. (1941): Abriß der Psychoanalyse. In: G.W. Bd. XVII, 63–138.
Friedrich, H., Fränkel-Dahlmann, I., Schaufelberger, H.-J. & Streeck, U. (1979): Soziale Deprivation und Familiendynamik. Göttingen: Vandenhoeck & Ruprecht.
Furrer, W. C. (1974): Gegenübertragungsprobleme des Balint-Gruppenleiters. In: Luban-Plozza, B. (Hg.): Praxis der Balint-Gruppen. München: Lehmanns 138–148.
Grawe, K. (1992): Psychotherapieforschung zu Beginn der neunziger Jahre. Psychologische Rundschau, 43, 132–162.
Grawe, K., Donati, R., Bernauer, F. (1993): Psychotherapie im Wandel. Von der Konfession zur Profession. Göttingen: Hogrefe.
Green, A. (1994): Diskussion der „Innere(n) Erfahrungen des Analytikers: ihr Beitrag zum analytischen Prozeß" von Theodore J. Jacobs. Jahrbuch der Psychoanalyse 32, 185–197.
Greenberg, J.R. und Mitchell, S.A. (1983): Object Relations in Psychoanalytic Theory. London-Cambridge Mass.: Harvard University Press.

Greenson, R. R. (1973): Technik und Praxis der Psychoanalyse. Stuttgart: Klett.
Grinberg, L. (1962): On a Specific Aspect of Countertransference Due to the Patient's Projective Identification. Zitiert nach: Langs, R. (Ed.) (1981): Classics in Psychoanalytic Technique. New York: Jason Aronson, 201–206.
Groddeck, G. (1974): Verdrängen und heilen. Aufsätze zur Psychoanalyse und psychosomatischen Medizin. München: Kindler.
Grüntzig, M. & Meyer, M. (1978): Die fokussierende Beratung. Psyche 32, 1059–1088.
Guntern, G. (1980): Die kopernikanische Wende in der Psychotherapie: Der Wandel vom psychoanalytischen zum systemischen Paradigma. Familiendynamik 5, 2–41.
Habermas J. (1968): Erkenntnis und Interesse. Frankfurt: Suhrkamp.
Haley, J. (1977): Direktive Familientherapie – Strategien für die Lösung von Problemen. München: Pfeiffer.
Haley, J. (1978): Gemeinsamer Nenner Interaktion – Strategien der Psychotherapie. München: Pfeiffer.
Hartkamp, N. & Esch, A. (1993): Projektive Identifizierung in der psychoanalytischen Schlußbildung. Forum der Psychoanalyse 9, 214–223.
Hartmann, H. (1939): Ichpsychologie und Anpassungsproblem. Stuttgart: Klett 1960.
Heigl-Evers, A. & Hering, A. (1970): Die Spiegelung einer Patienten-Gruppe durch eine Therapeuten-Kontrollgruppe. Gruppenpsychotherapie und Gruppendynamik 4, 179–190.
Heigl-Evers, A. & Heigl. F. (1979): Die psychsozialen Kompromißbildungen als Umschaltstelle innerseelischer und zwischenmenschlicher Beziehungen. Gruppenpsychotherapie und Gruppendynamik 14, 310–325.
Heimann, P. (1950): On Counter-Transference. International Journal of Psycho-Analysis 31, 81–84.
Heisenberg, W. (1959): Sprache und Wirklichkeit in der modernen Physik. In: G.W. Bd. II, München: Piper 1984, 160–180.
Henseler, H., Wegner, P. (1993): Psychoanalysen, die ihre Zeit brauchen. Opladen: Westdeutscher Verlag.
Herberth, F. (1994): Der Patient und sein Analytiker – Angehörige einer Beziehung. Unveröffentlichtes Manuskript.
Heuft, G. (1990): Bedarf es eines Konzeptes der Eigenübertragung? Forum der Psychoanalyse 6, 299–315.
Hirsch, M. (1987): Realer Inzest. Psychodynamik des sexuellen

Mißbrauchs in der Familie. Berlin, Heidelberg: Springer. 3. Aufl. 1994.
Hoff, L. A. (1984): People in Crisis: Understanding and Helping. Menlo Park, Cal.: Addison-Wesley.
Hoffmann, S.O. (1987): Die psychoanalytische Abwehrlehre – aktuell, antiquiert oder obsolet? Forum der Psychoanalyse 3, 22–39.
Jacobs, Th.J. (1993): Innere Erfahrungen des Analytikers: Ihr Beitrag zum analytischen Prozeß. Jahrbuch der Psychoanalyse, 30, 9–25.
Jacoby, R. (1978): Soziale Amnesie. Eine Kritik der konformistischen Psychologie von Adler bis Laing. Frankfurt: Suhrkamp.
Jiménez de la Jara, J.P. (1992): Der Beitrag des Analytikers zu den Prozessen der projektiven Identifizierung. Forum der Psychoanalyse 8, 295–310.
Jervis, G. (1978): Kritisches Handbuch der Psychiatrie. Frankfurt: Syndikat.
Kächele, H., Fiedler, I.: (1985): Ist der Erfolg einer psychotherapeutischen Behandlung vorhersehbar? Erfahrungen aus dem Penn-Psychotherapy-Project. Psychotherapie und medizinische Psychologie 35, 201–206.
Kaufmann, E. & Kaufmann, P. N. (Hg.) (1983): Familientherapie bei Alkohol- und Drogenabhängigkeit. Freiburg: Lambertus.
Kemper, W. (1969): Übertragung und Gegenübertragung als funktionale Einheit. Jahrbuch der Psychoanalyse Bd. 6, 35–68.
Kernberg, O.F. (1978): Borderline-Störungen und pathologischer Narzißmus. Frankfurt: Suhrkamp.
Kernberg, O.F. (1981): Zur Theorie der psychoanalytischen Psychotherapie. Psyche 35, 673–704.
Kernberg, O.F. (1989): Psychodynamic Psychotherapy of Borderline Patients. New York: Basic Books. Dt.: (1993): Psychodynamische Therapie bei Borderline-Patienten. Bern: Hans Huber.
Kernberg, O.F. (1992): Aggression und Liebe in Zweierbeziehungen. Psyche, 46, 797–820.
Kernberg, O.F. (1993): Psychoanalytische Objektbeziehungstheorien. In: Mertens, W. (Hg.): Schlüsselbegriffe der Psychoanalyse. Stuttgart: Verlag Internationale Psychoanalyse, S. 96–104.
Klein, M. (1946): Bemerkungen über einige schizoide Mechanismen. In: dies.: Das Seelenleben des Kleinkindes. Stuttgart: Klett 1962, S. 101–126.
Klüwer, R. (1970): Über die Orientierungsfunktion eines Fokus bei der psychoanalytischen Kurztherapie. Psyche 24, 739–755.

Klüwer, R. (1971): Erfahrungen mit der psychoanalytischen Fokaltherapie. Psyche 25, 932–947.
Klüwer, R. (1983): Agieren und Mitagieren. Psyche 37, 828–840.
Klüwer, R. (1985): Versuch einer Standortbestimmung der Fokaltherapie als einer psychoanalytischen Kurztherapie. In: Leuzinger-Bohleber, M. (Hrsg.) (1985): Psychoanalytische Kurztherapien. Opladen: Westdeutscher Verlag, 94–113.
Köhler-Weisker, A. (1986): Zum Begriff der Haltung des Psychoanalytikers am Beispiel einer Fokaltherapie. In: Jahrbuch der Psychoanalyse (1986), Band 18, Stuttgart: Frommann-Holzboog, 143–173.
König, H., Schraivogel, P., Wegner, P. (1993): Zur Praxis der analytischen Psychotherapie jenseits der 300-Stunden-Grenze. Forum der Psychoanalyse 9, 35–45.
König, K. (1993): Gegenübertragungsanalyse. Göttingen: Vandenhoeck & Ruprecht.
König, K. (1994): Indikation – Entscheidungen vor und während einer psychoanalytischen Therapie. Göttingen: Vandenhoeck & Ruprecht.
König, K. & Kreische, R. (1985): Zum Verständnis von Paarbeziehungen aus psychoanalytischer Sicht. Forum der Psychoanalyse, 1, 239–249.
Körner, J. (1990): Übertragung und Gegenübertragung, eine Einheit im Widerspruch. Forum der Psychoanalyse 6, 87–104.
Kohut, H. (1977): The Restauration of the Self. New York: Int. Univ. Press. Dt.: Die Heilung des Selbst. Frankfurt/M.: Suhrkamp 1979.
Krause, R. (1992): Die Zweierbeziehung als Grundlage der psychoanalytischen Therapie. Psyche 46, 588–612.
Kris, E. (1934): Zur Psychologie der Karikatur. Imago XX, 450–466.
Krüger-Zeul, M. (1983): Gegenübertragung – Ein Stiefkind der Psychoanalyse. In: Lohmann, H. M. (Hg.): Das Unbehagen in der Psychoanalyse. Frankfurt: Qumran, 71–85.
Krüll, M. (1979): Freud und sein Vater. München: Beck.
Kutter, P. (1981): Psychoanalytische Kurztherapie. Indikationen und Interventionstechnik. Jahrbuch der Psychoanalyse, Bd. 12, 178–191.
Lachauer, R. (1992): Der Fokus in der Psychotherapie – Fokalsätze und ihre Anwendung in Kurztherapie und anderen Formen analytischer Psychotherapie. München: Pfeiffer.
Langs, R. (1978a): Interventions in the Bipersonal Field. In: Langs, R. (ed.): Classics in Psychoanalytic Technique. London, New York: Jason Aronson 1981, S. 279–302.

Langs, R. (1978b): The Adaptational-Interactional Dimension of Countertransference. In: Langs, R. (ed.): Classics in Psychoanalytic Technique. London, New York: Jason Aronson 1981, S. 217–232.

Langs, R. (1982): The Psychotherapeutic Conspiracy. New York, London: Jason Aronson. Dt.: Die psychotherapeutische Verschwörung. Stuttgart: Klett-Cotta 1987.

Langsley, D. G. & Kaplan, D. M. (1968): The Treatment of Families in Crisis. New York: Grune & Stratton.

Lazar, R. (1993): „Container-Contained" und die helfende Beziehung. In: Ermann, M. (Hg.): Die hilfreiche Beziehung in der Psychoanalyse. Göttingen: Vandenhoeck & Ruprecht 1993, S. 68–91.

Leuzinger-Bohleber, M. & Grüntzig-Seebrunner, M. (1983): Fokaltherapie – Krisenintervention – psychoanalytische Beratung. In: Mertens, W. (Hg.): Psychoanalyse. Ein Handbuch in Schlüsselbegriffen. München: Urban & Schwarzenberg 1983, 186–195.

Lemaire, J.G. (1980): Leben als Paar. Olten: Walter.

Lindemann, E. (1944). Symptomatology and Management of Acute Grief. American Journal of Psychiatry 101, 141–148.

Little, M. I. (1951): Counter-Transference and the Patients Response to it. International Journal of Psycho-Analysis 32, 32–40.

Little, M. I. (1981): Transference Neurosis and Transference Psychosis. New York: Aronson.

Loch, W. (1969): Balint-Seminare: Instrumente der Diagnostik und Therapie pathogener zwischenmenschlicher Verhaltensmuster. Jahrbuch der Psychoanalyse, Bd. 6, 141–156.

Loewald, H.W. (1977): Beitrag zum Panel „Conceptualizing the Nature of the Therapeutic Action of Psychoanalysis" auf dem Herbsttreffen der American Psychoanalytic Association am 16. Dezember 1977 in New York. Dt.: Überlegungen zum psychoanalytischen Prozeß und seinem therapeutischen Potential. In: Loewald, H.W. (1986): Psychoanalyse. Aufsätze aus den Jahren 1951–1979. Stuttgart: Klett-Cotta, 364–376

Löhr, G. (1985): Bemerkungen zu Roy Schafers Handlungssprache. Psyche, 39, 1021–1030.

Lorenzer, A. (1970): Sprachzerstörung und Rekonstruktion. Frankfurt: Suhrkamp.

Lohmann, H. M. (1980): Psychoanalyse in Deutschland – eine Karriere im Staatsapparat? Ansichten von jenseits des Rheines. Psyche 34, 945–957.

Lohmann, H. M. (Hg.) (1983): Das Unbehagen in der Psychoanalyse. Eine Streitschrift. Frankfurt: Qumran.
Luban-Plozza, B. (Hg.) (1974): Praxis der Balint-Gruppen. Beziehungsdiagnostik und Therapie. München: Lehmanns.
Luborsky, L., Chandler, M., Auerbach, A., Cohen, J., Bachrach, H.M. (1971): Factors influencing the outcome of psychotherapy: A review of quantitative research. Psychological Bulletin 75, 145–185.
Lüders, W. (1983): Psychoanalyse versus Familientherapie. Kritische Glosse. Psyche 37, 462–469.
Malan, D. H. (1965): Psychoanalytische Kurztherapie. Stuttgart: Klett.
Massing, A. (Hrsg.) (1990): Psychoanalytische Wege der Familientherapie. Berlin: Springer.
Massing, A., Reich, G., Sperling, E. (1992): Die Mehrgenerationen-Familientherapie. Göttingen: Vandenhoeck & Ruprecht.
Maturana, H.R. (1982): Erkennen: Die Organisation und Verkörperung von Wirklichkeit. Braunschweig, Wiesbaden: Vieweg.
Maurer, J. (1992): Beziehungsanalyse – zwischen orthodoxer Psychoanalyse und systemischer Familientherapie. Beiträge zur analytischen Kinder- und Jugendlichenpsychotherapie, 73, 1–36.
Menninger, K. (1958): Theory of Psychoanalytic Technique. New York: Basic Books.
Mentzos, S. (1976): Interpersonale und institutionalisierte Abwehr. Frankfurt/M.: Suhrkamp.
Mentzos, S. (1986): Drei therapeutische Settings in der psychoanalytischen Psychotherapie psychotischer Patienten. Forum der Psychoanalyse 2, 134–151.
Meyer, R. (1978): Der psychosomatisch Kranke in der analytischen Kurztherapie. Psyche 32, 881–928.
Meyer-Abich, K. M. (1984): Wege zum Frieden mit der Natur. München: Hanser. (Zit. nach dem Aufsatz: Umkehr zum Leben. Süddeutsche Zeitung München, 2./3. März 1985, S. 51.)
Minuchin, S. (1972): Conflict-Resolution, Familiy Therapy. Belmont: Woodsworth.
Minuchin, S. & Barcai, A. (1973): Therapeutisch induzierte Familienkrise. In: Sager, C. J. & Kaplan, H. S. (Hg.): Handbuch der Ehe-, Familien- und Gruppentherapie. München: Kindler, 389–397.
Minuchin, S. (1977): Familie und Familientherapie. Freiburg: Lambertus.

Möhring, P. & Neraal, T. (Hrsg.) (1991): Psychoanalytisch orientierte Familien- und Sozialtherapie. Opladen: Westdeutscher Verlag.
Morgenthaler, F. (1978): Technik. Zur Dialektik der psychoanalytischen Praxis. Frankfurt M.: Syndikat.
Muck, M. (1978): Psychoanalytische Überlegungen zur Struktur menschlicher Beziehungen. Psyche 32, 211–228.
Nunberg, H. (1930): Die synthetische Funktion des Ich. Internationale Zeitschrift für Psychoanalyse 24, 49–61.
Ogden, T.H. (1982): Projective Identification and Psychotherapeutic Technique. London, Northvale, N.J.: Jason Aronson.
Ogden, T.H. (1988): Die projektive Identifikation. Forum der Psychoanalyse 4: 1–21
Overbeck, G. (1984): Krankheit als Anpassung. Der soziopsychosomatische Zirkel. Frankfurt: Suhrkamp.
Overbeck, G. (Hrsg.) (1985): Familien mit psychosomatisch kranken Kindern. Göttingen: Verlag für Medizinische Psychologie.
Parin, P. (1975): Gesellschaftskritik im Deutungsprozeß. Psyche 29, 97–117. Und In: ders.: Der Widerspruch im Subjekt – Ethnopsychoanalytische Studien. Frankfurt: Syndikat 1978.
Parin, P. (1978): Der Widerspruch im Subjekt – Ethnopsychoanalytische Studien. Frankfurt: Syndikat.
Parin, P. (1983a): Die Angst der Mächtigen vor öffentlicher Trauer. Psyche 37, 55–72.
Parin, P. (1983b): Psychoanalyse als Gesellschaftskritik im Werk von Alexander Mitscherlich. Psyche 37, 364–373.
Parin, P. & Parin-Matthéy, G. (1983a): Das obligat unglückliche Verhältnis der Psychoanalyse zur Macht. In: Lohmann, H. M. (Hg.): Das Unbehagen in der Psychoanalyse. Eine Streitschrift. Frankfurt: Qumran, 17–23.
Parin, P. & Parin-Matthéy, G. (1983b): Medicozentrismus in der Psychoanalyse. In: Hoffmann, S. O. (Hg.): Deutung und Beziehung. Kritische Beiträge zur Behandlungskonzeption und Technik in der Psychoanalyse. Frankfurt: Fischer, 86–106.
Plänkers, T. (1984): Rezension von Bauriedl, Th. (1982): Zwischen Anpassung und Konflikt. Psyche 38, 650–654.
Pohlen, M. & Plänkers, T. (1982): Familientherapie. Von der Psychoanalyse zur psychosozialen Aktion. Psyche 36, 416–452.
Racker, H. (1957): The Meanings and Uses of Countertransference. Psychoanalytic Quarterly, XXVI, 303–357. In: Langs, R. (ed.) (1981): Classics in Psychoanalytic Technique. London, New York: Jason Aronson.

Racker, H. (1968): Transference and Countertransference. New York: Int. Univ. Press. Dt. Übertragung und Gegenübertragung. Studien zur psychoanalytischen Technik. München: Reinhardt (1978).
Raimbault, G. (1977): Arzt, Kind, Eltern. Erfahrungen von Kinderärzten in einer Balint-Gruppe. Frankfurt: Suhrkamp.
Reich, A. (1951): On Countertransference. Journal of Abnormal Psychology 32, 25–31.
Reich, G. (1991): Partnerwahl und Ehekrisen: eine familiendynamische Studie. Heidelberg: Asanger.
Reich, G. & Rüger, U. (1994): Die Einbeziehung der Familie in die stationäre Psychotherapie. Nervenarzt, 65, 313–322.
Richter, H. E. (1963): Eltern, Kind und Neurose. Stuttgart: Klett.
Richter, H. E. (1970): Patient Familie. Reinbek: Rowohlt.
Richter, H. E. (1977): Hat die Psychoanalyse in der Randgruppenarbeit eine Chance? In: Kutter, P. (Hg.): Psychoanalyse im Wandel. Frankfurt: Suhrkamp, 122–147.
Richter, H. E. (1980): Psychotherapie in der Krise. Merkur 381, 136–146.
Roth, J. K. (1984): Hilfe für Helfer. Balint-Gruppen. München: Piper.
Sandler, J., Freud A. (1985): The Analysis of Defence. New York: Int. Univ. Press. Dt.: Die Analyse der Abwehr. Stuttgart: Klett-Cotta 1989.
Schafer, R. (1976): A New Language for Psychoanalysis. New Haven, London: Yale University Press. 1982. Dt.: Eine neue Sprache für die Psychoanalyse. Stuttgart: Klett-Cotta.
Schmid, V. (1973): Balint-Gruppen mit Lehrern. In: Stuttgarter Akademie für Tiefenpsychologie und analytische Psychotherapie (Hg.): Individuum und Gesellschaft. Stuttgart: Klett.
Scobel, W.A. (1991): Was ist Supervision? Göttingen: Vandenhoeck & Ruprecht (3. durchgesehene Auflage).
Searles, H. F. (1958): Die Anfälligkeit des Schizophrenen für die unbewußten Prozesse des Therapeuten. In: Searles, H.: Der psychoanalytische Beitrag zur Schizophrenieforschung. München: Kindler 1974, 48–68.
Searles, H. F. (1975): The Patient as Therapist to His Analyst. In: ders.: Countertransference and Related Subjects. New York: International University Press. 1979, S. 380–459.
Sedlak, F. und Gerber, G. (Hg.) (1992): Beziehung als Therapie, Therapie als Beziehung. Michael Balints Beitrag zur heilenden Begegnung. München: Reinhardt.

Selvini Palazzoli, M. (1963): Magersucht. Von der Behandlung Einzelner zur Familientherapie. Stuttgart: Klett-Cotta 1982.
Selvini Palazzoli, M., Boscolo, L., Cecchin, G. & Prata, G. (1975): Paradoxon und Gegenparadoxon. Stuttgart: Klett 1977.
Selvini Palazzoli, M., Cirillo, S., Selvini, M., Sorrentino, A. M. (1988). Die psychotischen Spiele in der Familie. Stuttgart: Klett-Cotta 1992.
Shazer, S. de (1988). Wege der erfolgreichen Kurztherapie. Stuttgart: Klett-Cotta 1992.
Sifneos, P. E. (1979): Short-Term Dynamic Psychotherapy - Evaluation and Technique. New York: Plenum Press.
Simon, F.B. (Hg.) (1988): Lebende Systeme. Wirklichkeitskonstruktionen in der systemischen Therapie. Berlin, Heidelberg: Springer.
Simon F.B. (1994): Die Form der Psyche. Psychoanalyse und neuere Systemtheorie. Psyche 48, 50–79.
Sohni, H. (1984): Analytisch orientierte Familientherapie in der Kinder und Jugendpsychiatrie - Grundlagen, Indikation, Ziele. Praxis der Kinderpsychologie und Kinderpsychiatrie, 33, 9–18.
Sohni, H.(1991): Mutter, Vater, Kind - Zur Theorie dyadischer und triadischer Beziehungen. Praxis der Kinderpsychologie und Kinderpsychiatrie, 40, 213–221.
Sperling, E., Klemann, M., Reich, G. (1982): Die Mehrgenerationen-Familientherapie. Göttingen: Vandenhoeck & Ruprecht.
Stierlin, H. (1971): Das Tun des Einen ist das Tun des Anderen. Frankfurt/M.: Suhrkamp.
Stierlin, H. (1979): Status der Gegenseitigkeit: Die fünfte Perspektive des Heidelberger familiendynamischen Konzeptes. Familiendynamik 4, 106–116.
Stierlin, H., Rücker-Embden, I., Wetzel, N. & Wirsching, M. (1977): Das erste Familiengespräch. Stuttgart: Klett-Cotta.
Streeck, U. (1994): Psychoanalyse von Angesicht zu Angesicht? Forum der Psychoanalyse 10, 25–40.
Swaan, A. (1978): Zur Soziogenese des psychoanalytischen „Settings“ Psyche 32, 793–826.
Thomä, H., Kächele, H. (1989): Lehrbuch der psychoanalytischen Therapie - 1 Grundlagen. Berlin: Springer, 2. korrigierter Nachdruck.
Uexküll, J.v. (1940): Bedeutungslehre. Leipzig: Barth.
Uexküll, Th.v. (1991): Die Bedeutung der Biosemiotik für die Medizin. Münchener medizinische Wochenschrift 133, Nr.41, 601–602

Uexküll, Th.v. (1992): Die Bedeutung der Semiotik für die Medizin. Manuskript.
Watzlawick, P. (1977): Die Möglichkeit des Andersseins. Bern: Huber.
Watzlawick, P., Beavin, J. H., Jackson, D. D. (1967): Pragmatics of Human Communication. Norton: New York. Dt.: Menschliche Kommunikation. Bern: Huber 1969.
Watzlawick, P., Weakland, J. H. & Fisch, R. (1974): Lösungen. Bern: Huber.
Watzlawick, P. & Weakland, J. H. (Hg.) (1980): Interaktion. Bern: Huber.
Weingart, P. (1984): Anything goes – rien ne va plus. Der Bankrott der Wissenschaftstheorie. Kursbuch (No.) 78, 61–75.
Weiß, H. (1988): Der Andere in der Übertragung. Untersuchung über die analytische Situation und die Intersubjektivität in der Psychoanalyse. Stuttgart: Frommann-Holzboog.
Wender, L, (1994): Diskussion der „Innere(n) Erfahrungen des Analytikers: ihr Beitrag zum analytischen Prozeß" von Theodore J. Jacobs. Jahrbuch der Psychoanalyse 32, 198–207.
Wesiack, W. (1993): Zum Wandel des heilkundlichen Denkens und Handelns. Psychologie in der Medizin. 4, 12–17.
Whitehead, A.N, Russel, B. (1910–1913): Principia Mathematica. Cambridge: Univ. Press. Zit. nach Watzlawick et al. 1967.
Wiener, N. (1963): Kybernetik, Regelung und Nachrichtenübertragung im Lebewesen und in der Maschine. Düsseldorf: Econ.
Willi, J. (1975): Die Zweierbeziehung. Reinbek: Rowohlt.
Winnicott, D.W. (1969): Kind, Familie und Umwelt. München: Reinhardt.
Winnicott, D.W. (1974): Reifungsprozesse und fördernde Umwelt. München: Kindler.
Wirsching, M. & Stierlin, H. (1982): Krankheit und Familie. Stuttgart: Klett-Cotta.
Wittenberger, G. (1985): Supervision als Sozialtechnologie? – Über den Unsinn der „Tendenzwende" in der Supervisionsdiskussion. Supervision, 8, 37–54.
Wölpert, F. (1983): Sexualität – Sexualtherapie – Beziehungsanalyse. München: Urban & Schwarzenberg.
Wölpert, F. (1988): Die Machbarkeit des Glücks – Psychoanalyse in der „Wendezeit". ANMERKUNGEN aus dem Institut für Politische Psychoanalyse München, 2, Heft 8, 83–104.
Wood, B.L. (1994): Jenseits der „psychosomatischen Familie":

Biobehaviorales Familienmodell bei kranken Kindern. Familiendynamik 19, 122–147
Wynne, L. C. (1975): Einige Indikationen und Kontraindikationen für exploratorische Familientherapie. In: Boszormenyi-Nagy, I. & Framo, J. L. (Hg.): Familientherapie, Bd. 2., Reinbek: Rowohlt, 53–89.
Zuk, G. H. (1975): Familientherapie. Freiburg: Lambertus.

VERLAG INTERNATIONALE PSYCHOANALYSE

1992. 152 Seiten,
Leinen mit Schutzumschlag
ISBN 3-608-95942-4

Chronische oder passagere Müdigkeitsreaktionen von Therapeuten in ihrer Arbeit mit Patienten und Klienten sind nicht selten, aber bislang kaum systematisch untersucht worden.
In der vorliegenden Studie versucht der Autor am Beispiel der analytischen Beziehung das Müdigkeitsphänomen des Analytikers aus der Sicht der Zwei-Personen-Psychologie zu beschreiben: Die Müdigkeit wird als eine symptomatische Reaktion aufgefaßt, an der Analysand und Analytiker ihren spezifischen Anteil haben. Im Zentrum der Arbeit steht die gedankliche Formulierung einer »analytischen Position«, die wegen ihrer grundlegenden Widersprüchlichkeit ständigen progressiven und regressiven Schwankungen ausgesetzt ist. Eine Folge dieser dauernden Veränderungen kann die Müdigkeitsreaktion sein, die dem Analytiker dann wertvolle diagnostische und behandlungstechnische Hinweise gibt, wenn er sich im Sinne selbstanalytischer Aktivität ganz diesem Phänomen öffnet.

Der Autor:
Ralf Zwiebel ist Nervenarzt und Psychoanalytiker. Seit 1986 lehrt er als Professor für Sozialmedizin an der Fachhochschule Bielefeld Psychotherapie, Psychosomatik und Beratung; er ist außerdem als Lehranalytiker Mitglied des Alexander-Mitscherlich-Instituts in Kassel.
In früheren Publikationen behandelte er Aspekte der Psychodynamik der Lebensmitte, die Dynamik von Gegenübertragungsträumen, strukturelle Probleme der Psychosomatischen Tagesklinik und das Konzept der projektiven Identifizierung.

Verlag
Internationale Psychoanalyse
Postfach 10 60 16
70049 Stuttgart